Elektronische Verträge aus deutscher, europäischer
und US-amerikanischer Sicht

Europäische Hochschulschriften
Publications Universitaires Européennes
European University Studies

Reihe II
Rechtswissenschaft

Série II Series II
Droit
Law

Bd./Vol. 3708

PETER LANG
Frankfurt am Main · Berlin · Bern · Bruxelles · New York · Oxford · Wien

André Marc Uhlmann

Elektronische Verträge aus deutscher, europäischer und US-amerikanischer Sicht

Wirksamwerden, Beweisfragen, Widerruf unter besonderer Berücksichtigung der elektronischen Signatur

PETER LANG
Europäischer Verlag der Wissenschaften

Bibliografische Information Der Deutschen Bibliothek
Die Deutsche Bibliothek verzeichnet diese Publikation in der Deutschen Nationalbibliografie; detaillierte bibliografische Daten sind im Internet über <http://dnb.ddb.de> abrufbar.

Zugl.: Tübingen, Univ., Diss., 2003

D 21
ISSN 0531-7312
ISBN 978-3-631-51113-8

www.peterlang.de

Meinen Eltern

Vorwort

Ich möchte mich an dieser Stelle ganz herzlich bei meinem Doktorvater, Herrn Prof. Dr. Wernhard Möschel für seine hilfreiche Unterstützung und für die mir gewährte Freiheit bei der Bearbeitung des Themas bedanken. Bedanken möchte ich mich auch bei meinem Zweitkorrektor Prof. Dr. Georg Sandberger.

Ein spezieller Dank gebührt weiterhin dem Arbeitskreises Wirtschaft und Recht des Stifterverbandes für die Deutsche Wissenschaft für die finanzielle Unterstützung die sie mir gewährt haben.

Rechtsprechung und Literatur wurden bis April 2002 berücksichtigt.

Stuttgart, März 2003

Inhaltsverzeichnis

Abschnitt 5 – Abgabe und Zugang von Willenserklärungen

Abschnitt 8 – Das Schriftformerfordernis

Abschnitt 10 – Der Widerruf im elektronischen Geschäftsverkehr

Abschnitt 11 – Rechtsfolgen bei Fehlen von rechtlichen und tatsächlichen Anforderungen an den elektronischen Geschäftsverkehr

Abkürzungsverzeichnis

a.A.	andere Ansicht
ABl. EG	Amtsblatt der Europäischen Gemeinschaften
Abs.	Absatz
AcP	Zeitschrift Archiv für die civilistische Praxis
a.F.	alte Fassung
AGB	Allgemeine Geschäftsbedingungen
AGBG	Gesetz zur Regelung des Rechts der Allgemeinen Geschäftsbedingungen
AktG	Aktiengesetz
Alt.	Alternative
ÄndG	Änderungsgesetz
Anm.	Anmerkung
AOL	America Online
Art.	Artikel
B2B	business-to-business
B2C	business-to-consumer
B2G	business-to-government
BAG	Bundesarbeitsgericht
BayObLGZ	Entscheidungen des Bayrischen Obersten Landesgerichts in Zivilsachen
BB	Der Betriebsberater
BGB-AT	Bürgerliches Gesetzbuch, Allgemeiner Teil
BGB	Bürgerliches Gesetzbuch i.d.F. vom 18.8.1896 (RGBl. S.195, BGBl. III 400-2)
BGBl.	Bundesgesetzblatt
BGH	Bundesgerichtshof
BGHZ	Entscheidungen des BGH Zivilsachen
BR	Bundesrat
BRAK-Mitt.	Bundesrechtsanwaltskammer-Mitteilungen
BT	Deutscher Bundestag
Btx	Bildschirmtext
Bzw.	beziehungsweise
C2G	consumer-to-government
CD	Compact Disk
CR	Zeitschrift Computer und Recht

Cri	Zeitschrift Computer und Recht International
DB	Zeitschrift Der Betrieb
DENIC	Domain Verwaltungs- und Betriebsgesellschaft
Ders.	derselbe
d.h.	das heißt
Dies.	dieselbe
Diss.	Dissertation
DNotZ	Deutsche Notarzeitschrift
DRiZ	Deutsche Richterzeitung
Drucks.	Drucksache
DSN	Delivery Status Notification
DSWR	Zeitschrift Datenverarbeitung in Steuer, Wirtschaft und Recht
DuD	Zeitschrift Datenschutz und Datensicherheit
DVA	Datenverarbeitungsanlage
DVBl.	Deutsches Verwaltungsblatt
DVD	Digital Vergatile Disk
ECRL	Richtlinie 2000/31/EG des Europäischen Parlamentes und des Rates über bestimmte rechtliche Aspekte der Dienste der Informationsgesellschaft, insbesondere des elektronischen Geschäftsverkehrs, im Binnenmarkt (E-Commerce-Richtlinie)
EDI	Electronic Data Interchange
EDIFACT	Electronic Data Interchange for Administration, Commerce and Transportation
EDV	Elektronische Datenverarbeitung
EG	Europäische Gemeinschaft
EGG	Gesetz über rechtliche Rahmenbedingungen für den elektronischen Geschäftsverkehr (Elektronischer Geschäftsverkehr-Gesetz)
Einf.	Einführung
Einl.	Einleitung
E-Mail	Electronic Mail
E-Sign	Electronic Signatures in Global and National Commerce Act
EU	Europäische Union
f.	folgende (Singular)
FAZ	Frankfurter Allgemeine Zeitung

FernAbsG	Gesetz über Fernabsatzverträge und andere Fragen des Verbraucherrechts sowie zur Umstellung von Vorschriften auf EURO
FernAbsRL	Richtlinie 97/7/EG des Europäischen Parlamentes und des Rates über den Verbraucherschutz bei Vertragsabschlüssen im Fernabsatz (Fernabsatzrichtlinie)
ff.	folgende (Plural)
FS	Festschrift
F.Supp.	Federal Supplement
FTP	File Transfer Protocol
G	Gesetz
GG	Grundgesetz
GmbHG	Gesetz betreffend die Gesellschaften mit beschränkter Haftung
GmbHR	GmbH-Rundschau
HaustürWG	Gesetz über den Widerruf von Haustürgeschäften und ähnlichen Geschäften
HGB	Handelsgesetzbuch
h.M.	herrschende Meinung
HTML	Hyper Text Markup Language
http	Hyper Text Transfer Protocol
H.R.	House of Representatives
ICANN	Internet Corporation for Assigned Names and Numbers
i.d.F. oder idF	in der Fassung
IP	Internet Protocol
IRC	Internet Relay Chat
ISP	Internet Service Provider
IuKDG	Informations- und Kommunikationsdienstegesetz
i.V.m.	in Verbindung mit
JR	Zeitschrift Juristische Rundschau
JurPC oder jur-PC	Internetzeitschrift für Rechtsinformatik
JuS	Zeitschrift Juristische Schulung
JZ	Juristen Zeitung
K&R	Zeitschrift Kommunikation und Recht
Kap.	Kapitel
KG	Kammergericht
LG	Landgericht

m.E.	meines Erachtens
m.w.N.	Mit weiteren Nachweisen
m.W.v.	mit Wirkung vom
MC	Management & Computer in der Anwaltskanzlei
MDR	Monatsschrift für Deutsches Recht
MHG	Gesetz zur Regelung der Miethöhe
MMR	Zeitschrift Multimediarecht
MüKo oder MünchKomm	Münchener Kommentar zum Bürgerlichen Gesetzbuch
NCCUSL	National Conference of Commissioners on Uniform State Laws
NET	Zeitschrift für Kommunikationsmanagement
neubearb.	neu bearbeitet
n.F.	neue Fassung
NJW	Neue Juristische Wochenschrift
NJW-CoR	Computerreport der Neuen Juristischen Wochenschrift
NJW-RR	NJW-Rechtsprechungsreport Zivilrecht
Nr.	Nummer
Nrn.	Nummern
NZG	Neue Zeitschrift für Gesellschaftsrecht
OLG	Oberlandesgericht
PIN	persönliche Identifikationsnummer oder personal identification number
PlProt.	Plenarprotokoll
RGBl.	Reichsgesetzblatt
Rn.	Randnummer
Rspr.	Rechtsprechung
S.	Seite
S.B.	Senate Bill
SigG	Signaturgesetz
SigV	Signaturverordnung
SMTP	Simple Mail Transfer Protocol
sog.	so genannt, so genannte
Stat.Ann.	Statutes Annotated
TCP	Transmission Control Protocol
u.a.	unter anderem
UCC	Uniform Commercial Code

UCITA	Uniform Computer Transactions Act
Überbl.	Überblick
UETA	Uniform Electronic Transactions Act
UNCITRAL	United Nations Commission on International Trade Law
UN/ECE	Vereinte Nationen / Europäische Kommission für Wirtschaftsfragen
URL	uniform resource locator
V.	Verordnung
VerbrKrG	Verbraucherkreditgesetz
vgl.	vergleiche
Vorbem. oder Vorb.	Vorbemerkung
VuR	Zeitschrift Verbraucher und Recht
WM	Wertpapiermitteilungen, Zeitschrift für Wirtschafts- und Bankenrecht
WWW	World Wide Web
z.B.	zum Beispiel
ZfS	Zeitschrift für Schadensrecht
ZiP	Zeitschrift für Wirtschaftsrecht und Insolvenzpraxis
zit.	zitiert
ZPO	Zivilprozessordnung

Im Übrigen wird verwiesen auf:

Kirchner, Hildebert	Abkürzungsverzeichnis der Rechtssprache, 4. Aufl., Berlin [u.a.] 1993.
Leistner, Otto Becker, Heike	Internationale Titelabkürzungen von Zeitschriften, Zeitungen, wichtigen Handbüchern, Wörterbüchern, Gesetzen, Institutionen u.s.w., Bd. 1 (A-K), Bd. 2 (L-Z), 5. Aufl. Osnabrück 1993.
Meyer, Dieter	Juristisches Fremdwörterbuch, Fachausdrücke und Abkürzungen: sowie Registerzeichen der ordentlichen Gerichtsbarkeit einschließlich der Arbeitsgerichte und des Bundesverfassungsgerichts (begr. von Jürgen Simon), 11. Aufl., Neuwied [u.a.] 2002.
	„The Bluebook", A Uniform System of Citation, 17th ed., Cambridge, Mass. 2000.

Einleitung

Die Entwicklungen der letzten Jahre im Bereich der Wirtschaft werden allgemein mit dem Begriff der Globalisierung der Wirtschaft umschrieben. Betrachtet man dieses Phänomen näher, so handelt es sich dabei um eine ständige Ausdehnung der Märkte, die theoretisch und auch praktisch plötzlich keine Grenzen mehr kennen. Der zentrale Faktor dieser weltweiten Entwicklung ist die Existenz des Internets. Es ist die Basis für eine freie Kommunikation über alle Grenzen hinweg. Die im Laufe der Zeit eingetretene Verbilligung der Kommunikation hat es schließlich ermöglicht, die Ausdehnung der Märkte mittels Nutzung des Internets auch praktisch zu vollziehen. Durch preiswerte Zugänge zum Internet ist es möglich geworden, dass sich alle potentiellen Marktteilnehmer, einschließlich aller privaten Hauhalte, auf den weltweiten Markt begeben und am dortigen Marktgeschehen teilnehmen können.

Die Bewerbung, die Anbahnung und der Abschluss von Geschäften im Rahmen des elektronischen Geschäftsverkehrs und damit auch im Internet werden dabei oft zwischen Personen geschlossen, die verschiedenen Rechtssystemen angehören und unterschiedliche Rechtsauffassungen haben. Handlungen im elektronischen Verkehr haben somit für die Teilnehmer aus unterschiedlichen Rechtssystemen oft eine unterschiedliche Bedeutung. Aber nicht nur die unterschiedlichen Rechtssysteme im internationalen Kontext haben Unsicherheiten für die Teilnehmer am elektronischen Geschäftsverkehr gebracht. Auch kontroverse Diskussionen innerhalb der einzelnen Rechtssysteme, über die Anwendung lokaler Rechtsgrundsätze auf die technischen Abläufe beim elektronischen Rechtsverkehr, haben Verwirrung gestiftet. Das Ergebnis war, dass das Internet vielfach als rechtsfreier Raum betrachtet wurde. Erst als die Endverbraucher in größerer Zahl als Teilnehmer auf den grenzüberschreitenden Märkten im Internet aktiv wurden, begannen multinationale Organisationen, nationale Gesetzgeber und auch der europäische Gesetzgeber sich intensiver um die rechtliche Ordnung im Internet zu kümmern und auch grenzüberschreitende Regelungen zu schaffen.

In dieser Arbeit gibt der Verfasser dem Leser eine Darstellung der technischen und rechtlichen Rahmenbedingungen des Geschäftsverkehrs im Internet. Wert legt der Verfasser stets auf eine Systematisierung diffuser Rechtsquellen und auf die Darstellung ihres entwicklungsgeschichtlichen Hintergrundes. Die Arbeit ist dabei so aufgebaut, dass neben den einschlägigen Lösungen im US-amerikanischen Rechtskreis jeweils die entsprechenden Vorgaben des europäischen Gesetzgebers, sowie deren Bedeutung für die rechtliche Situation in Deutschland und ihre Umsetzung in das deutsche Recht aufgezeigt werden.

Einleitend werden die unterschiedlichen Kategorisierungen aufgezeigt, die sich im Sprachgebrauch für verschiedene Bereiche des elektronischen Geschäftsverkehrs herausgebildet haben. Das Übertragungsmedium Internet wird in seiner technischen Ausgestaltung erläutert und die unterschiedlichen Kommunikationsmethoden im Internet dargestellt. In diesem Zusammenhang werden die für den elektronischen Geschäftsverkehr einschlägigen gesetzlichen Rahmenbedingungen des europäischen, deutschen und US-amerikanischen Gesetzgeber kurz vorgestellt und anschließend aufgezeigt welche Grundbegriffe und Konzeptionen das deutsche und das US-amerikanische Recht in Bezug auf die notwendigen Komponenten eines elektronischen Vertrages haben. Hierbei werden die im deutschen Rechtskreis vertretenen, unterschiedlichen Auffassungen zur rechtlichen Einordnung von elektronischen Willenserklärung dargestellt und bewertet. Des weiteren werden die notwendigen Voraussetzungen aufgezeigt, die zur rechtswirksamen Abgabe und zum rechtswirksamen Zugang derartiger Erklärungen in den unterschiedlichen Gestaltungen des elektronischen Geschäftsverkehrs erforderlich sind.

Im weiteren Verlauf der Arbeit werden die besonderen Anforderungen aufgegriffen, die von den verschiedenen Gesetzgebern inzwischen an die Durchführung des elektronischen Vertragsschlusses gestellt werden. Hierbei wird unter Berücksichtung der Einbeziehung von Allgemeinen Geschäftsbedingungen und des besonderen Verbraucherschutzes auf die inhaltlichen und formalen Kriterien eingegangen. Ein Schwerpunkt der Arbeit bildet die Darstellung der Anforderungen, die im elektronischen Geschäftverkehr an die Einhaltung der verschiedenen Schriftformerfordernisse geknüpft sind. Hierbei werden die Funktionen erläutert, die von einem elektronischen Medium erfüllt werden müssen um auch die Funktionen einer handschriftlichen Unterschrift zu erfüllen, sowie die technischen Schutzmöglichkeiten aufgezeigt, die als Alternativen für die traditionelle Schriftform in Betracht kommen. Im Zentrum dieser Betrachtungen steht die Entwicklung der elektronischen Signatur, sowie ihre Bedeutung und die Anforderungen, die faktisch und rechtlich an sie gestellt werden. In diesem Zusammenhang werden auch die strukturellen Neuerungen der Schuldrechtsreform behandelt, durch welche Elemente der elektronischen Erklärungen und des elektronischen Vertrages in das Bürgerliche Gesetzbuch eingearbeitet worden sind.

Abschließend werden in der Arbeit noch die besonderen Beweisfragen im elektronischen Geschäftsverkehr besprochen, sowie die rechtlichen Voraussetzungen und Möglichkeiten der Korrektur von elektronischen Willenserklärungen und Verträgen aufgezeigt.

Abschnitt 1 – E-Commerce

A. Bedeutung des elektronischen Geschäftsverkehrs

I. Allgemeines

Die Tatsache, dass der elektronische Geschäftsverkehr mehr und mehr an Bedeutung gewinnt, ist inzwischen nicht mehr zu bestreiten.[1] Allein der Zulauf bei den Online-Versandhäusern wie Amazon.com ist gewaltig. 1999 hat das Internet der US-amerikanischen Wirtschaft ein Wachstum von 124 Mrd. US-$ eingebracht. Dies soll bis zum Jahre 2002 auf über 500 Mrd. US-$ anwachsen.[2] In Europa betrug der Umsatz 2001 bereits 17 Mrd. Euro und es wird mit einer Steigerung auf über 300 Mrd. Euro bis 2003 gerechnet.[3] Weltweit wird für das Jahr 2003 für den Bereich des elektronischen Geschäftsverkehrs sogar ein Umsatz von 1,3 Billionen US-$ erwartet.[4] Bis 2005 sollen weltweit eine Mrd. Menschen Zugang zum Internet haben.[5]

Auch in Deutschland ist eine rasante Entwicklung im Telekommunikationssektor und bei der Verbreitung von Computern zu beobachten. 2000 waren 30% der Haushalte in der Bundesrepublik Deutschland mit einem Mobiltelefon ausgestattet. 1998 betrug diese Quote noch 9,5%.[6] Bei den Computern ist diese Entwicklung ähnlich. 1998 waren nur 39% der Haushalte im Besitz eines Personal Computers. Diese Zahl wuchs bereits im Jahre 2000 auf 47%.[7]

Im Vergleich zu den USA ist der Internet-Zugang in Europa noch nicht so stark verbreitet. Während fast jeder zweite US-Amerikaner einen Internet-Anschluss besitzt, ist in Europa nur knapp jeder Dritte online.[8] Dabei liegt Deutschland mit 38% Vernetzung bei den Haushalten im Mittelfeld. Am besten haben sich die Niederlande und Schweden an das neue Informationszeitalter angepasst. Dort sind über 60% aller Haushalte mit einem Internetzugang ausgestattet.[9]

---

[1] Maennel in: Rechtsfragen des E-Commerce, S. 29.
[2] Anderson/Closen in: J. Marshall J. Computer & Info. L. 1999, S. 836.
[3] Berrisch in: K&R 2001, S. 562.
[4] Berrisch in: K&R 2001, S. 562.
[5] Stearman/Yang in: Md. B.J. 2001, S. 16.
[6] Statistisches Bundesamt, Pressemitteilung v. 25.9.2000.
[7] Statistisches Bundesamt, Pressemitteilung v. 25.9.2000.
[8] Handelsblatt vom 6.2.2002.
[9] Handelsblatt vom 6.2.2002.

In Japan hat bereits eine neue Generation der Mobiltelefone Einzug gehalten. Diese ermöglichen es auch über den Mobilfunk eine immense Datenübertragungsgeschwindigkeit zu erreichen. Dadurch ist nun sogar das Bild-Mobiltelefon Realität geworden.

Im alltäglichen Leben ist der elektronische Geschäftsverkehr somit nicht mehr wegzudenken. Die verbreitetste elektronische rechtsgeschäftliche Handlung ist dabei die Kontoführung mittels einer Geldkarte. In diesem Bereich werden Geldauszahlungen mittlerweile nicht wie früher mittels eines eigenhändig unterschriebenen Auszahlungsbelegs am Bankschalter, sondern am Bankautomaten mittels der Geldkarte und einem PIN vorgenommen.[10]

Die „new economy" hat im letzten Jahr jedoch große Einbußen erlitten. Nicht nur die Aktienwerte der einschlägigen Firmen kamen immer mehr unter Druck, auch im Rahmen des E-Commerce selber stieg die Zahl der Internet-Nutzer, die online einkaufen von Oktober 2000 bis November 2001 nur noch um 5% auf 36%.[11] Dies ist jedoch nicht darauf zurückzuführen, dass dem elektronischen Geschäftsverkehr keine Bedeutung mehr zukommt. Vielmehr hatte die Euphorie in diesem Bereich zu erheblichen Überbewertungen geführt, welche sich nun langsam abgebaut haben.

II. Vorteile

Die ursprünglich prognostizierten extremen Wachstumsraten resultierten hauptsächlich aus den Vorteilen des Online-Shoppings. Es besteht dort keine Bindung an das Ladenschlussgesetz, man kann Preise ohne den damit normalerweise verbundenen Einkaufsstress vergleichen und außerdem erhält man ausführliche Informationen und schnelleren und direkteren Kontakt zu den Herstellern und ihren Service Centern.[12] Der große Vorteil des Mediums Internet ist dabei außerdem, dass es für Bestellungen jederzeit verfügbar ist.[13]

Bei den Unternehmern haben sich vor allem die logistischen Vorteile des Internets bemerkbar gemacht. Durch EDI und die damit mögliche automatisierte Verarbeitung von Bestellungen beim Empfänger konnten die Reaktionszeiten entsprechend den Bedürfnissen des Marktes immens verkürzt werden.[14] Dies

[10] Nissel – Formvorschriften, S. 17.
[11] Handelsblatt vom 6.2.2002.
[12] Vgl. Focus, Heft 50/1998, S. 250; Nowak in: MDR 2001, S. 841.
[13] Borges in: ZiP 1999, S. 130.
[14] Nissel – Formvorschriften, S. 29; Roßnagel in: Rechtsfragen des E-Commerce, S. 27.

und die weitaus schnellere Erklärungsübermittlung führten zu einer Ersparnis von Zeit und Kosten.[15] Gleiches gilt auch für die Datenverarbeitung und -speicherung. Durch elektronische Signaturen und andere Hilfsmittel kann der Inhalt einer Kommunikation auch für die Zukunft nachweisbar gestaltet werden.[16] Dazu kommt die Möglichkeit einer rationellen und Platz sparenden Aufbewahrung von Dokumenten.[17] Diese können sogar im Original von vielen Bearbeitern gleichzeitig gelesen und bearbeitet werden.[18]

III. Nachteile

Das Internet ist ein hervorragendes Instrument um Informationen abzurufen, aber ein sehr schlechtes, wenn es um die Sicherheit von versendeten Daten geht. Das Internet ist ein „offenes Netzwerk". Elektronische Dokumente und Informationen durchlaufen unzählige Schnittstellen und miteinander verbundene Computer auf ihrem Weg durch die elektronische Welt.[19] Dabei ist die Möglichkeit, dass ihr Inhalt während dessen verändert oder abgefangen wird, relativ hoch.[20] Probleme entstehen dabei auch bei der Identifizierung der Urheber von Transmissionen und Erklärungen im Internet.[21] Daher verlangt das Internet nach zuverlässigen Sicherungssystemen.

B. Geschäftsfelder

Im Bereich des E-Commerce kann man mehrere wirtschaftliche Grundformen erkennen. Heute unterscheidet man als gesonderte Erscheinungsformen mit unterschiedlichen Anforderungen die business-to-business- („B2B"), die business-to-consumer- („B2C")[22] und die business-to-government- („B2G") Geschäfte.

---

[15] Nissel – Formvorschriften, S. 29; Roßnagel in: Rechtsfragen des E-Commerce, S. 27.
[16] Nissel – Formvorschriften, S. 29.
[17] Nissel – Formvorschriften, S. 29; Roßnagel in: Rechtsfragen des E-Commerce, S. 27.
[18] Roßnagel in: Rechtsfragen des E-Commerce, S. 27.
[19] Vgl. für eine Einschätzung des Internets aus Sicht der US-amerikanischen Rechtsprechung: A.C.L.U. v. Reno, 929 F.Supp. 824, 830-49 (E.D.Pa. 1996), dort werden die Besonderheiten und Charakteristika des Internets diskutiert.
[20] Anderson/Closen in: J. Marshall J. Computer & Info. L. 1999, S. 849; Greenwood/Campbell in: Bus. Law 1997, S. 310-311; Millstein u.a. – Internetbusiness § 8.05 1); Roßnagel in: Rechtsfragen des E-Commerce, S. 27.
[21] Biddle in: San Diego L. Rev. 1997, S. 1226; Millstein u.a. – Internetbusiness § 8.05 1); Roßnagel in: Rechtsfragen des E-Commerce, S. 27.
[22] Köhler/Arndt – Internet, Rn. 105.

I. B2B

B2B-Geschäfte laufen meist nicht über das Internet, sondern über Extranets oder Intranets.[23] Dies sind geschlossene Systeme, die zwischen den einzelnen Unternehmen und Lieferanten aufgebaut werden. In der praktischen Anwendung erscheinen sie z.B. als purchasing systems oder trading communities.[24]

Als ein Beispiel soll hier die Lagerverwaltung eines Unternehmens dienen, bei dem das Unternehmen mit seinem Lieferanten über ein Extranet verbunden ist. Wird der Lagerbestand elektronisch erfasst und überwacht, kann ein spezielles Programm über das Extranet automatisch die benötigte Ware bestellen. Der Lieferant kann wiederum seinerseits elektronisch die erforderlichen Maßnahmen einleiten und automatisch mit der Produktion oder der Lieferung beginnen. Diese Kette könnte man theoretisch bis hin zu dem Lieferanten der Rohstoffe weiterdenken. Der erforderliche Vorgang läuft dabei mit der der elektronischen Datenverarbeitung eigenen hohen Geschwindigkeit ab, was zu einer erheblichen Verkürzung der Arbeitsabläufe führt. Außerdem wird der erforderliche Arbeitsaufwand der Beteiligten erheblich verringert. Geringere Kosten sind deshalb der Hauptvorteil des Electronic Commerce für den Wirtschaftssektor.[25] Daneben steht eine generelle Verkürzung aller Reaktionszeiten in der Wirtschaft, von der alle Wirtschaftsteilnehmer heute berührt werden.[26]

II. B2C

Der nach wie vor für den Verbraucher wichtigste Bereich ist der des B2C. Die Zahl der Webseiten von Unternehmen, die ihre Waren online anbieten, wächst ständig.[27] Dieser Bereich wird bald den größten Teil des Internet E-Commerce ausmachen.[28] Attraktiv ist dieser Geschäftsbereich für die Unternehmen, denn sie können durch die Verwendung des Internets ihre potenziellen Kunden bis hin

---

[23] Köhler/Arndt – Internet, Rn. 105. Intranet ist die Bezeichnung für ein Netzwerk, das innerhalb einer wirtschaftlichen Einheit (z.B. einer Firma oder Firmengruppe) u.U. auch weltweit aufgebaut wird. Ein Extranet ist dementsprechend ein Netzwerk, welches mehrere Firmen oder wirtschaftliche Einheiten miteinander betreiben, welches aber für Dritte nicht frei zugänglich ist.

[24] Köhler/Arndt – Internet, Rn. 105.

[25] Lubitz in: K&R 2001, S. 96.

[26] Weinstock/Leno in: Nat'l L.J. 2000, S. B6.

[27] Lubitz in: K&R 2001, S. 96.

[28] Weinstock/Leno in: Nat'l L.J. 2000, S. B6; dies gilt mehr für die Quantität der Transaktionen als für das gesamte finanzielle Volumen, da es sich oft bei den B2C-Transaktionen nur um sehr kleine Beträge handelt.

zu einem weltweiten Kundenstamm erweitern[29] und die Kunden können andererseits aus einer erheblich erweiterten Anzahl von Angeboten auswählen. Trotz der großen Anzahl der B2C-Transaktionen sind diese heute noch meist von nur geringem Wert und erfordern keine größeren technischen Voraussetzungen.[30] Am häufigsten ist dabei nach wie vor der Erwerb von Büchern oder CDs, aber auch der Kauf von Flugtickets gewinnt in letzter Zeit an Bedeutung. Der Erwerb von höherwertigen und technisch komplexeren Waren erfolgt allerdings nach wie vor noch außerhalb der digitalen Welt. Maßgeblich ist dabei sicher immer noch das vonseiten der Kunden dem Medium Internet wohl zu Recht entgegengebrachte Misstrauen bezogen auf dessen Sicherheit bei der Abwicklung von Geschäften. Die Einführung von Sicherungsmechanismen jeglicher Art könnte dieses Bild jedoch auf längere Sicht drastisch verändern.

III. B2G

Ein in der Öffentlichkeit weniger bekannter Bereich ist der B2G-Bereich oder der entsprechende consumer-to-government-Bereich („C2G") bei der Beteiligung von Privatleuten. Den Hauptanwendungsbereich hat B2G im Bereich der behördlichen Genehmigungen und damit allgemein im Bereich der Antragstellung bei Behörden. Durch die Öffnung der Behörden zu der elektronischen Kommunikationswelt besteht die Möglichkeit einer schnelleren und einfacheren Abwicklung in diesen Bereichen.[31]

C. Offline- und Online-Geschäfte

Vor allem im bisherigen B2C-Bereich[32] können zwei Arten von Geschäften unterschieden werden. Offline-Geschäfte und Online-Geschäfte.

I. Offline-Geschäfte

Offline-Geschäfte sind keine neue Erscheinungsform. Sie unterscheiden sich von ihrer Abwicklung nicht von den herkömmlichen Bestellungen per Postkarte oder Telefon.[33] Obwohl der Vertrag dabei online, meist unter Einschaltung der

---

[29] Lubitz in: K&R 2001, S. 96.
[30] Weinstock/Leno in: Nat'l L.J. 2000, S. B6.
[31] Weinstock/Leno in: Nat'l L.J. 2000, S. B6.
[32] Vergleichbare Erscheinungsformen existieren auch im B2B- und B2G- bzw. C2G-Bereich. Von Bedeutung für diese Arbeit ist aber vor allem der Vertragsschluss unter Beteiligung eines Verbrauchers.
[33] Köhler/Arndt – Internet, Rn. 106.

Webseite des Anbieters, geschlossen wird, erfolgt die Leistungserbringung nach wie vor in der realen Welt. Dies ist der Fall bei allen elektronischen Verträgen über die Lieferung von körperlichen Gegenständen, wie Büchern und Kleidung, oder über die Erbringung von Dienstleistungen, wie bei der Buchung von Reisen.

II. Online-Geschäfte

Bei Online-Geschäften findet neben dem Vertragsschluss auch die Leistungserbringung über das Internet statt.[34] Dies erfordert allerdings, dass die zu liefernde Ware digitalisierbar ist,[35] wie z.B. bei Musik oder bei Software. Aber auch Dienstleistungen können online erbracht werden, wie z.B. die Erteilung von Auskünften.[36]

---

[34] Köhler/Arndt – Internet, Rn. 107.
[35] Köhler/Arndt – Internet, Rn. 107.
[36] Köhler/Arndt – Internet, Rn. 107; z.B. Internet-Telefonie, Ticketbuchung, Zurverfügungstellung von Daten oder Informationen, etc.

Abschnitt 2 – Das technologische Umfeld

A. Das Übertragungsmedium

I. Internet

1. Natur und Aufbau des Internets

Das Internet an sich existiert als solches nicht. Vielmehr wurden in der ganzen Welt über die Jahre nationale, internationale, private und öffentliche Computer-Netzwerke errichtet, welche miteinander verbunden werden und dabei größtenteils auch ständig aktiv miteinander verbunden bleiben.[37] Zwischen diesen Netzwerken besteht daher eine andauernde Kommunikation, soweit sie für Zwecke des Internets geöffnet und zugriffsbereit sind. Diese Netzwerke bestehen ihrerseits aus Computern und anderen Datenverarbeitungsanlagen, welche zum Zwecke der Kommunikation und des Datenaustausches über Datenfernleitungen miteinander verbunden sind.[38] Die Verbindung zwischen den einzelnen Netzwerken erfolgt über „Router" mittels Telefon- oder Hochgeschwindigkeitsdatenleitungen.

Die Gesamtheit dieser geöffneten Netzwerke wird als das Internet bezeichnet. Folglich existiert auch keine einzelne Person, Einrichtung oder Gruppe, welche das Internet kontrolliert. Die Kontrollmöglichkeit und das Eigentum einzelner Personen und Institutionen erstreckt sich jeweils nur auf die einzelnen isolierten Netzwerke, aus denen das Internet aufgebaut ist.[39]

Das Internet selber ist nicht aktiv und stellt auch nichts zur Verfügung.[40] Es bietet keine Dienstleistungen an und greift auch auf keine Computer zu. Dies wird einzig und allein von den Benutzern initiiert. Das Internet stellt lediglich ein Kommunikationsmedium zur Verfügung mittels dem die Benutzer Dienste anbieten und abfragen können.[41] Derartige Dienste, die über das Internet oder für das Internet angeboten werden, sind E-Mail-Systeme, Internet-Relay-Chat-

---

37 Davies – Internet Contracts, S. 100; Liu/Peek – Internet-Server, S. 1; Lux – Internet, S. 3; für genauere Informationen über die Geschichte des Internets siehe Cordes – Willenserklärungen im Internet, S. 13 ff. und Süßenberger – Rechtsgeschäft im Internet, S. 19 ff.

38 Hansen – Informationsverarbeitung, S. 1029.

39 Davies – Internet Contracts, S. 100.

40 Davies – Internet Contracts, S. 101.

41 Davies – Internet Contracts, S. 101; Kidd/Daughtrey in: Rutgers Computer & Tech. L.J. 2000, Fn. 21.

Systeme (IRC), Informationsdienste und auch das World Wide Web (WWW). Diese ermöglichen es somit dem Benutzer erst im Internet aktiv zu werden.

Die beiden Dienste, welche die Benutzer am häufigsten verwenden und die auch für elektronische Verträge besonders relevant sind, sind die E-Mail und das WWW als bekannteste Zugangsplattformen zum Internet.

2. Klienten und Server

Computer, welche an das Internet angeschlossen sind, werden häufig als Klienten und Server bezeichnet. Diese Einteilung beruht nicht auf der Größe oder Leistungsfähigkeit des Computers, sondern vielmehr auf der Art der Verwendung.[42] Wenn der Computer hauptsächlich Informationen oder Daten zur Verfügung stellt, wird er als Server bezeichnet.[43] Von diesem können dann die Klienten die Informationen abrufen. Dabei ist es natürlich auch möglich, dass ein Computer gleichzeitig beide Rollen spielen kann, also als Klient für einen Nutzer Daten abfragen und als Server gleichzeitig Daten allgemein zur Verfügung stellen.[44]

3. Übertragungsmethode

Damit das Internet funktionieren kann, müssen die einzelnen Netzwerke miteinander kommunizieren können. Hierbei besteht das Problem, dass die einzelnen Netzwerke gewöhnlich bereits aus technischen Gründen unterschiedlich aufgebaut und folglich nicht immer kompatibel sind. Daher benötigt das Internet eine gemeinsame Form der Kommunikation, gewissermaßen eine einheitliche Sprache.

Die Netzwerke und Computer, welche an die existierenden Netzwerke angeschlossen werden, verwenden dabei eine Reihe von Protokollen. Darunter versteht man die verschiedenen Möglichkeiten Daten innerhalb der verschiedenen Netzwerke, unabhängig von deren Struktur und den Übertragungsmedien, zu transportieren.[45] Das Transmission Control Protocol/Internet Protocol ist dabei das Gebräuchlichste. Dies wird allgemein als TCP/IP abgekürzt. Dabei ist der

[42] Davies – Internet Contracts, S. 102.

[43] Hansen – Informationsverarbeitung, S. 348; Maier/Wildberger – Internetkommunikation, S. 26; Precht/Meier/Kleinlein – EDV, S. 139.

[44] Cordes – Willenserklärungen im Internet, S. 8; Davies – Internet Contracts, S. 102; Wenning in: jur-PC 1995, S. 3321.

[45] Hansen – Informationsverarbeitung, S. 316; Maier/Wildberger – Internetkommunikation, S. 7; Süßenberger – Rechtsgeschäft im Internet, S. 22.

Begriff etwas missverständlich, da es sich nicht nur um diese beiden Protokolle handelt, sondern um eine Vielzahl davon.[46]

Computer speichern und verarbeiten Daten, welche eine Reihe von „bits“ oder Nullen und Einsen darstellen. Dabei erlauben die obigen Protokolle die Übertragung dieser Daten oder besser gesagt dieser Zahlenfolgen.[47] Die Protokolle zerstückeln die Daten in viele sehr kleine Teile. Diese werden sodann über das Internet auf den Computer des Empfängers übertragen und von diesem wieder zu einer exakten Kopie der versendeten Daten zusammengesetzt. Die einzelnen Teile können dabei in einer beliebigen Reihenfolge ihr Ziel erreichen. Es ist ebenfalls irrelevant, auf welchen konkreten Verbindungswegen die einzelnen Teile das Ziel erreichen. Die einzige Voraussetzung ist, dass mindestens eine indirekte Verbindung zwischen dem Absender und dem Empfänger besteht.[48]

Einige der komplexeren Protokolle erlauben es dem Computer des Empfängers die Teile in der richtigen Reihenfolge zusammenzusetzen und eventuell fehlende Teile erneut von dem Absender anzufordern. Die einfacheren Protokolle arbeiten jedoch ohne diese Fehlerkorrektur.[49]

Des Weiteren werden über die Protokolle auch die „Adressen“ der einzelnen Computer ausgetauscht. Diese werden auch als „IP-Adressen“ bezeichnet. Zurzeit verwenden die Protokolle eine Zahl, welche aus 32-bit besteht, wobei jedem Computer weltweit individuell eine solche Zahl zugeteilt wird.[50] Die einzelnen Computer nehmen nur diese Zahl wahr. Dadurch wird keine Aussage über die geografische Zuordnung getroffen, es wird lediglich das Netzwerk, an welchem der Computer angeschlossen ist, identifiziert.[51] Daher setzt sich die IP-Adresse auch aus der Netzwerk-Nummer und einer Zahl, welche den einzelnen Computer innerhalb dieses Netzwerkes identifiziert, zusammen.[52] Die Zuordnung dieser Zahlenfolge zu einer Internetadresse, die der Benutzer ein-

---

[46] Davies – Internet Contracts, S. 100; Hansen – Informationsverarbeitung, S. 316; einen Überblick über die Internet-Standard-Protokolle bietet Tolksdorf – Internet, S. 93.

[47] Davies – Internet Contracts, S. 101.

[48] Davies – Internet Contracts, S. 101; Kidd/Daughtrey in: Rutgers Computer & Tech. L.J. 2000, S. 224.

[49] Davies – Internet Contracts, S. 101.

[50] Hansen – Informationsverarbeitung, S. 380; Süßenberger – Rechtsgeschäft im Internet, S. 22; Tolksdorf – Internet, S. 21 f.

[51] Davies – Internet Contracts, S. 101.

[52] Cordes – Willenserklärungen im Internet, S. 12.

geben kann, erfolgt meist über nationale Institutionen wie z.B. die DENIC[53] oder ICANN.[54]

4. Verbindungsaufbau zum Internet

Benutzer können auf verschiedene Weise eine Verbindung zum Internet herstellen. Der direkteste Weg ist mittels eines Internet-Dienste-Anbieters oder Internet Service Providers, kurz ISP. Dieser stellt dem Benutzer nur die technische Verbindung zum Internet zur Verfügung. Die komfortabelste und leistungsfähigste Methode dabei ist die Verbindung über eine Standleitung. Dies ist jedoch sehr aufwändig und kostspielig, sodass diese Möglichkeit meist nur von Universitäten und großen Unternehmen genutzt wird. Für die privaten Anwender erfolgt die Einwahl meistens über ein an den Computer angeschlossenes Modem und die Telefonleitung. Es sind mittlerweile aber auch Verbindungen über das Strom- oder Kabelnetz oder auch eine Satellitenverbindung möglich. Dabei wird stets nur eine temporäre Verbindung zwischen dem Computer des Nutzers und dem Server des ISP hergestellt. In diesen Fällen organisiert der Nutzer selber die Art und Weise wie sein Computer mit dem Internet kommuniziert.

Eine weitere Möglichkeit ist die Verbindung über einen Online-Diensteanbieter. Die bekanntesten Beispiele hierfür sind T-Online, AOL und CompuServe. In diesen Fällen verbindet sich der Benutzer nicht nur mit dem Netzwerk des Anbieters, sondern nimmt auch die Dienste in Anspruch, die der Diensteanbieter innerhalb dieses Netzwerkes zur Verfügung stellt. Es sind dies gewöhnlich die Möglichkeiten zum Empfang und zur Versendung von E-Mails und zur Teilnahme an Diskussionsforen. In diesem Fall ist der Benutzer aber nicht direkt mit dem Internet verbunden, sondern eben über das Netzwerk des Anbieters. Sämtliche Daten und Informationen, welche der Benutzer innerhalb des Internets abruft, werden dabei zunächst auf dem Server des ISP gespeichert und dann über die Telefonleitung an den Computer des Benutzers gesendet.

---

[53] DENIC eG Domain Verwaltungs- und Betriebsgesellschaft, für weitere Informationen siehe http://www.denic.de.

[54] Internet Corporation for Assigned Names and Numbers, für weitere Informationen siehe http://www.icann.org.

5. Die „Netiquette“ als Verhaltenskodex

Für das Verhalten der Benutzer im Internet gibt es einen ungeschriebenen Verhaltenskodex. Dieser wird auch als „Netiquette“ bezeichnet.[55] Dazu gehört vor allem ein angemessenes Verhalten. Persönliche Beleidigungen und die Verletzung religiöser oder weltanschaulicher Empfindungen anderer Netzteilnehmer werden nicht toleriert. Diese Regeln und Maßstäbe werden von den meisten Internet-Usern freiwillig angewendet, da sie den Umgang mit dem Internet und den angebotenen Diensten vereinfachen und die Effizienz des Systems steigern. Darüber hinaus werden die Nachteile, die durch den Missbrauch von Diensten entstehen, verringert.

Die Netiquette war vor allem deshalb lange sehr bedeutend, da die meisten Länder noch keine rechtliche Grundlage für die neu entstandenen Rechtsprobleme geschaffen hatten, von einer internationalen Grundlage ganz zu schweigen.[56] Wenn einzelne Anbieter diese Regeln missachtet haben, wurden sie oft von ganzen Benutzergruppen boykottiert. Dies konnte und kann vom reinen Verlust der Kundschaft bis hin zu einer Flut an Nachrichten an die Adresse des Betroffenen reichen, wodurch dessen Internetverbindung praktisch völlig lahm gelegt werden kann. Dieser Kodex alleine kann jedoch das Internet nicht vor Missbrauch schützen, weshalb die Zahl von einschlägigen Verhaltensregelungen in den Gesetzen in aller Welt deutlich zunimmt.

II. Intranet

Intranets sind vom Grundgedanken her vergleichbar mit dem Internet. Der Zugriff beschränkt sich jedoch auf eine begrenzte Anzahl von Teilnehmern. Außenstehende Dritte können sich nicht in diese Netzwerke einschalten. Derartige Intranets werden zumeist von Unternehmen unterhalten, deren Mitarbeiter über mehrere Standorte und meistens sogar mehrere Länder oder weltweit verstreut arbeiten.

Die meisten Intranets haben zwar auch eine Verbindung zum Internet, diese ist jedoch einseitig, sodass die Mitglieder des Intranets zwar auf das Internet, Nicht-Mitglieder aber nicht aus dem Internet in das Intranet zugreifen können.[57]

---

[55] Cordes – Willenserklärungen im Internet, S. 15; Street/Grant – Internetlaw, S. 4.
[56] Street/Grant – Internetlaw, S. 4.
[57] Precht/Meier/Kleinlein – EDV, S. 499; Tolksdorf – Internet, S. 15.

Dies wird bewirkt durch den Einsatz von Passwörtern, die individuell zugeteilt werden und einen Schlüssel zum Zugang in das Intranet darstellen.

B. Erstellung von Erklärungen im elektronischen Geschäftsverkehr

Für den Problemkreis des elektronischen Vertragsschlusses existieren bisher keine allgemein gültigen Begriffsbestimmungen. Daher werden in der Literatur auch die unterschiedlichsten Einteilungen und Begriffe verwendet.[58]

Die meisten Autoren unterscheiden zwischen den Erklärungen, bei denen die EDV-Anlage lediglich als Medium der Übermittlung eingesetzt wird und solchen Erklärungen, bei denen der Computer voll in den Prozess der Erklärungserstellung eingebunden ist.[59]

Mehrings unterscheidet darüber hinaus auch noch nach der Intensität der Kontrollmöglichkeiten durch den Verwender.[60] Wenn der Verwender Daten eingibt und die EDV daraus ein bestimmtes Ergebnis erstellt, so soll nach ihm eine sog. automatisierte Erklärung vorliegen.[61] Als Beispiel ist ein Versicherungsschein zu nennen, der nach Eingabe der erforderlichen Daten automatisch erstellt wird.[62] Letztlich aber dreht es sich auch hier um die Frage, ob ein Mensch die konkrete Erklärung veranlasst hat, oder ob dies im Einzelfall ohne menschliches Zutun erfolgt.

I. Erstellung durch einen Menschen / E-Mail

1. E-Mail im engeren Sinne

Hier wird zunächst auf die Fallgestaltungen eingegangen, bei denen der Computer als reines Kommunikationsmedium verwendet wird, seine Hauptaufgabe also in der Übermittlung der Informationen oder Daten liegt. Zur Wahrung der Übersichtlichkeit wird daher später für diese Fälle einheitlich der Begriff E-Mail verwendet.

---

[58] Siehe die Zusammenfassung bei Mehrings in: Hoeren/Sieber, Handbuch Multimedia-Recht Kap. 13.1, Rn. 22 ff.

[59] Fritsche/Malzer in: DNotZ 1995, S. 6 ff.; Härting – Internet Recht, Rn. 59; Heun in: CR 1994, S. 595.

[60] Mehrings in: Hoeren/Sieber, Handbuch Multimedia-Recht, Kap. 13.1, Rn. 24 ff.

[61] Mehrings in: Hoeren/Sieber, Handbuch Multimedia-Recht, Kap. 13.1, Rn. 26.

[62] Mehrings in: Hoeren/Sieber, Handbuch Multimedia-Recht, Kap. 13.1, Rn. 25, dieser Vorgang weist starke Parallelen zur Erstellung öffentlich-rechtlicher Bescheide in Form automatisierter Verwaltungsakte auf.

Die elektronische Post oder E-Mail im engeren Sinne bildet den am meisten verbreiteten Verwendungszweck des Internets.[63] Dadurch wird es dem Benutzer ermöglicht, eine elektronische Nachricht über die Datenfernleitung in Sekundenschnelle an einen bestimmten Adressaten oder eine Gruppe von Adressaten überall in der Welt zu versenden.[64] Der Verfasser einer E-Mail unterscheidet sich somit nicht von dem Benutzer einer Schreibmaschine,[65] lediglich der Versendungsprozess ist ein anderer.

Jedem Benutzer von E-Mail Diensten wird eine unverwechselbare Adresse, gleich einer Postanschrift, zugeteilt. Diese setzt sich aus zwei Teilen zusammen, welche durch den sog. „Klammeraffen“ (@) voneinander getrennt sind. Nach dem Klammeraffen befindet sich die Kennung des Diensteanbieters. Dies ist z.B. ...@hotmail.com oder ...@t-online.de. Die Buchstabenfolge hinter dem Punkt ist dabei die Nationalkennung des Diensteanbieters. „.com“ ist die meist in den USA für kommerzielle Dienste vergebene Endung, „.de“ steht wiederum für einen in Deutschland niedergelassenen Anbieter. Vor dem Klammeraffen befindet sich die individuelle Kennung des einzelnen Benutzers. Die meisten Diensteanbieter ermöglichen es dem Benutzer diese frei zu wählen. Da jede Kennung nur einmal vergeben werden kann, ist es nicht immer möglich, dass z.B. jeder Benutzer seinen eigenen Namen oder ein gewünschtes Kürzel erhält.

Für den Benutzer stellt sich der E-Mail-Dienst bei seiner Nutzung sehr einfach dar. Er verwendet dabei ein bestimmtes E-Mail-Programm zur Erstellung der Nachricht, adressiert diese an den Empfänger und „entlässt sie sodann in die Weiten des Internets“. Der tatsächliche Ablauf ist allerdings ein wenig komplizierter. Zunächst wird die Nachricht vom E-Mail-Programm des Absenders zu dessen Post-Server geschickt. Dies ist ein Programm, welches sich teilweise sowohl auf dem Computer des Absenders als auch auf dem Server des Diensteanbieters befindet. Der Post-Server schickt sodann die Nachricht zu dem Post-Server des Empfängers. Dort wird die Nachricht gespeichert, bis der

[63] Cordes – Willenserklärungen im Internet, S. 19; Davies – Internet Contracts, S. 102; Kidd/ Daughtrey in: Rutgers Computer & Tech. L.J. 2000, S. 223; Süßenberger – Rechtsgeschäft im Internet, S. 29.

[64] Cordes – Willenserklärungen im Internet, S. 19; Hoeren in: NJW 1995, S. 3296; Mayer in: NJW 1996, S. 1784; Raudszus in: NET 1995, S. 40.

[65] Zu möglichen Unterschieden bei der Verwendung eines Textverarbeitungsprogramms siehe sogleich.

Empfänger sie mit seinem E-Mail-Programm abruft.[66] Diese Post-Server des Diensteanbieters sind an das Internet angeschlossene Computer, welche als elektronische Briefkästen fungieren.[67] Dort wird dem Benutzer unter seiner Adresse ein gewisser Speicherbereich zugeordnet, auf welchem seine elektronische Post zwischengespeichert wird.[68] Von dort kann der Benutzer die regelmäßig durch Zugangssperren geschützten Nachrichten abrufen. Dabei ist es ohne Bedeutung, von welchem konkreten Computer aus der Benutzer letztlich seine Nachrichten abruft. Einzige Voraussetzung ist eine Internetverbindung mit dem Computer des eigenen Diensteanbieters und ein mit dem Post-Server kompatibles E-Mail-Programm auf dem genutzten Computer. Es ist dabei auch ohne Belang, wo sich die Post-Server befinden. Die E-Mail kann direkt zu dem Post-Server des Empfängers gelangen oder zunächst eine Vielzahl von anderen Servern durchlaufen, bevor sie ihr Ziel in Gestalt der angegebenen E-Mail-Adresse erreicht. Dabei können die einzelnen Server die Nachricht auch für einen gewissen Zeitraum speichern, bevor sie von ihnen weiter versendet wird.

Eine neuere Erscheinungsform der E-Mail-Dienste sind die Web-basierenden Anbieter. Dort steht dem Benutzer auf seinem Computer kein eigenes E-Mail-Programm zur Verfügung, sondern er nutzt ein auf dem Server des Diensteanbieters befindliches Programm. Dort erstellt er die Nachricht über ein Formular, welches der Anbieter auf einer Webseite bereitstellt und welches der Server des Diensteanbieters nach Fertigstellung direkt an den Empfänger weiterleitet. Der Zugang zu diesen Diensten ist ebenfalls durch Benutzernamen und Passwörter geschützt, sodass jeder Benutzer immer nur auf seine eigenen Nachrichten zugreifen kann.

Eine weit verbreitete Fehlvorstellung ist, dass eine E-Mail stets nahezu ohne Zeitverlust das Ziel erreicht. Dies ist jedoch nicht der Fall. Manche E-Mail-Programme arbeiten im Hintergrund des Klienten-Computers und rufen die Nachrichten sofort vom Post-Server ab, sobald der Klienten-Computer eingeschaltet wird. Andere, wie z.B. die Web-basierenden Dienste wie „Hotmail“ oder „Yahoo!“ warten darauf, dass der Benutzer seine E-Mails selber dort auf-

---

[66] Davies – Internet Contracts, S. 102; Kidd/Daughtrey in: Rutgers Computer & Tech. L.J. 2000, S. 224; Süßenberger – Rechtsgeschäft im Internet, S. 29.
[67] Wenning in: jur-PC 1995, S. 3322.
[68] Maier/Wildberger – Internetkommunikation, S. 26.

ruft und damit abruft.[69] Der Absender hat deshalb grundsätzlich keine Informationen darüber, wann der Empfänger die Nachricht tatsächlich abruft.

Manche E-Mail-Programme lösen dieses Problem mittels der mit der versendeten Nachricht technisch verbundenen Rückantwort in Falle des Abrufs der Nachricht vom Post-Server oder im Falle der Öffnung der Nachricht durch den Empfänger. Dies geschieht mittels einer Empfangsbestätigung in Form einer Rück-E-Mail, welche vom E-Mail-Programm des Empfängers automatisch verschickt wird.

2. Chatroom

Chatrooms erlauben es den Benutzern in „real time" miteinander zu kommunizieren.[70] Die Chatrooms sind elektronische Foren, in denen sich verschiedene Benutzer treffen, um Informationen und Gedanken auszutauschen. Dafür müssen sich die Benutzer mittels eines entsprechenden Programms auf einem Chat-Server anmelden. Im Rahmen des Chat wird der Text den der einzelne Benutzer eingibt sofort für die anderen Teilnehmer des Chat sichtbar.[71] Dies geschieht, indem der eingegebene Text zunächst von dem Klienten-Programm des Benutzers an den Chat-Server übermittelt und sodann im Rahmen eines fortlaufenden Programms einem ebenfalls fortlaufenden Text im Chat-Server hinzugefügt wird. Dieser Text wird dann in kurzen Intervallen bei allen Teilnehmern des Chat aktualisiert und damit sichtbar gemacht. Durch den Zugriff aller Chat-Teilnehmer auf den gleichen Text im Chat-Server entsteht somit der Eindruck, dass eine direkte Kommunikation zwischen den Beteiligten gegeben ist.[72]

Die Nachrichten der einzelnen Teilnehmer werden auf dem Chat-Server und dem Computer der Teilnehmer nicht für eine spätere Auswertung gespeichert. Es entsteht somit eine flüchtige Kommunikation innerhalb dieses Chat vergleichbar mit einem Telefongespräch.

An diese Technik angelehnt sind Message-Dienste wie z.B. AOL Instant Messenger oder ICQ. Diese erlauben es dem Verwender anderen Benutzern, die ebenfalls dieses Programm verwenden und zum gleichen Zeitpunkt „online"

[69] Davies – Internet Contracts, S. 102.
[70] Der Begriff „Chat" ist vom englischen „to chat" – „plaudern" abgeleitet. Der bekannteste Chat ist der Internet Relay Chat (IRC).
[71] Kidd/Daughtrey in: Rutgers Computer & Tech. L.J. 2000, S. 224.
[72] Süßenberger – Rechtsgeschäft im Internet, S. 30 f.

sind, eine kurze Nachricht zukommen zu lassen. Der Empfänger kann sodann einen privaten Chat mit dem Absender beginnen, wobei man auch hier im weitesten Sinne von einer E-Mail sprechen kann.

3. Internet-Telefonate und Videokonferenzen

Internet-Telefonate und Videokonferenzen sind im Grunde genommen nur eine Weiterentwicklung des Chat.[73] Dort werden ebenfalls mit Softwareprogrammen und einer Verbindung der Teilnehmer zum Internet direkte Kommunikationsverbindungen zwischen den Teilnehmern hergestellt. In diesen Fällen erfolgt die Kommunikation jedoch nicht durch geschriebene Worte, sondern in Bild und Ton. Da sowohl Bild- als auch Ton-Dateien, die bei diesem Verfahren übertragen werden, sehr komplex und auch meist sehr umfangreich sind, lässt die Übertragungsqualität meist noch zu wünschen übrig. Im Rahmen der weiterlaufenden Entwicklung des Internets und der Übertragungsmethoden sollte dies in Zukunft jedoch kein Problem mehr darstellen.

4. WWW

Das WWW ist wohl der bekannteste Internetdienst.[74] Eine weit verbreitete Annahme, die vor allem auf dem Namen des WWW beruht, ist, dass es sich hierbei um das Internet als solches handelt. Dies ist aber nicht der Fall. Vielmehr stellt das WWW lediglich einen Dienst im Rahmen des Internets dar.[75]

Das WWW ist ein grafisches Interface für die Kommunikation zwischen einer Webseite und dem Benutzer des Internets, welcher diese Seite aufruft.[76]

Das WWW bedient sich im Grundsatz zweier Technologien, nämlich dem Hyper Text Transfer Protocol („http“) und der Hyper Text Markup Language („HTML“). Http ist ein Protokoll, welches Klienten-Programmen wie z.B. Browsern[77] erlaubt, Dokumente und andere Ressourcen aufzurufen, welche andere Web Server anbieten.[78] HTML wiederum ist eine Art Computersprache, welche den Browsern mitteilt, wie sie die einzelnen Elemente, die auf einer

---

[73] Vgl. auch Süßenberger – Rechtsgeschäft im Internet, S. 32.
[74] Für einen kurzen Überblick über die Entwicklung des WWW siehe Süßenberger – Rechtsgeschäft im Internet, S. 26.
[75] Davies – Internet Contracts, S. 103; Hoeren in: NJW 1995, S. 3296; Precht/Meier/Kleinlein – EDV, S. 481; Süßenberger – Rechtsgeschäft im Internet, S. 26.
[76] Kidd/Daughtrey in: Rutgers Computer & Tech. L.J. 2000, S. 226.
[77] Die bekanntesten Browser sind der Internet Explorer und der Netscape Navigator.
[78] Davies – Internet Contracts, S. 103; Tolksdorf – Internet, S. 61.

Seite enthalten sind, zusammensetzen müssen.[79] Die Elemente können dabei aus Text, Video- oder Audio-Informationen, Grafiken oder Bildern und vielem mehr bestehen. Die Start-Webseite eines Anbieters im Internet wird auch als Homepage bezeichnet. Diese und die folgenden Seiten[80] können auch Hyperlinks beinhalten, die es dem Benutzer gestatten durch einfaches Anklicken zu anderen Webseiten oder Diensten zu gelangen.[81] Dies ermöglicht vor allem im geschäftlichen Umfeld eine einfache und übersichtliche Kommunikationsmöglichkeit zwischen dem Ersteller der Seite und dem Kunden.

Für den Vertragsschluss kann dabei der Mausklick auf einen Hyperlink von besonderer Bedeutung sein.[82] Zu denken ist hierbei an das Anklicken eines Hyperlinks, der technisch als Erklärungshandlung gestaltet wurde. Dabei wird durch das Anklicken eine bestimmte Information über das Medium Internet versandt, die im Programm des Zielservers eine entsprechende Reaktion, z.B. in Gestalt der Empfangsbestätigung hervorruft.[83]

Weiter entwickelte Versionen des HTML ermöglichen es dem Ersteller interaktive Webseiten zu entwickeln. So sind z.B. Webseiten möglich, auf denen der Kunde eine Bestellmaske oder ein Formular aufrufen und ausfüllen und an den Webseiten-Server zurücksenden kann.[84] Dieses Ausfüllen einer Bestellmaske auf einer Webseite unterscheidet sich in nichts von der handschriftlichen oder maschinengeschriebenen Ausfüllung eines Bestellformulars.[85] Es liegt hier jedoch keine vollautomatische Erklärung vor,[86] da der Kern der Erklärung vom Besteller, also von einer Person, stammt.[87] Sobald die Informationen auf dem Server der Webseite angelangt sind, besteht dort die Möglichkeit, dass diese

[79] Vgl. Davies – Internet Contracts, S. 103; Hance – Internet-Recht, S. 49; Kidd/Daughtrey in: Rutgers Computer & Tech. L.J. 2000, S. 226; Precht/Meier/Kleinlein – EDV, S. 483; Tolksdorf – Internet, S. 61.

[80] Diese werden nachfolgend allgemein als Webseiten bezeichnet.

[81] Hoeren in: NJW 1995, S. 3297; Tolksdorf – Internet, S. 59 f.; Wenning in: jur-PC 1995, S. 3322.

[82] Ein Hyperlink ist ein Feld auf einer Webseite. Das Anklicken dieses Links bewirkt, dass der Nutzer auf eine bestimmte andere Webseite geleitet wird, ohne dass er die u.U. sehr lange und komplizierte Internetadresse eingeben bzw. kennen muss.

[83] Die genaue rechtliche Einordnung dieses Vorgangs ist Thema des Kapitels über Abgabe und Zugang.

[84] Davies – Internet Contracts, S. 103.

[85] Mehrings in: Hoeren/Sieber, Handbuch Multimedia-Recht 13.1, Rn. 25.

[86] Auch wenn möglicherweise Gesamtsumme und Versandkosten etc. und nach Eingabe der Warennummer die genaue Bezeichnung vom Programm zugefügt werden.

[87] Mehrings in: Hoeren/Sieber, Handbuch Multimedia-Recht 13.1, Rn. 25.

Informationen weiterverarbeitet werden. Diese Verarbeitung kann entweder durch eine Person oder aber durch ein Computerprogramm erfolgen.

5. Auktionen

Als einen Unterfall der Erklärung innerhalb des WWW ist noch die Internetauktion[88] zu nennen.[89] Die Abgabe der Erklärungen erfolgt dort entweder per E-Mail oder auf die bereits im Rahmen des WWW dargestellte Weise.

Abhängig von der konkreten Ausgestaltung kann hier, wie für die klassische Versteigerung, die Sonderregelung des § 156 BGB zur Anwendung kommen.[90] Auch wenn aufgrund der Tatsache, dass die Bieter nicht körperlich in einem Raum sind und sich zur Übermittlung des Angebots einer Technik bedienen müssen, ändert dies an der Grundsituation des Vertragsschlusses nichts.[91]

II. Erstellung durch eine Maschine / Computererklärung

Als Gegensatz zur Verwendung eines elektronischen Mediums für die Übermittlung einer Nachricht, was in dieser Arbeit generell mit der Bezeichnung E-Mail beschrieben wird, besteht die Möglichkeit, dass ein elektronisches Medium bereits im Stadium der Erklärungserstellung zum Einsatz kommt. Dabei sind folgende Fallgestaltungen typisch:

- Bei elektronisch gesteuerten Lagersystemen wird bei Unterschreitung eines bestimmten vorher festgesetzten Bestandes automatisch von der EDV eine Bestellung an einen Lieferanten versandt. Hier kann im Extremfall sogar auf beiden Seiten die EDV tätig werden, wenn die Bestellung eben auch auf der Lieferantenseite von einem Computer entgegengenommen und bearbeitet wird. (Sog. Electronic Data Interchange = EDI)[92]
- Die Bearbeitung der Autorisationsanfrage bei Electronic-Cash-Systemen erfolgt im Normalfall durch den Zentralcomputer der Bank, der dabei die

[88] Die wohl bekanntesten Beispiele sind ebay und ricardo.de.

[89] Für eine detailliertere Betrachtung der Internet-Auktion siehe LG Münster, Vertragsschluss bei Online-Auktionen, in: CR 2000, S. 313-317; vgl. auch Hartung/Hartmann in: MMR 2001, S. 278-286; Wiebe in: MMR 2000, S. 323-329.

[90] I.E. ebenso LG Wiesbaden – 13 O 132/99, zum Wettbewerbsrecht, in: MMR 2000, S. 377.

[91] Hartung/Hartmann in: MMR 2001, S. 279; Wiebe in: MMR 2000, S. 324.

[92] Fritsche/Malzer in: DNotZ 1995, S. 6 ff.; Hergert/Reimer in: DStR 1996, S. 1291; Heun in: CR 1994, S. 595 ff.; Hohenegg/Tauschek in: BB 1997, S. 1542; Köhler in: AcP 182, S. 133; Kuhn – EDV, S. 56 und 59 ff.; Mertens – Administrations- und Dispositionssysteme, S. 75 ff. und S. 97 ff.

Kontonummer, die Geheimzahl und das Kreditlimit bzw. eine eventuelle Sperrung der Karte prüft, ohne dass im Regelfall ein Bearbeiter diesen Vorgang überwacht.[93]

- Beim Online-Shopping veranlasst der Rechner nach Eingehen einer Bestellung durch einen Kunden die Prüfung der Angaben auf dem Bestellformular wie Name, Anschrift und Kreditkartennummer. Der Rechner führt möglicherweise auch noch eine Prüfung der Bonität des Kunden durch sowie eine Überprüfung des einschlägigen Lagerbestandes und sendet dann automatisch eine Annahmebestätigung, nachdem er außerdem die Versendung des gekauften Produkts veranlasst hat.[94] Wenn die Ware digitalisierbar ist,[95] kann die „Lieferung" auch gleich noch online erfolgen, indem der Zugang zum Download freigegeben wird.

Es wird deutlich, dass bei allen diesen Anwendungen, die im Internet immer häufiger anzutreffen sind, der gesamte Vorgang auf beiden Seiten oder speziell nur auf der Seite des Anbieters ohne jegliches menschliches Zutun im Einzelfall erfolgt. Für solche rein vom Computer abgegebenen Erklärungen werden neben der Bezeichnung der automatisierten Willenserklärung[96] oder automatisierten Erklärung[97] auch Begriffe wie vollelektronische Willenserklärung[98] oder elektronische Willenserklärung[99] verwendet. Als „exakte" Bezeichnung hierfür würde sich der Begriff der „vollautomatisierten und elektronisch übermittelten Erklärung" anbieten.[100] Da dieser Begriff wenig praktikabel ist, hat sich

---

[93] Dazu Bröcker in: WM 1995, S. 468 ff.; Kuhn – EDV, S. 56 f.; Möschel in: AcP 186, S. 194 ff.; zur rechtsgeschäftlichen Einordnung der im bargeldlosen Zahlungsverkehr ausgetauschten Erklärungen speziell bei Erklärungsabgabe mittels EDV im beleglosen Zahlungsverkehr Canaris – Bankvertragsrecht, Rn. 527cc (zum Point-of-Sale-System), Rn. 527 ff. (zum Btx-System), Rn. 422 f. (Gutschrift durch Buchung mittels EDV).

[94] So schon für den Versandhandel über BTX Kuhn – EDV, S. 56; Redeker in: NJW 1984, S. 2392.

[95] Dies ist z.B. der Fall bei Software, Musik, Büchern oder Dienstleistungen, die sogleich online erbracht werden.

[96] Hübner – BGB AT, Rn. 667; Kramer in: MüKo § 119, Rn. 35; Medicus – BGB AT, Rn. 256.

[97] Heinrichs in: Palandt Einf. vor § 116, Rn. 1; Jauernig in: Jauernig Vor § 104, Rn. 1.

[98] Möschel in: AcP 186, S. 192.

[99] Fritsche/Malzer in: DNotZ 1995, S. 6; Hohenegg/Tauschek in: BB 1997, S. 1542.

[100] So auch Mehrings in: Hoeren/Sieber, Handbuch Multimedia-Recht 13.1, Rn. 29.

mittlerweile der Begriff der Computererklärung für diese Erscheinungsform so gut wie durchgesetzt.[101]

Bei Computererklärungen besteht die Besonderheit, dass zum Zeitpunkt der Erklärungshandlung der Betreiber der EDV-Anlage regelmäßig nicht weiß und auch nicht wissen kann, ob und mit welchem Inhalt gerade eine Erklärung abgegeben wird.[102] Der Mensch wird hier also bei der Erklärungserstellung durch die EDV ersetzt.[103] Es läuft dabei ein Computerprogramm ab, dessen wesentliche Parameter vorher durch den Benutzer festgelegt worden sind. Die Konkretisierung im Einzelfall ist deshalb einem automatischen Vorgang im Computer überlassen.

C. Die Speichermedien

Im Bereich der Hardware kann zwischen temporären und permanenten Speichermedien unterschieden werden. Das wichtigste permanente Speichermedium ist die Festplatte. Diese erlaubt das Abspeichern von Daten auf einem magnetischen Speichermedium. Der Benutzer kann auf die Daten zugreifen, sie vervielfältigen, kopieren und löschen.

Weitere externe Speichermedien sind CD-ROM, DVD und Disketten.[104] Diese haben gemeinsam, dass sie portabel sind und einen leichten Transfer der Daten ermöglichen. CD-ROM und DVD bieten dabei einen größeren Speicherplatz als Disketten. Der Nachteil dieser Medien gegenüber der Diskette oder der Festplatte ist, dass man die normalen Versionen nur einmal verwenden kann. Ein Löschen der Daten und ein anschließendes Wiederverwenden des Mediums ist dort grundsätzlich ausgeschlossen. Es werden neuerdings aber auch CD-ROM, die wieder beschreibbar sind angeboten, diese sind jedoch wegen ihres weit höheren Anschaffungspreises im Vergleich zu der einfach beschreibbaren CD noch nicht sehr verbreitet.

---

[101] Vgl. nur Heun in: CR 1994, S. 595; Hohenegg/Tauschek in: BB 1997, S. 1542; Mehrings in: Hoeren/Sieber, Handbuch Multimedia-Recht Kap. 13.1, Rn. 27 ff.; Holzbach/Süßenberger in: Moritz/Dreier, S. 349, Rn. 66.

[102] Fritsche/Malzer in: DNotZ 1995, S. 9; Kuhn – EDV, S. 56 f.; Mehrings in: Hoeren/Sieber, Handbuch Multimedia-Recht 13.1, Rn. 27; Mehrings in: MMR 1998, S. 31; Schwörbel – Automation, S. 39; Taupitz/Kritter in: JuS 1999, S. 839; Viebcke – Datenverarbeitung, S. 79.

[103] Heun in: CR 1994, S. 595.

[104] Hansen – Informationsverarbeitung, S. 26; Precht/Meier/Kleinlein – EDV, S. 68 ff. mit einem Überblick über die gängigsten Speichermedien.

Als temporärer Hardware-Speicher ist vor allem der Arbeitsspeicher des Computers zu nennen. In diesem werden Daten für einen schnellen Zugriff zwischengespeichert. Nach der Verwendung werden sie wieder gelöscht.

Der Zugriff auf die Hardware-Speichermedien erfolgt über Software-Programme. In den meisten Fällen wird eine Datei, die mittels eines Software-Programms gespeichert wurde, solange auf der Festplatte oder dem gewählten Medium bleiben, bis der Anwender sich entschließt, diese zu löschen.

In manchen Fällen werden Daten von Programmen, wie z.B. den Internet Browsern nur für einen kurzfristigen Gebrauch gespeichert. Dies erfolgt dann in sog. temporären Verzeichnissen. Um auf lange Sicht den Hardware-Speicher nicht zu überlasten, werden diese Dateien in regelmäßigen Abständen nach Gebrauch automatisch wieder gelöscht. Es ist für den Anwender theoretisch möglich, diese Dateien aus dem temporären Verzeichnis heraus in ein permanentes Verzeichnis zu kopieren. Dies erfordert jedoch u.U. gute Kenntnis des jeweiligen Programms, da die temporären Verzeichnisse nicht immer leicht zu lokalisieren sind.

Abschnitt 3 – Gesetzliche Regelungen für elektronische Verträge

A. Europäische Vorgaben

I. E-Commerce Richtlinie

Am 8. Juni 2000 wurde die Richtlinie 2000/31/EG des Europäischen Parlamentes und des Rates über bestimmte rechtliche Aspekte der Dienste der Informationsgesellschaft, insbesondere des elektronischen Geschäftsverkehrs, im Binnenmarkt („E-Commerce Richtlinie") verabschiedet.[105]

Um diese leichter handhaben zu können, wird sie im Sprachgebrauch als „Richtlinie über den elektronischen Geschäftsverkehr" oder „E-Commerce-Richtlinie" bezeichnet.[106] Im Rahmen dieser Arbeit wird sie als „ECRL" gekennzeichnet. Sie umfasst, verschiedene Rechtsgebiete übergreifend, bestimmte Fragen des elektronischen Geschäftsverkehrs.[107] Dabei ist die Bezeichnung als E-Commerce Richtlinie etwas missverständlich. Es werden in dieser Richtlinie zwar „insbesondere", aber nicht ausschließlich, Dinge des elektronischen Geschäftsverkehrs geregelt. Vielmehr werden sämtliche Dienste der Informationsgesellschaft erfasst. Dadurch wurde u.a. das aus europäischer Sicht verkrustete deutsche Wettbewerbsrecht aufgebrochen. Vor diesem Hintergrund wurden in Deutschland das Rabattgesetz und die Zugabeverordnung abgeschafft.[108]

Der Richtlinie liegen weitere EU-Vorgaben wie die sog. „Transparenzrichtlinie"[109] und die „Richtlinie über den rechtlichen Schutz von zugangskontrollierten Diensten und von Zugangskontrolldiensten (conditional access)"[110] zugrunde. Parallel dazu entwickelte sich auch die Signatur-Richtlinie, mit der ein enger wechselseitiger Zusammenhang bestand.[111]

---

[105] ABl. EG Nr. L 178 vom 17. Juli 2000, S. 1-16.
[106] Tettenborn, u.a. – elektronischer Geschäftsverkehr, S. 2.
[107] Maennel in: Rechtsfragen des E-Commerce, S. 31.
[108] Karenfort/Weißgerber, in: MMR Beilage 2000, Nr. 7, S. 38 ff.; Tettenborn, u.a. – elektronischer Geschäftsverkehr, S. 2; es wurde im Sommer 2001 das Rabattgesetz und die Zugabeverordnung abgeschafft, vgl. BGBl. I, S. 1661 und 1663.
[109] Richtlinie 98/34/EG, ABl. EG L 204 vom 21.7.1998, S. 37 i.d.F. der Richtlinie 94/48/EG, ABl. EG L 217 vom 5.8.1998, S. 18.
[110] Richtlinie 98/84/EG, ABl. EG L 320 vom 28.11.1998, S. 54.
[111] Maennel in: Rechtsfragen des E-Commerce, S. 33.

II. Signatur-Richtlinie

Am 13.Dezember 1999 hat das Europäische Parlament und der Rat der Europäischen Union die „Richtlinie über gemeinschaftliche Rahmenbedingungen für elektronische Signaturen" verabschiedet.[112] Sie wird im Rahmen dieser Arbeit als Signatur-Richtlinie gekennzeichnet.

Die Richtlinie soll die Verwendung elektronischer Signaturen erleichtern und zu ihrer rechtlichen Anerkennung beitragen. Sie legt dabei rechtliche Rahmenbedingungen für elektronische Signaturen und für bestimmte Zertifizierungsdienste fest. Sie enthält keine Regelungen bezogen auf Abschluss und Gültigkeit von Verträgen. Dies richtet sich weiterhin in erster Linie nach einzelstaatlichem Recht.[113]

III. Fernabsatzrichtlinie

Am 20.5.1997 wurde die Richtlinie 97/7/EG des Europäischen Parlamentes und des Rates über den Verbraucherschutz bei Vertragsabschlüssen im Fernabsatz verabschiedet.[114] Sie wird in dieser Arbeit als FernAbsRL gekennzeichnet. Der Geltungsbereich erstreckt sich dabei auf Geschäfte bzw. Vertragsabschlüsse, die unter Einsatz von Fernkommunikationsmitteln geschlossen werden[115] und damit auf Vertragsschlüsse zwischen Abwesenden unter Verwendung elektronischer Medien.

B. Deutsche Gesetzgebung

I. Elektronischer Geschäftsverkehr-Gesetz - EGG

Durch das Gesetz über rechtliche Rahmenbedingungen für den elektronischen Geschäftsverkehr (Elektronischer Geschäftsverkehr-Gesetz – EGG)[116] werden Teile der ECRL in deutsches Recht umgesetzt. Dies geschieht durch Änderung von Regelungen des Informations- und Kommunikationsdienstegesetzes vom 1.8.1997 (IuKDG).

---

[112] Richtlinie 1999/93/EG, ABl. EG L 13 vom 19.1.2000, S. 12-20.
[112] Art. 1 der Richtlinie 1999/93/EG.
[113] Richtlinie 1999/93/EG,
[114] ABl. EG L 144 v. 4.6.1997; Text auch abgedruckt in NJW 1998, S. 212; vgl. dazu allgemein Bodewig, in: DZWir 1997, S. 447; Kronke, in: RIW 1996, S. 985; Martinek, in: NJW 1998, S. 207.
[115] Art. 1 und Art. 2 Nr. 1 der FernAbsRL; vgl. auch Gruber in: DB 1999, S. 1440; Köhler/ Arndt – Internet, Rn. 139.
[116] BGBl. I, S. 1870.

Neben der Harmonisierung der geltenden innerstaatlichen Regeln für Dienste der Informationsgesellschaft und der Sicherstellung des freien Dienstleistungsverkehrs in diesem Bereich dient das EGG auch dazu, die bisherigen Erfahrungen mit dem Teledienstedatenschutzgesetz umzusetzen. Darüber hinaus sollte auch eine Harmonisierung des Teledienstedatenschutzes erfolgen, welche die Erneuerung des Bundesdatenschutzgesetzes berücksichtigt.[117]

II. Formvorschriften Anpassungsgesetz

Die ECRL und Signatur-Richtlinie haben es erforderlich gemacht, dass gewisse materiell-rechtliche Regelungen, insbesondere die Formvorschriften innerhalb des BGB und der ZPO, an den elektronischen Geschäftsverkehr angepasst werden mussten. Diese Änderungen sind durch das Gesetz zur Anpassung der Formvorschriften des Privatrechts und anderer Vorschriften an den modernen Rechtsgeschäftsverkehr[118] vom 13. Juli 2001 umgesetzt worden. Das Gesetz wird in dieser Arbeit als Textformgesetz gekennzeichnet.

Ziel des Gesetzes ist es, das deutsche Privatrecht den Entwicklungen des modernen Rechtsverkehrs anzupassen.[119] Die vor über 100 Jahren im BGB entwickelten Formvorschriften waren tendenziell auf das Medium Papier fixiert. Dies hat vor allem im Hinblick auf die Entwicklungen im Bereich der Informations- und Kommunikationstechnologien rechtliche Grenzen erzeugt.

III. Schuldrechtsmodernisierungsgesetz

Am 26. November 2001 wurde das Gesetz zur Modernisierung des Schuldrechts verabschiedet.[120] Es wird im Rahmen dieser Arbeit als Schuldrechtsmodernisierungsgesetz gekennzeichnet. Als Beweggründe für den Erlass dieses Gesetzes hat die Bundesregierung vor allem die Umsetzung der Verbrauchsgüterrichtlinie,[121] der Zahlungsverzugsrichtlinie[122] und der ECRL[123] angegeben.[124] Inhalt dieses Gesetzes ist u.a. die Modernisierung des allgemeinen Leistungsstörungsrechts sowie des Kauf- und Werkvertragsrechts. Darüber

[117] Vgl. Gesetzesentwurf der Bundesregierung, Zielsetzung, BT-Drucks. 14/6098.
[118] BGBl. 2001 I, S. 1542 ff.
[119] Vgl. Gesetzesentwurf der Bundesregierung, BT-Drucks. 14/4987, Einleitung.
[120] BGBl. I 2001, S. 3138 ff.
[121] Richtlinie 1999/44/EG vom 25. Mai 1999. Diese war nach Art. 11 Abs. 1 bis zum 31. Dezember 2001 in deutsches Recht umzusetzen.
[122] Richtlinie 2000/35/EG vom 29. Juni 2000.
[123] Richtlinie 2000/31/EG vom 8. Juni 2000.
[124] Vgl. Fußnote zum Gesetz zur Modernisierung des Schuldrechts, BGBl. I, 2001, S. 3138.

hinaus wurden die Verjährungsvorschriften geändert und andere allgemeine Rechtsgrundsätze, wie culpa in contrahendo und auch das Recht der AGB in das BGB eingearbeitet.

Für diese Arbeit sind besonders die Regelungen für den Fernabsatz in § 312 c BGB und jene über die Pflichten im elektronischen Geschäftsverkehr in § 312 e BGB von Bedeutung.

IV. Gesetz über Fernabsatzverträge

Die Bundesrepublik Deutschland kam ihrer Verpflichtung aus der FernAbsRL bereits durch das Gesetz über Fernabsatzverträge und andere Fragen des Verbraucherrechts sowie zur Umstellung von Vorschriften auf EURO (FernAbsG) vom 27.6.2000 nach.[125] Dieses Gesetz galt für Verträge über die Lieferung von Waren oder über die Erbringung von Dienstleistungen, die zwischen einem Unternehmer und einem Verbraucher unter ausschließlicher Verwendung von Fernkommunikationsmitteln im Rahmen eines für den Fernabsatz organisierten Vertriebs- oder Dienstleistungssystems abgeschlossen wurden. Dabei sollte bereits danach das ganze elektronische Spektrum abgedeckt werden.[126] Vorrangiges Ziel des FernAbsG war der Verbraucherschutz.[127]

Das FernAbsG wurde jetzt mit gewissen Anpassungen durch das Schuldrechtsmodernisierungsgesetz in das BGB integriert.

V. Informations- und Kommunikationsdienstegesetz

1997 hat der deutsche Bundestag das Informations- und Kommunikationsdienstegesetz (IuKDG) verabschiedet, welches am 1.August 1997 in Kraft getreten ist.[128] Dieses Gesetz besteht aus 11 Artikeln, die unterschiedlichste Bereiche im Rahmen der Informations- und Kommunikationsdienste betreffen.

1. Signaturgesetz von 1997

Das Signaturgesetz (SigG) wurde in Artikel 3 des IuKDG kodifiziert. Es sollte "... Rahmenbedingungen für digitale Signaturen (zu) schaffen, unter denen diese als sicher gelten und Fälschungen digitaler Signaturen oder Verfälschun-

---

[125] FernAbsG, BGBl. I 2000, S. 897 ff.

[126] Vgl. Nowak in: MDR 2001, S. 843.

[127] Nowak in: MDR 2001, S. 843.

[128] Informations- und Kommunikationsdienstegesetz (IuKDG), v. 1.8.1997 (BGBl. I, S. 1870, 1872).

gen von signierten Daten zuverlässig festgestellt werden können."[129] Es wird nachfolgend als SigG97 gekennzeichnet. Es war weltweit das erste Gesetz dieser Art, welches eine Infrastruktur digitaler Signaturverfahren für einen kompletten Staat regelte.[130] Dieses Gesetz sollte den Konflikt zwischen dem traditionellen deutschen Zivilrecht und modernen technologischen Anforderungen lösen. Dieser Herausforderung war es jedoch nicht gewachsen.[131] Dies lag wohl vor allem daran, dass der Markt und die Marktteilnehmer dafür technologisch noch nicht vorbereitet waren.

2. Das neue Signaturgesetz

Die Signatur-Richtlinie wurde, bezogen auf das Signaturverfahren, durch das neue Signaturgesetz[132] in deutsches Recht umgesetzt. Es wird nachfolgend als SigG gekennzeichnet. Der Anwendungsbereich des SigG erstreckt sich allgemein auf elektronische Signaturen und beschränkt sich im Gegensatz zum SigG97 nicht mehr nur auf die Technologie der digitalen Signatur.[133]

Das Signaturgesetz trat am 22.5.2001 nach längerem Gesetzgebungsverfahren in Kraft.[134]

3. Signaturverordnung

Die Signaturverordnung (SigV) wurde erstmals am 1.11.1997 aufgrund des alten SigG erlassen. Am 16.11.2001 wurde nun basierend auf § 24 SigG die neue SigV erlassen.[135] Sie enthält die erforderlichen Ausführungsbestimmungen zum Signaturgesetz. Dabei enthält sie grundsätzlich nur Zielvorgaben, um Raum für innovative Lösungen zu lassen.

C. US-Amerikanische Rechtsgrundlagen

I. UCITA

Der „Uniform Computer Transactions Act" (UCITA) beinhaltet vertragsrechtliche Regelungen im Rahmen von Computer-Software-Verträgen, Verträgen

---

[129] § 1 I SigG.
[130] Roßnagel in: Rechtsfragen des E-Commerce, S. 59.
[131] So auch Geis in: NJW 1997, S. 3000.
[132] BGBl. 2001 I, S. 876.
[133] Miedbrodt/Mayer in: MDR 2001, S. 434.
[134] Zum Gang des Gesetzgebungsverfahrens vgl. BT-Drucks. 14/4662, S. 1 ff. und S. 36 ff.
[135] BGBl. 2001 I, S. 3074.

über Multimedia-Produkte, Daten oder Datenbanken und über die Bereitstellung von Informationen über offene Netzwerke.[136] Sowohl das Zustandekommen als auch die Durchsetzbarkeit werden hier geregelt.[137] Auf elektronische Transaktionen über Güter, die keine Software oder elektronische Informationen enthalten, findet UCITA keine Anwendung.[138] Im Falle einer gemischten Transaktion kommt es auf den Schwerpunkt des Geschäftes an.[139]

II. UETA

Ein weiterer gesetzesähnlicher Ansatz in den USA ist der „Uniform Electronic Transactions Act" (UETA).[140] Dieser Gesetzesvorschlag wurde 1999 von der National Conference of Commissioners on Uniform State Laws (NCCUSL) zur Übernahme durch die einzelnen Bundesstaaten verabschiedet.[141] Ziel dieses Gesetzesvorschlags war die Schaffung eines einheitlichen Standards auf Länderebene vergleichbar mit dem Uniform Commercial Code (UCC).[142] Im Grundsatz will UETA so wenig bestehende Gesetze wie möglich verändern, während es den Grundsatz vorantreibt, dass elektronische Medien auf gleicher rechtlicher Stufe mit dem klassischen Papier stehen sollen. Dabei verweist UETA auf bereits bestehendes Landesrecht für die materiell-rechtlichen Grundlagen.[143] Bis Mitte 2001 wurde UETA von mehr als 22[144] verschiedenen Bundesstaaten mehr oder weniger ohne Änderungen verabschiedet und in weiteren[145] befindet es sich bereits innerhalb des Gesetzgebungsverfahrens.[146]

---

[136] Vorwort zu UCITA.

[137] Street/Grant – Internetlaw, S. 37.

[138] Street/Grant – Internetlaw, S. 37; Winn/Wright – Electronic Commerce § 5, S. 52.

[139] UCITA § 103 (b).

[140] Informationen über UETA können über das Internet abgerufen werden: http://www.uetaonline.com.

[141] Roos/Bandon in: Nat'l L.J. 2000, B11; Winn/Wright – Electronic Commerce.

[142] Winn/Wright – Electronic Commerce § 5.05.

[143] Roos/Bandon in: Nat'l L.J. 2000, B11; Winn/Wright – Electronic Commerce § 5.05 [B].

[144] Die folgenden 22 Bundesstaaten haben UETA bereits verabschiedet: Arizona, Kalifornien, Delaware, Florida, Hawaii, Idaho, Indiana, Iowa, Kansas, Kentucky, Maine, Maryland, Minnesota, Nebraska, North Carolina, Ohio, Oklahoma, Pennsylvania, Rhode Island, South Dakota, Utah und Virginia.

[145] UETA befindet sich innerhalb des Gesetzgebungsverfahrens in Alabama, Colorado, dem District of Columbia, Michigan, New Jersey, Vermont und West Virginia.

[146] Nimmer – Electronic Signatures and Records, S. 8; Roos/Bandon in: Nat'l L.J. 2000, B11.

III. E-Sign

Am 30 Juni 2000 wurde vom United States Congress der „Electronic Signatures in Global and National Commerce Act (E-Sign)[147] verabschiedet. Dieses Gesetz entstand aus zwei aus dem Jahre 1999 stammenden Gesetzesvorschlägen, dem „Electronic Signatures in a Global and National Commerce Act“[148] und dem „Digital Millenium Commerce Act“.[149] Im Anfangsstadium wurde der Gesetzesentwurf sowohl von Verbraucherverbänden als auch von der Uniform Law Commission[150] heftig kritisiert.[151] Wegen einer Reihe von Kompromissen bei der Umsetzung ist bei der verabschiedeten Fassung heute die letztlich wünschenswerte Klarheit und Einfachheit nicht vorhanden.[152] In Kraft getreten ist E-Sign am 1. Oktober 2000.[153]

Vorrangiges Ziel von E-Sign war die Schaffung eines die gesamten USA umfassenden Rechtsstandards im Bereich des elektronischen Geschäftsverkehrs und damit die Förderung des neuen Kommunikationsmediums Internet.[154] Die Vielzahl inkompatibler einzelstaatlicher Gesetze bezüglich der Schriftform bzw. einem etwaigen Unterschriftserfordernis wird heute durch den Grundsatz von E-Sign über die rechtliche Gleichstellung aller elektronischen Signaturen überlagert.[155] Der Vorteil einer bundeseinheitlichen Regelung gegenüber vielen teilweise widersprüchlichen Landesregelungen liegt dabei auf der Hand.[156]

Abgesehen von diesem sehr allgemein gehaltenen Grundsatz sollen weitere bundes- oder landesrechtliche Vertragsregelungen unberührt bleiben.[157] Dabei gilt E-Sign als Bundesgesetz nur für zwischenstaatliche Transaktionen.[158] Spielt sich somit ein Vorgang ausschließlich innerhalb eines Bundesstaates ab, hat die

---

[147], S. B. 761, H.R. 1714.
[148] H.R. 1714.
[149], S. B. 761.
[150] Dies ist die Organisation, die für die Ausarbeitung von bundeseinheitlichen Landesregelungen, wie z.B. dem Uniform Commercial Code oder dem Uniform Electronic Transactions Act zuständig ist.
[151] Winn/Wright – Electronic Commerce § 5.04.
[152] Winn/Wright – Electronic Commerce § 5.04.
[153] Die ebenfalls in E-Sign beinhalteten Regelungen, die Bundes- oder Landesrecht im Bereich der Akten- und Dokumentenaufbewahrung betreffen, sind erst im März 2001 in Kraft getreten.
[154] Weinstock/Leno in: Nat'l L.J. 2000, B6.
[155] Smedinghoff in: Electronic Contracting, S. 93.
[156] Merrill/Burger in: New Jersey L.J. 2000; Zoellick in: N.Y. St. B.J. 2000, S. 12.
[157] Winn/Wright – Electronic Commerce § 5.04.
[158] Hillis – Electronic Signatures, S. 175.

Bundesregierung keine Regelungskompetenz und es gilt das einschlägige Landesrecht. Im Rahmen des Internets wird es allerdings nur selten vorkommen, dass ein Vorgang keinerlei Auswirkung auf den zwischenstaatlichen Handel hat, da in diesem Rahmen sogar eine mittelbare Wirkung ausreicht.

Abschnitt 4 – Der Begriff des elektronischen Vertrages

Obwohl der Begriff des „elektronischen Vertrages“ in der Literatur allgemeine Verwendung findet,[159] kann in diesem Abschnitt gleich vorab festgehalten werden, dass es hierfür keine Legaldefinition gibt und es sich deshalb auch bei dem im Titel dieser Arbeit verwendeten Begriff um einen künstlichen Begriff handelt. Passender, aber leider hier auch nicht verwendbar, ist der Begriff des „Vertrages im elektronischen Geschäftsverkehr“, den der deutsche Gesetzgeber – was in dieser Arbeit noch näher ausgeführt wird – in § 312 e BGB für eine ganz besondere Erscheinungsform des elektronischen Vertrages verwendet. Dieser Begriff ist somit leider bereits durch eine gesetzliche Definition anderweitig belegt.

Es handelt sich bei dem in dieser Arbeit behandelten „elektronischen Vertrag“ deshalb in umfassender Beschreibung um Verträge, die auf elektronischem Wege und damit durch Verwendung elektronischer Kommunikationsmittel bei Erstellung und/oder Übermittlung geschlossen werden.[160]

A. Europäische Vorgaben

I. Die ECRL

1. Zielsetzung

Die ECRL fordert von den Mitgliedsstaaten in Art. 9 Abs. 1 sicherzustellen, dass ihr Rechtssystem den Abschluss von Verträgen auf elektronischem Wege ermöglicht. In der Literatur wird insoweit von dem „Ermöglichungsgrundsatz“ gesprochen, wobei darauf hingewiesen wird, dass damit auch ein effektives Ergebnis für die tägliche Nutzung dieses Mediums gefordert wird.[161] Hierbei soll insbesondere sichergestellt werden, dass die für den Vertragsschluss geltenden Rechtsvorschriften weder Hindernisse für die Verwendung elektronischer Verträge bilden noch dazu führen, dass diese Verträge aufgrund des Umstandes, dass sie auf elektronischem Wege zustande gekommen sind, keine rechtliche Wirksamkeit oder Gültigkeit haben. Die Richtlinie bezieht sich dabei

[159] Nowak in: MDR 2001, S. 841.
[160] Nowak in: MDR 2001, S. 841.
[161] Maennel in: Rechtsfragen des E-Commerce, S. 46.

in Art. 9 auf Verträge und nicht auf Rechtsgeschäfte, um einen Einfluss auf gewachsene nationale Rechtsordnungen zu vermeiden.[162]

Die Tragweite dieser auch als Diskriminierungsverbot bezeichneten Vorgaben der ECRL müssen am Geltungsbereich dieser Richtlinie gemessen werden.

2. Geltungsbereich

Die ECRL regelt den Verkehr von „Diensten der Informationsgesellschaft", die durch „Diensteanbieter" erbracht werden. Zur Begriffsbestimmung bezieht sich die ECRL auf die Regelungen in Art. 1 Nr. 2 der Richtlinie 98/34/EG über ein Informationsverfahren auf dem Gebiet der Normen und technischen Vorschriften in der Fassung der Richtlinie 98/48/EG sowie in Art. 2 der Richtlinie 98/84/EG über den rechtlichen Schutz von zugangskontrollierten Diensten und von Zugangskontrolldiensten. Die Richtlinie soll dabei neben der Rechtssicherheit für die Anbieter auch einen effektiven Schutz für die Kunden geben, die auf elektronischem Wege angebotene Waren und Dienstleistungen elektronisch bestellen.[163] Die ECRL ist dabei auf den Abruf im Fernabsatz und somit auf kommerzielle Abrufdienste beschränkt. Technisch beschrieben handelt es sich dabei um Angebote von Waren und Dienstleistungen in elektronisch abrufbaren Datenbanken mit interaktivem Zugriff und unmittelbarer Bestellmöglichkeit.

3. Ausnahmebereiche

Nach Art. 9 Abs. 2 ECRL können die Mitgliedstaaten bestimmen, dass die Möglichkeit des Abschlusses von Verträgen auf elektronischem Wege auf alle oder bestimmte Verträge einer der folgenden Kategorien keine Anwendung findet:

- Verträge, die Rechte an Immobilien mit Ausnahme von Mietrechten begründen oder übertragen;
- Verträge, bei denen die Mitwirkung von Gerichten, Behörden oder öffentliche Befugnisse ausübenden Berufen gesetzlich vorgeschrieben ist;
- Bürgschaftsverträge und Verträge über Sicherheiten, die von Personen außerhalb ihrer gewerblichen, geschäftlichen oder beruflichen Tätigkeit eingegangen werden;

[162] Maennel in: Rechtsfragen des E-Commerce, S. 45.
[163] Begründung zum EGG BT-Drucks. 14/6098, S. 11.

- Verträge im Bereich des Familienrechts oder des Erbrechts.

Die Ausnahmen beruhen darauf, dass eine Übereinstimmung der Mitgliedstaaten hinsichtlich der Verwendung von elektronischen Signaturen in den aufgezeigten Bereichen nicht erreicht werden konnte. Dies war der Fall, weil diese Verträge in den Mitgliedstaaten als unterschiedlich wichtig und sensibel angesehen wurden.[164] Ziel der Richtlinie war es aber gerade nicht, das Vertragsrecht der Mitgliedstaaten zu harmonisieren,[165] sodass diese Bereiche von der Verpflichtung zur Anerkennung elektronischer Verträge ausgeklammert und die Regelung dort den Mitgliedstaaten überlassen wurde.

Ausgenommen vom Geltungsbereich wurden weiterhin komplett steuerrechtliche Aspekte. Da viele Länder aber gerade in dieser Hinsicht sehr strenge Formvorschriften haben, um die Kontrolle durch den Fiskus zu erleichtern, dürfte ein großes praktisches Problem in diesem Zusammenhang wiederum ungeregelt bleiben.[166]

II. Die Fernabsatzrichtlinie

1. Geltungsbereich

Die FernAbsRL setzt die rechtliche Möglichkeit des Abschlusses von Verträgen unter Verwendung elektronischer Medien als gegeben voraus und regelt die besonderen Anforderungen an Vertragsabschlüsse im Fernabsatz. Dabei nimmt die Richtlinie eine eigene Definition der einschlägigen Vertragsabschlüsse vor, die in dieser Arbeit – ebenso wie die Anforderungen im Einzelnen – noch detailliert im Rahmen der Behandlung des in Umsetzung der Richtlinie geschaffenen deutschen Rechts betrachtet wird. Der Geltungsbereich der Richtlinie ist weiter als jener der ECRL, denn von ihr werden Verträge erfasst, die unter Verwendung aller erdenklichen Fernkommunikationsmittel zustande kommen. Gefordert wird dabei allerdings auch noch, dass dies im Rahmen eines vom Lieferanten organisierten Vertriebs- und Dienstleistungssystems erfolgt.

2. Ausnahmebereiche

Nach Art. 3 Abs. 1 gilt die FernAbsRL nicht für Verträge, die bestimmte Finanzdienstleistungen sowie Rechte an Immobilien mit der Ausnahme der

---

[164] Spindler in: MMR 2000, S. 11.
[165] Geis in: MMR 2000, S. 669.
[166] Spindler in: ZUM 1999, S. 788

Vermietung betreffen. Des Weiteren sind Verträge vom Anwendungsbereich der FernAbsRL ausgenommen, die im Rahmen einer Versteigerung oder unter Verwendung von Warenautomaten oder automatisierten Geschäftsräumen geschlossen werden und solche, die mit Betreibern von Telekommunikationsmitteln aufgrund der Benutzung von öffentlichen Fernsprechern zustande kommen.[167]

Die Verbraucherschutzbestimmungen der Art. 4, 5 und 6 sowie Art. 7 Abs. 1 der FernAbsRL gelten weiterhin nicht für Waren und Dienstleistungen, die im weitesten Sinne unter der Rubrik des täglichen Lebensbedarfs bzw. der Freizeitgestaltung zusammengefasst werden können.[168]

B. Elektronische Verträge aus deutscher Sicht

Obwohl die einschlägigen Vorschriften des Bürgerlichen Gesetzbuches zu einem Zeitpunkt geschaffen wurden, bei dem der technologische Stand der Kommunikationsmittel noch äußerst gering war, hat das BGB das Zustandekommen von Rechtsgeschäften mittels Verwendung moderner elektronischer Hilfsmittel grundsätzlich nicht verhindert.[169] Durch den geltenden Grundsatz der Formfreiheit von Willenserklärungen konnten diese auch schon früher mündlich oder auch elektronisch, eben formfrei, abgegeben werden.

Im Übrigen haben die Teilnehmer am elektronischen Geschäftsverkehrs, die bis vor einigen Jahren üblicherweise nur Unternehmen waren, durch außerelektronische Rechtsgeschäfte jene technischen und rechtlichen Bedingungen vereinbart, denen ihre vertragsrelevante Kommunikation auf elektronischem Wege genügen musste, damit sie zwischen ihnen Rechtswirkungen entfalten konnte.

Rechtliche Hindernisse bestanden letztlich nur in den Fällen, in denen das Gesetz die schriftliche Form vorschreibt. Hier war deshalb besonderer Handlungsbedarf vorhanden, um elektronische Verträge auch auf diese Bereiche auszudehnen. Handlungsbedarf wurde jedoch allgemein auch aus Gründen des Verbraucherschutzes gesehen, sodass neue Regelungen, die sich auf elektronische Verträge beziehen, regelmäßig von dem Schutz des Verbrauchers geleitet werden.

---

[167] Art. 3 Abs. 1 der Richtlinie 97/7/EG.
[168] Art. 3 Abs. 2 der Richtlinie 97/7/EG.
[169] BT-Drucks. 14/4987, S. 15; Nowak in: MDR 2001, S. 841.

Im deutschen Rechtskreis kommen Verträge durch zwei übereinstimmende Willenserklärungen zustande. Die Untersuchung des elektronischen Vertrages muss sich deshalb mit den Besonderheiten von Willenserklärungen in elektronischen Medien und damit mit „elektronischen Willenserklärungen“ befassen.[170]

I. Allgemeine Funktion der Willenserklärung

Über elektronische Medien und Netze wie das Internet können Daten jeglicher Art von Person zu Person übermittelt werden, wenn diese über entsprechende Empfangs- und Sendetechniken verfügen. Von Bedeutung für die hier vorliegende Betrachtung ist jedoch nur die Kommunikation, die zum Abschluss von Verträgen zwischen den beteiligten Personen führen soll. Dabei ist hier von hervorgehobener praktischer Bedeutung die kommerzielle Kommunikation, die im täglichen Sprachgebrauch auch mit E-Commerce oder E-Business umschrieben wird.

Die Art wie Menschen im Laufe der Zeit kommerzielle Verträge geschlossen haben, hat sich stetig gewandelt. Geschah dies ursprünglich durch Verwendung des bloßen Wortes und eines Handschlages, so änderte sich dies durch die auf Papier festgehaltene Form der Willensäußerung und änderte sich erneut bei Einschaltung elektronischer Medien. Die schnelle Entwicklung auf dem technischen Sektor lässt vermuten, dass hier auch in Zukunft noch Entwicklungen erfolgen werden, die heute für die kommerzielle Kommunikation noch nicht vorhersehbar sind.

Ein Vertrag ist nach unbestrittener Definition[171] im deutschen Recht die von zwei oder mehreren Personen erklärte Willensübereinstimmung über die Herbeiführung eines rechtlichen Erfolges. Ein Vertrag ist somit ein mehrseitiges Rechtsgeschäft, das mindestens zwei übereinstimmende Willenserklärungen verschiedener Rechtssubjekte voraussetzt. Die Anforderungen an eine Willenserklärung sind deshalb hier aufzuzeigen, um die verschiedenen Formen der kommerziellen Kommunikation unter Einschaltung elektronischer Medien daran messen zu können.

Notwendig ist diese Klärung zum Begriff der Willenserklärungen auch, damit allgemein verbindlich zum einen für die Empfänger festgelegt wird, welche Äußerungen einer am elektronischen Verkehr beteiligten Person von ihm als

---

[170] Nowak in: MDR 2001, S. 841.

[171] Siehe nur Heinrichs in: Palandt, Einf. v. § 145, Rn. 1 ff.

vertragsrelevantes Verhalten angesehen werden können und zum anderen für die Erklärenden, welche Äußerungen sie sich als ein solches vertragsrelevantes Verhalten zurechnen lassen müssen. Aufseiten des Erklärenden korrespondiert hierbei jeweils die Selbstbestimmung mit der Selbstverantwortung des Einzelnen.

II. Die Definition der Willenserklärung

Der deutsche Gesetzgeber selbst hat die notwendige Umsetzung von EG-Vorgaben inzwischen dazu genutzt, um eine sehr weitgehende Neu-Kodifizierung des Bürgerlichen Gesetzbuches durchzuführen. Dabei wurden viele Rechtskonzepte, die durch Rechtsprechung und Lehre entwickelt und im Rechtsverkehr anerkannt wurden, in das BGB aufgenommen. Hinsichtlich der Definition der Willenserklärung jedoch hat der Gesetzgeber keinen Handlungsbedarf gesehen. Dies gilt unabhängig davon, dass eine Definition der Willenserklärung auch bisher im BGB nicht enthalten ist.[172]

Es ist heute in Lehre und Rechtsprechung unstrittig, dass eine Willenserklärung als die „Äußerung eines auf die Herbeiführung eines Rechtserfolges gerichteten Willens“[173] verstanden wird und der Tatbestand einer Willenserklärung also aus einem subjektiven Teil, nämlich dem Willen, und einem objektiven Teil, der Kundgabe desselben, besteht.[174]

Der subjektive Tatbestand wird dabei weiter in den Handlungswillen, das Erklärungsbewusstsein und den Geschäftswillen oder Rechtsfolgewillen unterteilt.[175] Unter dem Handlungswillen versteht man den Willen überhaupt zu handeln, wobei er insbesondere bei Handlung unter Zwang, im Schlaf oder bei Reflexen abgesprochen wird.[176] Das Erklärungsbewusstsein verlangt, dass der Erklärende weiß, dass er gerade etwas rechtsgeschäftlich Relevantes erklärt,[177] wobei eine bloße Erklärung im rein privaten Bereich davon auszuschließen wäre. Dort hat der Betreffende nicht die Absicht, etwas mit Rechtsbindungswillen zu äußern. Der Geschäftswille schließlich fehlt, wenn eine

---

[172] Z.B. Köhler – BGB AT, S. 118; Rüthers – BGB AT, Rn. 192.
[173] Härting – Internet Recht, Rn. 58; Heinrichs in: Palandt Einf. vor § 116, Rn. 1; Klunzinger – BGB, S. 58; Kramer in: MüKo vor § 116, Rn. 17.
[174] Eisenhardt –BGB AT, Rn. 58.
[175] Heinrichs in: Palandt Einf. vor § 116, Rn. 1; Hübner – BGB AT, Rn. 664 ff.; Klunzinger – BGB, S. 59.
[176] Heinrichs in: Palandt Einf. vor § 116, Rn. 16.
[177] Statt aller Heinrichs in: Palandt Einf. vor § 116, Rn. 1.

andere Rechtsfolge als die gewollte erklärt wurde.[178] Er ist also auf die Herbeiführung eines ganz bestimmten Rechtserfolges gerichtet.[179]

Diese Definition der Willenserklärung[180] betrifft den Normalfall, in dem Wille und Erklärung übereinstimmen. In problematischen Fällen können Wille und Erklärung auseinander gehen. Zur Lösung dieser Problemfälle besteht seit Schaffung des BGB ein Theorienstreit zwischen der Willenstheorie und der Erklärungstheorie. Während die Willenstheorie die subjektive Seite des Erklärenden in den Vordergrund stellt,[181] misst die Erklärungstheorie dem Vertrauen des Empfängers gegenüber einer an ihn gelangten Erklärung größere Bedeutung zu.[182] Im praktischen Rechtsleben dürfte diese Streitfrage jedoch durch die vom BGH akzeptierte Geltungstheorie[183] gelöst sein. Diese stellt darauf ab, dass der Erklärende den Willen haben muss, eine Erklärung mit Rechtsfolgecharakter abzugeben, er sich jedoch auch bei Fehlen dieses Willens daran festhalten lassen muss, wenn er bei Beachtung der im Verkehr erforderlichen Sorgfalt hätte erkennen und vermeiden können, dass der Empfänger dies so auffassen kann.

Für die Betrachtung der Willenserklärungen im elektronischen Rechtsverkehr reichen diese Erkenntnisse aus. Damit ist klar gestellt, dass eine objektive Erklärungshandlung und ein Handlungswille vorhanden sein müssen, um die Rechtsfolgen einer Willenserklärung auszulösen.[184] Mängel bei Erklärungs-

---

[178] Köhler – BGB AT, S. 119.

[179] Jauernig in: Jauernig vor § 116, Rn. 6.

[180] Anders z.B. Bartholomeyczik – Willenserklärung, S. 51 ff., der Erklärungsbewusstsein und Geschäftswille zusammenfasst; siehe auch Flume – Rechtsgeschäft § 4, 3.

[181] Grundlegend hierzu Savigny – Römisches Recht, S. 258; dazu Hammen – Savigny, S. 111 ff.; Enneccerus – Rechtsgeschäft; Zitelmann – Irrtum.

[182] Grundlegend hierzu Röver – Willenserklärungen; Heinrichs in: Palandt Einf. vor § 116, Rn. 2; Hübner – BGB AT, Rn. 674; Köhler – BGB AT § 14, Rn. 1; Kramer in: MüKo Vor § 116, Rn. 4; Larenz/Wolf – BGB AT § 24, Rn. 23 ff.

[183] Canaris – Vertrauenshaftung, S. 413; Dilcher in: Staudinger vor § 116, Rn. 10 und 31; Enneccerus/Nipperdey , S. 898 f.; Hefermehl in: Soergel Vorb. § 116, Rn. 7; Jauernig in Jauernig vor § 116, Rn. 2; Larenz/Wolf – BGB AT § 24, Rn. 26; Larenz – Rechtsgeschäft, S. 34 ff. und 43; Pawlowski – BGB AT, Rn. 429.

[184] Vgl. §§ 104 Nr. 2, 105 II BGB; Bartholomeyczik – Willenserklärung, S. 67 ff.; Flume – Rechtsgeschäft § 4, 2a; Jauernig in: Jauernig vor § 116, Rn. 4; Köhler – BGB AT § 14, Rn. 4; Kramer in: MüKo Vor § 116, Rn. 7; Medicus – BGB AT, Rn. 606; Rüthers – BGB AT, Rn. 199; a.A. z.B. Kellmann in: JuS 1971, S. 612 und Brehmer in: JuS 1986, S. 443 f., die den Tatbestand rein objektiv verstehen und den Handlungswillen für entbehrlich halten.

bewusstsein und Geschäftswillen können dagegen zur Anfechtung der Erklärung nach §§ 119 ff. BGB führen.[185]

Des Weiteren ist zu beachten, dass Rechtsgeschäfte nur von rechtsfähigen (oder teilrechtsfähigen) und geschäftsfähigen Rechtssubjekten abgeschlossen werden können. Bei der Willensäußerung muss es sich daher nach einhelliger Meinung um die Erklärung eines menschlichen Willens handeln.[186]

III. Die Willenserklärung in den elektronischen Medien

1. Die E-Mail

Wie oben bereits dargestellt wurde, handelt es sich bei der E-Mail um eine Erklärung des Absenders, bei welcher der Computer und das Telekommunikationsnetz, ähnlich wie ein Brief und die Post, lediglich als technisches Hilfsmittel eingesetzt werden. Die elektronischen Medien dienen als Hilfsmittel bei der Erstellung und Absendung der Erklärung. Der Inhalt der Erklärung und die Entscheidung darüber, ob die bereits erstellte Erklärung aus dem Herrschaftsbereich des Erstellers hinausgehen soll, bleiben weiterhin unter der Kontrolle des Erklärenden als Bediener der EDV-Anlage.[187] Die E-Mail in der in dieser Arbeit gewählten weiten Definition als Gegensatz zur Computererklärung kann somit eindeutig als menschliche Erklärungshandlung qualifiziert werden und erfüllt damit den objektiven Tatbestand einer Willenserklärung.[188] Bei dem gegebenen Tatbestand kann auch das Vorliegen eines menschlichen Handlungswillens bei der Erstellung und beim Absenden einer Erklärung per E-

---

[185] Siehe nur Hübner – BGB AT, Rn. 679; Jauernig in: Jauernig vor § 116, Rn. 6; Köhler – BGB AT § 14, Rn. 6; Larenz/Wolf – BGB AT § 24, Rn. 9; Rüthers - BGB AT, Rn. 207 f.; so auch Flume – Rechtsgeschäft § 4, 5, der darauf hinweist, dass sich der Erklärende oft keine präzise Vorstellung von den Rechtsfolgen macht, vielmehr sich einen sachlichen Erfolg rechtlich verbindlich vorstellt.

[186] Härting – Internet Recht, Rn. 58; Heun in: CR 1994, S. 595; Köhler/Arndt – Internet, Rn. 108; Kuhn – EDV, S. 54; Medicus – BGB AT, Rn. 256; Mehrings in: MMR 1998, S. 31; Redeker in: NJW 1984, S. 2390.

[187] Fritsche/Malzer in: DNotZ 1995, S. 6 ff.; Hahn – Internetverträge, S. 150; Heun in: CR 1994, S. 595 ff.; Hohenegg/Tauschek in: BB 1997, S. 1542; Köhler in: AcP 182, S. 133; Kuhn – EDV, S. 54; Mehrings in: MMR 1998, S. 31; Melullis in: MDR 1994, S. 111; Taupitz/Kritter in: JuS 1999, S. 839.

[188] Deville/Kalthegener in: CoR 1997, S. 168; Ernst in: NJW-CoR 1997, S. 165; Fringuelli/ Wallhäuser in: CR 1999, S. 93; Geis in: NJW 1997, S. 3000; Heun in: CR 1994, S. 595; Hübner – BGB AT, Rn. 667; Köhler/Arndt – Internet, Rn. 87; Mehrings in: MMR 1998, S. 31; Mehrings in: Hoeren/Sieber, Handbuch Multimedia-Recht 13.1, Rn. 31.

Mail nicht mehr bestritten werden.[189] Zur Klarstellung ist festzuhalten, dass auch das Ausfüllen einer Bestellmaske auf einer Webseite[190] dem hier verwendeten weiten Begriff der E-Mail und der hier vorgenommenen rechtlichen Einordnung der E-Mail als Willenserklärung zugeordnet werden kann, wie dies auch bei einer handschriftlichen oder maschinengeschriebenen Ausfüllung und Absendung eines Bestellformulars der Fall ist.[191]

Letzte Zweifler mögen jetzt noch einwenden, dass bei der Komplexität mancher Computerprogramme ein unbedarfter Benutzer in bestimmten Fällen keine genaue Kenntnis von den einzelnen technischen Vorgängen hat und deshalb von der rechtlichen Außenwirkung mancher seiner Aktionen am Computer überrascht sein kann. Dies aber kann im Sinne der Geltungstheorie die Einordnung einer Erklärung als Willenserklärung nicht behindern, denn es dürfte heute bereits regelmäßig ein außer Acht lassen der im Verkehr erforderlichen Sorgfalt vorliegen, wenn auf diesem Wege Willenserklärungen gegen den Willen des EDV-Benutzers in die Welt gesetzt werden.[192]

Das hier über die Tatbestände der Willenserklärung gefundene Ergebnis für die E-Mail wird vom Gesetzgeber spätestens geteilt seit der Geltung des FernAbsG vom 27.6.2000, dessen Regelungen mit Wirkung vom 1.1.2002 in die §§ 312 b ff. BGB übernommen wurden. Dort wird nämlich die E-Mail als Kommunikationsmittel, das zum Abschluss eines Vertrages eingesetzt werden kann, ausdrücklich aufgeführt. Können somit aus Sicht des Gesetzgebers Verträge mittels E-Mail geschlossen werden, so ist eine E-Mail, deren Inhalt aus sich heraus als Angebot oder Annahme zum Abschluss eines Vertrages erscheint, zweifelsfrei als Willenserklärung einzustufen.

Süßenberger[193] betrachtet die E-Mail auch im Zusammenhang mit den Begriffen der konkludenten Willenserklärung und des Schweigens als Willenserklärung. Er kommt dabei zum Ergebnis, dass für konkludentes Verhalten im Internet kein

---

189 Köhler/Arndt – Internet, Rn. 108; Mehrings in: MMR 1998, S. 31.

190 Weitere Beispiele sind das Übersenden einer Bestellung: hierzu Köhler in: CR 1986, S. 622; Kuhn – EDV, S. 55; Schneider in: CR 1988, S. 872; oder eines Banküberweisungsauftrags über BTX: hierzu Canaris – Bankvertragsrecht, Rn. 320 und Rn. 527 f.

191 Mehrings in: Hoeren/Sieber, Handbuch Multimedia-Recht 13.1, Rn. 25.

192 Borsum/Hofmeister in: BB 1983, S. 1442; Canaris – Bankvertragsrecht, Rn. 527 f.; Clemens in: NJW 1985, S. 2000; Friedmann – BTX, S. 10-17; Kuhn – EDV, S. 55; Paefgen in: JuS 1988, S. 593; Schneider in: CR 1988, S. 872.

193 Holzbach/Süßenberger in: Moritz/Dreier, S. 352, Rn. 72; Süßenberger – Rechtsgeschäft im Internet, S. 41 ff.

Platz ist und dafür auch kein Bedürfnis besteht. Dem ist sicher aus rein logischen Gesichtspunkten zuzustimmen, denn eine nicht abgesandte E-Mail als Antwort auf eine andere E-Mail kann sicher nicht als konkludentes Verhalten gesehen werden und eine abgesandte E-Mail ist eine Willenserklärung und per Definition kein konkludentes Handeln. Andererseits kann hier jedoch festgehalten werden, dass z.B. die Erteilung einer Auskunft oder die Zusendung digitaler Ware schon als konkludente Handlungen im elektronischen Geschäftsverkehr erscheinen.

Nach Süßenberger muss Schweigen in gleicher Weise wie im üblichen Rechtsverkehr als Willenserklärung gewertet werden und er bezeichnet es sogar als widersinnig würde man bei der Beurteilung des Schweigens im elektronischen Rechtsverkehr zwischen den verschiedenen Kommunikationsformen unterscheiden.[194] Auch hier ist klar zu stellen, dass es sich um ein Schweigen nach Erhalt einer E-Mail handelt, denn nur dort kann das Schweigen als Willenserklärung im elektronischen Geschäftsverkehr überhaupt in Betracht gezogen werden. Sowohl durch Vereinbarung als auch durch Verkehrssitte, Handelsbrauch oder Treu und Glauben kann nach Süßenberger dem Schweigen eine besondere Bedeutung zukommen.[195] Wegen letztlich unvermeidbarer technischer Ausfälle von irgendwelchen Funktionen von EDV-Anlagen und Internet glaubt er jedoch, dass die Nutzer eher einen Fehler in der Kommunikation als das Schweigen als Willenserklärung annehmen würden.[196] Der Verfasser dieser Arbeit ist der Ansicht, dass man im Lichte der richtig gesehenen praktischen Problematik Schweigen als Willenserklärung generell für E-Mail und Computererklärung nur auf Fälle beschränken sollte, die zwischen den Vertragspartnern ausdrücklich vorher vereinbart wurden oder bei denen eine dementsprechende Verkehrssitte auch im Rahmen der Verwendung von E-Mails besteht. Es kommen nämlich neben der von Süßenberger aufgezeigten technischen Unsicherheit, die wohl auch in Zukunft kaum zu beseitigen sein wird, noch weitere Argumente in Betracht, die gegen eine weite Anwendung des Schweigens als Willenserklärung im elektronischen Rechtsverkehr sprechen. So bietet das Internet eine derartig einfache und schnelle Möglichkeit der Beantwortung von ankommenden E-Mails, die es jedem Nutzer ungemein leicht macht eine aktive Erklärung abzusetzen und deshalb der Empfänger immer

[194] Süßenberger – Rechtsgeschäft im Internet, S. 41 ff.
[195] Holzbach/Süßenberger in: Moritz/Dreier, S. 352 ff., Rn. 75 ff.
[196] Holzbach/Süßenberger in: Moritz/Dreier, S. 354 f., Rn. 80.

davon ausgehen kann und muss, dass der Empfänger durch E-Mail antwortet, wenn er wirklich zustimmen will. Im Lichte einer späteren Beweisführung werden diese Argumente sicher dazu beitragen, dass dem Schweigen im elektronischen Rechtsverkehr vorläufig keine praktische Bedeutung zukommen wird. Des Weiteren sollte gerade wegen der zumindest bei Verbrauchern teilweise noch fehlenden Vertrautheit mit den elektronischen Medien, für die Einordnung des Schweigens als Willenserklärung der Grundsatz von Treu und Glauben, im Vergleich zu herkömmlichen Kommunikationen, eher restriktiv verwendet werden.

Der Vollständigkeit halber und als vergleichbare Fallgestaltung soll hier darauf hingewiesen werden, dass ein Schweigen auf die Lieferung unbestellter Ware gemäß der o.a. EG-Vorgabe auch im deutschen Recht keine rechtliche Wirkung hat und schon gar keine Annahme der Ware bedeutet. Der deutsche Gesetzgeber hat diese Vorgabe der FernAbsRL, die wohl schon nach allgemeinen Rechtsgrundsätzen gültig war, durch Einfügung des § 241 a BGB nochmals ausdrücklich verdeutlicht, um die zahlreichen Verstöße gegen diesen Grundsatz abzustellen.[197]

2. Die Computererklärung

Der in dieser Arbeit aufgezeigte Begriff der Computererklärung wird weder in den europäischen Vorgaben noch in den darauf aufbauenden deutschen Gesetzestexten verwendet. Wie in dieser Arbeit noch detailliert ausgeführt wird, unterscheidet der Gesetzgeber heute jedoch entsprechend den europäischen Vorgaben zwischen Regeln, die auf die individuelle Kommunikation und den Abschluss von Verträgen mittels des dort einschlägigen Mediums der E-Mail abzielen, und zwischen Regeln, die nicht auf individuelle Kommunikation abstellen, aber dort auch den Abschluss von Verträgen zulassen. Als andere Alternative zur individuellen Kommunikation kommt aber nur eine Kommunikation in Betracht, bei der mindestens ein Teilnehmer an der Kommunikation sich nicht durch persönlich gesteuerte E-Mail, sondern durch technisch gesteuerte Computererklärung am Vertragsschluss beteiligt. Dies gilt unabhängig davon, dass der Empfänger dieser Computererklärung vielleicht gar nicht merkt, dass die bei ihm ankommende Erklärung von einem Computer mittels Abarbeitung eines Softwareprogramms erstellt wurde.

---

[197] BT-Drucks. 14/2658, S. 46.

Computererklärungen gibt es sowohl im Bestellvorgang (Angebotsseite) als auch bei Abrufdiensten im Bestell-Bestätigungsvorgang (Annahmeseite). Die erste Kategorie wird grundsätzlich nur im Rahmen von einem vorher abgeschlossenen Rahmenvertrag und einem technisch vorbestimmten System in Betracht kommen, bei dem z.B. ein Lagerverwaltungssystem automatische Nachbestellungen bei dem Vertragspartner vornimmt.[198] Bei der zweiten Kategorie handelt es sich um Computererklärungen, die im Rahmen des § 312 e BGB heute eine besondere gesetzliche Regelung erfahren haben.

Unabhängig von dieser heute bereits gesetzlichen Anerkennung der Computererklärung als rechtsverbindliche Willenserklärung,[199] soll hier untersucht werden, wie die Computererklärung in das allgemeine Rechtsverständnis des deutschen Rechts zur Willenserklärung eingeordnet werden kann. Hierbei sollen informationshalber vorab jene Argumente aufgezeigt werden, die gegen die Einstufung der Computererklärung als Willenserklärung sprechen. So stuft Clemens[200] die Unsicherheit, welche mit dem Einsatz probabilistischer Verfahren und mit der interaktiven Dialogverarbeitung verbunden ist, als unvereinbar mir der Funktion rechtsgeschäftlicher Selbstbestimmung ein. Die Anerkennung oder Ablehnung der „Computererklärung" als Willenserklärung dürfe dabei nicht von der „technologischen Höhe eines Datenverarbeitungssystems" abhängen und müsse daher generell abgelehnt werden. Ein anderer Hauptkritikpunkt ist, dass eine direkte Steuerung der einzelnen Aktionen durch den Betreiber bei EDV-Anlagen nicht mehr möglich ist, und notwendige Daten im Einzelfall nicht vom Verwender, sondern vom „Kunden" direkt eingegeben werden. Daher lasse sich eine Zurechnung der Willenserklärung nicht über die „Steuerbarkeit" der EDV begründen.[201] Auch verfüge ein Computer nicht über ein menschliches Erinnerungsbild und Kombinationsvermögen, sodass es für eine derartige elektronische Willenserklärung eines neuen Konzepts der Rechtsgeschäftslehre bedürfe.

---

[198] Boehme-Neßler – CyberLaw, S. 140.

[199] Deville/Kalthegener in: CoR 1997, S. 168; Eisenhardt in: JZ 1986, S. 875; Ernst in: CoR 1997, S. 165; Friedmann – BTX, S. 18; Fritsche/Malzer in: DNotZ 1995, S. 3 ff.; Heinrichs in: Palandt Vorb. Zu § 116; Hübner – BGB AT, Rn. 667; Köhler in: AcP 182, S. 126, 133; Kuhn – EDV, S. 72; Mehrings in: MMR 1998, S. 31; Paefgen in: JuS 1988, S. 592 f.; Redeker in: NJW 1984, S. 2391; Schmidt – Selbstbedienung, S. 124; Schmidt in: AcP 166, S. 21; Schmitz – Informationsanbieter, S. 3; Viebcke – Datenverarbeitung, S. 84 ff., 92; a.A. Clemens in: NJW 1985, S. 2002.

[200] Clemens in: NJW 1985, S. 2001 f.

[201] Möschel in: AcP 186, S. 195; Redeker in: NJW 1984, S. 2392.

Bezüglich der Einordnung der Computererklärung in das dogmatische deutsche Rechtssystem haben sich in letzter Zeit insbesondere Cordes und Süßenberger verdient gemacht, sodass hier vor allem auf deren Argumentation einzugehen ist.[202]

a) Lösungsansätze außerhalb des Tatbestands der Willenserklärung

Cordes und Süßenberger zeigen als Literaturmeinungen folgende Alternativen auf, die lediglich kurz skizziert werden sollen:

(1) Der Computer als Stellvertreter

Diese Literaturmeinung geht davon aus, dass der Computer gleich einem Stellvertreter oder Boten Erklärungen im Einzelfall für den Betreiber abgibt, wobei der Betreiber dem Stellvertreter oder Boten den Inhalt der Erklärungen durch Programmierung rahmenmäßig vorgegeben hat. Beide Autoren kommen zum Ergebnis, dass diese Theorie in Bezug auf die Stellvertretung am Repräsentationsprinzip scheitert, weil der Computer trotz des manchmal verwendeten Begriffs der „künstlichen Intelligenz" heute eben noch keine eigene Rechtsperson in der vom Gesetz geforderten Art ist.[203]

(2) Der Computer als Bote

Beide Autoren[204] verneinen diese Theorie, weil der Computer durch die Programmierung selbst die auf den Einzelfall passende Erklärung aus den für ihn durch Programmierung vorhandenen Alternativen heraussucht und der Betreiber selbst nicht mehr unmittelbar erklärend oder bestimmend im Einzelfall eingreift.

(3) Blanketterklärung

Beide Autoren[205] lehnen auch diese Theorie ab, weil eine mit leeren Stellen versehene Blanketterklärung dazu vorgesehen ist, von einem menschlichen Erklärungsgehilfen mit eigenem konkretem und unvorhersehbarem Handlungswillen vervollständigt zu werden und dies bei der Einschaltung eines

[202] Vgl. Cordes – Willenserklärungen im Internet; Süßenberger – Rechtsgeschäft im Internet.
[203] Cordes – Willenserklärungen im Internet, S. 39 f.; Süßenberger – Rechtsgeschäft im Internet, S. 52.
[204] Cordes – Willenserklärungen im Internet, S. 40; Süßenberger – Rechtsgeschäft im Internet, S. 52.
[205] Cordes – Willenserklärungen im Internet, S. 41 ff.; Süßenberger – Rechtsgeschäft im Internet, S. 68 ff.

„vorprogrammierten“ Computers nicht der Fall sein kann.[206] Unter Bezugnahme auf obige Ausführungen werden in diesem Zusammenhang auch erneut jene Theorien abgelehnt, die in diesem Zusammenhang zusätzlich auf das Boten- und Stellvertreterrecht verweisen.[207]

(4) Willenserklärung ad incertas personas

Cordes lehnt die Anwendung des Begriffs der automatisierten Willenserklärung ab, wie sie für das Geschäft mit Automaten ursprünglich entwickelt wurde, denn im Gegensatz zum Tatbestand beim Warenautomaten bestehen bei der Computererklärung grundsätzlich mehrere Alternativen für den Erklärungsinhalt, wobei die konkrete Erklärung erst durch den Computer und nicht bereits durch den Betreiber bei der Erstellung des Computers festgeschrieben wird.

(5) Sonstige arbeitsteilig hergestellte Willenserklärung

Cordes lehnt diese Theorie ab, weil es sich bei der Computererklärung um eine atypische Arbeitsteilung handelt, die zwischen Mensch und Maschine als nicht gleichartigen Beteiligten abläuft. Sie könne deshalb nicht unter die vom Gesetz angebotenen Formen der Arbeitsteilung eingeordnet werden. Süßenberger kommt zum Ergebnis, dass letztlich der Betreiber durch seine zweckgerichteten menschlichen Vorbereitungshandlungen auch die später als Willenserklärungen erscheinenden Computererklärungen seinem Inhalt nach bestimmt und man deshalb bei der Erstellung der „Willenserklärung“ nicht von Arbeitsteilung sprechen kann.[208]

(6) Konkretisierung einer Rahmenvereinbarung

Im Rahmen dieser Theorie wird das Vorliegen einer Global- oder Rahmenvereinbarung verlangt, in der ohne Verwendung der elektronischen Form vereinbart wird, dass und wie sich Computererklärungen zwischen den beteiligten Vertragspartnern als rechtlich zurechenbare Willenserklärungen einordnen lassen.[209] Ohne eine solche vorausgehende Einigung sollen Computererklärungen wirkungslos bleiben. Süßenberger lehnt diesen Ansatz heute ab, weil er

---

206 Möschel in: AcP 186, S. 195 f.

207 Möschel in: AcP 186, S. 196.

208 Cordes – Willenserklärungen im Internet, S. 44; Süßenberger – Rechtsgeschäft im Internet, S. 66 ff.

209 Möschel in: AcP 186, S. 196; Süßenberger – Rechtsgeschäft im Internet, S. 63 f.

den praktischen Bedürfnissen des Electronic Commerce auf einfache kommerzielle Kommunikation zuwiderläuft und ihm auch die dogmatische Erforderlichkeit fehle.[210] Obwohl Süßenberger wohl zum richtigen, denn heute praktisch notwendigen Ergebnis gelangt, müssen seine Begründungen näher überprüft werden. Die Möglichkeiten der kommerziellen Kommunikation haben durch die technische Entwicklung, bezogen auf das Internet und auf die im Internet verfügbaren Software-Anwendungen, in den vergangenen Jahren einen enormen Aufschwung erlebt. Für die Öffentlichkeit und die rechtliche Literatur stand bei diesen modernen Anwendungen natürlich immer die Nutzung der Technologie durch den Privatmann, d.h. den Verbraucher, im Vordergrund des Interesses. Dort ist die Schlussfolgerung von Süßenberger bezüglich der veränderten praktischen Bedürfnisse voll zutreffend. Anders ist es diesbezüglich jedoch heute immer noch im Verhältnis zwischen Unternehmern. Hier werden auch heute noch, wie zu Zeiten des von Kilian betrachteten EDI-Rahmenvertrages,[211] regelmäßig Rahmenvereinbarungen geschlossen, in denen die technische Kommunikationsstruktur und die juristischen und wirtschaftlichen Einzelheiten der späteren elektronischen Geschäftsabwicklung zwischen den beteiligten Firmen bestimmt werden. Unabhängig von dieser praktischen Handhabung im B2B-Bereich kann die generelle Forderung nach einem vorhergehenden Rahmenvertrag zur Anerkennung von elektronischen Erklärungen als rechtsgeschäftliche Willenserklärungen aber sicher nicht aufrechterhalten werden. Wie Möschel bereits 1986 in diesem Zusammenhang für den bargeldlosen Zahlungsverkehr ausführte, müssen bei sich verändernder Technologie die überkommenen dogmatischen Strukturen neu überdacht werden.[212] Die heute mögliche Flexibilität von Computersystemen und damit die Vielseitigkeit der Verwendung von Computererklärungen ist sicher ein solcher Anlass.

Das fehlende dogmatische Erfordernis eines Rahmenvertrages versucht Süßenberger jedoch aus einem unzulänglichen Zirkelschluss herzuleiten.[213] Danach sei eine Rahmenvereinbarung nicht erforderlich, weil die einverständliche Rechtsverbindlichkeit bereits daraus hergeleitet wird, dass eine Partei eine verbindliche Computererklärung abgibt und die andere Partei diese als verbindlich entgegennimmt. Damit aber wird das Problem verkannt, denn wenn beide

---

[210] Süßenberger – Rechtsgeschäft im Internet, S. 63 f.
[211] Kilian in CR 1994, S. 657 ff.
[212] Möschel in: AcP 186, S. 194.
[213] Süßenberger – Rechtsgeschäft im Internet, S. 63 f.

Parteien etwas als verbindlich ansehen, dann gibt es tatsächlich kein Problem unabhängig von der Korrektheit oder Unkorrektheit der Kommunikation. Der Ansatz über den Rahmenvertrag aber zielt doch gerade auf jene Fälle ab und erkennt dort eine wirksame Computererklärung nicht an, wo dem Partner ohne vorherige Vereinbarung und ohne weitere Erklärung eine Computererklärung zugeht und sich dabei für ihn die Frage stellt, ob diese Computererklärung eine verbindliche Willenserklärung der anderen Partei darstellt und deshalb ein Vertrag verbindlich zustande gekommen ist. Aus dogmatischer Sicht richtiger ist hier wohl der Verweis auf die oben bereits erwähnte Geltungstheorie, nach der eine vorherige Vereinbarung deshalb nicht erforderlich ist, weil sich der Erklärende am äußeren Sinn seiner Erklärung festhalten lassen muss, wenn das schutzwürdige Interesse des Erklärungsempfängers dies verlangt. Antwortet aber ein Betreiber auf eine elektronische Bestellung inhaltlich mit einer als Bestätigung ansehbaren Computererklärung, dann muss er sich an dieser Erklärung festhalten lassen.

b) Lösung über Tatbestand der Willenserklärung

(1) Erfüllung des objektiven Tatbestandes

Als Beispiel soll hier ein automatisches Bestellsystem dienen, das der Kunde über den Aufruf einer Webseite des Anbieters im Internet erreicht. Innerhalb der Webseite befindet sich ein Bereich, der durch Anklicken eine technische Verbindung zu einem Bestellformular herstellt. Dieses Bestellformular wird dabei online auf den Bildschirm des Kunden transferiert. Der Kunde füllt das Bestellformular aus, in dem er den vom System vorgegebenen Schritten folgt, und sendet es elektronisch an den Computer des Anbieters durch erneutes Anklicken eines Feldes im Bestellformular. Der Computer des Anbieters verarbeitet das bei ihm eingegangene Bestellformular durch Ablauf des dafür vorgesehenen Softwareprogramms. Dabei werden die Angaben des Kunden im Bestellformular mit jenen Alternativen verglichen, die der Anbieter an diesen unterschiedlichen Stellen für das Bestellformular vorgesehen hat. Wird dabei vom Programm Übereinstimmung in allen als notwendig vorgesehenen Punkten festgestellt, so sendet der Computer automatisch als Computererklärung eine Bestellbestätigung an die Computeradresse des bestellenden Kunden. Eine Beteiligung einer menschlichen Person an dieser Erstellung der Computererklärung auf der Anbieterseite hat bei diesem Vorgang nicht stattgefunden.

Bei dieser Computererklärung wird somit die Erklärung von einer EDV-Anlage erstellt und anschließend automatisch und elektronisch und ebenfalls von der Computeranlage gesteuert, an den Empfänger übermittelt, ohne dass der Betreiber der Anlage im Moment der Erstellung davon Kenntnis erlangt.[214] Es liegt durch die Übermittlung der Bestellbestätigung als Reaktion auf die Vorgehensweise des Kunden eindeutig ein objektiver Erklärungsakt vor. Handlung im Rechtssinne ist nach dem BGH jedoch ein menschliches Tun, das der Bewusstseinskontrolle und der Willenslenkung unterliegt und somit beherrschbar ist.[215] Im Moment der Erstellung und Abgabe handelt bei der oben beschriebenen Computererklärung aber alleine die EDV-Anlage und nicht der Mensch. Es ist jedoch inzwischen unstrittig, dass es für die Annahme einer Erklärungshandlung ausreicht, wenn eine Erklärung ohne konkrete Handlung eines Menschen im Einzelfall[216] dadurch zustande kommt, dass sie als Ergebnis eines zeitlich gestreckten, von Mensch und Maschine quasi arbeitsteilig bewerkstelligten Prozesses zustande kommt.[217] Dabei werden die menschlichen Vorbereitungshandlungen, die zweckgerichtet auf die automatisierte Erklärungserstellung hin erfolgen und somit für diese ursächlich sind, als ausreichender menschlicher Handlungsbeitrag rechtlich anerkannt.[218]

(2) Erfüllung des subjektiven Tatbestandes

Fraglich ist, ob der festgestellte Erklärungsakt bei der Computererklärung auch von einem ausreichenden subjektiven Tatbestand begleitet wird.

Obwohl es bei der Computererklärung im Zeitpunkt ihrer automatisierten Erstellung regelmäßig an einem aktuellen oder konkreten Handlungswillen des Anlagenbetreibers fehlt, sieht die herrschende Meinung den Handlungswillen bei der Computererklärung, wenn auch mit unterschiedlicher Begründung, als gegeben an.[219]

---

214 Fritsche/Malzer in: DNotZ 1995, S. 9; Kuhn – EDV, S. 56; Mehrings in: MMR 1998, S. 31; Taupitz/Kritter in: JuS 1999, S. 839.
215 BGHZ 39, S. 103 (106) zum Handlungsbegriff des § 823 BGB; Hübner – BGB AT, Rn. 326.
216 So Kuhn – EDV, S. 69.
217 Brauner – Erklärungsrisiko, S. 46 f.; Kuhn – EDV, S. 69.
218 Kuhn – EDV, S. 70.
219 Bröcker in: WM 1995, S. 478; Heinrichs in: Palandt Einf. Vor § 116, Rn. 1; Heun in: CR 1994, S. 596; Köhler in: AcP 182, S. 133; Kuhn – EDV, S. 72; Mehrings in: MMR 1998, S. 31; Melullis in: MDR 1994, S. 111; Redeker in NJW 1984, S. 2392; Taupitz/Kritter in: JuS 1999, S. 840; a.A. Clemens NJW 1995, S. 2001 f.

Cordes[220] folgert, dass man bei Anerkennung einer Erklärungshandlung über das bloße Programmieren und Starten des Verarbeitungsvorganges dann auch den Handlungswillen bei Vorliegen der Verarbeitung selbst als gegeben betrachten könne. Sie folgt damit jener Meinung, die annimmt, es reiche aus, wenn der vom Computer vorgenommene Erklärungsakt „letztlich" auf einem menschlichen Willen beruht. Schon darin, dass sich der Erklärende überhaupt eines Computers bedient, um Erklärungen herzustellen und abzugeben, liegt ein vom Handlungswillen des Erklärenden getragener Erklärungsakt.[221] Die DV-Anlage kann außerdem nicht mehr als das eingegebene Programm durchführen und deshalb nur vorbestimmte Arten von Erklärungen abgeben.[222] Dies wäre im oben aufgeführten Fall eines Bestellsystems eine ja- oder eine nein-Entscheidung, d.h., die Bestellung wird angenommen oder abgelehnt. Der Anbieter als Mensch bestimmt somit die für zukünftige Computererklärungen maßgeblichen Parameter, er prüft die Erfüllung dieser Parameter aber dann nicht im Detail selbst bezogen auf den konkreten Fall.[223] Dies erfolgt durch den Computer.

Cordes[224] bejaht das Vorliegen des Erklärungsbewusstseins mit den gleichen Argumenten wie das Vorliegen des Handlungswillens. Mit Einsatz des Computers zur Geschäftsabwicklung mittels Programmierung und Inbetriebnahme umfasst die Willensbildung des Anbieters hypothetisch alle zukünftigen Fälle, wie sie bereits im Programm angelegt sind.[225] Das Fehlen der konkreten Verbindung vom einzelnen konkreten Geschäft zu diesem Willen wird dabei als unbeachtlich eingestuft. Andere Autoren sprechen hier von einem „gestreckten Verfahren" bei dem der Wille nicht aktuell und konkret zum Zeitpunkt der Erzeugung der Erklärung vorliegen muss.[226]

---

[220] Cordes – Willenserklärungen im Internet, S. 52.
[221] Heun in: CR 1994, S. 596; Mehrings in: MMR 1998, S. 31; Melullis in: MDR 1994, S. 111; Taupitz/Kritter in: JuS 1999, S. 840.
[222] Dilcher in: Staudinger vor §§ 116-144, Rn. 6; Köhler in: AcP 182, S. 132 f.; Medicus – BGB AT, Rn. 256; Mehrings in: Hoeren/Sieber, Handbuch Multimedia-Recht 13.1, Rn. 42.
[223] Mehrings in: MMR 1998, S. 31; Medicus - BGB AT, Rn. 256; Melullis in: MDR 1994, S. 111; Taupitz/Kritter in: JuS 1999, S. 840
[224] Cordes – Willenserklärungen im Internet, S. 55.
[225] Kuhn – EDV, S. 70.
[226] Eisenhardt in: JZ 1986, S. 875; Köhler in: AcP 182, S. 133; Medicus – BGB AT, Rn. 256; Mehrings in: Hoeren/Sieber, Handbuch Multimedia-Recht 13.1, Rn. 42; Paefgen in: JuS 1988, S. 593; Paefgen – Btx, S. 18; Schmidt in: AcP 166, S. 21.

Gleichzeitig weist Cordes auf die Argumentation der oben bereits aufgeführten herrschenden Geltungstheorie[227] hin, die nicht nur das Erklärungsbewusstsein von den konstruktiven Elementen der Willenserklärung ausnimmt, sondern letztlich den Schutz des Vertrauens des Erklärungsempfängers einer Computererklärung über das Interesse des erklärenden Individuums an seiner Selbstbestimmung, bezogen auf den einzelnen Erklärungsakt, stellt. Im Sinne der Geltungstheorie aber schafft der Verwender einer EDV-Anlage zum Erstellen und Übermitteln von Erklärungen auf der anderen Empfängerseite ein berechtigtes Vertrauen darauf, auch an die von seiner EDV-Anlage erstellten und übermittelten Erklärungen gebunden zu sein.[228]

Das Erklärungsbewusstsein kann also für die Computererklärung mittels der herrschenden Geltungstheorie bejaht werden.

Wie oben bei den allgemeinen Ausführungen zur Willenserklärung bereits gesagt, ist der verbleibende Rechtsfolge- oder Geschäftswille kein konstruktives Element der Willenserklärung und dies gilt auch für die Computererklärung. Im Übrigen ist auch hier den Schlussfolgerungen der Geltungstheorie zu folgen, wobei zwischen dem Willen des Erklärenden und dem objektiven Sinn seines Verhaltens unterschieden wird und bei empfangsbedürftigen Willenserklärungen der objektiven Erklärungsbedeutung der Vorrang eingeräumt wird.[229] Wenn somit bei der Computererklärung, wie im angegebenen Beispielsfall, der Computer gemäß dem vorgegebenen Programm die eingegangene Bestellung bestätigt, dann will und muss sich das der Anlagenbetreiber als Erklärung mit Rechtsfolgecharakter zurechnen lassen.

Im Ergebnis kann man somit jenen Literaturstimmen folgen, die bei Tatbeständen, die dem Begriff der Computererklärung unterfallen, bezogen auf den subjektiven Tatbestand vom Vorliegen eines „generellen Willens“,[230] eines „allgemeinen Handlungswillens“ oder eines „allgemeinen Erklärungsbewusstseins“[231] sprechen und somit den menschlichen Willen als gegeben ansehen.[232]

---

227 BGHZ 91, 330.

228 Geis in: NJW 1997, S. 3000; Heun in: CR 1994, S. 596; Kuhn – EDV, S. 71; Taupitz/ Kritter in: JuS 1999, S. 840.

229 Heinrichs in: Palandt Einf. Zu § 116, Rn. 3.

230 Mehrings in: MMR 1998, S. 31; Dilcher in: Staudinger Vor §§ 116-144, Rn. 6.

231 Kuhn – EDV, S. 58; Mehrings in: MMR 1998, S. 31.

C. Elektronische Verträge aus US-amerikanischer Sicht

I. Anwendbares Recht

Das US-amerikanische Vertragsrecht beruht im Grundsatz auf dem Common Law.[233] Dies hat sich aus dem in England geltenden Recht über die letzten Jahrhunderte in USA weiterentwickelt. Entscheidend in diesem Rechtskreis sind deshalb Einzelfallentscheidungen der Gerichte. Die entscheidungserheblichen richterlichen Feststellungen eines Falles bezogen auf den konkreten Sachverhalt erlangen dabei Bindungskraft für nachfolgende Rechtsfälle, die von Gerichten mit gleicher örtlicher und sachlicher Zuständigkeit behandelt werden.[234] Nur abweichende Sachverhalte rechtfertigen in weiteren Fällen eine Abweichung von einer rechtlichen Präzedenzentscheidung. Diese sachlichen Unterschiede aufzuzeigen, ist die Aufgabe des US-amerikanischen Anwaltes und eines Gerichtes, wenn eine andere rechtliche Entscheidung angestrebt wird.[235] Die Basis des US-amerikanischen Rechts ist daher nicht kodifiziert, sondern beruht auf Richterrecht. Da sich dieses Richterrecht in den verschiedenen Bundesstaaten und ebenfalls auf der Ebene der Bundesgerichte unterschiedlich entwickelt hat, gibt es im US-amerikanischen Rechtskreis kein einheitliches Common Law.[236]

Um diese Zersplitterung des Rechts im Wirtschaftsverkehr zu reduzieren, hat es bis heute vielfache Bestrebungen gegeben, einheitliche Rechtsvorgaben als Leitschnur für Gerichte zu schaffen. Dies sind Zusammenstellungen von Regeln durch nichtstaatliche Vereinigungen, die zwar grundsätzlich selbst keine rechtliche Bindungswirkung haben, jedoch trotzdem von Gerichten in der Rechtspraxis zur Begründung herangezogen werden und teilweise auch in einigen Bundesstaaten als Gesetze verabschiedet wurden.[237] Es handelt sich aber

---

[232] Boehme-Neßler – CyberLaw, S. 141; Mehrings in: Hoeren/Sieber, Handbuch Multimedia-Recht, Kap. 13.1, Rn. 37 ff. m.w.N.; Mehrings in: MMR 1998, S. 31 m.w.N.; Taupitz/Kritter in: JuS 1999, S. 840 m.w.N.; etwas skeptischer Köhler/Arndt – Internet, S. 28.

[233] Calamari/Perillo – Contracts § 1-6; Millstein u.a. – Internetbusiness § 8.04 2a.

[234] Hierbei ist zu beachten, dass Entscheidungen eines Federal Court auch dann keine absolute Bindungswirkung auf die Entscheidung eines State Court haben, wenn sich beide Gerichte im gleichen Gerichtsbezirk befinden. Das Gleiche gilt ebenfalls für den umgekehrten Fall. Dabei liegt grundsätzlich die Zuständigkeit bei den State Courts. Nur wenn Kläger und Beklagter aus verschiedenen Bundesstaaten kommen oder die streitentscheidende Norm eine bundesgesetzliche Norm ist, liegt die Zuständigkeit bei den Federal Courts.

[235] Elsing – US-Recht, S. 32.

[236] Elsing – US-Recht, S. 32.

[237] Elsing – US-Recht, S. 34; Süßenberger – Rechtsgeschäft im Internet, S. 158.

hier stets nur um Teilkodifizierungen eines bestimmten Rechtsgebietes, sodass im Hintergrund stets das Common Law zur Lückenfüllung herangezogen wird.[238] Dabei ist natürlich auch die aus dem Common Law stammende Tendenz US-amerikanischer Gerichte zur Rechtssetzung und nicht nur zur Rechtsanwendung ein Faktor, der Common-Law-Aspekte weiterhin in verstärktem Maße zur Geltung kommen lässt.[239]

Für das in dieser Arbeit behandelte Vertragsrecht sind als Kodifizierungen von besonderem Interesse das Restatement (Second) of Contracts, welches eher als eine Art Kommentar bezeichnet werden kann,[240] und der Uniform Commercial Code. Weitere Kodifizierungen dieser Art werden in anderen Abschnitten der Arbeit berücksichtigt.

Das Restatement (Second) of Contracts schafft kein neues Recht, sondern fasst die in verschiedenen Bundesstaaten existierenden Regeln des Common Laws auf dem Gebiet des Vertragsrechts zusammen, wobei bei sich unterscheidenden Regeln in einzelnen Bundesstaaten eine bestimmte Regelung als einheitliche Regelung vorgeschlagen wird.[241] Es wird von den Gerichten oft als Argumentationshilfe für Entscheidungen herangezogen.

Der Uniform Commercial Code („UCC"), der in fast allen Bundesstaaten als Gesetz umgesetzt wurde, gilt für den Kauf und Verkauf von beweglichen Sachen. Hierfür gibt es spezielle Normen, die in Art. 2 des UCC verankert sind, und von denen die Grundsätze des Common Laws im Falle des Widerspruchs verdrängt werden. Der UCC ist eine Regelung, die nahezu gleichartig auf Ebene aller US-amerikanischen Bundesstaaten umgesetzt wurde,[242] denn das Vertrags- und Kaufrecht ist Sache der einzelnen Bundesstaaten und gehört nicht zu den in der Verfassung aufgeführten Zuständigkeiten der Zentralregierung.

---

[238] Elsing – US-Recht, S. 35.

[239] Elsing – US-Recht, S. 36.

[240] Das Restatement of Contracts wurde zum ersten Mal 1932 vom American Law Institute veröffentlicht. 1982 wurde es in überarbeiteter Version als Restatement (Second) of Contracts neu aufgelegt. Die Restatements besitzen keinen Gesetzescharakter. Sie haben jedoch großen Einfluss auf die Interpretation und Anwendung der Gesetze; Calamari/Perillo – Contracts § 1-6.

[241] Elsing – US-Recht, S. 37.

[242] Alle Bundesstaaten außer Louisiana haben Art. 2 des UCC in der einen oder anderen Form verabschiedet; Millstein u.a. – Internetbusiness § 8.04 2b; Cordes – Willenserklärungen im Internet, S. 159.

Der UCC gilt für alle natürlichen und juristischen Personen. Einige Abschnitte gelten nur für Transaktionen unter Beteiligung von Kaufleuten.

II. Grundsatz

Im US-amerikanischen Recht wird ein Vertrag als ein Versprechen oder eine Reihe von Versprechen angesehen, die sich auf zukünftiges Verhalten beziehen und rechtlich bindend sind.[243] Dabei wird insbesondere zwischen „Express Contracts", bei denen die vertragsbezogenen Erklärungen mündlich oder schriftlich geäußert werden und „Implied Contracts", bei denen dies durch entsprechendes anderes Verhalten geschieht, unterschieden. Als Verhalten kommt dabei auch der Beginn der Leistungserbringung in Betracht.

Schweigen wird grundsätzlich nicht als Annahmeerklärung anerkannt, auch wenn der Anbieter diese Rechtsfolge in seinem Angebot aufführt.[244] Eine andere Rechtsfolge ergibt sich jedoch bei vorhergehender entsprechender Geschäftsbeziehung, oder wenn eine Person eine Leistung annimmt mit dem Wissen, dass sie dies hätte zurückweisen können und außerdem solche Leistungen nur gegen Entgelt zu erhalten sind.[245]

Im Sinne einer modernen Betrachtungsweise wird heute davon ausgegangen, dass die meisten Verträge als zweiseitige Verträge („Bilateral Contracts") zu sehen sind.[246] Es gibt nur zwei Ausnahmen für einseitige Verträge („Unilateral Contracts") und zwar zum einen, wenn nach ausdrücklicher Bestimmung des Anbietenden erst die Erfüllung der Gegenleistung als Voraussetzung für die Annahme eines Angebotes und damit eines Vertragsschlusses angegeben ist, und zum anderen, wenn ein Angebot an die Allgemeinheit vorliegt.

Ein US-amerikanisches Gericht wird das Vorliegen eines zweiseitigen Vertrages unter folgenden drei Fragestellungen prüfen:

- Lag zu einem bestimmten Zeitpunkt zwischen den Parteien eine beidseitige Willensübereinstimmung bezogen auf ein Geschäft vor („mutual assent")?
- Beinhaltet das entsprechende Geschäft angemessene Gegenleistungen?
- Gibt es Einwendungen gegen die Annahme eines Vertrages?

---

[243] Millstein u.a. – Internetbusiness § 8.04 3 a).
[244] Clarkson u.a. – West's Business Law, S. 221.
[245] Clarkson u.a. – West's Business Law, S. 221.
[246] Restatement (Second) of Contracts § 50; Bierekoven – Vertragsschluss im Internet, S. 189.

Bei der Betrachtung obiger drei Kriterien ist zu berücksichtigen, dass dies nach US-amerikanischem Rechtsverständnis nicht nur die Voraussetzungen für einen „gerichtlich durchsetzbaren" Vertrag sind. Aus Sicht des US-amerikanischen Rechts ist ein gerichtlich nicht durchsetzbarer Vertrag eben kein Vertrag. Aus deutscher Rechtssicht würde man dagegen feststellen, dass alleine das Kriterium des „mutual assent" den Akt des Vertragsschlusses und damit die Frage des Vorliegens eines Vertrages direkt berührt, während die beiden anderen Kriterien die Fragestellung beinhalten würden, ob der Vertrag wirksam oder anfechtbar ist und damit letztlich „gerichtsfest" ist.

1. Mutual Assent

Ein mutual assent setzt ein Angebot und eine Annahme voraus.[247] Beide sind als Versprechen zu sehen, für deren Nichteinhaltung eine rechtliche Sanktion besteht oder deren Erfüllung als rechtliche Pflicht anerkannt ist.[248] Das Angebot gibt der Person, an die es gerichtet ist, das Recht zur Annahme und bewirkt zugleich, dass in der Person des Anbieters gewisse Pflichten gegenüber dieser Person entstehen.[249] Es bedarf nicht der Einhaltung von bestimmten Formalitäten, damit das Angebot wirksam ist. Ein konkludentes Angebot ist daher ebenso ausreichend wie ein schriftliches Angebot.[250]

Bei der Bestimmung des mutual assent gehen die Gerichte von einem objektiven Maßstab aus, sodass ein Erklärender an den Inhalt seiner Erklärung so gebunden wird, wie sie aus der Sicht Dritter erscheint.[251] Hierbei wird neben der Berücksichtigung aller Begleitumstände, wie der konkreten Kommunikation zwischen den Parteien, auch eine Interpretation der Erklärung durch Einbeziehung von Ereignissen aus der gesamten bestehenden Geschäftsbeziehung oder einer allgemein anerkannten Geschäftspraxis vorgenommen.[252] Das Abstellen auf den objektiven Empfängerhorizont hat allerdings seine Grenze in

---

[247] Farnsworth on Contracts § 3.3.

[248] Restatement (Second) of Contracts § 24; Elsing – US-Recht, S. 58; Farnsworth on Contracts § 3.10; Millstein u.a. – Internetbusiness § 8.04 3 a) i).

[249] Restatement (Second) of Contracts § 29 (1); Millstein u.a. – Internetbusiness § 8.04 3 a) i).

[250] Farnsworth on Contracts § 3.10; Millstein u.a. – Internetbusiness § 8.04 3 a) i).

[251] Clarkson u.a. – West's Business Law, S. 211.

[252] UCC § 1-201 (3) und UCC § 2-204 (1)-(3). Diese Regelung besagt, dass eine Übereinkunft die Voraussetzungen eines Vertrages erfüllen kann, obwohl sie zu dem Zeitpunkt des Abschlusses nicht ausreichend bestimmt ist oder obwohl einzelne Klauseln offen gelassen wurden, solange die Parteien einen rechtsgültigen Vertrag schließen wollten und eine ausreichende Basis für eine angemessene Rechtsfolge vorhanden ist.

dem Schutzzweck dieser Konstruktion. So wird nur der redliche Empfänger einer Erklärung geschützt.

In diesem Zusammenhang sind weitere Abweichungen im Verhältnis zum deutschen Vertragsrecht festzuhalten. So muss nach dem UCC und der Entscheidung einer Mehrheit von US-amerikanischen Gerichten nicht Einigkeit in allen maßgeblichen Vertragspunkten erzielt worden sein, um einen wirksamen Vertrag anzunehmen. Dies gilt z.B. auch für den Preis[253] oder die Lieferzeit.[254] Ist dafür keine Regelung getroffen, so wird ein Gericht anstelle der Parteien einen angemessenen Preis festlegen oder eine angemessene Lieferzeit bestimmen und nicht wie im deutschen Rechtskreis den Vertrag für noch nicht geschlossen und damit für ungültig erklären. Gerichte gehen dabei von der Annahme aus, dass die Parteien im Falle einer fehlenden Regelung eine angemessene Regelung vereinbaren wollten. Andererseits gehen sie dann nicht von einer solchen Annahme aus, wenn die Parteien zwar eine Regelung getroffen haben, diese jedoch unklar ist. In einem solchen Fall liegen dann kein mutual assent und kein wirksamer Vertrag vor. Diese Schlussfolgerung gilt auch, wenn die Parteien ausdrücklich vereinbart haben, eine Entscheidung über einen wesentlichen Vertragspunkt erst später zu treffen, und nicht aus weiteren Umständen entnommen werden kann, dass die Parteien trotzdem einen wirksamen Vertrag schließen wollten. In letzterem Fall würde der UCC wieder die Einsetzung einer angemessenen Regelung durch das Gericht gestatten.[255]

Eine weitere wesentliche Abweichung zum deutschen Vertragsrecht durch den UCC ist im Bereich der vom Angebot abweichenden Annahmeerklärung zu sehen. Enthält die Annahmeerklärung zusätzliche Bedingungen, so stellt dies grundsätzlich keine Ablehnung des Angebotes und auch kein neues Gegenangebot dar, es sei denn diese Annahmeerklärung beinhaltet die ausdrückliche Bedingung, nur bei Zustimmung der anderen Partei zu den Abweichungen gültig zu sein. Ob die zusätzlichen Bedingungen Vertragsbestandteile werden, hängt davon ab, ob Verbraucher oder nur Kaufleute am Geschäft beteiligt sind.

Ist ein Verbraucher als Anbieter beteiligt, dann bleiben die zusätzlichen Bedingungen der anderen Partei in der Annahmeerklärung in sich selbst ein separates eigenes Änderungsangebot bezogen auf den im Übrigen gemäß dem An-

---

[253] U.C.C. § 2-305.
[254] U.C.C. § 2-309.
[255] Millstein u.a. – Internetbusiness § 8.04 3 a) i).

gebot zustande kommenden Vertrag. Sind beide Parteien Kaufleute oder ist der Verbraucher der Annehmende, der die zusätzlichen Bedingungen einbringt, dann werden die zusätzlichen Bedingungen automatisch Vertragsbestandteile, es sei denn sie enthalten eine wesentliche Änderung. Unter einer wesentlichen Änderung wird z.B. eine Änderung bezogen auf das Risiko und die Rechtsmittel einer Partei angesehen.

Des Weiteren werden die neuen Klauseln nicht Vertragsbestandteil, wenn im Angebot die Möglichkeit der Annahme ausdrücklich auf ein unverändertes Angebot beschränkt wurde oder der Anbieter den fraglichen zusätzlichen Regelungen bereits in den Verhandlungen oder innerhalb angemessener Frist nach Eingang der Annahmeerklärung widerspricht.[256]

Der Vollständigkeit halber muss gesagt werden, dass „abweichende" Bedingungen in einer Annahmeerklärung, im Gegensatz zu „zusätzlichen" Bedingungen, von den US-Gerichten unterschiedlich behandelt werden. Manche Gerichte behandeln abweichende Bedingungen wie die oben beschriebenen zusätzlichen Bedingungen. Andere Gerichte folgen der sog. „knock-out-rule". Diese geht von der Annahme aus, dass der Anbieter abweichenden Bedingungen grundsätzlich ablehnen wird und deshalb der Vertrag zustande kommt, jedoch ohne die sich widersprechenden Regelungen in Angebot und Annahme. Da dadurch zwangsläufig Löcher im Vertrag entstehen, werden zur Lückenfüllung von den Gerichten angemessene Regeln entsprechend den bereits oben aufgezeigten UCC-Regeln in den Vertrag eingefügt.[257]

2. Consideration

Das zweite Element für die Schaffung eines gerichtlich durchsetzbaren gegenseitigen Vertrages im US-amerikanischen Recht ist nach herrschender Meinung die „consideration". Diese beruht auf dem Grundgedanken, dass die Mehrheit der Vereinbarungen, die von den Vertragspartnern als rechtsverbindliche Verträge gewollt sind, gegenseitige rechtliche Verpflichtungen zwischen den Parteien beinhalten. Dies kann z.B. in Gestalt eines Vorteils für den Versprechenden als auch eines Nachteils für den Versprechensempfänger auftreten.[258] Daraus wird der Umkehrschluss gezogen, dass bei einem Fehlen einer echten Gegenleistung kein rechtsverbindliches Leistungsversprechen und damit auch

[256] Millstein u.a. – Internetbusiness § 8.04 3 a) ii).
[257] Vgl. Millstein u.a. – Internetbusiness § 8.04 3 a) ii) A).
[258] Bierekoven – Vertragsschluss im Internet, S. 188; Calamari/Perillo – Contracts § 4-2.

kein rechtsverbindlicher Vertrag gewollt ist und er somit auch vom Gericht nicht als rechtsverbindlich anerkannt wird. Damit eine „consideration" vorliegt, muss das, zu was sich die Parteien verpflichtet haben, zumindest aus „rechtlicher" Sicht einen gewissen Wert besitzen.[259] Die Gerichte prüfen hierbei allerdings nicht die Frage ob sich Leistung und Gegenleistung tatsächlich wirtschaftlich gleichwertig gegenüberstehen, sondern schließen nur den Fall aus, bei dem Leistung und Gegenleistung in keinster Weise zusammenpassen und damit der Vertrag für eine der Parteien unzumutbar ist oder das Vorgehen der anderen Partei als skrupellos eingestuft werden kann. Im deutschen Rechtskreis würde man hier von einem sittenwidrigen Vertrag sprechen und nach § 138 BGB ebenfalls zur Nichtigkeit des Vertrages gelangen.

Von Bedeutung sind diese Ausführungen insbesondere bei der Betrachtung der Bindungswirkung bezogen auf ein Angebot. Solange dem Angebot keine Annahme mit einer gegenläufigen Verpflichtung (consideration) gegenübersteht, ist der Vertrag grundsätzlich nicht zustande gekommen und kann frei widerrufen werden.[260]

3. Sonstige Einwendungen

Im Rahmen des dritten Kriteriums prüfen die Gerichte Einwendungen derjenigen Person, die sich gegen das Vorliegen eines rechtsverbindlichen Vertrages wendet. Es handelt sich hierbei um Argumente, die das Fehlen des mutual consent oder der consideration begründen oder gegen zwingende öffentlich rechtliche Regeln verstoßen. Diese werden nach dem konkreten Vertragsschluss durch Angebot und Annahme gegen die rechtliche Durchsetzbarkeit des Vertrages geltend gemacht werden.

III. Elektronische Verträge

1. Rechtsentwicklung

Das erste Gesetz auf dem Gebiet der elektronischen Verträge stammt aus Utah und verlangt für die Wirksamkeit von elektronischen Verträgen die Verwendung von asymmetrischer Verschlüsselung und die Einschaltung einer ver-

[259] Das Stichwort im US-amerikanischen Recht ist dabei der „bargained-for-exchange"; Bierekoven – Vertragsschluss im Internet, S. 188; Elsing – US-Recht, S. 59.
[260] Clarkson u.a. – West's Business Law, S. 218.

trauenswürdigen Zertifizierungsinstanz.[261] Dazu wurde ein umfangreiches administratives Netzwerk zur Kontrolle der Zertifizierungsdiensteanbieter entwickelt.[262]

Ein weiteres Gesetz ist in dem Illinois Electronic Commerce Security Act[263] verkörpert, der allgemeine Grundsätze für die Sicherheit von elektronischen Verträgen und Signaturen aufstellt. Dies soll durch die Anwendung von Sicherheitsprozeduren ermöglicht werden, die von den jeweils Beteiligten festgelegt oder von dem zuständigen Ministerium genehmigt werden müssen. Derartige erstellte elektronische Verträge und Signaturen erhalten dann erhöhte Beweiskraft.

Bereits 1998 hatten 46 Bundesstaaten derartige Gesetze, die sich mit elektronischen Signaturen beschäftigten, verabschiedet oder in Vorbereitung.[264] Diese Vielzahl von Regelungen basierte auf verschiedenen Wertvorstellungen der unterschiedlichen Gesetzgeber und konfrontierte den Verbraucher mit unterschiedlichen Standards innerhalb der USA.[265]

Dieser Konflikt zwischen den bestehenden bundesstaatlichen Regelungen war ein Hindernis für die weitere Entwicklung des elektronischen Geschäftsverkehrs innerhalb der USA.[266] Einige Kommentatoren gingen sogar so weit, die unterschiedlichen bundesstaatlichen Regelungen als einen modernen Turm zu Babel zu bezeichnen.[267] Obwohl es sicherlich richtig ist, dass die Vielzahl unterschiedlicher Regelungen der weiteren Entwicklung des elektronischen Geschäftsverkehrs nicht gerade zuträglich war, so ist die vehemente Kritik doch ein wenig übertrieben und ähnelt teilweise der Kritik am deutschen Signaturgesetz von 1997. Viele der Regelungen haben außerdem nur einen sehr engen Anwendungsbereich, wie die Kraftfahrzeug-Registrierung oder den Schriftwechsel mit Behörden.

---

[261] UT Stat.Ann. 46-3-101 ff.
[262] Biddle in: San Diego L. Rev. 1997, S. 1233.
[263] 5 Ill. Comp.Stat. 175/1-101 ff.
[264] Smedinghoff – Electronic and Digital Signatures, S. 409; Zoellick in: N.Y. St. B.J. 2000, S. 12.
[265] Lui-Kwan in: Berkeley Tech. L.J. 1999, S. 472; Smedinghoff – Electronic and Digital Signatures, S. 407.
[266] Lui-Kwan in: Berkeley Tech. L.J. 1999, S. 472.
[267] Merrill/Burger in: New Jersey L.J. 2000; Wintringham in: NY L.J. 2000, S. S7.

2. E-Mail

Die gesetzliche Anerkennung elektronischer Erklärungen und elektronischer Verträge auf einer Ebene oberhalb der Bundesstaaten begann schrittweise mittels Änderungen des UCC für bestimmte Arten von finanziellen Transaktionen und mittels des Uniform Computer Information Transactions Act („UCITA"), der im Wesentlichen nur für Software-Lizenzverträge sowie die Informationsbeschaffung über elektronische Medien und aus elektronischen Datenbanken Geltung hat. UCITA gilt nicht für den Kauf beweglicher Güter und hat daher einen sehr eingeschränkten Wirkungskreis im modernen E-Commerce und es soll deshalb wegen der Schaffung neuerer Regelungen mit weiterem Geltungsbereich in dieser Arbeit auf UCITA nur eingegangen werden, wo interessante abweichende Regelungen von den anderen neuen Regelungen getroffen worden sind.

a) UETA

Die Umsetzung von UETA in den einzelnen Bundesstaaten geschah mit äußerst unterschiedlicher Reichweite, d.h. u.a. unter Ausschluss der verschiedensten Geschäftstransaktionen von seinem Geltungsbereich. Dies war möglich, weil UETA vorsieht, dass seine Regelungen zurücktreten, wenn sie mit dem Recht eines Bundesstaates kollidieren. Dies beruht darauf, dass UETA nach dem Willen der NCCUSL bestehendes Vertragsrecht und Gesetze über digitale Signaturen nicht ersetzen, sondern vielmehr ergänzen soll.[268] UETA selbst nimmt deshalb nicht nur bestimmte geschäftliche Transaktionen wie z.B. im Erbrecht, sondern auch Rechtsgeschäfte, die unter andere Gesetze oder Gesetzesentwürfe fallen, von seinem Geltungsbereich aus. Es sind dies Geschäfte, die unter UCITA fallen ebenso wie Geschäfte, die in gewissen Sektionen des UCC geregelt sind. Von dieser Ausnahme nicht betroffen sind Käufe von beweglichen Sachen in Artikel 2. Unabhängig von diesen Ausnahmen will UETA nach seiner Section 6a für alle elektronischen Erklärungen Geltung erlangen, die nach Schaffung von UETA im Juli 1999 in den Rechtsverkehr gelangen.

UETA soll nach Section 2 für alle Arten von Aktionen zwischen zwei oder mehr Personen gelten, die einen wirtschaftlichen, kommerziellen oder behördlichen

[268] Millstein u.a. – Internetbusiness § 8.04 2 d) i).

Charakter haben.[269] Dabei soll UETA nach Section 5 nur auf Verträge anwendbar sein, bei denen beide Parteien der Verwendung elektronischer Kommunikationsmittel bezogen auf das konkrete Geschäft zugestimmt haben. Außerdem sind seine Regelungen nicht zwingend, sondern stehen zur Disposition der Vertragsparteien.

In Section 7 von UETA ist festgeschrieben, dass einer Erklärung die Rechtswirksamkeit oder Vollstreckbarkeit nicht versagt werden kann, „nur" weil sie in elektronischer Form vorliegt. Gleiches wird festgeschrieben in Bezug auf einen beidseitigen Vertrag, auch wenn er „nur" unter Verwendung einer oder mehrerer elektronischer Erklärungen zustande gekommen ist. UETA stellt weiterhin fest, dass eine elektronische Erklärung einer Person nur zugerechnet werden kann, wenn sie von dieser Person stammt. Dies soll durch Aufzeigen irgendwelcher Sicherungsmechanismen geschehen, die eine solche Zuordnung verlässlich zulassen. Die Bedeutung einer elektronischen Erklärung soll dabei durch Beurteilung des Inhalts der Erklärung und der weiteren Umstände bei Schaffung und Verwendung derselben unter Geltung allgemeiner Rechtsgrundsätze bestimmt werden.

b) E-Sign

Demgegenüber steht das Bundesgesetz E-Sign. Seine zentrale Norm befindet sich in Section 101 (a). Danach darf einem Dokument, welches sich auf eine geschäftliche Transaktion bezieht, nicht allein deshalb die Rechtswirksamkeit abgesprochen werden, weil es in elektronischer Form vorliegt.[270] Einem Vertrag, der sich auf ein derartiges Rechtsgeschäft bezieht, darf nach E-Sign nicht allein deshalb die Gültigkeit, Rechtswirksamkeit oder Vollstreckbarkeit abgesprochen werden, weil ein elektronisches Dokument bei seinem Abschluss verwendet wurde.[271]

E-Sign strebt somit letztendlich dasselbe Ergebnis wie UETA an, indem es die Verwendung von elektronischen Dokumenten bzw. Willenserklärungen und elektronischen Signaturen im Rahmen des Geschäftsverkehrs legalisiert.[272]

---

[269] Millstein u.a. – Internetbusiness § 8.04 2 d) i).

[270] Vgl. 15 USC 7001 (a) (1).

[271] Vgl. 15 USC 7001 (a) (2).

[272] UETA Section 3 (a); UETA Section 2 (16) definiert eine Transaktion als Handlung oder Handlungsablauf, der sich zwischen zwei oder mehr Personen im wirtschaftlichen, geschäftlichen oder behördlichen Bereich abspielt.

Beide Regelungen wollen nach eigenen Angaben damit die Rechtslage in Einklang mit den vielgestaltigen technologischen Besonderheiten des elektronischen Geschäftsverkehrs bringen.

E-Sign ist im Gegensatz zu UETA gültiges und von den Gerichten aller 50 Bundesstaaten anzuwendendes Recht und trägt somit unmittelbar zur Vereinheitlichung des Rechts bei. Als Bundesgesetz stellt es außerdem sicher, dass im Rahmen des Handels zwischen den Einzelstaaten jegliche Art von Transaktion[273] in elektronischer Form vorgenommen werden kann.[274] Weder eine der Vertragsparteien noch ein Dritter noch ein Gericht können den Vertrag allein wegen seiner elektronischen Form für ungültig erklären.[275]

E-Sign verleiht dabei elektronischen Dokumenten und Verträgen nicht automatisch volle Rechtskraft.[276] Sie sind jetzt allerdings von Rechts wegen möglich und können wirksam sein,[277] wenn auch die anderen Voraussetzungen einer wirksamen Erklärung bzw. eines wirksamen Vertrages vorliegen.

Ein Zwang zur Verwendung der elektronischen Kommunikation soll nicht herbeigeführt werden. Vielmehr sollen den Vertragsparteien rechtswirksame Mittel zur Verfügung gestellt werden, um ihre Rechtsgeschäfte abzuwickeln.[278]

3. Computererklärung

In Section 2 von UETA, ebenso wie in Section 206 von UCITA, wird eine Begriffbestimmung für Verträge unter Einschaltung von Computererklärungen geschaffen. Dies sind nach UETA elektronische Verträge („automated transactions“), bei denen mindestens die eine der zum mutual assent führenden Erklärungen von einem elektronischen Vertreter („electronic agent“) stammen. Ein solcher electronic agent ist ein Computer Programm oder andere elektronische oder automatisierte Mechanismen, die selbsttätig andere elektronische

---

[273] E-Sign Section 106 (13) definiert eine Transaktion dabei als jegliche Art von Handlung oder Handlungsabläufen, die sich auf geschäftliche Verbraucher oder wirtschaftliche Angelegenheiten zwischen zwei oder mehr Personen bezieht. Dies gilt insbesondere für die folgenden Vorgänge – Verkauf, Vermietung, Austausch, Lizenzierung oder anderweitige Veräußerung von beweglichen Sachen, immateriellen Gütern, Dienstleistungen und jegliche Verbindung hieraus; sowie Verkauf, Vermietung, Austausch, Lizenzierung oder anderweitige Veräußerung von Grundstücken oder Rechten hieran.

[274] E-Sign Section 101 (a); Nimmer – Electronic Signatures and Records, S. 713.

[275] Carstens in: Tex. Law. 2000, S. 54; Zoellick in: N.Y. St. B.J. 2000, S. 12.

[276] Smedinghoff in: Electronic Contracting, S. 94.

[277] Hillis – Electronic Signatures, S. 181; Smedinghoff in: Electronic Contracting, S. 94.

[278] Hillis – Electronic Signatures, S. 181.

Erklärungen beantworten, ohne dass ein Mensch zwischengeschaltet wurde.[279] Dies geschieht dabei gänzlich oder teilweise ohne die individuelle Überprüfung und Überwachung der einzelnen Aktionen durch einen Menschen.[280] Die Bezeichnung „agent“ in UETA erinnert dabei an das Rechtsprinzip der „agency“, dem US-amerikanischen Stellvertretungsrecht. Derartige Grundsätze sollen im Rahmen der „electronic agents“ jedoch nicht anwendbar sein,[281] denn bei der menschlichen Stellvertretung handelt eine eigenständige Person, dies aber ist eben bei der vom Computer generierten Erklärung nicht der Fall.[282] Aus diesem Grund wurde anfangs auch erwogen, den Terminus „electronic device“[283] zu verwenden, um Unklarheiten vorzubeugen. Da der betreffende Vorgang im Bereich der Computer-Anwender jedoch meistens mit dem Fachbegriff „electronic agent“ beschrieben wird, wurde in UETA letztlich doch dem juristisch ungenauen, aber gebräuchlicheren Begriff der Vorzug gegeben.[284]

UETA stellt in Section 14 den Rechtsgrundsatz auf, dass ein Vertrag geschlossen werden kann durch Zusammenwirken zweier electronic agents oder durch Zusammenwirken eines electronic agents und einer natürlichen Person. Im letzteren Fall muss die natürliche Person frei sein eine bestimmte Handlung vorzunehmen und wenn sie die Handlung vornimmt, muss sie annehmen oder Grund zur Annahme haben, dass die eigene Handlung den electronic agent veranlassen wird, seinerseits den weiteren Beitrag zum Vertragsschluss zu leisten.

Der von UETA aufgestellte Rechtsgrundsatz bezüglich der Anerkennung von Computererklärungen im Rechtsverkehr wird inzwischen auch von E-Sign in Section 101 (h) geteilt, solange die Handlungen des electronic agent einer natürlichen Person rechtlich zugeordnet werden können.

---

279 E-Sign § 101 (h); UETA § 2 (6).

280 UETA § 2 (6); Clarkson u.a. – West's Business Law, S. 184; Winn/Wright – Electronic Commerce § 5.05 [E].

281 Winn/Wright – Electronic Commerce § 5.05 [E].

282 Radin in: Ind. L.J. 2000, S. 1130.

283 "Electronic device" bedeutet in diesem Zusammenhang elektronische Vorrichtung.

284 Winn/Wright – Electronic Commerce § 5.05 [E].

Abschnitt 5 – Abgabe und Zugang von Willenserklärungen

A. Europäische Vorgaben

I. Die ECRL

Art. 11 Abs. 1 ECRL zweiter Gedankenstrich fordert von den Mitgliedsstaaten gesetzlich festzuschreiben, dass Bestellung und Empfangsbestätigung als eingegangen gelten, wenn die Parteien, für die sie bestimmt sind, sie abrufen können.

Es ist dies eine Vorgabe, die sich entsprechend dem begrenzten Geltungsbereich der ECRL nur auf Abrufdienste im Fernabsatz bezieht. Sie dürfte jedoch auch ein allgemeines Indiz für die Meinung des europäischen Gesetzgebers zum Zugang von elektronischen Willenserklärungen sein.

II. Die Fernabsatzrichtlinie

Gemäß Art. 10 Abs. 2 der FernAbsRL müssen die Mitgliedstaaten dafür Sorge tragen, dass Fernkommunikationstechniken grundsätzlich nur dann verwendet werden dürfen, wenn der Verbraucher ihre Verwendung nicht offenkundig abgelehnt hat.

B. Abgabe und Zugang im Deutschen Recht

I. Allgemeine Regelung bei Abgabe und Zugang

1. Abgabe

Im Rechtsverkehr unterscheidet man einseitige und mehrseitige Rechtsgeschäfte. Das bedeutsamste mehrseitige Rechtsgeschäft ist der Vertrag, der durch zwei übereinstimmende Willenserklärungen verschiedener Rechtspersonen zustande kommt.[285] Im Rahmen eines Vertragsschlusses liegen somit stets zwei Willenserklärungen vor. Im BGB hat sich der Gesetzgeber hinsichtlich der Wirksamkeit von derartigen Erklärungen für die damals herrschende Empfangstheorie entschieden.[286] Voraussetzung für das Wirksamwerden von empfangsbedürftigen Willenserklärungen sind deshalb die Abgabe und der Zugang der Erklärung.

---

[285] Heinrichs in: Palandt Überblick vor § 104, Rn. 12.

[286] Medicus – BGB AT, Rn. 274 ff.; Heinrichs in: Palandt § 130, Rn. 5 m.w.N.; Pawlowski – BGB AT, Rn. 372;

Der Begriff der Abgabe der Willenserklärung ist im BGB selbst nicht geregelt. Nach allgemeiner Rechtsauffassung ist eine Willenserklärung dann abgegeben, wenn der Erklärende seinen rechtsgeschäftlichen Willen erkennbar so geäußert hat, dass an der Endgültigkeit der Äußerung kein Zweifel mehr möglich ist.[287] Der Erklärende hat somit seine Willenserklärung abgegeben, wenn er den Erklärungsvorgang beendet[288] und die Erklärung wissentlich und willentlich so in Richtung des Empfängers auf den Weg gebracht hat, dass unter normalen Umständen mit dem Zugang beim Empfänger zu rechnen ist.[289] Es muss somit zur Erfüllung der Kriterien der Abgabe der subjektive Tatbestand des bewussten Inverkehrbringens hinzukommen. Gleichzusetzen mit diesem willentlichen Abgabeakt ist nach herrschender Meinung jedoch auch der Fall, in dem der Erklärende trotz Fehlens des subjektiven Tatbestandes das „Inverkehrbringen" zu vertreten hat.[290]

Von einer Abgabe im rechtlichen Sinne kann andererseits nicht gesprochen werden, wenn der Erklärende sie erkennbar nur zu Informationszwecken sendet oder seine Erklärung nicht an den Erklärungsempfänger selbst gerichtet ist.[291] Strittig ist, ob der Erklärende zur Erfüllung des rechtlichen Tatbestandes der Abgabe subjektiv davon ausgehen muss, dass die in die Welt gesetzte Erklärung den Empfänger irgendwie erreichen wird.[292] Dies sollte richtigerweise aber zu bejahen sein.

Vollendet ist die Abgabe, wenn die Willenserklärung nicht mehr im Machtbereich des Erklärenden ist und dieser die weitere „Versendung" somit nicht mehr beeinflussen kann. Bei einem Brief ist dies z.B. gegeben, wenn er in den Briefkasten eingeworfen wurde, nicht aber, wenn er sich lediglich in der Ausgangspost auf dem Schreibtisch befindet.

2. Zugang

Nach § 130 Abs. 1 BGB wird eine empfangsbedürftige Willenserklärung unter Abwesenden wirksam, wenn sie dem vorbestimmten Empfänger zugeht. Dies ist

---

[287] Förschler in: MüKo § 130, Rn. 6; Heinrichs in: Palandt § 130, Rn. 4.
[288] Förschler in: MüKo § 130, Rn. 6; Heinrichs in: Palandt § 130, Rn. 4.
[289] BGHZ 65, S. 13 (14); BGH NJW 1979, S. 2032; Brox – BGB AT, Rn. 146; Brox in: Erman § 130, Rn. 4; Heinrichs in: Palandt § 130, Rn. 4; Köhler – BGB AT § 13, Rn. 12; Medicus – BGB AT, Rn. 265; Taupitz/Kritter in: JuS 1999, S. 840.
[290] Heinrichs in: Palandt § 130, Rn. 4.
[291] BGH NJW 1989, S. 1671.
[292] Heinrichs in: Palandt § 130, Rn. 4.

nach ständiger Rechtsprechung dann der Fall, wenn sie dergestalt in den Machtbereich des Empfängers gelangt ist, dass dieser unter normalen Umständen die Möglichkeit zur Kenntnisnahme des Inhalts hat.[293] Der Machtbereich des Empfängers wird dabei definiert durch die von ihm zur Inempfangnahme entsprechender Erklärungen bereitgestellten Empfangseinrichtungen. Diese können für mündliche oder schriftliche Erklärungen eingerichtet sein. Im herkömmlichen Rechtsverkehr sind dies der Briefkasten, das Postfach und der Anrufbeantworter. Normale oder auch gewöhnliche Umstände sind dabei gegeben, wenn Kenntnisnahme durch den Empfänger möglich und nach der Verkehrsanschauung unter gewöhnlichen Umständen auch zu erwarten ist.[294] Dabei wird dies bei einem Geschäftsbriefkasten häufiger der Fall sein als bei dem einer Privatperson. Im geschäftlichen Bereich ist deshalb davon auszugehen, dass während den üblichen Geschäftszeiten rechtserhebliche Mitteilungen eingehen können.[295] Es muss daher mehrmals während dieses Zeitraumes auch die Post geleert, das Faxgerät überprüft und gegebenenfalls der Anrufbeantworter abgehört werden.[296] Ein in diesem Fall erst am späten Abend eingeworfener Brief oder abgesendetes Fax geht jedoch erst am nächsten Tag zu.[297] Im Falle einer früheren tatsächlichen Kenntnisnahme gilt allerdings der frühere Zeitpunkt für den Zugang.[298]

Im privaten Bereich stellt sich die Situation etwas anders dar und es müssen mildere Maßstäbe gelten.[299] Bei der „normalen" Post besteht nicht die Pflicht mehrmals täglich den Briefkasten zu leeren. Es ist vielmehr so, dass der Zeitpunkt davon abhängt, wann der betreffende Empfänger seinen Briefkasten unter normalen Umständen leert. Dabei macht es natürlich einen Unterschied, ob es sich um einen Berufstätigen handelt, oder ob der Empfänger auch zum Zeitpunkt der Zustellung anwesend ist. Im ersteren Fall wird regelmäßig mit der Kenntnisnahme erst zu rechnen sein, wenn der Empfänger von der Arbeit nach Hause kommt. Anderenfalls wird damit zu rechnen sein, dass der Briefkasten

293 BGHZ 67, S. 275; BGH NJW 1980, S. 990; BGH NJW 1983, S. 930; vgl. auch Heinrichs in: Palandt § 130, Rn. 5.
294 BGH LM Nr. 2 zu § 130 BGB; Medicus – BGB AT, Rn. 274 ff.; Heinrichs in: Palandt § 30, Rn. 4; Pawlowski – BGB AT, Rn. 372.
295 Nowak in: MDR 2001, S. 842.
296 OLG Rostock NJW-RR 1998, S. 526.
297 BGH VersR 1994, S. 586.
298 Medicus – BGB AT, Rn. 275; Heinrichs in: Palandt § 130, Rn. 5 m.w.N.
299 Köhler/Arndt – Internet, Rn. 119.

dann geleert wird, wenn der Postbote da war. Eine Überprüfung pro Tag ist aber zu erwarten, sodass die Nachricht spätestens am nächsten Tag zugeht.[300]

Hindernisse besonderer Art aufseiten des Empfängers, die ihn im Einzelfall an der konkreten Kenntnisnahme hindern, verhindern nicht den Zugang der Erklärung.

Der Zugang bei Anwesenden ist entsprechend den obigen Grundgedanken zu sehen. Hier ist natürlich der Machtbereich des Empfängers nicht durch besondere Einrichtungen repräsentiert, sodass der Zugang durch Hören bei mündlichen Erklärungen oder durch Vorlegen oder in die Hand geben bei schriftlichen Erklärungen bewirkt wird. Nach der „Vernehmungstheorie"[301] ist eine Willenserklärung unter Anwesenden folglich erst dann wirksam, wenn der Empfänger sie mit ihrem Bedeutungsgehalt wahrnimmt.[302]

II. Abgabe und Zugang im elektronischen Rechtsverkehr

1. Abgabe

Fraglich ist hier, ob die andere Art der technischen Durchführung der Abgabe einer Erklärung im elektronischen Rechtsverkehr eine besondere Begriffsbestimmung bei der Abgabe erfordert. Bei der E-Mail im engeren Sinne ist die Erklärung abgegeben, wenn der Erklärende den Sendebefehl per Mausklick erteilt hat.[303] Es handelt sich somit dabei immer um ein „Abschicken". Allerdings ist zu beachten, dass das „Abschicken" auch endgültig sein muss.[304] Daher genügt es nicht, dass die E-Mail lediglich in einer dem Erklärenden bekannten Sendeschleife, d.h. in einem Zwischenspeicher auf die Versendung wartet und somit erst zu einem vorbestimmten späteren Zeitpunkt versandt wird.[305] Vielmehr ist die Abgabe erst zu dem Zeitpunkt gegeben, wenn der Erklärende keinerlei Einfluss mehr auf die Weiterleitung hat, also erst mit der tatsächlichen

[300] Ernst in: CoR 1997, S. 166; Gimmy – Internet, S. 70; Hahn – Internetverträge, S. 155.
[301] Zu dem Streit ob die Vernehmungstheorie oder die eingeschränkte Vernehmungstheorie anzuwenden ist, siehe Brox – BGB AT, Rn. 159; Medicus – BGB AT, Rn. 289 jeweils m.w.N.
[302] Hefermehl in: Soergel § 130, Rn. 21, Krüger-Nieland in: RGRK § 130, Rn. 20 jeweils m.w.N.
[303] Boehme-Neßler – CyberLaw, S. 140; Fritsche/Malzer in: DNotZ 1995, S. 11 f.; Härting – Internet Recht, Rn. 68 f.; Koch – Internet Recht, S. 137; Kuhn – EDV, S. 86; Taupitz/Kritter in: JuS 1999, S. 840; Ultsch in: NJW 1997, S. 3007; Vehslage in: AnwBl 2002, S. 86.
[304] Holzbach/Süßenberger in: Moritz/Dreier, S. 377, Rn. 147.
[305] Härting – Internet Recht, Rn. 73.

Versendung von seinem Computer in das Netz.[306] Der entscheidende Zeitpunkt ist somit der endgültige Sendebefehl im Computer, sei es der sofortige Versand per Mausklick oder der automatische Versand nach Ablauf der Warteschleife.[307] Die Abgabe wird von Vehslage verneint, wenn der Erklärende eine E-Mail erstellt hat, sie dann zwischenspeichert und die Erklärung dann automatisch von einer Programmroutine versendet wird, ohne dass dies vom Willen des Erstellers erfasst ist.[308] Dem kann aus Gründen der Rechtssicherheit nicht zugestimmt werden. Hier muss sich der Absender trotz Fehlen des subjektiven Tatbestandes die Erklärung zurechnen lassen, da er das Inverkehrbringen zu vertreten hat. Er kann dies gegebenenfalls über eine Anfechtung korrigieren.

Obige Ausführungen gelten für die am Computer selbst erstellte E-Mail und auch für das Absenden einer Bestellung, die online im Rahmen einer Webseite aufgerufen, ausgefüllt und dann abgeschickt wurde. Sobald der Erklärende die zur Absendung gebrachte Erklärung nicht mehr ändern kann, ist die Willenserklärung abgegeben.[309]

Bei der Computererklärung wurde bereits dargelegt, dass der letzte menschliche Willensakt grundsätzlich in der Gestaltung der Technik des Abrufdienstes und in seinem Einsatz im Netz besteht. Die Abgabe von Willenserklärungen in Gestalt der Computererklärungen erfolgen somit ohne weitere menschliche Aktivitäten bezogen auf diese Abgabe. Die Abgabe liegt somit dann vor, wenn der Computer, nach Durchlaufen seiner durch den Betreiber erstellten Programmroutinen, die Erklärung für absendereif erklärt und dann durch Programmbefehl zur Absendung bringt. Auch hier muss also eine Abgrenzung nach dem Machtbereich des Absenders getroffen werden, denn bis die Nachricht diesen verlässt, hat der Absender ja grundsätzlich die theoretische Möglichkeit noch einzugreifen.

[306] Dabei besteht eine graduelle Abstufung. Während der „normale" Benutzer nur Zugriff auf seinen Rechner hat, hat Betreiber des Servers sogar direkten Zugriff auf diesen Rechner. Daher ist in diesem Fall die Abgabe erst erfolgt, wenn die E-Mail diesen Server „verlassen" hat und somit außerhalb dessen Reichweite ist.

[307] Fritzsche/Malzer in: DNotZ 1995, S. 11; Härting – Internet Recht, Rn. 73; Koch – Internet Recht, S. 137; Kuhn - EDV, S. 87; Taupitz/Kritter in: JuS 1999, S. 840; Ultsch in: NJW 1997, S. 3007.

[308] Vehslage in: AnwBl 2002, S. 86.

[309] BT-Drucks. 14/4987, S. 42.

2. Zugang

a) Allgemeines

Für Verträge im elektronischen Rechtsverkehr und damit für Verträge, die unter Verwendung von Abrufdiensten im Rahmen von Tele- und Mediendiensten abgeschlossen werden, beinhaltet § 312 e Abs. 1 Satz 2 BGB jetzt eine Regelung über den Zugang von zwei verschiedenen Erklärungen, die maßgeblich sind für das Zustandekommen von elektronischen Verträgen. Es sind dies die Bestellung und die Empfangsbestätigung.

In diesem Zusammenhang soll auf die Rechtsnatur dieser Erklärungen eingegangen werden. Bei Webseiten kommt ein Angebot an jedermann (ad incertas personas) oder ein Angebot solange der Vorrat reicht in Betracht.[310] Ob allerdings ein solches bindendes Angebot oder nur eine invitatio ad offerendum vorliegt, ist durch Auslegung vom Empfängerhorizont unter der Berücksichtigung der Verkehrssitte zu ermitteln.[311] Dabei sind auch die Formulierungen bedeutsam, die der Betreffende auf seiner Webseite verwendet.[312] Nach herrschender Meinung handelt es sich bei dem Inhalt der Webseite regelmäßig um eine invitatio ad offerendum.[313] Dies wird bestätigt von den noch näher darzulegenden neuen Grundsätzen über die „Abgabe einer Bestellung" in Art. 11 ECRL und in § 312 e BGB. Dort geht der Gesetzgeber von einer Bestellung durch den Nutzer aus und erklärt somit den Fall, in dem der Diensteanbieter mittels der Webseite nur eine invitatio ad offerendum erklärt, als den typischen Fall im Rahmen des Vertragsschlusses über eine Webseite.[314] Die Empfangsbestätigung stellt somit nach dieser Regelung die Annahmeerklärung dar.

Ein anderes Ergebnis kann sich in Sonderfällen, insbesondere nach Treu und Glauben, ergeben.[315] Dies zeigt auch ein vom BGH[316] entschiedener Auktions-

---

310 Vgl. die Rechtslage beim Warenautomaten.

311 BGH NJW 1988, S. 1378, 1379; BGH NJW 1990, S. 3206; BGH NJW 1992, S. 1446, 1446 f.; Brehm – BGB AT, Rn. 515; Brox – BGB AT, Rn. 170; Jauernig in: Jauernig § 145, Rn. 3; Heinrichs in: Palandt § 145, Rn. 2; Härting – Internet Recht, Rn. 89; Taupitz/Kritter in: JuS 1999, S. 840; Wolf in: Soergel § 145, Rn. 6.

312 Koch – Internet Recht, S. 135; Mehrings in: MMR 1998, S. 32.

313 Hoeren – Internetrecht, S. 209; Holzbach/Süßenberger in: Moritz/Dreier, S. 397, Rn. 203 f.

314 Hoeren – Internetrecht, S. 209.

315 Holzbach/Süßenberger in: Moritz/Dreier, S. 398, Rn. 205.

316 BGH NJW 2002, S. 363-365; vorherige Instanzen: OLG Hamm NJW 2001, S. 1142; LG Münster JZ 2000, S. 730.

fall. Dort wurde wegen der besonderen Fallgestaltung die Erklärung auf der Webseite bereits als Angebot (eines Höchstgebots) oder als antizipierte Annahmeerklärung hinsichtlich des, durch den letzten Bieter wirksam abgegebenen, Angebots angesehen.

Im Rahmen dieser neuen Zugangsvermutungsregelung in § 312 e BGB gelten die Bestellung und die Empfangsbestätigung als zugegangen, wenn die Parteien, für die sie bestimmt sind, sie unter gewöhnlichen Umständen abrufen können. Vergleicht man das mit den bisher allgemein an den Zugang gestellten Anforderungen, dann besteht die Abweichung darin, dass an die Stelle der Möglichkeit der bloßen Kenntnisnahme jetzt die Möglichkeit des „Abrufens" getreten ist. Damit wurde in Umsetzung der FernAbsRL eine Konkretisierung bezogen auf die eingesetzte Technik vorgenommen. Der deutsche Gesetzgeber wollte darin allerdings keine Änderung der geltenden Rechtsprechung[317] zum Zugang einer Willenserklärung in § 130 BGB sehen.[318] Er stellt weiterhin für den Zugang darauf ab, dass dem Empfänger ein elektronisches Dokument zur Verfügung stehen muss und es ihm dabei möglich ist, den Inhalt der darin enthaltenen Erklärung dauerhaft und wiederholt zur Kenntnis nehmen zu können.[319] Der Gesetzgeber hat deshalb auch auf die Aufnahme einer entsprechenden Regelung in einen neuen § 130 Abs. 4 BGB verzichtet und eine Regelung alleine zur nachweisbar vollständigen Umsetzung der EG-Richtlinie in Sachen Zugang höchst unsystematisch in § 312 e Abs. 1 Satz 2 BGB eingebracht.[320] Zum Zwecke der Übereinstimmung mit bestehendem deutschem Recht wurde andererseits, zusätzlich zu der Regelung in der Richtlinie, im deutschen Gesetzestext unter § 312 e BGB die Einschränkung hinsichtlich der „gewöhnlichen Umstände" aufgenommen,[321] welche bereits nach geltender Rechtsprechung[322] für den Zugang erforderlich war.

(1) Verkörperte Erklärung

Es ist inzwischen ausdiskutiert und kaum noch bestritten,[323] dass Erklärungen im Rahmen der elektronischen Kommunikation mittels der dort angewandten

[317] Vgl. z.B. BGHZ 67, 271; NJW 1980, S. 990.
[318] BT-Drucks. 14/6040, S. 172; vgl. auch BT-Drucks. 14/4987, S. 11.
[319] BT-Drucks. 14/4987, S. 42.
[320] BT-Drucks. 14/6857, S. 20; BT-Drucks. 14/6040, S. 172.
[321] BT-Drucks. 14/6857, S. 20.
[322] BGHZ 67, S. 275; BGH NJW 1980, S. 990; BGH NJW 1983, S. 930.
[323] So etwa Köhler in: AcP 182, S. 140, stark differenzierend Kuhn – EDV, S. 96.

Speichermedien eine ausreichende Verkörperung erreichen, um den Kriterien über Abgabe und Zugang von Willenserklärungen zu unterliegen.[324] Wenn Härting[325] daher das Kriterium des Machtbereichs bei der E-Mail-Adresse ablehnt, weil der Begriff des Machtbereichs an körperliche Vorstellungen gebunden sei, dann kann dieses Argument im Zeitalter des Internets wohl nicht mehr zutreffend sein. Der Machtbereich ist hier eben nicht mehr rein körperlich zu verstehen und dies ist auch kein begriffsbestimmendes Merkmal. Er kommt daher letztlich auch nicht zu anderen Ergebnissen, weil er selbst mit dem Kriterium „der Möglichkeit des Empfängers zur Kenntnisnahme der Daten" genau jenes Kriterium verwendet, dass auch die herrschende Lehre und Rechtsprechung zur Definition des Machtbereiches heranzieht.[326]

Intensiver diskutiert werden hier lediglich noch Fälle, bei denen die Wiedergabe der Nachricht über eine Sprachausgabe erfolgt.[327] In diesen Fällen scheint die Ähnlichkeit mit den telefonischen Erklärungen groß genug zu sein, um eine nicht verkörperte Erklärung anzunehmen. Hier muss man andererseits noch danach unterscheiden, ob es sich um direkte verbale Kommunikation handelt, oder ob eine zwischengespeicherte Nachricht abgespielt wird. Diese Speicherung erinnert am ehesten an die auf einem Anrufbeantworter festgehaltenen Erklärungen.[328] Diese sind wie verkörperte Erklärungen zu behandeln.[329] Auch wenn die Speicherung meist nur eine vorläufige ist, so hat der Empfänger jedoch die Möglichkeit, die Nachricht längerfristig zu speichern und zu wiederholen.[330] Der erste Fall wäre gemäß § 147 Abs. 1 Satz 2 BGB demnach wie eine Erklärung unter Anwesenden zu behandeln, während die zweite Fallgestaltung wohl als Erklärung unter Abwesenden unter

---

324 Cordes – Willenserklärungen im Internet, S. 100 f.; Ernst in: CoR 1994, S. 166; Fritsche/ Malzer in: DNotZ 1995, S. 10; Geis in NJW 1997, S. 3000; Larenz/Wolf – BGB AT, S. 506; Taupitz/Kritter in: JuS 1999, S. 841; Ultsch in: DZWir 1997, S. 467; Vehslage in: AnwBl 2002, S. 86.

325 Härting in: K&R 2001, S. 313.

326 Härting in: K&R 2001, S. 313.

327 Fritsche/Malzer in: DNotZ 1995, S. 10, Fn. 26; Kuhn – EDV, S. 94.

328 Fritsche/Malzer in: DNotZ 1995, S. 10; Härting – Internet Recht, Rn. 77.

329 Fritsche/Malzer in: DNotZ 1995, S. 10 f.; Härting – Internet Recht, Rn. 77; Ultsch in: NJW 1997, S. 3007.

330 Fritsche/Malzer in: DNotZ 1995, S. 10.

§ 147 Abs. 2 BGB einzustufen wäre.[331] Entsprechend unterschiedlich wäre danach der Zeitpunkt des Zugangs zu beurteilen.

(2) Direkte und indirekte Verbindung zwischen Absender und Empfänger

Betrachtet man elektronische Willenserklärungen im Allgemeinen, so ist zweifelhaft, ob dem Gesetzgeber gefolgt werden kann, der bei seinen Reformbemühungen in Sachen E-Commerce davon ausgeht, dass die Vorschriften des allgemeinen Teils des BGB auch diesbezüglich lösungsgerecht sind.[332]

So unterscheiden sich die bereitgestellten Empfangseinrichtungen beim elektronischen Rechtsverkehr grundsätzlich von denen des normalen Rechtsverkehrs. Ist dies bei einem alten Faxgerät noch eine Einrichtung, bei welcher der Zugang durch Erscheinen des schriftlichen Dokumentes erfolgt, so sind die Empfangseinrichtungen bei neuen Faxgeräten ebenso wie bei Computern die im Gerät befindlichen elektronischen Speichermedien. Im Sprachgebrauch werden diese auch als Mailbox oder E-Mail-Postfach bezeichnet.

Es sind grundsätzlich zwei technische Möglichkeiten denkbar, die Nachricht über das Internet zu verschicken und auch zu empfangen. Zum einen besteht die Möglichkeit, dass Absender und Empfänger in unmittelbaren elektronischen Kontakt treten, wobei beide Computer nur noch durch das Netz verbunden sind, sodass zum Zeitpunkt von Absendung und Sendung eine direkte Verbindung zwischen dem Erklärenden und dem Empfänger besteht, und die E-Mail direkt in das Gerät und auf den Bildschirm des Empfängers gelangt. In diesen Fällen der direkten Übermittlung gelangt die Erklärung mit dem Passieren der internen Schnittstelle, die den Eingang zum Computer des Empfängers darstellt, in dessen Machtbereich.[333] Damit diese Fallkonstellation eintreten kann, muss der Computer des Empfängers online sein, damit die Nachricht sofort in seinen Computer und auf den Bildschirm gelangen kann. Auch in diesen Fällen ist technisch natürlich ein Speichermedium im Empfangscomputer zwischengeschaltet. Dies ist aber nur dann möglich, wenn zwischen den Beteiligten eine angemietete Standleitung besteht, was nur bei geschlossenen Netzen (Intranets) der Fall ist, oder die Beteiligten vereinbaren, zu einem bestimmten Zeitpunkt

[331] Fringuelli/Wallhäuser in: CR 1999, S. 98; Fritzemeyer/Heun in: CR 1992, S. 130; Heun in: CR 1994, S. 597; Hoeren – Internetrecht, S. 212; Redeker in: NJW 1984, S. 2391.
[332] Vehslage in: AnwBl 2002, S. 86.
[333] Gimmy – Internet, S. 69; Köhler/Arndt – Internet, Rn. 118; Mehrings in: MMR 1998, S. 33.

online zu sein und sind dies dann auch. Diese beiden Fallkonstellationen sind in Bezug auf den Zugang der Erklärung nach den allgemein geltenden Grundsätzen abzuhandeln. Im ersten Fall ist der Zugang unmittelbar nach Absendung zu geschäftsüblicher Zeit als zugegangen zu betrachten, denn eine zeitliche Verzögerung tritt bei der Übertragung nicht ein.[334] Im zweiten Fall erwarten Sender und Empfänger den Zugang zur vereinbarten Zeit, sodass die Erklärung mit technischem Eingang auch zugegangen ist. Gleiches gilt beim sog. Online-Chat, denn auch dort ist das Grundprinzip, dass die Beteiligten bei bestehender Netz- und Computerverbindung auch tatsächlich online sind und beide davon Kenntnis haben. Zu diesem Zweck wird vom Chat-Programm auch angezeigt, wer sich noch an dem „Chat" beteiligt und daher können und werden die Beteiligten auch sofort nachfragen und eventuelle Unklarheiten beseitigen. Dieser Fall wird heute im Gegensatz zum normalen E-Mail-Fall in die Kategorie der Erklärungen unter Anwesenden eingeordnet und vom Begriff der „sonstigen technischen Einrichtung" in § 147 Abs. 1 Satz 2 BGB erfasst.[335] Er wird im Sprachgebrauch auch unter die Fallgestaltung der Dialog-Kommunikation eingeordnet, die im Gegensatz zur Einweg-Kommunikation z.B. bei der normalen E-Mail steht.[336]

Im normalen Fall der E-Mail hingegen, in dem eine zeitlich mehr oder wenig lange Zwischenspeicherung in der Mailbox erfolgt, handelt es sich nach überwiegender Meinung um Erklärungen unter Abwesenden, sodass die Regelungen über den Zugang bei Abwesenden zur Anwendung gelangen.[337]

(3) Widmung der E-Mail-Adresse

In diesem Zusammenhang wird auch die Frage diskutiert, ob bei einer Person der allgemeine Rechtsgrundsatz der Zugangsvermutung nur dann zur Anwendung kommen könne, wenn der Empfänger gegenüber dem Erklärenden zurechenbare objektive Anzeichen dafür gesetzt hat, dass er bezogen auf ein bestimmtes Rechtsgeschäft auf elektronischem Wege empfangsbereit ist. Der Gesetzgeber[338] führt in der Begründung zum Regierungsentwurf des Textformgesetzes in diesem Sinne aus, dass der elektronische Briefkasten nur dann eine solche Empfangseinrichtung ist, wenn dieser für den Empfang von rechtsge-

---

[334] Köhler/Arndt – Internet, Rn. 119.
[335] Köhler/Arndt – Internet, Rn. 115 f.; Vehslage in: AnwBl 2002, S. 86.
[336] Holzbach/Süßenberger in: Moritz/Dreier, S. 380, Rn. 152.
[337] Bierekoven – Vertragsschluss im Internet, S. 26 f.; Köhler/Arndt – Internet, Rn. 115; Hoeren – Internetrecht, S. 214; Vehslage in: AnwBl 2002, S. 86.
[338] BT-Drucks. 14/4987, S. 11.

schäftlichen elektronischen Erklärungen gewidmet wurde.[339] Dies sei nach seinen Vorstellungen der Fall, wenn eine Person im konkreten Geschäfts- und Rechtsverkehr mit ihrer E-Mail-Adresse auftritt.[340] Systematisch betrachtet bedeutet dies wohl im Sinne der herrschenden Lehre und Rechtsprechung, dass eine E-Mail-Adresse bei einem Geschäft nur unter diesen Voraussetzungen seinem Machtbereich zugerechnet werden kann.[341] Damit wäre ohne Widmung der E-Mail-Adresse ein rechtsgeschäftlicher Zugang in diese E-Mail-Adresse nicht möglich. Diese Schlussfolgerung der Bundesregierung wurde vom Bundesrat im Gesetzgebungsverfahren als im Gesetz nicht hinreichend untermauert bezeichnet. Daher wurde von diesem eine entsprechende gesetzliche Regelung gefordert, um eine längere Phase der rechtlichen Unsicherheit bezogen auf den Zugang elektronischer Erklärungen zu vermeiden.[342] Trotz einer Zusage einer entsprechenden Prüfung der Regelung des § 130 BGB hat die Bundesregierung jedoch, wie oben bereits aufgezeigt wurde, bis heute keine Änderung dieser Vorschrift vorgenommen.

Die Berechtigung der Bedenken des Bundesrates erkennt man, wenn man die Ausführungen von Vehslage betrachtet.[343] Nach ihm ist eine E-Mail-Adresse erst dann dem Machtbereich des Inhabers zuzurechnen, wenn dieser seine E-Mail-Adresse im Rahmen der Aufnahme des Geschäftskontaktes benutzt oder sie auf Webseiten, Visitenkarten, Briefpapier oder Werbeträgern ausdrücklich angegeben hat.[344] Das Bestehen einer E-Mail-Adresse alleine reicht somit nicht aus, um einen Zugangs-Machtbereich zu eröffnen. Der Verfasser stimmt dem, im Ergebnis für die E-Mail-Adressen von Privatpersonen, zu. Dabei geht er davon aus, dass Privatpersonen sich einen Internetzugang und auch eine E-Mail-Adresse in erster Linie zulegen, um im Internet zu surfen und dabei Informationen abzufragen und entgegenzunehmen und nicht, um Verträge abzuschließen. Wenn sie allerdings als Nachfrager mittels E-Mail auftreten oder anderweitig für Dritte zu erkennen geben, dass sie diese einschlägig nutzen wollen, dann müssen sie sich die E-Mail-Adresse als Machtbereich für rechtsgeschäftliche Gegen-Erklärungen auch zurechnen lassen. Wenn sie dies aber nicht tun und Geschäfte weiterhin über normale Post anbahnen, dann müssen sie

---

[339] BT-Drucks. 14/4987, S. 11.
[340] BT-Drucks. 14/4987, S. 11.
[341] Vehslage in: AnwBl 2002, S. 88.
[342] BT-Drucks. 14/4987, S. 35.
[343] Vehslage in: AnwBl 2002, S. 87.
[344] Vehslage in: AnwBl 2002, S. 87.

nicht damit rechnen rechtsgeschäftliche Gegen-Erklärungen plötzlich und wohl auch unerwartet elektronisch zugestellt zu bekommen und diese auch noch zeitnah gegen sich gelten zu lassen. Es ist deshalb konsequent, den Machtbereich eines Privatmannes erst bei erkennbarer und einschlägiger Nutzungsbereitschaft durch diesen auf den elektronischen Geschäfts- und Rechtsverkehr zu erweitern.[345] Die Beweislast für das Vorliegen der generellen Nutzungsbereitschaft liegt dabei beim Absender.

Anders sollte die Rechtslage aber bei E-Mail-Adressen von Firmen sein. Hier wird bereits mit der Schaffung der elektronischen Firmenadresse der deutliche Anschein erweckt, dass darüber auch Rechtsgeschäfte abgewickelt werden können. Wenn ein Geschäftsmann eine E-Mail-Adresse eröffnet, dann macht er dies gewöhnlich, um geschäftlich erreichbar zu sein und eröffnet somit einen neuen Zugang zu seinem geschäftlichen Machtbereich und muss diese Erweiterung nach Ansicht des Verfassers gegen sich gelten lassen.[346] Eine andere Auslegung wäre sicher mit dem Schutz der anderen Partei, die berechtigterweise die Information über den Anschluss erhalten hat, nicht vereinbar und würde dieser auch eine unnötige Beweislast auferlegen.

Ohne der rechtlichen Betrachtung der US-amerikanischen Rechtssituation in dieser Arbeit vorgreifen zu wollen, kann hier festgestellt werden, dass der mit konkreten Vorschriften sehr zurückhaltende US-amerikanische Gesetzgeber, bei seinen Gesetzen zum elektronischen Geschäftsverkehr wie E-Sign und UETA, stets den grundlegenden Rechtsgrundsatz voranstellt, dass keine Person ohne ausdrückliche Einwilligung gezwungen werden kann, rechtsgeschäftliche Handlungen im elektronischen Rechtsverkehr vorzunehmen oder entgegenzunehmen. Dieses Zustimmungserfordernis bezieht sich dort auf die Zustimmung zum konkreten Geschäft und kann auch für eine bestimmte Kategorie von Geschäften erteilt und auch wieder zurückgenommen werden. Die obige Diskussion erübrigt sich damit im US-amerikanischen Rechtskreis. Der europäische Gesetzgeber geht nicht so weit wie der US-amerikanische, stellt jedoch in Art. 10 Abs. 2 der FernAbsRL fest, dass Fernkommunikationstechniken im Fernabsatz nur verwendet werden dürfen, wenn der Verbraucher ihre Verwendung nicht offenkundig abgelehnt hat. Damit wird keine konkrete Zustimmung gefordert und sicher auch weniger als die vom deutschen Gesetzgeber verlangte

---

[345] A.A. Vehslage in: AnwBl 2002, S. 88.
[346] A.A. Vehslage in: AnwBl 2002, S. 87.

positive Widmung. Der deutsche Gesetzgeber hat wohl deshalb bereits im Rahmen der Schaffung des FernAbsG keinen entsprechenden Umsetzungsbedarf gesehen und bestätigt dies jetzt erneut im Rahmen des Schuldrechtsmodernisierungsgesetzes.[347] Dem könnte im Ergebnis für den durch das FernAbsG geregelten Bereich zugestimmt werden, denn ein Verbraucher, der per Gesetz schon so viele Informationen über das von ihm zu schließende Fernsatzgeschäft erhält, und dennoch eine Bestellung aufgibt, kann die Verwendung des Fernabsatzmittels nicht offenkundig abgelehnt haben.

Wie bereits aufgezeigt und in dieser Arbeit noch näher ausgeführt wird, handelt es sich jedoch bei den mittels Fernkommunikationsmitteln geschlossenen Verträgen nach §§ 312 c und e BGB, bei denen die erwähnten umfassenden Informationspflichten bestehen, nur um einen eingeschränkten Anwendungsbereich, der sich auf „organisierte Vertriebs- und Dienstleistungssysteme und Abrufdienste" bezieht. Für normale E-Mail-Geschäfte außerhalb solcher organisierter Vertriebsstrukturen wird deshalb weiterhin die Frage der Widmung der E-Mail-Adresse für den Zugang elektronischer Erklärungen ein Diskussionsgegenstand bleiben.

Im Gesetzgebungsverfahren hat die Bundesregierung allerdings noch ein zweites Mal zur Frage der Widmung Stellung genommen und zwar soweit die elektronische Form nach § 126 Abs. 3 BGB in Betracht kam. Dort verlangt sie erneut eine „Billigung" der Verwendung der neuen elektronischen Form durch die Parteien mit dem Argument, dass niemandem gegen seinen Willen der elektronische Rechtsverkehr aufgezwungen werden könne.[348] Sie kommt dort zur Feststellung, dass der Empfänger ohne Billigung der neuen elektronischen Form nicht mit dem Zugang einer elektronischen Willenserklärung rechnen müsse.[349] Im Gegensatz zum Fall der fehlenden Widmung der E-Mail-Adresse als solcher, bei der die Bundesregierung das Vorliegen einer Empfangseinrichtung und damit den Machtbereich verneinte, wird hier der Zugang als solcher bejaht, jedoch die Zustimmung zur Ersetzung der Schriftform durch die elektronische Form verneint. Nach den Ausführungen der Bundesregierung sollte die Nichtigkeit einer formgebundenen elektronischen Erklärung hier aber auch nicht vom Willen des Empfängers im Einzelfall abhängen. Dies bedeutet,

[347] BT-Drucks. 14/4987, S. 42.
[348] BT-Drucks. 14/4987, S. 41.
[349] BT-Drucks. 14/4987, S. 15 und S. 41.

er kann nicht durch Billigung oder Ablehnung im Einzelfall die Gültigkeit oder Nichtigkeit der empfangenen Erklärung im Rahmen des § 125 BGB bestimmen. Darin sah die Bundesregierung eine zu große Rechtsunsicherheit bei formbedürftigen Geschäften.[350] Im Ergebnis stellt es sich somit so dar, dass es nach Ansicht der Bundesregierung auf die generelle Billigung des Empfängers bezogen auf die Teilnahme am „Rechtsverkehr mit Verwendung der neuen elektronischen Form" ankommt. Damit aber wird dogmatisch eine „qualifizierte" Widmung gefordert, welche die elektronische Form des § 126 a BGB einbezieht. Wenn jemand bereits einmal ein solches formgebundenes Geschäft unter Verwendung der elektronischen Signatur nach § 126 a BGB getätigt hat, kann man ihm dann wohl unterstellen, dass er damit schlüssig die Verwendung der neuen elektronischen Form gebilligt hat. Die Bundesregierung stellt dabei ausdrücklich klar, dass es nicht ausreichen würde, wenn sich jemand an einem private-public-key-System beteiligt und deshalb in einem entsprechenden aktuellen Verzeichnis enthalten sei.[351] Dies ist nach Ansicht des Verfassers jedoch eine zu einschränkende Auslegung. Konnte man noch sagen, dass eine Privatperson nicht unbedingt am elektronischen Rechtsverkehr teilnehmen will, wenn sie sich nur eine E-Mail-Adresse zulegt, so kann dies bei der Teilnahme an einem Signaturverfahren nicht mehr gelten. Ein solches ist ausschließlich für rechtsgeschäftliche Erklärungen erforderlich und damit ist bereits die bloße Teilnahme ein deutliches Zeichen an Dritte zur Bereitschaft für die Teilnahme am einschlägigen elektronischen Rechtsverkehr.

Die vom Gesetzestext nicht belegten Intentionen des Gesetzgebers und die weiterhin andauernde Diskussion über die Widmung der E-Mail-Adresse zeigen, dass eine allgemeine gesetzliche Regelung, die ein bestimmtes positives Indiz vonseiten des Nutzers dafür verlangt, dass er im Rahmen seiner E-Mail-Adresse zum Abschluss rechtsverbindlicher, formgebundener und sonstiger Geschäfte bereit ist, zur Rechtssicherheit in Sachen des wirksamen Zugangs von rechtsgeschäftlichen elektronischen Erklärungen beitragen würde. Ausreichende Gründe für eine Gesetzesergänzung in § 130 BGB sind somit gegeben.

Kann man erst einmal eine für die eingehenden Dokumente empfangsbereite E-Mail-Adresse dem Machtbereich einer Person zurechnen, dann taucht die

---

[350] BT-Drucks. 14/4987, S. 42.
[351] BT-Drucks. 14/4987, S. 15.

weitere Frage auf, wann in diesen Fällen der rechtliche Zugang der Erklärung erfolgt.

b) Privater und geschäftlicher Rechtsverkehr

Fraglich ist, wann für einen privaten oder geschäftlichen Nutzer die gewöhnlichen Umstände anzunehmen sind, damit der Zugang durch „Abrufen" nach allgemeinen Grundsätzen angenommen werden kann. Momentan ist die E-Mail als Kommunikationsmittel noch nicht so verbreitet wie die normale Post. Wenn elektronische Erklärungen von geschäftlichen Nutzern empfangen werden, so ergibt sich jedoch grundsätzlich kein Unterschied zu den Erklärungen per Fax oder Post. Ein Geschäftsmann hat die Pflicht seinen E-Mail-Speicher während den üblichen Arbeits- bzw. Geschäftszeiten mehrmals täglich auf neue Nachrichten zu überprüfen.[352] Dies beruht auch auf der Wahl der E-Mail als Kommunikationsmittel, deren Sinn gerade im schnellen Informationsaustausch besteht.[353] Es ist dieses auch zumutbar, denn es bestehen hierfür von besonderer Software gesteuerte technische Möglichkeiten den Empfänger über den Eingang einer E-Mail hörbar oder sichtbar zu informieren, sodass ein Aufrufen des Postspeichers nicht notwendig ist, um nur festzustellen, es ist keine Post da. Dies ist selbst möglich, wenn der Empfänger nicht online ist. Manche Provider von E-Mail-Diensten bieten heute schon Benachrichtigungsdienste über den Eingang von E-Mails per SMS an.[354] Andere bedienen sich hierfür automatisierter telefonischer Ansagen. Insgesamt bleibt festzuhalten, dass die im Laufe des Geschäftstages abgeschickte E-Mail spätestens bis Geschäftsschluss zugegangen ist.[355]

Abzulehnen ist sicher die Ansicht, dass durch den Einsatz einer E-Mail-Adresse auf die üblichen Bürozeiten verzichtet wird oder sich die üblichen Bürozeiten verlängern.[356] Hierzu bedarf es besonderer weiterer Umstände, wie einer entsprechenden längeren Praxis, damit eine solche Annahme auch bestehen

---

[352] Bierekoven – Vertragsschluss im Internet, S. 29 und S. 35; Ernst in: CoR 1997, S. 166; Gimmy – Internet, S. 70; Hahn – Internetverträge, S. 155; Hoeren – Internetrecht, S. 215; Koch – Internet Recht, S. 143; Nowak in: MDR 2001, S. 842; Vehslage in: AnwBl 2002, S. 87;.

[353] Bierekoven – Vertragsschluss im Internet, S. 35; Nowak in: MDR 2001, S. 842.

[354] Vehslage in: AnwBl 2002, S. 87.

[355] Ernst in: CoR 1997, S. 166.

[356] Vgl. hierzu Koch – Internet Recht, S. 143 f.; Köhler/Arndt – Internet, Rn. 117; Nowak in: MDR 2001, S. 842.

kann.[357] Es bleibt somit auch bei der E-Mail bei dem Grundsatz, dass diese nur während der üblichen Geschäftszeiten zugeht.[358] Dem widerspricht natürlich nicht die Tatsache, dass bei Abrufdiensten der Computer gewöhnlich 24 Stunden in Betrieb ist und entsprechend zu jeder Zeit Bestellungen entgegennimmt und entsprechende Empfangsbestätigungen versendet. Dort allerdings kommt die Frage des Zugangs wegen der positiven Reaktion des Systems zu jeder Tages- und Nachtzeit nicht auf. Bekommt der Kunde aber keine prompte Reaktion eines Abrufsystems, dann ist für den Zugang wieder die übliche Geschäftszeit zu unterstellen, falls im Einzelfall keine anderen Aussagen des Anbieters vorliegen.[359]

Bei privaten Nutzern gelten dagegen die reduzierten Anforderungen, wie sie schon im allgemeinen Teil beschrieben wurden.[360] Bereits wegen der doch noch relativ hohen Kosten[361] kann nicht wie im geschäftlichen Bereich vom Privatmann erwartet werden, seinen elektronischen Briefkasten mehrmals täglich zu kontrollieren. Die Tatsache, dass sich ein Privater eines Anbieters bedient, der die Speicherung von E-Mails rund um die Uhr zulässt, lässt ebenfalls nicht darauf schließen, dass die betreffende Person auch die ganze Zeit online sein will.[362] Trotzdem wird man wohl auch von einem privaten Nutzer mindestens einmal am Tag eine Abfrage unter gewöhnlichen Umständen erwarten dürfen. Der Zugang einer E-Mail an einen Privatmann kann deshalb spätestens am Tag nach dem Eingang in die Mailbox als zugegangen angesehen werden.[363] Unzutreffend ist wohl die Ansicht von Holzbach/Süßenberger,[364] dass man bei einem nur sehr gelegentlichen Benutzer des Internets von einer noch selteneren Leerung des elektronischen Briefkastens und damit von einem späteren Zugang der E-Mail ausgehen muss. Wie oben festgestellt wurde, muss ein Privatmann, der seine E-Mail-Adresse für den elektronischen Geschäftsverkehr gewidmet hat, diese auch dann regelmäßig abfragen. Der von Holzbach/Süßenberger aufgezeigte Fall darf aus Gründen der Rechtssicherheit

[357] Koch – Internet Recht, S. 144.
[358] Köhler/Arndt – Internet, Rn. 119.
[359] A.A. Köhler/Arndt – Internet, Rn. 118.
[360] Köhler/Arndt – Internet, Rn. 118.
[361] Zu denken ist dabei u.a. an die Telefon- und Provider-Gebühren.
[362] Koch – Internet Recht, S. 144.
[363] Härting – Fernabsatzgesetz, Rn. 87; Hoeren – Internetrecht, S. 215; Holzbach/Süßenberger in: Moritz/Dreier, S. 416, Rn. 262; Vehslage in: AnwBl 2002, S. 87.
[364] Holzbach/Süßenberger in: Moritz/Dreier, S. 416, Rn. 262.

nicht so entschieden werden, da die Intensität der E-Mail-Nutzung für Dritte nicht einsehbar ist.

c) Probleme bei Verwendung eines E-Mail-Providers

Die größte Zahl der Internet Benutzer bedient sich der E-Mail-Provider. Es handelt sich hier rechtlich gesehen um Erklärungs- bzw. Empfangsboten. Diese bieten ihren Kunden als Service einen gewissen dezidierten Speicherplatz mit Postfachcharakter an. Der Rechner des Providers ist die ganze Zeit mit dem Internet verbunden und wenn eine Nachricht für den Kunden eingeht, wird diese auf dem zur Verfügung gestellten und mit der E-Mail-Adresse des Empfängers gekennzeichneten Speicherplatz abgespeichert. Von dort kann der Kunde dann seine Nachrichten abrufen und damit auf seinem Computergerät einsehen. Dies hat den Vorteil, dass der Kunde seinen eigenen Rechner nicht die ganze Zeit empfangsbereit halten muss. Es genügt aus technischer Sicht, wenn er seinen „Postkasten" beim Provider irgendwann einmal leert, bevor er überfüllt ist. Dies ist vergleichbar mit einem Postschließfach. Auch dort hat der Empfänger einen Platz für sich reserviert, auf dem eingehende und auch ausgehende Nachrichten für ihn gespeichert und zur Weiterbearbeitung bereit gehalten werden.[365] Der für den Empfänger zugreifbare Speicherplatz auf dem Rechner des Providers ist somit dem Machtbereich des Empfängers zuzurechnen.[366]

Betrachtet werden sollen hier auch noch die Konsequenzen für den Zugang bei Problemen aufseiten des vom Empfänger eingeschalteten Providers. Wenn der Provider den Rechner abschaltet, oder die Leitung über das Internet irgendwie unterbrochen wird, so kann der Empfänger nicht unmittelbar auf seine Nachrichten zugreifen. Aus diesem Grund wollen manche einen Zugang erst annehmen, wenn es nur noch an dem Empfänger selber liegt, ob er Zugriff nimmt oder nicht.[367] Dabei wird aber der Grundsatz übersehen, dass es eben nicht darauf ankommt, wo sich der Briefkasten befindet, auch wenn er nur elektronisch existiert, sondern lediglich, ob er dem Machtbereich des Empfängers zuzurechnen ist.[368] Des Weiteren verschiebt diese Ansicht das Verlustrisiko zu sehr auf den Erklärenden. Es obliegt schließlich dem Empfänger, dafür zu

[365] Köhler/Arndt – Internet, Rn. 118.
[366] Bierekoven – Vertragsschluss im Internet, S. 31; Köhler/Arndt – Internet, S. 117.
[367] Kuhn – EDV, S. 100.
[368] Köhler/Arndt – Internet, S. 47, Fn. 30.

sorgen, dass sein Provider ihm Zugang zu seinem E-Mail-Konto ermöglicht.[369] Wenn der Einzelne sich solcher Hilfspersonen bedient, muss er sich auch deren Handlungen zurechnen lassen. Abzulehnen sind deshalb Meinungen wie die von Kuhn, der meint, der Erklärende müsse sich die Unzulänglichkeiten des Übertragungsweges, den er selber gewählt hat, auch insoweit zurechnen lassen. Nach dieser Meinung habe sich der Erklärende für den elektronischen Weg als für seine Zwecke dienlich entschieden und müsse daher auch das Risiko der Leistungsbereitschaft der Diensteanbieter des Empfängers übernehmen.[370] Richtigerweise ist es aber der Empfänger, der seinerseits durch eigene Aktivitäten den Anstoß zur Nutzung des Übertragungsweges gibt, sodass das Zugangsrisiko nicht allein auf den Erklärenden abgewälzt werden darf. Eine elektronische Willenserklärung ist deshalb bereits dann im Machtbereich des Empfängers angelangt, wenn sie bei dem Provider derart gespeichert ist, dass der Empfänger auf sie zugreifen kann.[371] Der Zugang hängt somit nicht davon ab, ob und wann der Empfänger sie tatsächlich zur Kenntnis nimmt, sie in seinem Computer speichert oder ausdruckt.[372]

d) Rechtslage bei Aufgabe der E-Mail-Adresse

Vehslage wirft die weitere Frage nach der Rechtslage bei Abmeldung einer E-Mail-Adresse auf.[373] Er kommt zum Ergebnis, dass bei Angabe der E-Mail-Adresse auf einer Visitenkarte oder auf Briefpapier diese Adresse einer zeitlichen Beschränkung unterliegen müsse, während eine in einer Webseite angegebene E-Mail-Adresse bis zur Änderung der Webseite Gültigkeit besitzt. In dem von ihm aufgezeigten Sinnzusammenhang würde dies bedeuten, dass sich der zurechenbare Machtbereich für eingehende Erklärungen Dritter entsprechend verändern würde. Dies kann sicher nicht zutreffend sein, denn auch hier wird man dem Interesse der anderen Partei nicht gerecht. Im ersten Fall wäre die Bestimmung des Fortgeltungszeitraumes völlig unsicher und selbst wenn man hier einen bestimmten Zeitraum ins Auge fassen würde, wäre der Beginn dieser Frist völlig offen. Wie sollte z.B. das letzte In-Verkehr-bringen

---

369 Köhler/Arndt – Internet, Rn. 118.

370 Nowak in: MDR 2001, S. 842.

371 So auch OLG Köln, NJW 1990, 1608, 1609 für Btx; Bierekoven – Vertragsschluss im Internet, S. 31; Heun in: CR 1994, S. 598; Köhler/Arndt – Internet, Rn. 123 f.; Mehrings in: MMR 1998, S. 33; Vehslage in: AnwBl 2002, S. 87.

372 Gimmy – Internet, S. 69, Heun in: CR 1994, S. 598.

373 Vehslage in: AnwBl 2002, S. 87.

einer Visitenkarte oder das Aus-dem-Verkehr-nehmen von Dritten festgestellt werden? Im zweiten Fall würde sich ein Partner, der gestern noch über die aus der Webseite entnommene E-Mail-Adresse kommuniziert hat, am Tag darauf mit einer angeblich nicht mehr zum Machtbereich des Empfängers gehörenden E-Mail-Adresse kommunizieren. Dies würde zu einem völligen Durcheinander führen. Richtig kann hier alleine die Auffassung sein, dass einer Person die einmal eröffnete E-Mail so lange zugerechnet wird, wie sie technisch zugänglich bleibt. Der Absender einer E-Mail erhält eine Mitteilung über die fehlende Existenz einer von ihm angeschriebenen E-Mail-Adresse und er kann sich außerdem mittels Forderung nach automatischer Empfangsbestätigung über die fehlende Öffnung der E-Mail informieren, sodass er in diesem Fall ausreichend geschützt ist. Der Inhaber einer existenten E-Mail aber muss diese seinem Machtbereich zurechnen lassen, solange sie technisch besteht, es sei denn er hat der betreffenden anderen Partei mitgeteilt, dass er sie nicht mehr benutzt. Bei dieser Betrachtungsweise vermeidet man auch den gedanklichen Umweg von Vehslage, mit dem dieser letztlich zum gleichen Ergebnis wie der Bearbeiter dieser Arbeit kommt. Nachdem er eine noch bestehende E-Mail-Adresse aus dem Machtbereich des Empfängers herausnimmt, kommt er nämlich über die Verletzung einer weiter bestehenden Obliegenheitspflicht, die eine fortgesetzte Kontrolle der Mailbox fordert, dann doch zur Zurechnung des Zugangs.[374]

e) Die Computererklärung

Betrachtet man im Rahmen dieser Erörterung über den Zugang von Willenserklärungen den Fall der eingehenden Computererklärung, dann kommt man schnell zum Ergebnis, dass hier kein Unterschied zur eingehenden E-Mail-Erklärung zu sehen ist. Die Art der Erstellung der elektronischen Erklärung ist kein Unterscheidungsmerkmal in Bezug auf den Zugang einer solchen Erklärung. Dies geht bereits aus obigen Ausführungen zum Willen des Gesetzgebers zur neuen gesetzlich geregelten Zugangsvermutung in § 312 e Abs. 1 Satz 2 BGB hervor, denn die dort zitierte Empfangsbestätigung ist grundsätzlich eine solche Computererklärung. Zumindest missverständlich sind deshalb die Ausführungen von Cordes, wenn sie sagt, dass für den Zugang einer Computererklärung die Kenntnisnahme durch den Empfänger nicht erforderlich ist, da sie mit dem Passieren der Schnittstelle zur Empfängeranlage

[374] Vehslage in: AnwBl 2002, S. 87.

zugeht.[375] Es werden von ihr offensichtlich hier gedanklich die Seiten vertauscht, denn es ist nicht der Verbraucher, der eine Computererklärung abgibt, sondern der Anbieter. Richtig wäre ihre Ausführung deshalb nur, wenn sie vom Eingang einer Bestellung eines Verbrauchers beim computerisierten Annahmedienst des Anbieters sprechen würde. Hier ist tatsächlich eine Kenntnisnahme durch den Betreiber der Anlage nicht vorgesehen. Vielmehr sendet die Computeranlage des Anbieters nach Prüfung des Inhalts der Bestellung automatisch die Empfangsbestätigung. Dies bedeutet, dass eine bei einem solchen System eingehende Bestellung mit dem Eingang bei der Schnittstelle des Anbieters zugeht und damit auch eine solche Zugangsvermutung greifen kann und muss. Vor diesem Hintergrund stellt sich die neue Regelung in § 312 e Abs. 1 Satz 2 BGB des Gesetzgebers, die voll der Richtlinie entspricht, in Bezug auf die Bestellung als interpretationsbedürftig heraus. Tele- und Mediendienste, die von § 312 e BGB erfasst werden, beinhalten die oben beschriebene technische Konzeption. Der generelle Fall bei Bestellungen ist die Annahme der Bestellung durch vorprogrammierte Computersysteme. Diese aber sind grundsätzlich rund um die Uhr erreichbar. Hier muss man deshalb annehmen, dass Bestellungen entgegen der neuen gesetzlichen Vorschrift bereits bei technischem Eingang zugehen.[376] Dies muss auch gelten, weil der Anbieter bei Schaffung seiner Anlage diese so konstruieren kann und wird, dass Bestellungen jederzeit zugehen können. Dies wird auch von den Verbrauchern heute erwartet und unterstellt. Daher erfüllt allein der technische Eingang einer Bestellung im Computer des Anbieters die Voraussetzung eines Zugangs, denn der Anbieter hätte sie unter gewöhnlichen Umständen, d.h. bei normaler Konstruktion seines Systems sofort technisch abrufen und bearbeiten können.

f) Beweis des Zugangs

Der Beweis des Zugangs einer elektronischen Willenserklärung stellt den Rechtsverkehr bislang noch vor größere Probleme. Der reine Ausdruck eines E-Mail Sendeprotokolls wird wohl nicht weiter führen.[377] Das vergleichbare Sendeprotokoll des Telefax hat der BGH nicht ausreichen lassen, um den Anscheinsbeweis des Zugangs zu befriedigen.[378] Dies beweist lediglich die Her-

[375] Cordes – Willenserklärungen im Internet, S. 100.
[376] Gimmy – Internet, S. 70, Hahn – Internetverträge, S. 154; Köhler/Arndt – Internet, Rn. 119.
[377] Köhler/Arndt – Internet, Rn. 121.
[378] BHG NJW 1995, S. 665; ebenso OLG Dresden, NJW-RR 1994, 1485, 1486.

stellung einer Verbindung zwischen dem Sende- und Empfangsgerät und kann außerdem sehr leicht manipuliert werden.[379]

Durch technische Neuerungen kann dieses Problem aber möglicherweise behoben werden. Durch eine DSN-Erweiterung des E-Mail Protokolls SMTP[380] kann festgestellt werden, ob die Übermittlung einer E-Mail zum E-Mail-Server des Empfängers problemlos erfolgte. Sobald die Nachricht den Server erreicht oder, bei der Zwischenspeicherung der Mail durch einen Dritten, sobald die Nachricht abgerufen wird, erhält der Absender eine entsprechende Benachrichtigung.

Es bleibt abzuwarten, ob der BGH diese technische Neuerung für die Führung des Anscheinsbeweises des Zugangs ausreichen lässt. Da dies einem Einschreiben jedoch schon sehr nahe kommt, spricht einiges dafür.[381]

g) Zugangsrisiko

Eng in Zusammenhang mit der Frage des Machtbereichs des Empfängers steht das Problem, wer das Verlustrisiko oder die Folgen einer fehlerhaften bzw. unvollständigen Übermittlung einer Erklärung trägt.

Hier besteht grundsätzlich kein großer Unterschied zwischen der „normalen" Post und der elektronischen Post. Fehler während der Übertragung gehen zu Lasten des Absenders und dadurch ist der Zugang zu verneinen.[382] Im Falle einer Falschübermittlung trägt ebenfalls der Absender das Risiko. Er muss die Erklärung so gegen sich gelten lassen, wie sie beim Empfänger eintrifft.[383] Der Erklärende muss auch das technische Risiko der Leistungsbereitschaft und fehlerhafte Funktionsweisen seines Diensteanbieters bzw. der Diensteanbieter übernehmen, die er für die Übermittlung in Anspruch nimmt. Die verschiedenen Netzbetreiber sind hier als Übermittlungsgehilfen i.S. v. § 120 BGB zu sehen.[384]

Ist die Nachricht einmal in den Machtbereich des Empfängers gelangt, so trägt er auch das Verlustrisiko.[385] Systemabstürze oder Programmfehler in seinem

[379] Köhler/Arndt – Internet, Rn. 121.
[380] DSN: Delivery Status Notification; SMTP: Simple Mail Transfer Protocol.
[381] Köhler/Arndt – Internet, Rn. 121; Loewenheim/Koch – Online-Recht, S. 184.
[382] Bierekoven – Vertragsschluss im Internet, S. 38; Gimmy – Internet, S. 69, Hahn – Internetverträge, S. 153.
[383] Heinrichs in: Palandt § 120, Rn. 1; Nowak in: MDR 2001, S. 842.
[384] Hahn – Internetverträge, S. 153
[385] Nowak in: MDR 2001, S. 842.

Einflussbereich gehen also zu Lasten des Empfängers.[386] Auch wenn die E-Mail versehentlich gelöscht wird, sei es von dem Empfänger selbst oder von dem Mailserver, so kann dies nicht den Zugang verhindern.[387] Dies ist auch interessengerecht, da es natürlich dem Empfänger selber obliegt, die Empfangseinrichtung selber funktionsfähig zu halten, wenn er an elektronischer Kommunikation teilnimmt.[388] Dazu gehört auch, dass er seine Mailbox regelmäßig leert.[389]

Ebenso muss es dem Empfänger zugerechnet werden, wenn das Problem bei seinem E-Mail-Provider auftritt. Nach der Verkehrsanschauung ist der Provider in diesem Fall Empfangsbote des Empfängers. Leitet dieser, aus welchen Gründen auch immer, die Nachrichten nicht weiter, so geht dies nach allgemeinen Grundsätzen[390] zu Lasten des Empfängers.[391] Es obliegt eben jedem Einzelnen, sich einen leistungsfähigen Provider auszusuchen.[392]

In diesem Zusammenhang soll kurz auch auf das Problem der Lesbarkeit der Erklärung eingegangen werden. Wenn sie dem Empfänger nur in einer Computersprache übermittelt wird, die dieser nicht in lesbaren Text rückverwandeln kann, ist ihm die inhaltliche Kenntnisnahme nicht möglich und weitere Aktionen seinerseits sind ihm nicht zumutbar,[393] sodass der Zugang in diesen Fällen nicht erfolgt.[394] Die Frage der Lesbarkeit bezieht sich in der Praxis dabei gewöhnlich auf die Frage der Kompatibilität und Verfügbarkeit von der eingesetzten Software. Probleme entstehen dort vor allem durch die rasante Entwicklung auf dem Gebiet der Textverarbeitungsprogramme. In vielen Fällen sind Dokumente, die auf älteren Programmen geschrieben wurden, mit den heute gebräuchlichen Mitteln nicht mehr lesbar und umgekehrt können mit älterer Software Dateien oft nicht gelesen werden, die mit neueren Programmen erstellt wurden. Rechtlich muss dies wohl auch über den fehlenden Zugang einer Erklärung gelöst werden. Dies wird bestätigt, wenn die Bundesregierung im

---

[386] Gimmy – Internet, S. 70; Hahn – Internetverträge, S. 153; Koch – Internet Recht, S. 138; Pawlowski – BGB AT, Rn. 373.
[387] Vehslage in: AnwBl 2002, S. 88.
[388] Gimmy – Internet, S. 70; Koch – Internet Recht, S. 142.
[389] Köhler/Arndt – Internet, Rn. 123.
[390] Heinrichs in: Palandt § 130, Rn. 9.
[391] Koch – Internet Recht, S. 142; Köhler/Arndt – Internet, Rn. 123; Holzbach/Süßenberger in: Moritz/Dreier, S. 387, Rn. 172.
[392] Koch – Internet Recht, S. 142; Köhler/Arndt – Internet, Rn. 123.
[393] BT-Drucks. 14/4987, S. 20.
[394] Holzbach/Süßenberger in: Moritz/Dreier, S. 388, Rn. 173.

Rahmen der Betrachtung der neuen elektronischen Form den Zugang für den Fall verneint, dass der Empfänger eine Datei nicht lesen und nicht verifizieren kann.[395]

h) Zugangsverhinderung

In diesem Zusammenhang soll noch kurz auf das Problem der Zugangsverhinderung oder -verzögerung eingegangen werden. Handelt es sich um ein bewusstes Verhindern des Empfangs durch den Empfänger, dann hat er sich dies nach dem Rechtsgedanken des § 162 Abs. 1 BGB zurechnen zu lassen.[396] Nach anderer Ansicht, die zum gleichen Ergebnis kommt, muss sich der Empfänger in diesem Fall nach Treu und Glauben so behandeln lassen, als wäre ihm die Erklärung rechtzeitig zugegangen.[397]

Liegt dagegen ein technisches Problem oder lediglich fahrlässiges Verhalten beim Empfänger vor, dann stellt sich die Lösung problematischer dar. Bei vielen Mailboxen besteht eine obere Grenze der Speicherkapazität, die dem Kunden, also dem Empfänger zum Speichern seiner E-Mails zur Verfügung steht. Ist diese erreicht, wird eine weitere E-Mail an den Empfänger dann nicht gespeichert und kann somit nicht in den Machtbereich des Empfängers gelangen.[398] Nach den obigen Grundsätzen würde der Erklärende dieses Risiko tragen, da die Nachricht eben noch nicht in den Machtbereich des Empfängers gelangt ist.[399] Dies erscheint aber unbillig, da das Problem ja aus dem Bereich des Empfängers stammt. Da eine vergleichbare Situation gesetzlich nicht geregelt ist,[400] wurde früher in diesen Fällen mit einer Zugangsfiktion gearbeitet. Die Nachricht galt dem Empfänger in dem Moment als zugegangen, in dem sie ohne das geschaffene Hindernis zugegangen wäre. Mittlerweile geht die herrschende Meinung aber einen anderen Weg. Der Erklärende muss den Zugang tatsächlich bewirken. In diesem Fall kann sich dann allerdings der Empfänger nicht auf den verspäteten Zugang berufen.[401] Diese Lösung hat den Vorteil, dass es der Empfänger selber in der Hand hat, ob er einen erneuten Zustellungsversuch unternehmen will. Nach der früheren Ansicht war er dagegen

[395] BT-Drucks. 14/4987, S. 15.
[396] Vehslage in: AnwBl 2002, S. 88.
[397] Köhler – BGB AT, Rn. 30.
[398] Köhler/Arndt – Internet, Rn. 123.
[399] Vehslage in: AnwBl 2002, S. 88.
[400] Brox – BGB AT, Rn. 160.
[401] Brox – BGB AT, Rn. 161; Köhler – BGB AT, Rn. 30; Förschler in: MüKo § 130, Rn. 27.

sofort gebunden. Auf die elektronische Post bezogen bedeutet dies, ist der Speicherplatz aus Nachlässigkeit des Empfängers überfüllt, muss der Erklärende eben die Nachricht erneut abschicken. Hat der Empfänger diese Überfüllung aber selber verursacht, z.B. indem er sich selber große Datenpakete auf seine E-Mail-Adresse geschickt hat, so muss er sich eben so behandeln lassen, als wäre ihm die Nachricht bereits zum Zeitpunkt des ersten Zustellungsversuches zugegangen.[402] Etwas anderes kann nach der Ansicht des Verfassers nur gelten, wenn der Empfänger die Überfüllung nicht zu vertreten hat, z.B. wenn unerwartet umfangreiches Werbematerial eingeht.[403]

C. Abgabe und Zugang im US-amerikanisches Recht

I. Grundsatz

Mutual assent als Kriterium für das Vorliegen eines Vertrages setzt ein Angebot und eine Annahme voraus. Angebot und Annahme erfolgen durch Kommunikation zwischen den beiden Vertragsparteien. Die Kommunikation kann dabei über die unterschiedlichsten Medien erfolgen.

Ein wirksames Angebot liegt nach US-amerikanischem Recht nur vor, wenn es an eine bestimmte Person gerichtet ist und dort den objektiven Eindruck hinterlässt, dass der Anbieter auf Basis der mitgeteilten Bedingungen in einen Vertrag eintreten will.[404] Das Angebot muss dabei jene Person ausreichend bezeichnen, mit der ein Vertrag geschlossen werden soll. Da bereits oben dargelegt wurde, dass Gerichte nach objektiven Kriterien bestimmen, ob ein mutual consent gegeben war, so kommt es im US-amerikanischen Recht darauf an wie das Angebot dem Empfänger zugegangen ist.[405] Dazu muss die Nachricht den Machtbereich des Absenders verlassen und in den Machtbereich des Empfängers gelangen.[406]

In diesem Zusammenhang gehen die Gerichte davon aus, dass je weiter die personelle Reichweite eines Kommunikationsmediums geht, desto weniger

---

[402] Bierekoven – Vertragsschluss im Internet, S. 37; Holzbach/Süßenberger in: Moritz/Dreier, S. 387, Rn. 170.

[403] Köhler/Arndt – Internet, Rn. 123; Holzbach/Süßenberger in: Moritz/Dreier, S. 387, Rn. 171.

[404] Bierekoven – Vertragsschluss im Internet, S. 186.

[405] So ist z.B. ein Widerruf erst bei Empfang wirksam, Farnsworth on Contracts § 3.22; Clarkson u.a. – West's Business Law, S. 217.

[406] UETA § 15 (a); vgl. Winn/Wright – Electronic Commerce § 5, S. 40.

handelt es sich um ein Angebot, sondern um eine Einladung zum Vertragsangebot.

Auch die Annahme muss entsprechend abgegeben werden und grundsätzlich dem Anbietenden zugehen. Wie bereits oben ausgeführt wurde, sind Angebote im US-amerikanischen Recht bis zum Vorliegen der consideration in der Annahmeerklärung frei widerruflich. Daraus ergaben sich im Geschäftsverkehr unbillige Ergebnisse. Zur Vermeidung wurde im Bereich des Common Law von der großen Mehrheit der Gerichte die Mailbox-Rule anerkannt, bei welcher Abgabe und Zugang der Annahmeerklärung zum gleichen Zeitpunkt erfolgen.[407] Sie wurde auch in das Restatement (Second) of Contracts und in den UCC übernommen.[408] Danach ist im Falle der Annahme durch Brief oder ähnliche Kommunikationsmittel der Vertrag bereits zu dem Zeitpunkt zustande gekommen, in dem die Absendung erfolgt, vorausgesetzt die Erklärung ist korrekt adressiert und so gestaltet, dass sie den Empfänger praktisch erreichen kann.[409] Dabei gilt diese Regel auch, wenn die Annahme verspätet ankommt oder sogar verloren geht. Einzige Voraussetzung ist, dass der Absender die im Verkehr erforderliche Sorgfalt beachtet hat.[410] Als Rechtfertigung für diese Ausnahmeregelung für den Transport der Erklärung durch die Post oder ähnliche Kommunikationsmittel wird sowohl die grundsätzliche Erwartungshaltung bei Kaufleuten als auch die Zuverlässigkeit der Post angeführt.[411] Weil der Annehmende die Übermittlung seiner Erklärung einer zuverlässigen dritten Partei anvertraut hat, sei sie außerhalb seiner Kontrolle und quasi bereits sicher auf dem Weg zum Anbietenden. Dies zusammen mit der Notwendigkeit für Einfachheit und Klarheit bildet die Grundlage der Mailbox-Rule.[412] Für und gegen die Mailbox-Rule wurden verständlicherweise die unterschiedlichsten Argumente vorgetragen. Da sie ein Bestandteil ständiger Rechtsprechung im US-amerikanischen Recht ist, soll hier zu näheren Details auf die weitergehenden Ausführungen von Cordes[413] verwiesen werden.

Bei Geltung der Mailbox-Rule, die übrigens im Rahmen von UCC § 2-205 in den Regelungen zu finden ist, die nur für Kaufleute Geltung haben, muss der

[407] Davies – Internet Contracts, S. 98; Farnsworth on Contracts § 3.22.
[408] Cordes – Willenserklärungen im Internet, S. 165.
[409] Farnsworth on Contracts § 3.22; Restatement (Second) of Contracts § 63 und § 64.
[410] Restatement (Second) of Contracts § 66; Millstein u.a. – Internetbusiness § 8.04 3 a) ii).
[411] Llewellyn in: 48 Yale L.J. 1939, S. 795.
[412] Restatement (Second) of Contracts § 63, cmt. b.
[413] Cordes – Willenserklärungen im Internet, S. 164 ff.

Absender beweisen, dass die Erklärung der entsprechenden Übermittlungsstelle zugegangen ist, sodass der Zugang beim Empfänger vermutet wird. Der Anbietende als Empfänger der Annahmeerklärung kann diese Vermutung nach neuerer Auffassung widerlegen. Er trägt hierfür allerdings auch die Beweislast. Durch diese Vermutung soll Zeit gespart und die Wahrscheinlichkeit eines gerechten Ergebnisses vor Gericht erhöht werden. Sie beruht auf der hohen Wahrscheinlichkeit, dass ein Zugang in diesen Fällen tatsächlich erfolgt ist, und auf den enormen Schwierigkeiten den Zugang anderweitig zu beweisen.[414]

Ausgenommen von dieser Mailbox-Rule sind Fälle, bei denen das Angebot fordert, dass eine andere Kommunikationsform zu wählen ist[415] oder die Annahme erst mit tatsächlichem Eingang beim Anbieter wirksam werden soll oder wo das Angebot im Sinne von § 2-205 UCC eine ausdrückliche Bindung für einen bestimmten Zeitraum enthält.

Auch die Annahmeerklärung wird nach objektiven Kriterien beurteilt, sodass die subjektive Vorstellung des Annehmenden von seiner Erklärung irrelevant ist. Etwas anders gilt nur, falls der Empfänger den Fehler des Erklärenden kannte oder kennen musste. Nach dem Common Law hing die rechtliche Wirksamkeit der Annahme weiterhin davon ab, ob der Annehmende eine genehmigte Art der Kommunikation gewählt hatte. Dabei wurde die vom Anbieter für das Angebot gewählte technische Kommunikationsform stillschweigend auch als genehmigt für die Annahmeerklärung angesehen. Die meisten Gerichte wenden diese technische Regel wegen der abweichenden Vorschriften im UCC und dem Restatement (Second) of Contracts[416] jedoch nicht mehr an. Nach diesen Vorschriften kann für die Annahme jetzt jedes nach den Umständen des Einzelfalles vernünftige Kommunikationsmittel verwendet werden, es sei denn der Anbieter hat ein bestimmtes Kommunikationsmittel zweifelsfrei vorgeschrieben. Hat der Annehmende nach obigen Regeln ein falsches Kommunikationsmittel gewählt oder seine Erklärung falsch adressiert, dann wird seine Annahmeerklärung trotzdem wirksam, wenn sie den Anbieter tatsächlich erreicht hat.

Schweigen kann im US-amerikanischen Recht grundsätzlich nicht als Annahmeerklärung gedeutet werden. Ausnahmen sind jedoch dann gegeben, wenn

---

[414] McCormick on Evidence § 343; Perry v. German-American Bank, 53 Neb, 89, 73 N.W. 538 (1897), dort wurde die Vermutung auf Telegrafendienste wegen deren öffentlich-rechtlichem Charakter erweitert.

[415] Mulder v. Commissioner, 855 F.2d 208 (5th Cir. 1988).

[416] Restatement (Second) of Contracts § 30 (2); UCC § 2-206 (1).

eine Person schweigt, aber die Leistung entgegennimmt oder wenn laufende Geschäftsbeziehungen zwischen den Parteien oder allgemeine Geschäftspraktiken beim Anbieter die kaufmännisch vernünftige Schlussfolgerung zulassen, dass Schweigen die Zustimmung zum Angebot und damit die Annahme desselben signalisiert.

II. Abgabe und Zugang bei elektronischen Verträgen

Grundsätzlich kann davon ausgegangen werden, dass obige Regelungen auch im elektronischen Geschäftsverkehr Geltung haben. Dies kann wohl schon daraus entnommen werden, dass im Rahmen der zitierten gesetzlichen Regelungen Kommunikationsmittel ohne nähere Bestimmung der technischen Anforderungen angesprochen werden.

Eine besondere Regelung über die Abgabe einer Erklärung in elektronischer Form bringt neuerdings UETA in Section 15a. Danach ist eine elektronische Erklärung abgegeben, wenn

- sie ordnungsgemäß adressiert wurde oder auf andere Weise ordnungsgemäß an ein Datenverarbeitungssystem gesendet wird, welches der Empfänger zum Zwecke des Empfangs derartiger Erklärungen bestimmt hat oder es dafür nutzt und von welcher der Empfänger die Erklärung abrufen kann;
- sie eine Form hat, welche das vom Empfänger genutzte System verarbeiten kann; und;
- sie in ein Datenverarbeitungssystem gelangt, das außerhalb der Kontrolle des Absenders oder einer Person liegt, welche die Absendung für den Absender veranlasst oder bereits in das Informationsverarbeitungssystem gelangt ist, welches der Empfänger bestimmt hat oder von ihm genutzt wird und das unter dessen Kontrolle steht.

Der Zugang einer Erklärung in elektronischer Form wiederum wird von UETA in Section 15 b dahingehend definiert, dass er vorliegt, wenn die Erklärung

- in das Informationsverarbeitungssystem gelangt ist, welches der Empfänger bestimmt hat oder von ihm genutzt wird und von dem er das Dokument abrufen und erstellen kann; und
- eine Form hat, die sein Datenverarbeitungssystem verarbeiten kann.

In Section 15e wird weiterhin klar gestellt, dass der Zugang abgeschlossen ist, auch wenn der Empfänger als natürliche Person vom Eingang der Erklärung in das System noch keine Kenntnis hat. Zusammenfassend kann hier somit festgestellt werden, dass diese Regelungen der deutschen Rechtslage voll entsprechen.

Ob die Mailbox-Rule über den Zugang der Erklärung auch für die elektronischen Kommunikationen über das Internet gilt, war unklar.[417] Die ablehnende Meinung gab zu bedenken, dass anders als bei der Post die einzelnen Anbieter nicht den Ruf der Zuverlässigkeit genießen, sodass auch schon aufgrund der Vielzahl kleinerer und kleinster Anbieter auf dem E-Mail-Sektor nicht von einer besonderen Zuverlässigkeit dieser Dienste ausgegangen werden kann. Nur die Zuverlässigkeit der Dienste aber würde die Zugangsvermutung rechtfertigen.

Ein weiteres Gegenargument gegen die Anwendung der Mailbox-Rule im Bereich des elektronischen Vertragsschlusses ist, dass die Verzögerung zwischen der Abgabe und dem Eingang der Annahme vernachlässigbar ist und der Ablauf eher einem Telefonat ähnelt, bei welchem die Mailbox-Rule ebenfalls keine Anwendung findet.[418] Begründet wird dies damit, dass der Annehmende dort seine Annahmeerklärung abgeben kann, ohne aus zeitlicher und praktischer Sicht dem Risiko ausgesetzt zu sein, dass der Anbieter sein Angebot bereits widerrufen hat. Wenn dabei darauf abgestellt wird, dass ein Fehler in der Übertragung bzw. der Verbindung für die Parteien sofort erkennbar ist,[419] dann kann dies sicher nur in jenen Fällen gelten, in denen beide Vertragspartner zum gleichen Zeitpunkt online sind und es sich quasi um einen Zugang unter Anwesenden handelt.[420] Bei anderen Fällen kann ein Übertragungsfehler wohl kaum vom Absender sofort erkannt werden. Dabei besteht bekanntermaßen die Möglichkeit, dass Übertragungen über das Internet aufgrund von technischen Schwierigkeiten oder Engpässen bei den Datenübertragungsleitungen verlangsamt werden und verspätet eingehen. In diesen Fällen könnte die Übertragung Stunden oder sogar Tage dauern, bis sie den Empfänger erreicht. In

---

[417] Dies befürwortend: Wright – Electronic Commerce, S. 267.

[418] Restatement (Second) of Contracts § 64; Kidd/Daughtrey in: Rutgers Computer & Tech. L.J. 2000, S. 261; Winn/Wright – Electronic Commerce § 5.03 [C]; Wright – Electronic Commerce, S. 264.

[419] Restatement (Second) of Contracts § 64 (a); Wright – Electronic Commerce, S. 267.

[420] Kidd/Daughtrey in: Rutgers Computer & Tech. L.J. 2000, S. 261.

diesen Fällen wäre die Anwendung der Mailbox-Rule wiederum angebracht.[421] In der US-amerikanischen Literatur ist man dennoch mehrheitlich der Meinung, dass bei Kommunikationsmitteln, die im generellen Fall nahezu ohne Verzögerung den Zugang gewährleisten, die Mailbox-Rule ohne Bedeutung sei.[422] Rechtsprechung hierzu ist keine verfügbar.[423] Betrachtet man die oben aufgeführte Regelung in Section 15b und e von UETA, dann wird dort der Literaturmeinung zugestimmt. Danach ist eine elektronische Erklärung erst zugegangen, wenn sie in den Abrufbereich des Empfängers gelangt ist.[424] Dies steht auch im Einklang mit dem Restatement (Second) of Contracts, welches auf Kommunikationsmittel, die ohne nennenswerte Übermittlungsdauer auskommen, die Regeln des Zugangs unter Anwesenden anwendet[425] und auch UCITA schließt die Mailbox-Rule ausdrücklich von ihrem Anwendungsbereich aus.[426]

---

[421] Millstein u.a. – Internetbusiness § 8.04 3 a) ii) B); Winn/Wright – Electronic Commerce § 13.06.

[422] Farnsworth on Contracts § 3.22; Kidd/Daughtrey in: Rutgers Computer & Tech. L.J. 2000, S. 261 f.; a.A. z.B. Fasciano in: 25 Hofstra L. Rev. 1997, S. 971 ff.

[423] Winn/Wright – Electronic Commerce § 5.03 [C].

[424] UETA § 15 (a); vgl. auch UETA § 15, Reporter's Notes, Abs. 2; Restatement (Second) of Contracts § 66; vgl. Winn/Wright – Electronic Commerce § 5, S. 40; Wright – Electronic Commerce, S. 265.

[425] Vgl. Restatement (Second) of Contracts § 64 (a), dieser besagt, dass bei Erklärungen unter Anwesenden der Empfänger davon ausgehen darf, dass der Erklärende nicht wiederrufen hat; er kann sodann das Angebot annehmen und darf davon ausgehen, dass dem Erklärende die Annahme auch zugegangen ist.

[426] UCITA Section 217.

Abschnitt 6 – Besondere Anforderungen an Vertragsabschlüsse im elektronischen Geschäftsverkehr

A. Europäische Vorgaben

I. ECRL

1. Anwendungsbereich

Art. 11 der ECRL fordert von den Mitgliedsstaaten für den elektronischen Geschäftsverkehr die Sicherstellung besonderer Anforderungen, wenn ein Nutzer eines Dienstes eine Bestellung abgibt. Wie bereits oben beschrieben wurde, erfasst die ECRL Angebote von Waren und Dienstleistungen in elektronisch abrufbaren Datenbanken mit interaktivem Zugriff und unmittelbarer Bestellmöglichkeit.[427]

Die ECRL bezieht sich damit nicht auf jede Art von kommerzieller Kommunikation, wie aus Absatz 4 von Art. 10 und der Absatz 3 von Art. 11 der ECRL entnommen werden kann. Nach diesen Vorschriften ist die ECRL und damit die nachfolgenden Vorgaben nicht anwendbar auf Verträge, die ausschließlich durch den Austausch von individueller elektronischer Post oder durch vergleichbare Kommunikation geschlossen werden. Ausgeschlossen vom Anwendungsbereich der einschlägigen Regelungen der ECRL ist somit der Vertragsschluss durch Austausch von E-Mails. Die ECRL-Regelungen beziehen sich somit nur auf kommerzielle Kommunikation, bei der mindestens eine Partei eine Willenserklärung als Computererklärung abgibt. Dies ist nach der Begriffsbildung der ECRL der Diensteanbieter, während der Nutzer die entsprechende Bestellung aufgibt.

2. Aktions-Anforderungen der ECRL

Die ECRL fordert von einem Diensteanbieter im Rahmen seines Abrufdienstes nachfolgende Aktionen, die den ordnungsgemäßen Ablauf der kommerziellen Kommunikation sicherstellen sollen. Der Diensteanbieter muss:

a. nach Art. 10 Abs. 4 vor Abgabe der Bestellung dem Besteller die Vertragsbedingungen und die allgemeinen Geschäftsbedingungen so zur Verfügung stellen, dass dieser sie speichern und reproduzieren kann;

---

[427] Begründung zum EGG BT-Drucks. 14/6098, S. 11.

b. nach Art. 11 Abs. 1 erster Unterstrich dem Besteller den Eingang der Bestellung unverzüglich auf elektronischem Weg bestätigen; und

c. nach Art. 11 Abs. 2 dem Besteller angemessene, wirksame und zugängliche Mittel zur Verfügung stellen, mit denen dieser Eingabefehler vor Abgabe der Bestellung erkennen und korrigieren kann.

3. Informations-Anforderungen der ECRL

Art. 10 fordert von den Mitgliedsstaaten für den elektronischen Geschäftsverkehr, dass dem Besteller vor der Abgabe seiner Bestellung zusätzliche Informationen klar, verständlich und unzweideutig erteilt werden.

Dies sind nach Art. 10 Abs. 1

a. Informationen über die einzelnen technischen Schritte, die zu einem Vertragsschluss führen;

b. Angaben dazu, ob der Vertragstext nach Vertragsschluss vom Unternehmer gespeichert und, ob er für den Besteller zugänglich sein wird;

c. Informationen über die technischen Mittel zur Erkennung und Korrektur von Eingabefehlern;

d. Informationen über die für den Vertragsschluss zur Verfügung stehenden Sprachen;

und nach Art. 10 Abs. 2

e. Informationen über alle einschlägigen Verhaltenskodizes, denen sich der Unternehmer unterwirft und wie diese elektronisch zugänglich sind.

4. Dispositionsfreiheit

Zwischen Parteien, die keine Verbraucher sind, lässt die Richtlinie sowohl bezüglich der Aktions-Anforderungen als auch bezüglich der Informations-Anforderungen die Möglichkeiten von abweichenden Vereinbarungen zu. Betrachtet man den Anwendungsbereich der Richtlinie, dann ist der Diensteanbieter im Rahmen der Abwicklung der Bestellung grundsätzlich kein Verbraucher, sodass es für die Dispositionsfreiheit lediglich darauf ankommt, ob der Nutzer und damit der Besteller Verbraucher im Sinne der Richtlinie ist oder nicht.

Als einen Verbraucher definiert die Richtlinie dabei in Art. 2 Ziffer e) jede natürliche Person, die zu Zwecken handelt, die nicht zu ihren gewerblichen, geschäftlichen oder beruflichen Tätigkeiten gehören. Ist ein solcher nicht beteiligt, besteht die Dispositionsfreiheit.

II. Die Fernabsatzrichtlinie

Die FernAbsRL beinhaltet spezielle Anforderungen an den Anbieter für den B2C-Bereich. Die für diese Arbeit einschlägigen Teile der FernAbsRL wurden bereits durch das FernAbsG vom 27. Juni 2000 in deutsches Recht umgesetzt. Da es sich insoweit somit heute bereits nicht mehr um die Umsetzung neuer EG-Vorgaben handelt, wird in diesem Abschnitt auf eine gesonderte Darstellung dieser EG-Vorgaben verzichtet. Da das FernAbsG mit Wirkung vom 1. Januar 2002 durch Ziffer 7 von Art. 6 des Gesetzes zur Modernisierung des Schuldrechts außerdem aufgehoben und seine Regelungen in das Bürgerliche Gesetzbuch integriert wurden, wird die Art der Umsetzung und mögliche Defizite bei der Umsetzung der Richtlinie im Rahmen der jetzt vorliegenden neuen Regelungen im BGB behandelt.

Bezogen auf das FernAbsG wurde in der Literatur gesagt, dass es sich mit seinen detaillierten Informations- und Aktionspflichten wie ein Fremdkörper in das deutsche Recht hineinzwängt.[428] Entsprechende Erwartungen, dass sich dies durch die Einfügung in das BGB durch das Schuldrechtsmodernisierungsgesetz bessern würde, wurden nicht erfüllt und konnten wohl auch nicht erfüllt werden. Da die FernAbsRL eine Vielzahl von konkreten Anforderungen definiert, war und ist der deutsche Gesetzgeber gezwungen, diese auch so umzusetzen, um sich nicht dem Vorwurf des nicht richtlinientreuen Verhaltens schuldig zu machen. Die nach dem ursprünglichen BGB-Konzept übliche Beschränkung auf allgemeine Kriterien konnte deshalb hier nicht ausreichen. Der Gesetzgeber hat dennoch eine teilweise Entlastung des BGB-Textes dadurch herbeigeführt, dass er Teile der Richtlinien-Anforderungen über Verweisungen im BGB in andere Rechtsvorschriften verschoben hat. Wie nachfolgend ausgeführt wird, wurde diese Aneinanderreihung von konkreten Anforderungen der FernAbsRL durch die Umsetzung ähnlicher Anforderungen der ECRL für Abrufdienste in § 312 e BGB weiter gesteigert und, bezogen auf das Zusammenspiel dieser Anforderungen, erheblich komplexer. Es kann somit wegen der Art der von den

---

[428] Waldenberger – Fernabsatzrichtlinie, S. 100.

Gesetzgebern getroffenen detaillierten Regelungen dem Leser nicht erspart werden, weiterhin eine erhebliche Anzahl von Aufzählungen in den nachfolgenden Abschnitten über sich ergehen zu lassen.

B. Umsetzung der EG-Vorgaben im deutschen Recht

I. Gesetzeskonzeption

Der deutsche Gesetzgeber setzte die obigen EG-Vorgaben aus der FernAbsRL[429] und der ECRL durch das Schuldrechtsmodernisierungsgesetz in den §§ 312 b ff. BGB um. Hierbei sind Aktions- und Informations-Anforderungen in § 312 c BGB und in § 312 e BGB aufgenommen worden, wobei beide Vorschriften teilweise getrennte, teilweise aber auch überschneidende Anforderungen haben.

Dabei ist zu unterscheiden,

- ob sich die auf den Vertragsschluss gerichtete Kommunikation zwischen zwei Personen eines Tele- oder Mediendienstes oder anderer Fernkommunikationsmittel bedient; und
- ob es sich bei einem der Beteiligten um einen Verbraucher handelt oder ob kein Verbraucher am Vertragsschluss beteiligt ist.

Bei Verwendung von Tele- und Mediendiensten gelten folgende Grundsätze:

- Ist kein Verbraucher beteiligt, dann sind alleine die Pflichten aus § 312 e BGB einschlägig;
- ist dagegen ein Verbraucher beteiligt, dann sind gleichzeitig die Pflichten aus den §§ 312 c und 312 e BGB zu beachten.

Bei Verwendung „anderer" Kommunikationsmittel gilt:

- Ist kein Verbraucher beteiligt, dann ist keine der beiden Vorschriften einschlägig;
- ist dagegen ein Verbraucher beteiligt, dann ist ausschließlich § 312 c BGB zu beachten.

Hierauf wird im Nachfolgenden detailliert eingegangen. Zum besseren Verständnis werden die nachfolgenden Ausführungen dabei so aufgeteilt, dass zuerst jene Regelungen erläutert werden, die gelten, wenn beide Parteien eines

---

[429] Dies geschah über den Umweg über das FernAbsG.

Geschäfts keine Verbraucher sind. Anschließend wird geklärt, welche Anforderungen bestehen, wenn ein Verbraucher am Geschäft beteiligt ist.

Da in den §§ 312 b ff. BGB keine eigene Definition des Verbrauchers aufgenommen wurden, kann diesbezüglich auf die Begriffsbestimmung in § 13 BGB zurückgegriffen werden. Ein Verbraucher ist demnach jede natürliche Person, die ein Rechtsgeschäft zu einem Zweck abschließt, der weder ihrer gewerblichen noch ihrer selbständigen beruflichen Tätigkeit zugerechnet werden kann, und entspricht deshalb dem von der Richtlinie definierten Verbraucher.

II. Ausnahmebereiche

Für Fernabsatzverträge unter Beteiligung von Verbrauchern und damit für den Anwendungsbereich des § 312 c BGB hat der Gesetzgeber in § 312 b Abs. 3 BGB die Ausnahmen aufgenommen, die er in Umsetzung von Artikel 3 der FernAbsRL bereits in § 1 des FernAbsG umgesetzt hatte.[430]

Obwohl es sich nicht um einen Ausnahmebereich von den Fernabsatzverträgen handelt, wird in diesem Zusammenhang darauf hingewiesen, dass in dieser Arbeit von einer Behandlung der besonderen Anforderungen aus dem Versicherungsvertragsgesetz und dem VerbrKrG und deren besonderen Auswirkungen auf elektronische Verträge abgesehen wird.

III. Bei Verwendung von Tele- und Mediendiensten ohne Beteiligung von Verbrauchern

1. Einschlägige Tele- und Mediendienste

Der deutsche Gesetzgeber hat die oben aufgeführten Regelungen der ECRL in § 312 e BGB umgesetzt.[431] Zur Erfassung der in der ECRL aufgeführten Dienste der Informationsgesellschaft bedient er sich dabei des Begriffspaares der Tele- und Mediendienste. Im deutschen Rechtskreis werden die so zitierten „Teledienste" in § 2 Teledienstegesetz (TDG) und die „Mediendienste" in § 2 Abs. 2 Nr. 4 des Mediendienste-Staatsvertrages (MDStV) geregelt.

---

[430] Vgl. hierzu oben Abschnitt 4 A II 2.

[431] BT-Drucks. 14/6040, S. 169

Teledienste nach dem TDG sind:[432]

- Angebote im Bereich der Individualkommunikation. Dies ist der klassische Bereich, der durch die Kommunikation durch E-Mail repräsentiert wird;
- Angebote zur Information oder Kommunikation, soweit nicht die redaktionelle Gestaltung zur Meinungsbildung für die Allgemeinheit im Vordergrund steht. Hierunter fallen reine Datendienste, in denen Fakten abgefragt werden können, wie beim Verkehrs- und Wetterdienst;
- Angebote zur Nutzung des Internets oder weiterer Netze. Hierunter können z.B. Internet-Suchmaschinen gerechnet werden;
- Angebote zur Nutzung von Telespielen, wobei es möglich sein muss, diese online zu spielen; und
- Angebote von Waren und Dienstleistungen in elektronisch abrufbaren Datenbanken mit interaktivem Zugriff und unmittelbarer Bestellmöglichkeit. Unter diese Kategorie fallen alle elektronischen Bestell- und Buchungsdienste.

Mediendienste[433] nach dem MDStV dagegen fördern mit ihrer redaktionellen Gestaltung die Meinungsbildung für die Allgemeinheit und schließen ein:

- Verteildienste. Diese können zur Verteilung unterschiedlichster Daten oder Texte Verwendung finden; sowie
- Abrufdienste, mit Text -, Ton oder Bilddarbietungen aus elektronischen Speichern.

Es ist aus obigen Ausführungen leicht ersichtlich, dass die vom TDG und vom MDStV erfassten Dienste über die „Abrufdienste im Fernabsatz" nach der ECRL weit hinausgehen. Wie bereits ausgeführt, sollten aber von den Regelungen des § 312 e BGB nur die von der ECRL erfassten Abrufdienste betroffen werden. Die inhaltliche Begrenzung der umfassenden deutschen Tele- und Mediendienste musste deshalb vom deutschen Gesetzgeber über andere Kriterien auf die von der ECRL erfassten Abrufdienste zurückgeführt werden. Diese notwendige inhaltliche Beschränkung erreicht § 312 e BGB dadurch, dass dort nur Regelungen für den Fall vorgesehen sind, dass sich ein Unternehmer speziell „zum Zwecke des Abschlusses eines Vertrages" eines Tele- oder

[432] Siehe BT-Drucks. 14/6040, S. 170.
[433] Siehe BT-Drucks. 14/6040, S. 171.

Mediendienstes bedient.[434] Der deutsche Gesetzgeber führt für Verträge, die in dem so eingeengten und konkretisierten Bereich der Tele- und Mediendienste abgeschlossen werden, den neuen gesetzlichen Begriff des „Vertrages im elektronischen Geschäftsverkehr" ein.

Wie oben bereits angedeutet, kann diese neue Begriffsbestimmung leider nicht als glücklich angesehen werden, da unter Verträgen im elektronischen Geschäftsverkehr heute im Sprachgebrauch gewöhnlich alle Verträge subsummiert werden, die mithilfe irgendwie gearteter elektronischer Mittel geschlossen werden. Es dürfte daher einige Schwierigkeiten in der Praxis bereiten, diesen Begriff in der vom Gesetzgeber vorgesehenen, eingeschränkten Weise zu verwenden.

Wendet man die vom Gesetzgeber vorgenommene begriffliche Reduktion der Tele- und Mediendienste auf die oben aufgeführten Bereiche der von TDG und MDStV umfassten Dienste an, dann wird deutlich, dass nur die oben kursiv geschriebenen Alternativen vom Anwendungsbereich des § 312 e BGB erfasst werden. Kurz gefasst kommen somit auch hier – wie von der ECRL gefordert – keine Verteildienste, sondern nur Abrufdienste in Betracht. Diese Abrufdienste werden sich dabei gewöhnlich der Technik der Webseiten bedienen.[435]

Damit ist die Beschränkung des Anwendungsbereichs des § 312 e BGB herbeigeführt worden, ohne eine eigenständige deutsche Definition des Begriffes der Dienste der Informationsgesellschaft vornehmen oder die Begriffe im TDG oder MDStV ändern zu müssen.

2. Aktions-Anforderungen in § 312 e BGB

In § 312 e BGB führt der deutsche Gesetzgeber Forderungen bezogen auf Aktionen und Informationen auf, die ein Unternehmer einem Kunden alle bereits vor dem Abschluss eines „Vertrages im elektronischen Geschäftsverkehr" und damit vor der Bestellung des Kunden geben muss. Der Begriff des Kunden ist dabei gleichzusetzen mit dem Nutzer in der ECRL. Der deutsche Gesetzgeber wollte lediglich nicht den neuen Begriff des Nutzers in das BGB einführen und hat deshalb, wie in dem vergleichbaren Fall des § 375 a BGB, der ebenfalls auf EG-Recht zurückgeht, den Begriff des Kunden gewählt. Ein Kunde kann dabei Verbraucher oder Nicht-Verbraucher sein. Die Regelung betrifft

---

[434] Schmidt-Räntsch u.a. – Schuldrecht, S. 314.
[435] Schmidt-Räntsch u.a. – Schuldrecht, S. 10.

somit den B2C- und den B2B-Bereich.[436] In diesem Abschnitt wird, wie oben ausgeführt, erst jener Fall behandelt, bei dem der Kunde Nicht-Verbraucher ist.

Um unnötige Wiederholungen zu vermeiden, wird dabei im Folgenden auf die Ausführungen zu den EG-Vorgaben verwiesen und gleichzeitig festgehalten, inwieweit und wo damit diese Vorgaben umgesetzt wurden.

Die ECRL-Aktions-Anforderung oben unter 2.a. wird durch § 312 e Abs. 1 Nr. 4 Satz 1 BGB umgesetzt, wobei der Regelungsinhalt trotz anderer Wortwahl letztlich der gleiche ist. Soweit nach dieser Vorschrift die Vertragsbestimmungen neben den AGB abruf- und wiedergabefähig zur Verfügung gehalten werden müssen, handelt es sich um den reinen Text des abzuschließenden Vertrages.[437]

Die ECRL-Aktions-Anforderung oben unter 2.b. wird inhaltlich identisch in § 312 e Abs. 1 Nr. 3 BGB umgesetzt. In dieser Vorschrift wird der Begriff „Zugang" der Bestellung verwendet statt des in der ECRL verwendeten Begriffs des „Eingangs" derselben. Damit wird lediglich eine Angleichung an die im deutschen Recht bestehende Begriffswelt vorgenommen.[438]

Die ECRL-Aktions-Anforderung unter 2.c. wird inhaltlich identisch in § 312 e Abs. 1 Nr. 1 BGB umgesetzt. Die Vorschrift stellt dabei klar, dass es sich bei den zur Verfügung zu stellenden Mitteln um „technische" Mittel handeln muss. Bei den bei Abrufdiensten ablaufenden technischen Prozessen, wo mittels elektronischer Bestellung und Computererklärungen ein Vertragsabschluss herbeigeführt wird, muss der Unternehmer deshalb diese Aktions-Anforderungen praktisch bereits beim Aufbau der Technik seines Abrufdienstes berücksichtigen, z.B. durch Versehen des online auszufüllenden Bestellformulars mit der Möglichkeit eines Wiederholungslaufs vor Absenden der Bestellung.

3. Informations- Anforderungen in § 312 e BGB

Auch alle nachfolgenden Informationen sind dem Kunden rechtzeitig vor Abgabe der Bestellung zu geben.

Die ECRL-Informations-Anforderung unter 3.a. wird wörtlich umgesetzt in § 3 Nr. 1 der "Verordnung über Informationspflichten nach Bürgerlichem Recht" (im Folgenden „InformationsVO" genannt). Es handelte sich bei dieser

[436] Härting in: MDR 2002, S. 63; Meub in: DB 2002, S. 362; Steins in: WM 2002, S. 55.
[437] BT-Drucks. 14/6040, S. 172.
[438] BT-Drucks. 14/6040, S. 172.

Verordnung ursprünglich um die Verordnung über Informationspflichten von Reiseveranstaltern vom 14.11.1994, die vom BMJ umbenannt und ergänzt wurde. Die Ermächtigung hierzu ergab sich für das BMJ aus Art. 241 EGBGB, der seinerseits im Rahmen des Schuldrechtsmodernisierungsgesetzes geändert wurde und auf den in § 312 e Abs. 1 Nr. 2 BGB verwiesen wird.

Die ECRL-Informations-Anforderungen unter 3.b.-e. werden ebenfalls wörtlich umgesetzt durch § 3 Nrn. 2-5 der InformationsVO. In Nr. 2 wird der Unternehmer zur Information darüber aufgefordert, ob der Kunde auch nach Vertragsabschluss den Vertragstext noch beim Unternehmer abfragen kann. Eine Pflicht zur Speicherung durch den Unternehmer ist damit nicht verbunden.[439] Dies ist wohl deshalb akzeptabel aus Sicht des Kunden, weil ihm gemäß § 312 e Abs. 1 Nr. 4 BGB bereits bei Vertragsschluss selbst die Möglichkeit eingeräumt wird, die Vertragsbestimmungen und die AGB abzurufen und bei sich zu speichern. Somit liegt auch kein Widerspruch zwischen den beiden Anforderungen vor.[440]

Bei den Verhaltenskodizes, die unter Nr. 5 als Information angefordert werden, handelt es sich um verhaltensbezogene Regelwerke, denen sich ein Unternehmer, gewöhnlich zu Werbezwecken, freiwillig und ohne Bezug zum Abschluss eines bestimmten Vertrages mit seinen Kunden unterwirft, um damit im Wettbewerb eine besondere Unternehmens- und/oder Produktqualität dokumentieren zu können.[441] Bei den in dieser Nr. 5 aufgeführten Informations-Anforderungen, bezogen auf AGB, ist zusätzlich der neue § 305 Abs. 2 BGB mit seinen allgemeinen hier für AGB generell einschlägigen Anforderungen zu beachten.

§ 312 e Abs. 3 Satz 1 BGB spricht von der Möglichkeit weitergehender Informations-Anforderungen aufgrund anderer Vorschriften. Die Regelung hat insoweit nur deklaratorische Bedeutung.[442] Es ist dies die Bezugnahme auf spezialgesetzliche Vorschriften, auf die hier nicht eingegangen werden soll und natürlich auch eine Bezugnahme auf Informations-Anforderungen nach § 312 c BGB. Letztere aber sind im Verhältnis zwischen Nicht-Verbrauchern nicht anwendbar und deshalb in diesem Abschnitt unbeachtlich.

---

[439] Härting in: MDR 2002, S. 63.
[440] Härting in: MDR 2002, S. 63.
[441] Vgl. BT-Drucks. 14/6040, S. 171.
[442] Schmidt-Räntsch u.a. – Schuldrecht, S. 318.

4. Dispositionsfreiheit

Der deutsche Gesetzgeber bestätigt in § 312 e Abs. 2 Satz 2 BGB die bereits von der ECRL ausgesprochene Dispositionsfreiheit bei Abschluss von Verträgen im elektronischen Geschäftsverkehr, soweit keine Verbraucher beteiligt sind. Die fehlende Beteiligung eines Verbrauchers als Voraussetzung für die Dispositionsfreiheit darf jedoch nicht gleichgesetzt werden mit der Annahme, es bestehe die Dispositionsfreiheit deshalb nur zwischen Unternehmern im Sinne des § 14 BGB. Ein Unternehmer ist danach eine natürliche oder juristische Person oder eine rechtsfähige Personengesellschaft, die beim Abschluss eines Rechtsgeschäfts in Ausübung ihrer gewerblichen oder selbstständigen beruflichen Tätigkeit handelt.[443] Darunter fallen auch die Anbieter von dauerhaften Leistungen gegen Entgelt. Auf eine Gewinnerzielungsabsicht kommt es nicht an. Es gibt neben dem Verbraucher und dem so definierten Unternehmer aber auch noch eine dritte Kategorie, die am Geschäftsverkehr teilhaben kann und auf die deshalb die von der Richtlinie geforderte Dispositionsfreiheit ebenfalls Anwendung finden soll. Dies sind Idealvereine, gemeinnützige Stiftungen und öffentliche Einrichtungen, deren Leistungsbeziehungen ausschließlich öffentlich-rechtlich ausgestaltet sind und die weder unter den Begriff des Unternehmers noch unter jenen des Verbrauchers fallen.[444] Aus diesem Grund hat der deutsche Gesetzgeber auch davon abgesehen, eine Dispositionsfreiheit nur für einschlägige Verträge zwischen Unternehmern aufzunehmen und hat es bei der negativen Abgrenzung mit der Nichtbeteiligung von Verbrauchern belassen.

Die Dispositionsfreiheit besteht natürlich nicht nur bezogen auf einzelne Geschäfte, sondern kann für eine Vielzahl von Geschäften im Voraus vereinbart werden.[445] Dies geschieht im Geschäftsleben, wie oben bereits ausgeführt wurde, grundsätzlich durch vorherigen Abschluss von Rahmenverträgen, in denen dann auch noch weitere Details für das Zustandekommen von elektronischen Verträgen geregelt werden.

---

[443] Härting – Fernabsatzgesetz Einl., Rn. 58 ff.; Wendehorst in: MüKo § 1 FernAbsG, Rn. 10.
[444] Siehe BT-Drucks. 14/6040, S. 171.
[445] Schmidt-Räntsch u.a. – Schuldrecht, S. 317.

IV. Bei Verwendung von „anderen" Fernkommunikationsmitteln ohne Beteiligung von Verbrauchern

Zur Erläuterung des Begriffes der Fernkommunikationsmittel kann auf die Definition in § 312 b Abs. 2 BGB zurückgegriffen werden. Andere Fernkommunikationsmittel, unter Ausschluss von Tele- und Mediendiensten, sind danach Kommunikationsmittel, die zur Anbahnung oder zum Abschluss eines Vertrages ohne gleichzeitige körperliche Anwesenheit der Vertragsparteien eingesetzt werden können. Diese Fernkommunikationsmittel schließen insbesondere Briefe, Kataloge, Telefonanrufe, Telekopien sowie E-Mails mit ein. Es dürfte nicht schwer sein festzustellen, dass es sich bei diesen Kommunikationsmitteln um solche handelt, die bezogen auf einen Vertragsschluss zu einer individuellen Kommunikation zwischen zwei Personen führen. In der Begriffswelt dieser Arbeit bedeutet dies, dass auf beiden Seiten des Vertrages E-Mails und keine Computererklärungen zum Einsatz kommen. Wird aber ein Vertrag auf diese Weise geschlossen, dann sind die besonderen Aktions- und Informationsanforderungen des § 312 e BGB gemäß § 312 e Abs. 2 Satz 1 BGB nicht anwendbar, weil es sich um die vom Anwendungsbereich ausgeschlossene individuelle Kommunikation handelt. Aber auch die Anforderungen aus § 312 c BGB sind, ohne Prüfung weiterer Voraussetzungen, hier nicht einschlägig, wenn, wie in diesem Abschnitt angenommen, kein Verbraucher am Vertrag beteiligt ist.

V. Vertragsschluss mittels Fernkommunikationsmitteln mit Beteiligung von Verbrauchern

1. Weitere Anwendungs-Voraussetzungen

§ 312 b Abs. 1 BGB definiert die von ihm erfassten Verträge über die Lieferung von Waren oder über die Erbringung von Dienstleistungen, die zwischen einem Unternehmer und einem Verbraucher unter ausschließlicher Verwendung von Fernkommunikationsmitteln abgeschlossen werden, als „Fernabsatzverträge". Nach § 312 b Abs. 1 2. Halbsatz BGB liegt ein solcher Fernabsatzvertrag, der dann den Anforderungen des § 312 c BGB unterliegt, aber letztlich nur dann vor, wenn der Vertragsschluss im Rahmen eines für den Fernabsatz organisierten Vertriebs- oder Dienstleistungssystems erfolgt.[446]

Aus dieser weiteren Voraussetzung für das Vorliegen von Fernabsatzverträgen kann geschlossen werden, dass die individuelle Kommunikation über Fernkommunikationsmittel, wie die E-Mail, nur dann von den Anforderungen des § 312 c BGB erfasst wird, wenn sie im Rahmen eines solchen Systems zum Vertragsschluss beiträgt, dass der Unternehmer zu diesem Zweck und damit zum Vertragsabschluss mit einer Vielzahl von Verbrauchern bereithält und zur Verfügung stellt.[447] Das nur gelegentliche Abschließen von Verträgen unter Verwendung von Fernkommunikationsmitteln, einschließlich eines individuellen E-Mail-Austausches, wird somit von dieser Vorschrift nicht erfasst.[448]

Da auch Tele- und Mediendienste, die in § 312 e BGB eine zusätzliche Sonderbehandlung erfahren, Fernkommunikationsmittel für den Abschluss von Fernabsatzverträgen sind, ist bei deren Verwendung und bei Teilnahme eines Verbrauchers § 312 c BGB auch darauf anwendbar. Hierbei kann festgehalten werden, dass hiervon nicht nur jene Tele- und Mediendienste erfasst werden, die gleichzeitig auch Abrufdienste im Sinne von § 312 e BGB sind.

2. Vor Abschluss des Vertrages zu erfüllende Anforderungen

a) Die Form der Information

Die nachfolgenden Informationspflichten unter diesem Abschnitt hat der Unternehmer gemäß der Regelung in § 312 c Abs. 1 Satz 1 BGB dem Verbraucher in einer dem eingesetzten Fernkommunikationsmittel entsprechenden Weise klar und verständlich mitzuteilen. Diese Verpflichtung ist vor Abschluss des Vertrages und damit zwangsläufig vor Abgabe der Bestellung zu erfüllen. Zu diesem Zeitpunkt ist von Gesetzes wegen noch nicht die Anforderung der Information mittels Textform in § 312 c Abs. 2 BGB i.V.m. § 1 Abs. 2 und 3 der InformationsVO fällig. Die gleiche zeitliche Unterteilung ergab sich übrigens bereits aus § 2 des FernAbsG, sodass diesbezügliche Kommentare weitgehend Gültigkeit behalten können.

---

446 Härting – Fernabsatzgesetz § 1, Rn. 16 ff.; Heinrichs in: Palandt § 1 FernAbsG, Rn. 2 ff.; Wendehorst in: MüKo § 1 FernAbsG, Rn. 22 ff. und Rn. 39 ff.

447 Köhler/Arndt – InternetRn. 139; Waldenberger – Fernabsatzrichtlinie, S. 103.

448 Meub in: DB 2002, S. 360.

Betrachtet man die Form der Informationserfüllung vor Vertragsschluss, dann kann bei einer telefonischen Vertragsanbahnung die Information telefonisch und bei einer Anbahnung mittels eines anderen Fernkommunikationsmittels die Information über das dort verwendete Mittel erfolgen, wenn es denn klar und deutlich erfolgt. Fraglich ist allerdings wie die Informationen erfolgen müssen, wenn ein Abrufdienst betroffen ist, bei dem eine Webseite als Informationsträger dient. Die eine Ansicht[449] fordert diese Informationen auf der Webseite so abzubilden, dass der Verbraucher sie vor Abgabe seiner Bestellung in jedem Fall passieren und damit auf seinem Bildschirm aufrufen muss. Dies kann wohl nur im Rahmen einer Zwangsführung erfolgen. Die andere Ansicht, die von Stein als Mehrheit in der Literatur bezeichnet wird, lässt einen deutlichen Link auf einer Webseite zu einer besonderen Nebenseite ausreichen, in der dann die Informationen enthalten sind.[450] Er verschärft diese Ansicht allerdings, wenn er den Link zwingend auf jener Seite fordert, auf der vom Verbraucher die Kaufentscheidung getroffen wird.[451] Dies wäre dann wohl im Bestellformular selbst. Wie später noch dargestellt wird, handelt es sich hier um ähnliche Überlegungen wie sie auch für die Einbeziehung von AGB maßgeblich sind. Aus rein praktischen Erwägungen ist der zweiten Ansicht der Vorzug zu geben, wobei ein deutlicher Link auf der Homepage oder einer nachfolgenden Webseite ausreichen sollte. Der uninteressierte Verbraucher kann nämlich ohnehin nicht zur positiven Kenntnisnahme gezwungen werden[452] und bei der Menge der per Gesetz zur Verfügung zu stellenden Informationen ist der Durchschnittsverbraucher ohnehin überfordert. Andererseits stehen ihm im Rahmen der später noch in Textform zu gebenden Informationen nach § 312 c Abs. 2 BGB ausreichende und dauerhaft verfügbare Informationen zur Verfügung, denen er dann auch nochmals das ihn schützende Widerrufsrecht entnehmen kann. Eine weitere Verschärfung der Anforderungen würde hier deshalb sicher auch nicht im Interesse der Verbraucher sein.

b) Die Anforderungen im Einzelnen

Gemäß § 312 c Abs. 1 Nr. 1 BGB in Verbindung mit der InformationsVO, die über die Ermächtigung aus Art. 240 EGBGB vom BMJ im Rahmen des

[449] OLG Frankfurt a.M. MMR 2001, S. 529; Steins in: WM 2002, S. 56.
[450] Steins in: WM 2002, S. 56.
[451] Steins in: WM 2002, S. 56.
[452] Aigner/Hoffmann in: MMR 2001, Beilage 8, S. 32.

Schuldrechtsmodernisierungsgesetzes diesbezüglich ergänzt wurde, hat der Unternehmer den Verbraucher vor Abschluss des Vertrages über die nachfolgenden 11 Punkte in § 1 Abs. 1 Nr. 1-11 zu informieren:

1. Seine Identität.

Hierbei sind der Name bzw. bei einer Firma die Vertretungsverhältnisse sowie die Rechtsform anzugeben.[453]

2. Seine Anschrift.

Dabei ist stets die ladungsfähige Anschrift anzugeben, wenn dies die Kommunikation nicht übermäßig erschwert oder behindert.[454] Im Rahmen des elektronischen Geschäftsverkehrs ist darüber hinaus auch noch die Angabe der E-Mail-Adresse bzw. einer eventuellen Homepage im Internet erforderlich.[455] Wendehorst stützt diese Forderung heute noch auf Treu und Glauben.[456] Im Zuge der immer wichtiger werdenden elektronischen Kommunikation dürfte die E-Mail-Adresse jedoch bereits in naher Zukunft ohne weiteres unter den Begriff der „Anschrift“ fallen.

3. Wesentliche Merkmale von Ware/Dienstleistung sowie darüber, wie Vertrag zustande kommt.

Hierdurch soll es dem Verbraucher ermöglicht werden, das Leistungsangebot des Unternehmers zu bewerten. Dabei kommt es auf die Sichtweise des Durchschnittsverbrauchers an.[457] Es müssen jedoch nicht alle Einzelheiten aufgezählt werden. Eine genaue Beurteilung der Wesentlichkeit kann nur am Einzelfall vorgenommen werden.[458] Die Regelung sieht entgegen § 2 Abs. 2 Nr. 2 FernAbsG keine Information mehr darüber vor, wann der Vertrag zustande kommt, sondern wie der Vertrag zustande kommt. Dies entsprach allerdings schon bisher der herrschenden Auslegung und dem tatsächlichen Auf-

---

453 Härting – Fernabsatzgesetz § 2, Rn. 76; Wendehorst in: MüKo § 2 FernAbsG, Rn. 20 und Rn. 46; Heinrichs in: Palandt § 2 FernAbsG, Rn. 2.

454 Härting – Fernabsatzgesetz § 2, Rn. 26 und Rn. 76 ff.; Wendehorst in: MüKo § 2 FernAbsG, Rn. 47 f.

455 Heinrichs in: Palandt § 2 FernAbsG, Rn. 5; Wendehorst in: MüKo § 2 FernAbsG, Rn. 48.

456 Wendehorst in: MüKo § 2 FernAbsG, Rn. 48.

457 Härting – Fernabsatzgesetz § 2, Rn. 80 ff.; Wendehorst in: MüKo § 2 FernAbsG, Rn. 49 f.

458 RegE BT-Drucks. 14/2658, S. 38; Härting – Fernabsatzgesetz § 2, Rn. 80 ff.; Heinrichs in: Palandt § 2 FernAbsG, Rn. 6; Wendehorst in: MüKo § 2 FernAbsG, Rn. 49 f.

klärungsbedarf.[459] Dabei genügt es, wenn der Anbieter diejenigen Handlungen benennt, die nach seiner Rechtsauffassung den Vertrag zustande bringen.[460]

4. Die Mindestlaufzeit des Vertrages, wenn dieser eine dauernde oder regelmäßig wiederkehrende Leistung zum Inhalt hat.

Unter „wiederkehrende Leistungen" fallen hier sowohl echte Dauerschuldverhältnisse als auch Verträge über wiederkehrende Leistungen wie Abonnements, Mitgliedschaften oder Unterrichtsverträge.[461] In diesem Zusammenhang kann sich die Mindestlaufzeit sowohl auf die feste Geltungsdauer des Vertrages als auch auf den frühestmöglichen Zeitpunkt einer ordentlichen Kündigung beziehen.[462]

5. Einen Vorbehalt, eine in Qualität und Preis gleichwertige Leistung (Ware oder Dienstleistung) zu erbringen und einen Vorbehalt, die versprochene Leistung im Falle ihrer Nichtverfügbarkeit nicht zu erbringen.

Wichtigster Unterfall ist für diese Alternative die Leistungserbringung durch Dritte oder die Erfüllung durch vergleichbare Ware eines anderen Herstellers bzw. die Beschränkung der Lieferungspflicht auf eine reine Vorratsschuld.[463]

6. Den Preis der Ware oder Dienstleistung einschließlich aller Steuern und sonstiger Preisbestandteile.

Anzugeben ist der Gesamtpreis einschließlich sämtlicher Nebenkosten. Wichtigster Anwendungsbereich ist wohl das Verbot, reine Nettopreise anzugeben.[464] Hier dürfte ein Problem für die grenzübergreifende Praxis liegen, da es vor allem in den Vereinigten Staaten üblich ist, reine Nettopreise anzugeben. Möglich ist allerdings bei Preisen, die von der konkreten Nutzung abhängen[465] lediglich die Berechnungsgrundlage anzugeben.[466]

---

[459] Härting in: MDR 2002, S. 63; Heinrichs in: Palandt § 2 FernAbsG, Rn. 6.
[460] Wendehorst in: MüKo § 2 FernAbsG, Rn. 52.
[461] Härting – Fernabsatzgesetz § 2, Rn. 94 f.; Wendehorst in: MüKo § 2 FernAbsG, Rn. 54.
[462] Härting – Fernabsatzgesetz § 2, Rn. 93 ff.; Wendehorst in: MüKo § 2 FernAbsG, Rn. 54 ff.
[463] Wendehorst in: MüKo § 2 FernAbsG, Rn. 57.
[464] Härting – Fernabsatzgesetz § 2, Rn. 120; Wendehorst in: MüKo § 2 FernAbsG, Rn. 61.
[465] Dies sind im Rahmen des elektronischen Geschäftsverkehrs u.a. Informationsabrufdienste oder sonstige Zugangsdienste, bei welchen der Endpreis von der Frequentierung durch den Kunden abhängt.
[466] Wendehorst in: MüKo § 2 FernAbsG, Rn. 63.

7. Ggf. zusätzlich anfallende Liefer- und Versandkosten.

Dies bezieht sich nur auf zusätzliche Kosten im Rahmen der Lieferung. Andere als die in Nr. 7 angegebenen Kosten müssen bereits im Rahmen des Preises angegeben werden.[467]

8. Einzelheiten hinsichtlich der Zahlung/Lieferung oder Erfüllung.

Erforderlich ist vor allem die Angabe des zeitlichen Zahlungsziels sowie der Zahlungsmodalitäten[468] bzw. im Rahmen der Erfüllung und Lieferung Leistungszeit und Leistungsort sowie sonstige wichtige Umstände wie z.B. ein Eigentumsvorbehalt.[469]

9. Das Bestehen eines Widerrufs- oder Rückgaberechts.

Es reicht hierbei aus, dass auf die Existenz des Widerrufsrechts hingewiesen wird. Die genauen Modalitäten müssen nicht erläutert werden.[470] Strittig ist in diesem Zusammenhang, ob auch das Nichtbestehen eines Widerrufsrechts mitzuteilen ist. Wendehorst verweist hierbei richtigerweise auf die allgemeine Annahme von Verbrauchern, dass ein Widerrufsrecht stets bestehe.[471] Daher muss konsequenterweise auch das Nichtbestehen des Widerrufsrechts angezeigt werden.

10. Kosten, die dem Verbraucher durch die Nutzung der Fernkommunikationsmittel entstehen, sofern sie über die üblichen Grundtarife, mit denen der Verbraucher rechnen muss, hinausgehen;

Dies betrifft vor allem erhöhte Telefonkosten, die durch den Anruf einer gebührenpflichtigen Sondernummer, wie z.B. 0190-Nummern, entstehen, aber auch solche, die während dem Ablauf des technischen Verfahrens zum Vertragsschluss entstehen. Diese müssen allerdings über das übliche Maß hinausgehen.[472]

---

467 Härting – Fernabsatzgesetz § 2, Rn. 122 f.; Wendehorst in: MüKo § 2 FernAbsG, Rn. 66.
468 Härting – Fernabsatzgesetz § 2, Rn. 125 ff.; Heinrichs in: Palandt § 2 FernAbsG, Rn. 9; Wendehorst in: MüKo § 2 FernAbsG, Rn. 67.
469 Härting – Fernabsatzgesetz § 2, Rn. 129 ff.; Wendehorst in: MüKo § 2 FernAbsG, Rn. 68.
470 Härting – Fernabsatzgesetz § 2, Rn. 133; Wendehorst in: MüKo § 2 FernAbsG, Rn. 70.
471 Wendehorst in: MüKo § 2 FernAbsG, Rn. 71.
472 Härting – Fernabsatzgesetz § 2, Rn. 135 ff.; Heinrichs in: Palandt § 2 FernAbsG, Rn. 11; Wendehorst in: MüKo § 2 FernAbsG, Rn. 72.

11. Die Gültigkeitsdauer befristeter Angebote, insbesondere hinsichtlich des Preises.

Zusätzlich zu den Punkten 1.-11. ist der Verbraucher gemäß § 312 c Abs. 1 Nr. 2 BGB über den geschäftlichen Zweck des Vertrages zu informieren. Damit wird das Verbot getarnter Werbung, wie es in § 1 UWG allgemein gilt, für das Fernabsatzgeschäft nochmals ausdrücklich betont.[473] Der Begriff des „geschäftlichen" Zwecks war mehrfach Gegenstand von Änderungen, er wurde schließlich gewählt, weil er im Vergleich zum „kommerziellen" Zweck im Sprachgebrauch der Richtlinie deutlich macht, dass es die Gewinnerzielungsabsicht ist, die irgendwie offen gelegt werden muss.[474] Der Begriff „gewerblicher" Zweck wurde fallen gelassen, da er Berufszweige, die hierzulande nicht als Gewerbe eingestuft werden, nicht erfasst hätte. Da der geschäftliche Zweck als Definition bereits im Rahmen des FernAbsG keine erkennbaren Probleme aufgeworfen hat, sollte auch hier jede Klarstellung der Entgeltlichkeit eines Geschäfts ausreichend sein.

3. Informations-Anforderungen vor Lieferung/Erfüllung

Gemäß § 312 c Abs. 2 BGB in Verbindung mit § 1 Abs. 2 der InformationsVO hat der Unternehmer dem Verbraucher die bereits oben vor Vertragsschluss gegebenen Informationen unter § 1 Abs. 1 Nr. 1-9 auch in der neuen Textform nach § 126 b BGB zu geben. Alle diese Informationen nach § 312 c Abs. 2 BGB sollen dem Verbraucher in dieser Form „alsbald" gegeben werden, wobei der Gesetzgeber als spätesten Termin bei Waren den Liefertermin ansieht und bei sonstigen Verträgen, worunter Verträge mit Dienstleistungen zu subsumieren sind, den Tag der vollständigen Erfüllung des Vertrages als spätesten Termin vorschreibt. Hat der Unternehmer dies nicht schon vor Vertragsschluss so organisiert, dass die Informationen in Textform mitgeteilt wurden, so muss er dies dann hier nochmals in Textform nachholen. Dies bedeutet, dass der Unternehmer in einem solchen Fall den Verbraucher tatsächlich mehrmals[475]

[473] Härting in: MDR 2002, S. 63.
[474] Schmidt-Räntsch u.a. – Schuldrecht, S. 300.
[475] Unter Berücksichtigung aller Informationspflichten im Rahmen eines Vertrages bis zu **vier** (!) Mal über das Widerrufsrecht: § 312 c Abs. 1 Nr. 1 BGB i.V.m. § 1 Abs. 1 Nr. 8 InformationsVO; § 312 c Abs. 2 BGB i.V.m. § 1 Abs. 1 Nr. 8 InformationsVO; § 312 c Abs. 2 BGB i.V.m. § 1 Abs. 3 Nr. 1 InformationsVO; und § 355 Abs. 2 Satz 1 BGB; und **fünf** (!) Mal über das Rückgaberecht: § 312 c Abs. 1 Nr. 1 BGB i.V.m. § 1 Abs. 1 Nr. 8 InformationsVO; § 356 Abs. 1 Nr. 1 BGB; § 312 c Abs. 2 BGB i.V.m.

über dieselben Dinge zu informieren hat. Da eine daraus entstehende Flut von Informationen nicht zum Schutz des Verbrauchers beiträgt, sondern die Sach- und Rechtslage nur verschleiert,[476] wird eine Zusammenfassung vor Vertragsschluss für möglich erachtet.

Als Kommunikationsmittel kommt in diesen Fällen das Telefon nicht mehr in Betracht. Die Forderung nach der Textform ersetzt dabei die bisher im FernAbsG enthaltene Forderung nach einem „dauerhaften Datenträger“. Nach Aussagen des Gesetzgebers wurde die Änderung lediglich im Interesse einer einheitlichen neuen Begriffsbildung vorgenommen. Sie soll deshalb in Verbindung mit der Zugangsvorschrift des § 130 BGB zu einem mit dem früheren Rechtszustand vergleichbaren Ergebnis führen.[477] Man wird hier somit auch eine Information über eine nur „abrufbare“ Information auf einer Webseite als nicht ausreichend einstufen müssen.[478] Mit der neu beschriebenen Anforderung der „Mitteilung in Textform“ sollte diese Streitfrage allerdings geklärt sein, die bei der Anforderung nach „Zurverfügungstellung eines dauerhaften Datenträgers“ noch aufgeworfen wurde.[479] Dies sollte der Fall sein, da eine alsbaldige Mitteilung nach Vertragsschluss zwangsläufig eine gesonderte Aktivität des Anbieters, nämlich die des Zusendens, beinhaltet. Damit sollten auch die Zweifel des OLG München[480] erledigt sein, dass eine Information über E-Mail die gesetzlichen Anforderungen hier nicht erfüllen könne.[481]

Steins sieht dennoch zwei Unterschiede zur bisherigen Rechtslage. Diese ergäben sich durch die Anforderung der Benennung der Person des Erklärenden und durch das Erfordernis, dass der Abschluss der Erklärung in der Textform sichtbar gemacht werden muss.[482] Da die Anforderungen in beiden Fällen jedoch äußerst gering sind, sieht auch er diesbezüglich keine praktischen Schwierigkeiten mit dieser Änderung.

---

§ 1 Abs. 1 Nr. 8 InformationsVO; § 312 c Abs. 2 BGB i.V.m. § 1 Abs. 3 Nr. 1 InformationsVO; § 356 Abs. 2 BGB i.V.m. § 355 Abs. 1 Satz 1 BGB.

476 Härting – Fernabsatzgesetz § 3, Rn. 20; Wendehorst in: MüKo § 2 FernAbsG, Rn. 126; a.A. bis zu einer höchstrichterlichen Klärung Heinrichs in: Palandt § 3 FernAbsG, Rn. 4.

477 BT-Drucks. 14/7052, S. 191.

478 Härting in: MDR 2002, S. 64.

479 Härting in: K&R 2001, S. 312.

480 OLG München K&R 2001, S. 313 ff.

481 Härting in: K&R 2001, S. 312.

482 Steins in: WM 2002, S. 55.

Gemäß § 312 c Abs. 2 BGB in Verbindung mit § 1 Abs. 3 Nr. 1-4 der InformationsVO hat der Unternehmer dem Verbraucher ebenfalls in Textform und zusätzlich in einer hervorgehobenen und deutlich gestalteten Form weitere Informationen zu geben.

Es sind dies im Einzelnen:

1. Informationen über die Bedingungen, Einzelheiten der Ausübung und Rechtsfolgen des Widerrufs- und Rückgaberechts sowie über den Ausschluss des Widerrufs- und Rückgaberechts;[483]

Anzugeben sind hier vor allem der genaue Beginn, die Dauer und die Berechnung der Widerrufsfrist.[484] Aber auch eine Aufklärung über die notwendige Form des Widerrufs ist von Bedeutung,[485] so z.B., dass die Textform ausreicht und die elektronische Form nicht erforderlich ist. Aber auch was z.B. mit übersendeten Daten, die ja nicht „zurückgegeben" werden können, zu geschehen hat, muss dem Kunden mitgeteilt werden.

2. Die Anschrift der Niederlassung des Unternehmens, bei welcher der Verbraucher Beanstandungen vorbringen kann sowie eine ladungsfähige Anschrift des Unternehmens und bei juristischen Personen, Personenvereinigungen oder -gruppen auch den Namen eines Vertretungsberechtigten;
3. Informationen über Kundendienst und geltende Gewährleistungs- und Garantiebedingungen;

Dabei müssen nur die von den gesetzlichen Gewährleistungsansprüchen abweichenden Klauseln aufgezeigt werden.[486]

4. Die Kündigungsbedingungen bei Verträgen, die ein Dauerschuldverhältnis betreffen und für eine längere Zeit als ein Jahr oder für unbestimmte Zeit geschlossen werden.

---

[483] Hier sind nun weitere Einzelheiten hinsichtlich des Widerrufsrechts mitzuteilen.

[484] Härting – Fernabsatzgesetz § 2, Rn. 159 ff.; Wendehorst in: MüKo § 2 FernAbsG, Rn. 104.

[485] Härting – Fernabsatzgesetz § 2, Rn. 161; Wendehorst in: MüKo § 2 FernAbsG, Rn. 105.

[486] Härting – Fernabsatzgesetz § 2, Rn. 173 ff.; a.A. Wendehorst in: MüKo § 2 FernAbsG, Rn. 110.

4. Zusätzliche Anforderungen bei Verwendung von Abrufdiensten im Rahmen von Tele- und Mediendiensten

Wie bereits oben ausgeführt wurde, sind auch die Tele- und Mediendienste Fernkommunikationsmittel im Sinne des § 312 c BGB. Deshalb gelten auch beim Abschluss eines Fernabsatzvertrages mit einem Verbraucher, bei dem sich der Unternehmer eines Tele- oder Mediendienstes bedient, die Anforderungen aus § 312 c BGB in dem oben beschriebenen Umfang. Zusätzlich sind dann aber vom anbietenden Unternehmer die oben bereits beschriebenen Aktions- und Informationspflichten für „Verträge im elektronischen Geschäftsverkehr" gemäß § 312 e BGB zu erfüllen. Dies sind, wie bereits dargelegt wurde, nur jene Tele- und Mediendienste, die als Abrufdienste angeboten werden. Diese Kumulierung von Anforderungen gilt, weil § 312 c Abs. 4 BGB ausdrücklich regelt, dass weitergehende Einschränkungen bei Verwendung von Fernkommunikationsmitteln und weitergehende Informationspflichten aufgrund anderer Vorschriften unberührt bleiben. Solche weitergehenden Einschränkungen und Informationspflichten aber sind die oben dargestellten Aktions- und Informationsanforderungen in § 312 e BGB. Hinzukommen können natürlich auch hier wieder spezialgesetzlich geregelte Anforderungen. Bezogen auf die FernAbsRL und § 1 Abs. 4 des entfallenen FernAbsG sieht die Bundesregierung in § 312 d Abs. 4 BGB die Nachfolgeregelung für das dort entfallene Günstigkeitsprinzip.[487]

5. Sonderfälle

In § 312 c Abs. 3 BGB regelt der Gesetzgeber eine Fallgestaltung, bei der die oben aufgeführten Informationsanforderungen aus § 312 c Abs. 2 BGB nicht erfüllt werden müssen. Es handelt sich hierbei um Fälle, bei denen die Leistungen in einem Mal erfolgen und bei denen die Bezahlung über den Betreiber des für den Vertragsschluss eingesetzten Fernkommunikationsmittels abgerechnet wird. Ergänzend schreibt das Gesetz hierfür in § 312 c Abs. 3 Satz 2 BGB zum Schutze des Verbrauchers vor, dass sich in diesem Fall der Verbraucher über die Anschrift der Niederlassung des Unternehmens informieren können muss, um dort eventuelle Beanstandungen vorbringen zu können.

---

[487] Schmidt-Räntsch u.a. – Schuldrecht, S. 298.

Für den Fall der telefonischen Kontaktaufnahme des Verbrauchers durch den Unternehmer fordert § 312 c Abs. 1 Satz 2 BGB weiterhin, dass der Unternehmer seine Identität und den bereits nach § 312 c Abs. 1 Nr. 2 BGB zu nennenden geschäftlichen Zweck des Vertrages bereits zu Beginn des Gespräches ausdrücklich offen zu legen hat.

Die bisher im FernAbsG in § 1 Abs. 3 in Anlehnung an die FernAbsRL von seiner Anwendung ausgenommenen Fernabsatzverträge wurden im Übrigen durch das SchuldrechtreformG nicht verändert und bestehen im Rahmen des § 312 b Abs. 3 BGB unverändert fort.

6. Dispositionsfreiheit

Es wurde oben bereits ausgeführt, dass bei einem Vertrag im elektronischen Verkehr, d.h. bei Nutzung von Tele- und Mediendiensten, in § 312 e Abs. 2 Satz 2 BGB geregelt ist, dass hinsichtlich der aufgezeigten Aktions- und Informationspflichten abweichende Vereinbarungen nur getroffen werden können, wenn kein Verbraucher am Geschäft beteiligt ist. Durch Umkehrschluss ist somit klar, dass bei Beteiligung eines Verbrauchers keine abweichenden Vereinbarungen getroffen werden dürfen. Bei den Anforderungen aus § 312 c BGB, die ohnehin nur bei Beteiligung eines Verbrauchers Anwendung finden, spricht das Gesetz deshalb erst gar nicht über eine irgendwie geartete Dispositionsfreiheit der Parteien.

Auf die Rechtsfolgen von Mängeln bei der Erfüllung der Aktions- und Informationspflichten wird in einem späteren Kapitel gesondert eingegangen.

C. Regelungen im US-amerikanischen Recht

Auch im US-amerikanischen Recht wird dem Problem des Verbraucherschutzes eine immer größere Bedeutung beigemessen. In den unterschiedlichsten Rechtsgrundlagen in Gestalt von Gesetzen, Rechtsverordnungen und allgemeinen Rechtsgrundsätzen werden deshalb Formerfordernisse aufgestellt, die bei Geschäften mit Verbrauchern[488] erfüllt werden müssen.

E-Sign stellt jetzt besondere Anforderungen für die elektronische Abwicklung von Transaktionen mit Verbrauchern, bei denen derartige andere Rechtsgrund-

[488] Der Begriff „consumer“ oder Verbraucher beschreibt eine natürliche Person, welche Produkte erwirbt, die hauptsächlich für den persönlichen, familiären oder haushaltlichen Gebrauch gedacht sind. Diese Definition erstreckt sich auch auf rechtliche Stellvertreter dieser natürlichen Person. Vgl. E-Sign § 106 (1).

lagen verlangen, dass „information“ [489] in Gestalt von Daten, Text, Bildern, Tondokumenten, Computercodes und -programmen, Softwareprogrammen, Datenbanken und ähnlichen Dingen dem Verbraucher „in writing“ zur Verfügung zu stellen ist. Hierbei kann aus deutscher Sicht festgehalten werden, dass es bei dem „writing“ nicht um die Frage der „signature“ und damit der deutschen Schriftform geht. So unterscheidet E-Sign an anderer Stelle ausdrücklich zwischen „writing“ und „signing“ und diese Unterscheidung kann auch aus einer Bezugnahme auf die obige weite Legaldefinition der „information“ entnommen werden. Dort sind Dinge enthalten, bei denen die Forderung nach einer Unterschriftsleistung abwegig wäre. Es bezieht sich E-Sign hier vielmehr auf alle Informationen, die einem Verbraucher in Erfüllung einer bestimmten Rechtsvorschrift nicht mündlich, sondern in verkörperter Form zu geben sind. Der Einfachheit halber soll diese „information“ in den nachfolgenden Abschnitten deshalb mit Pflichtinformationen gekennzeichnet werden.

Die besonderen von E-Sign aufgestellten Voraussetzungen sind dabei zu erfüllen, um eine Gleichstellung elektronisch erteilter Pflichtinformationen mit den sonst von den anderen Rechtsvorschriften geforderten Übermittlungsmethoden zu erreichen.

I. Zustimmung des Verbrauchers

In Section 101 (c)(1)(A) fordert E-Sign vorab in allgemeiner Form die Zustimmung des Verbrauchers für die Nutzung von elektronischen Medien bei der Übermittlung von Pflichtinformationen. Anschließend stellt E-Sign in Section 101 (c)(1)(C), im Anschluss an die Formulierung verschiedener Informationspflichten, die weitere Forderung auf, dass die Zustimmung vom Verbraucher auch noch elektronisch zu erteilen ist. Dabei muss jenes elektronische Medium eingesetzt werden, das dann später auch für den elektronischen Transport der Pflichtinformationen herangezogen wird.[490] Diese Regelung soll vor allem den technisch nicht versierten Verbraucher davor schützen, auf elektronische Informationsmöglichkeiten verwiesen zu werden, die er überhaupt nicht wahrnehmen kann.[491] Diese Art der Zustimmung des Verbrauchers soll dabei so gestaltet sein, dass sie in angemessener Weise erkennen lässt, dass der

[489] E-Sign § 106 (7).
[490] E-Sign § 101 (c) (1) (C) (ii).
[491] Nimmer – Electronic Signatures and Records, S. 726.

Verbraucher auch die konkrete Fähigkeit hat, die zur Übersendung anstehenden Pflichtinformationen in elektronischer Form wahrnehmen zu können.

Ändert sich die Software- oder Hardware-Plattform beim Anbieter und besteht eine echte Gefahr, dass dies die Fähigkeit des Verbrauchers beeinträchtigt, von seiner bereits gegebenen Zustimmung erfasste zukünftige Pflichtinformationen weiterhin mit seinem System zu erhalten, so muss der Anbieter den Verbraucher erneut zur elektronischen Zustimmung auffordern. Damit soll bestätigt werden, dass der Kommunikationsweg weiterhin offen ist. In dieser Anforderung liegt sicher ein Problem für die Praxis. Es ist hier fraglich, welche konkreten Änderungen des Systems es notwendig machen, die Einwilligung aller Verbraucher erneut einzuholen.[492] Dies wird zu rechtlichen Unsicherheiten und auch zu hohen Kosten bei den beteiligten Anbietern führen.

E-Sign geht mit dieser sehr technisch ausgelegten Zustimmung über die Anforderungen des UCC weit hinaus. Nach dieser Regelung wäre eine Benachrichtigung bezogen auf Pflichtinformationen nur dann wirksam, wenn sie in einer Art und Weise abgegeben wird, aufgrund derer der Absender vernünftigerweise auch mit einem Zugang rechnen darf.[493] E-Sign fordert dagegen im Rahmen der aufgezeigten Regelungen die technisch absolute Sicherheit der Öffnung des Kommunikationsweges für die Übertragung der Pflichtinformationen. Außerhalb des Bereiches der Pflichtinformationen kann es allerdings bei den gemäßigten Voraussetzungen nach UCC bleiben.

Problematisch ist in diesem Zusammenhang die sehr wage Formulierung bezüglich der Fähigkeit des Verbrauchers, elektronische Kommunikationen zu empfangen und zu verwenden. In der Praxis hat dies dazu geführt, dass man mit einem Verbraucher nur auf dem Wege kommunizieren kann, auf dem ursprünglich der Verbraucher den Kontakt aufgenommen hat.[494] Dies berücksichtigt aber nicht die Tatsache, dass manche Verbraucher nicht nur mehrere Computer besitzen, sondern dass diesen auch weitere Möglichkeiten zur Verfügung stehen, um auf elektronische Nachrichten zuzugreifen.[495] Eine Möglichkeit, dieses Problem zu bewältigen, wäre z.B. vom Verbraucher eine Liste mit den ihm zur Verfügung stehenden Mitteln zur elektronischen Kommunikation

[492] Crocker in: E-Commerce L. Rep., S. 22.
[493] UCC § 1-201.
[494] Crocker in: E-Commerce L. Rep., S. 22.
[495] Zu denken ist hierbei u.a. an die internetfähigen Mobiltelefone, Handhelds usw.

zu fordern. Ob allerdings das Ausfüllen einer Liste ausreicht, dass der Verbraucher damit seine Fähigkeit derartig zu kommunizieren ausreichend unter Beweis stellen kann, ist eher fraglich.

Damit der Verbraucher aber wirksam zustimmen kann, muss ihm zuvor eine Reihe von Informationen klar und deutlich zugestellt werden, die sich auf seine Zustimmung zur transaktionsbezogenen Teilnahme an der elektronischen Kommunikation beziehen.

1. Informationspflichten

Der Verbraucher muss vor seiner Zustimmung, sei diese nun elektronisch oder anders von ihm erteilt worden, deutlich informiert werden über

a. das Recht oder die Möglichkeit des Verbrauchers, die Pflichtinformationen auch in nicht-elektronischer Form zu erhalten;[496]

b. die Möglichkeit seine Zustimmung zu widerrufen, einschließlich des dazu anzuwendenden Verfahrens und der konkreten Rechtsfolgen eines solchen Widerrufs;[497]

c. die Frage, ob seine Zustimmung nur für das konkrete Geschäft oder für alle Geschäfte, die zwischen den Parteien zukünftig geschlossen werden, gilt;[498]

d. die Aktionen, die der Verbraucher unternehmen muss, um seine Zustimmung wieder zurückzunehmen, und wie er Änderungen seiner E-Mail-Adresse bekannt geben kann;[499]

e. die Möglichkeit wie der Verbraucher auch nach Abschluss des Geschäfts das fragliche elektronische Dokument von der anderen Partei in Papierform erlangen kann, einschließlich einer eventuell anfallenden Gebühr;[500] und

f. die technischen Voraussetzungen, die beim Verbraucher vorliegen müssen, um das elektronische Dokument tatsächlich empfangen und speichern zu können.[501]

[496] E-Sign § 101 (c) (1) (B) (i).
[497] E-Sign § 101 (c) (1) (B) (i).
[498] E-Sign § 101 (c) (1) (B) (ii).
[499] E-Sign § 101 (c) (1) (B) (iii).
[500] E-Sign § 101 (c) (1) (B) (iv).
[501] E-Sign § 101 (c) (1) (C) (i).

Ändern sich beim Anbieter die Software- oder Hardwarevoraussetzungen, die es dem Verbraucher ermöglicht haben, die ihm zugesandten Informationen a.-f. zur Kenntnis zu nehmen, und besteht eine echte Gefahr, dass dies die Fähigkeit des Verbrauchers beeinträchtigt, von seiner bereits gegebenen Zustimmung erfasste zukünftige Pflichtinformationen weiterhin zu erhalten, so muss der Anbieter den Verbraucher erneut informieren, über

g. die technischen Änderungen;[502] und

h. das Recht, die Zustimmung zum elektronischen Geschäftsabschluss ohne andere als die bereits vor Vertragsschluss angekündigten Kosten zurücknehmen zu können.[503]

Die hier dargestellten Informationsanforderungen zeigen in ihrer Konkretisierungstiefe, bezogen auf technische Informationen für den Verbraucher, Ähnlichkeiten mit den Voraussetzungen, die der deutsche Gesetzgeber in § 1 Abs. 3 Nr. 1 und § 3 Nr. 1 der InformationsVO aufgestellt hat. Es wird daraus auch deutlich, dass auch der US-amerikanische Gesetzgeber von den technischen Fähigkeiten der Verbraucher bei ihrer Teilnahme am elektronischen Geschäftsverkehr noch keinesfalls überzeugt ist.[504] Nur so ist zu erklären, dass er sich veranlasst gesehen hat, die technischen Schritte im Detail vorzuschreiben. Hier geht der US-Gesetzgeber ausnahmsweise bei der Gesetzgebung, entgegen der sonst üblichen Methode im Common Law, über die Detaillierung des deutschen Gesetzgebers noch hinaus.

Insgesamt wurde vielfach bemängelt, dass die sehr umfangreichen Belehrungspflichten den elektronischen Geschäftsverkehr unangemessen benachteiligen würden. Dagegen haben die Befürworter dieser Regelung zu Recht angeführt, dass die Vorteile einer einmaligen Überprüfung und Information die Nachteile für den elektronischen Geschäftsverkehr bei weitem überwiegen würden.[505]

2. Rücknahme der Zustimmung

Der Verbraucher ist berechtigt, seine Zustimmung zum Erhalt von Pflichtinformationen über elektronische Kommunikationsmittel für die Zukunft jeder-

[502] E-Sign § 101 (c) (1) (D) (i).
[503] E-Sign § 101 (c) (1) (D) (i).
[504] Vgl. Nimmer – Electronic Signatures and Records, S. 722.
[505] Siehe Kommentar von Senator Leahy, abgedruckt bei Nimmer – Electronic Signatures and Records, S. 726.

zeit zurückzunehmen. Dies bedeutet natürlich auch, dass er seine einmal gegebene Zustimmung für eine Vielzahl von Pflichtinformationen auf nur wenige oder eine Pflichtinformation beschränken kann.

Nach Section 101 (c)(4) wird diese Rücknahme jedoch erst nach angemessener Frist nach Eingang beim Anbieter wirksam und bewirkt nicht die Unwirksamkeit der Erteilung von Pflichtinformationen, die vor Ablauf dieser angemessenen Frist erteilt wurden. Dem Anbieter wird hier somit eine Bearbeitungsfrist eingeräumt, bevor die Rücknahme wirksam wird.

Weiterhin stellt E-Sign in Section 101 (c)(4) letzter Satz fest, dass der Verbraucher im Falle des Fehlens der Information über die Änderung der Software- oder Hardwareplattform beim Anbieter ein Wahlrecht dahingehend hat, ob er diesen Mangel als Rücknahme seiner Zustimmung ansehen will oder nicht. Macht er von diesem Wahlrecht Gebrauch, dann hat dies die gleichen leicht verzögerten Rechtsfolgen wie bereits beschrieben. Auch wenn das Gesetz hierzu keine Ausführungen beinhaltet, wird man davon ausgehen können, dass dieser konkludente Widerruf auf den Zeitpunkt zurückwirkt, an dem die technischen Änderungen vorgenommen worden sind. Bis zur Kenntnis des Verbrauchers von den technischen Änderungen kann man daher wohl von einer schwebenden Wirksamkeit der Einwilligung sprechen, die im Falle des Verstoßes gegen die Informationspflichten und bei späterer Ausübung des Wahlrechtes rückwirkend entfällt. Die in der Zwischenzeit gegebenen Informationspflichten sind dann als nicht-ordnungsgemäß gegeben einzustufen, mit den sich daraus ergebenden Rechtsfolgen.

Die Möglichkeit des Widerrufs bedeutet jedoch nicht, dass der Verbraucher nun eine Firma, die lediglich im Internet tätig ist, zu einem Schriftwechsel in Papierform zwingen kann.[506] Dies wird indirekt dadurch klar gestellt, dass der Verbraucher im Rahmen der Information auch über die Konsequenzen seines Widerrufs belehrt werden muss. Als eine dieser Konsequenzen aber wird im Gesetz ausdrücklich auch die Beendigung der Vertragsbeziehungen aufgeführt.[507] Der Anbieter, der diese Rechtsfolge in seinen Informationskatalog aufgenommen hat, kann somit aus Anlass des Widerrufs die Vertragsbeziehungen mit diesem Kunden beenden. Im Lichte der obigen Ausführungen gilt

---

[506] Nimmer – Electronic Signatures and Records, S. 725.
[507] E-Sign § 101 (c) (1) (B) (i).

dies dann für zukünftige Geschäfte, bei denen der Anbieter weitere Geschäftsabschlüsse mit diesem Verbraucher verweigern kann.

II. Rechtsfolgens des Verstoßes gegen die Informationspflichten

Entsprechend dem Aufbau der einschlägigen Regelungen in E-Sign bedeutet das Fehlen der Informationen bezogen auf die Nutzung der elektronischen Medien, dass die Pflichtinformationen dann nicht ordnungsgemäß erteilt worden sind. Die konkrete Rechtsfolge dieser Nichterteilung der Pflichtinformationen richtet sich wiederum nach dem Gesetz, welches die Erteilung vorschreibt.

E-Sign beinhaltet in Section 101 (c)(3) eine in diesem Zusammenhang wichtige Regelung. Dort wird festgehalten, dass alleine das Fehlen der Zustimmung des Verbrauchers, in der in Section 101 (c)(1)(C)(ii) vorgeschriebenen besonderen Weise[508], einen Vertrag nicht ungültig machen soll. Fraglich ist, wie dies einzustufen ist. Geht man davon aus, dass E-Sign in diesem Zusammenhang nur die wirksame Abgabe von Pflichtinformationen regelt, wie sie sich aus anderen Rechtsvorschriften ergeben, dann geht E-Sign auch davon aus, dass dort die Rechtsfolge der Nichterfüllung der Pflichtinformation geregelt wird. Ist Gegenstand einer Transaktion, auf den sich die Pflichtinformationen beziehen, ein Vertrag, so wird die Rechtsfolge des Fehlens dieser vorgeschriebenen Pflichtinformationen regelmäßig die Unwirksamkeit dieses Vertrages sein. Da E-Sign jetzt im zwischenstaatlichen Handel verbindlich für elektronische Verträge besondere Voraussetzungen aufgestellt hat, stellt es mittels obiger Ausnahmeregel klar, dass die Zustimmung des Verbrauchers auch auf anderem Wege erteilt werden kann und deshalb E-Sign die aufgezeigte elektronische Art der Zustimmung zwar empfiehlt, aber das Fehlen dieser Voraussetzung in keinem Fall von Gerichten dazu herangezogen werden soll, damit die Unwirksamkeit eines Vertrages zu begründen.[509] Betrachtet man die Tatsache, dass frühere Entwürfe von E-Sign ausdrücklich bestimmt hatten, dass die dort beschriebene Vorgehensweise die einzig mögliche sei, dies aber in der endgültigen Fassung nicht mehr zu finden ist, so bestätigt das die obige Schlussfolgerung.

---

[508] Dies bezieht sich auf das Erfordernis, dass der Verbraucher seine Zustimmung in einer Art und Weise zu erteilen hat, nach der vernünftigerweise darauf geschlossen werden kann, dass er auf die Pflichtinformationen in der beabsichtigten elektronischen Form auch zugreifen kann.

[509] Nimmer – Electronic Signatures and Records, S. 724.

Positiv betrachtet läuft dies darauf hinaus, dass die von anderen Rechtsvorschriften geforderten Pflichtinformationen elektronisch als wirksam abgegeben betrachtet werden können, wenn die übrigen Informationsanforderungen von E-Sign erfüllt wurden, auch wenn es an der besonderen technischen Form der Zustimmungserklärung mangelt.[510] Die Zustimmung des Verbrauchers muss in diesem Fall aber auf anderem Wege erteilt worden sein.

---

[510] Nimmer – Electronic Signatures and Records, S. 726.

Abschnitt 7 – Einbeziehung von AGB in elektronische Verträge

A. Europäische Vorgabe

Die ECRL fordert in Artikel 10 Absatz 3 die Mitgliedsstaaten auf, vom Diensteanbieter zu verlangen, die Vertragsbestimmungen und die allgemeinen Geschäftsbedingungen dem Nutzer so zur Verfügung zu stellen, dass er sie speichern und reproduzieren kann.

B. AGB nach Deutschem Recht

I. Grundsatz

Die Regelungen über Allgemeine Geschäftsbedingungen, worunter vorformulierte Vertragsbedingungen einer Vertragspartei verstanden werden, sind ab 1.1.2002 nicht mehr im AGB-Gesetz sondern in den §§ 305 ff. BGB enthalten. Die neuen Vorschriften ähneln dabei nach Struktur und Aufbau den bisherigen Regelungen im AGB-Gesetz.[511]

Nach § 305 BGB werden AGB nur Bestandteil eines Vertrages wenn die andere Partei mit deren Einbeziehung in den Vertrag einverstanden ist. Die Geltung der AGB muss somit vom rechtsgeschäftlichen Willen beider Vertragspartner getragen werden. Dieses beidseitige Einverständnis setzt nach § 305 Abs. 2 Nr. 1 und 2 BGB voraus,

- dass der Verwender der AGB die andere Vertragspartei ausdrücklich oder, wenn ein ausdrücklicher Hinweis wegen der Art des Vertragsschlusses nur unter unverhältnismäßigen Schwierigkeiten möglich ist, durch deutlich sichtbaren Aushang am Ort des Vertragsschlusses auf sie hinweist; und,
- dass der anderen Vertragspartei die Möglichkeit verschafft wird, in zumutbarer Weise von ihrem Inhalt Kenntnis zu nehmen. Dabei muss auch eine für den Verwender erkennbare körperliche Behinderung der anderen Vertragspartei angemessen berücksichtigt werden.

In der Praxis des normalen Geschäftsverkehrs wird der Verwender diese gesetzlichen Anforderungen regelmäßig durch Anfügung der AGB auf der Rückseite seines Angebotes oder als Anhang zum Angebot erfüllen. Außerdem wird er in beiden Fällen im Angebot selbst ausdrücklich und deutlich auf die konkrete

[511] Schmidt-Räntsch u.a. – Schuldrecht, S. 36.

Art der Beifügung der kompletten AGB hingewiesen. Einen Ausnahmefall hiervon bildet § 305 Abs. 3 BGB. Dort wird die Möglichkeit der vorherigen Vereinbarung von AGB für eine bestimmte Art und Vielzahl von Rechtsgeschäften zwischen den beteiligten Parteien geregelt.

II. AGB in elektronischen Verträgen

Besondere Schwierigkeiten bedeuteten die obigen Anforderungen an die Einbeziehung von AGB schon immer bei sog. Distanzgeschäften, bei denen Anbieter und Annehmender sich zum Zeitpunkt des Vertragsschlusses an verschiedenen Orten befinden. Hier half gewöhnlich die oben aufgezeigte Möglichkeit der vorherigen Vereinbarung der AGB für ein bestimmtes oder bestimmte oder eine unbestimmte Vielzahl von Geschäften zwischen zwei Parteien. Nach herrschender Meinung kann der Vertragspartner aber auch im Rahmen eines Individualvertrages nicht nur die AGB für zukünftige Geschäfte akzeptieren, sondern auch auf die Anforderung der Kenntnisnahme nach § 305 Abs. 2 Nr. 2 BGB verzichten. Begründet wird dies damit, dass es widersinnig wäre vom Verwender im Sinne einer Obliegenheit zu verlangen, den Kunden zu zwingen von den AGB positive Kenntnis zu nehmen.[512]

Diese Möglichkeiten der vorherigen Vereinbarung oder des vorherigen Ausschlusses der AGB sind jedoch für das Mengengeschäft im E-Commerce und insbesondere beim Einsatz elektronischer Medien im Internet praktisch nicht brauchbar. Fraglich ist deshalb, welche Anforderungen dort zu stellen sind.

1. Computererklärung

a) Textform

Betrachtet man hier vorab den Fall des Vertragsschlusses unter Verwendung einer Computererklärung und damit einen Vertragsschluss im Rahmen eines Abrufdienstes i.S. des § 312 e BGB, dann besteht hier die Besonderheit, dass die AGB im Computer des Abrufdienstes gespeichert sind und dem Verbraucher im Rahmen der von ihm aufgesuchten Webseite der Zugang zu diesen AGB auf unterschiedlichste Weise ermöglicht werden kann. Wie im Abschnitt über die weiteren Anforderungen bereits ausführlich behandelt wurde, bezieht sich die oben aufgeführte EG-Vorgabe ausschließlich und im Besonderen auf diesen Sachverhalt bei Abrufdiensten und somit auf Sachverhalte, bei denen die als

---

[512] Heinrichs in: Palandt AGBG Art. 2, Rn. 12.

Empfangsbestätigung deklarierte Annahmeerklärung regelmäßig als Computererklärung erscheint. Für diesen Tatbestand verlangt jetzt der deutsche Gesetzgeber in § 312 e Abs. 1 Nr. 4 BGB, dass dem Verbraucher die Möglichkeit verschafft werden muss, die Vertragsbedingungen einschließlich der AGB abzurufen und in wiedergabefähiger Form zu speichern. Insoweit handelt es sich also um eine Umsetzung der EG-Vorgabe alleine in dem von der Richtlinie vorgegebenen engen Anwendungsbereich.

Erst auf Drängen des Bundesrates wurde in § 312 e BGB zusätzlich zur EG-Vorgabe ausdrücklich geregelt, dass die Möglichkeit zum Abruf der AGB bereits bei Abschluss des Vertrages und damit praktisch vor der Bestellung eingeräumt werden muss.[513] Ohne der Beurteilung im Falle von Fernabsatzverträgen nach § 312 c BGB vorzugreifen, kann hier somit festgehalten werden, dass im Falle von Verträgen im elektronischen Geschäftsverkehr nach § 312 e BGB sich die Rechtslage so gestaltet wie auch im normalen Geschäftsverkehr über § 305 Abs. 2 BGB. Da es dem Verwender der AGB zugemutet werden kann, müssen die vollen AGB dem Vertragspartner zum selbstständigen Abruf in wiedergabefähiger Form bereitgestellt werden, wodurch sie dann von der Einigung der Vertragsparteien beim Vertragsschluss erfasst werden.

b) Der ausdrückliche Hinweis

Im Zusammenhang mit der Erfüllung seiner Informationspflichten nach §§ 312 c und e BGB wird der Anbieter im Abrufdienst deshalb seine Webseiten so gestalten, dass er im Rahmen dieser Informationen auch den Hinweis auf die vollen AGB und deren Fundort gibt.[514] Diese selbst werden dabei gewöhnlich über einen Hyperlink dem Kunden zugänglich gemacht.

Hinsichtlich des Hinweises auf die AGB auf den Webseiten des Anbieters gelten wiederum die oben aufgeführten allgemeinen Regelungen in § 305 BGB über den deutlichen Hinweis auf die AGB. Bei der Einräumung der Möglichkeit der Kenntnisnahme muss der Unternehmer deshalb seine Webseiten so gestalten, dass der Nutzer eine objektive Möglichkeit hat, die AGB leicht und ohne große Schwierigkeiten zu lokalisieren und auf sein System herunterzuladen. Hierbei sollte der Hinweis so gestaltet werden, dass der Kunde konkret erkennen kann,

---

[513] Vgl. BT-Drucks. 14/6857, S. 56 und BT-Drucks. 14/6040, S. 168 ff.
[514] Heinrichs in: Palandt FernAbsG Art. 2, Rn. 12.

ob der von ihm abzuschließende Vertrag von den AGB des Verwenders bestimmt wird.[515] Daher muss der Hinweis in einem erkennbaren Zusammenhang zu dem konkreten Vertragsschluss erfolgen.[516] Der allgemeine Hinweis auf der Startseite genügt damit nicht.[517] Am eindeutigsten, auch bezogen auf die spätere Beweislage, ist sicher die Zwangsführung des Kunden, bei der er nur dann zum Bestellformular auf dem Computer des Anbieters gelangt, wenn er vorher die Seiten mit den AGB tatsächlich durchgeblättert hat. Da aber auch hier der Grundsatz gilt, dass niemand zum Kenntnisnehmen der AGB gezwungen werden muss, dürfte diese Alternative in der Praxis wenig zur Anwendung kommen. Empfehlenswert und ausreichend ist sicher eine Lösung, bei welcher der Kunde auch im Sinne der Zwangsführung vor der Bestellung unvermeidbar auf eine Webseite gelangt, auf der er durch einen farblich herausragend gestalteten Hyperlink auf die AGB hingewiesen wird.[518] Durch einen derartigen Hinweis bringt der Verwender die Einbeziehung der AGB unmissverständlich und ausreichend zum Ausdruck. Nach Hoeren ist jedoch die Aufnahme eines Hinweises auf die AGB durch einen Hyperlink direkt im Online-Bestellformular zu empfehlen.[519] In diesem Zusammenhang empfiehlt Koch einen deutlichen Hinweis dergestalt, dass auf der Webseite ausgeführt wird „Hiermit bestelle ich unter Bezugnahme auf die Lieferbedingungen des Verkäufers (zum Abruf klicken Sie hier) folgende Artikel: ...“.[520]

c) Die Zumutbarkeit

Das weitere Kriterium der Zumutbarkeit der Kenntnisnahme in § 305 Abs. 2 Nr. 2 BGB betrifft sowohl die Komplexität des Inhalts der AGB als auch ihre konkrete Gestaltung. So dürfen sie weder derart formuliert werden, dass sie nur von Juristen verstanden werden, noch derart unübersichtlich oder klein geschrieben sein, dass eine Lupe zur Kenntnisnahme erforderlich ist.[521]

---

[515] BGH NJW-RR 1987, 112, 113.

[516] So bereits zum Btx: Ulmer in: Ulmer/Brandner/Hensen/Schmidt § 2, Rn. 30; a.A. Wolf in: Wolf/Horn/Lindacher § 2, Rn. 12.

[517] Hoeren – Internetrecht, S. 232; Köhler/Arndt – Internet, Rn. 132; Süßenberger – Rechtsgeschäft im Internet, S. 229.

[518] Holzbach/Süßenberger in: Moritz/Dreier, S. 420, Rn. 275.

[519] Hoeren – Internetrecht, S. 232.

[520] Koch in: K&R 2001, S. 88.

[521] BGH NJW-RR 1986, S. 1311, NJW 1983, S. 2772, S. 2773; OLG Hamburg, NJW-RR 1986, 1440; OLG Stuttgart, NJW-RR 1988, 786, 787; OLG Saarbrücken, NJW-RR 1988, S. 858, S. 859; Jauernig in: Jauernig, AGBG § 12, Rn. 3.

Verstärkt wird die Zumutbarkeit vom Gesetzgeber durch die neue Anforderung bezogen auf angemessene Berücksichtigung von für den Verwender erkennbaren körperlichen Behinderungen der anderen Vertragspartei. Der Gesetzgeber will mit dieser Zusatzforderung den Anwendern vor Augen halten und verdeutlichen, dass die Frage der zumutbaren Kenntnisnahme nicht allein objektiv am „durchschnittlichen" Kunden gemessen werden darf, sondern körperlich bedingte Einschränkungen der Wahrnehmungsfähigkeit der anderen Vertragspartei berücksichtigt werden müssen.[522] Diese Forderung sieht der Gesetzgeber als erfüllt an, wenn nach einem verobjektivierten Maßstab AGB nach Art und Größe des Schriftbildes für Durchschnittskunden ohne Mühe lesbar sind. Ist dem Verwender aber eine Behinderung der anderen Vertragspartei bezogen auf seine Wahrnehmungsfähigkeit erkennbar, so muss der Verwender über diesen verobjektivierten Maßstab hinausgehen.[523] Obwohl der Gesetzgeber hiervon mentale Schwächen des Vertragspartners ausnimmt, dürfte diese Anforderung der Praxis noch erhebliche Schwierigkeiten bereiten. Als ein Beispiel soll hier nur auf die Probleme verwiesen werden, die für Verbraucher entstehen, die wegen einer Sehbehinderung den Bildschirminhalt nur mittels einer Braille-Zeile[524] wahrnehmen können. Rein grafische Bestandteile einer Webseite können auf diese Weise nicht dargestellt werden. Vor dem Hintergrund, dass die meisten Designer von Webseiten aber immer stärker auf visuelle und damit grafische Bestandteile zurückgreifen, um die Seite optisch anschaulicher zu gestalten, dürfte dies zu Problemen führen. Da AGB aber regelmäßig Text und keine Grafiken beinhalten, sollte hier lediglich die Gestaltung des Hinweises auf die AGB von dieser Frage betroffen sein.

Auf den elektronischen Vertragsschluss übertragen, wurden hier von der Rechtsprechung bislang hauptsächlich für Btx konkrete Anforderungen formuliert.[525] Aufgrund der meist schlechten Lesbarkeit am Bildschirm und auch nach dem Ausdrucken wurde dort gefordert, dass es sich bei AGB nur um relativ kurze Texte handeln dürfe. Dieses Argument dürfte jedoch nur eingeschränkt auf den heutigen modernen elektronischen Vertragsschluss anwendbar sein. Die technischen Neuerungen erlauben es, die AGB in vollem Umfang abzubilden und

[522] BT-Drucks. 14/6040, S. 150 f.
[523] BT-Drucks. 14/6040, S. 151.
[524] Mittels einer Braille-Zeile werden Buchstaben und Zeichen die auf dem Bildschirm erscheinen in Blindenschrift, die sog. Punktschrift, umgesetzt.
[525] OLG Köln, CR 1998, S. 244 ff.; LG Aachen, NJW 1991, S. 2159, 2160; LG Ravensburg, CR 1992, S. 1472, 1473.

abzurufen, sodass der Kunde sie im Rahmen der vorgeschriebenen Textform nach § 312 e BGB herunterladen, drucken und lesen kann, wie dies beim normalen Rechtsverkehr mit den Papierform-AGB auch der Fall ist. Daher kann der Umfang der AGB alleine hier wohl nicht mehr zur Unzumutbarkeit führen.[526]

Fragen hinsichtlich der Zumutbarkeit könnten sich aber ergeben bezogen auf die Kosten, die dem Nutzer bei Einsichtnahme und Prüfung der AGB aus dem Internet entstehen.[527] So wird argumentiert, dass der Verwender der AGB diese Mehrkosten tragen müsse, da er ja die Einbeziehung der AGB wünscht und diese somit auch kostenfrei zugänglich machen müsse. Dem ist jedoch entgegenzuhalten, dass der Verbraucher sich selber dazu entschieden hat, das Internet zur Vertragsanbahnung zu nutzen[528] und ihm die Entgeltlichkeit bezogen auf die Nutzung des Internets bekannt ist. Außerdem sind auch außerhalb des elektronischen Geschäftsverkehrs dem Verbraucher gewisse eigene Aufwendungen im Zusammenhang mit der Kenntnisnahme von AGB zumutbar.[529] Dies muss auch dann gelten, wenn auf die AGB im Rahmen eines Hyperlinks hingewiesen wird und der Verbraucher deshalb eine verlängerte Verbindung zum Internet aufrechterhalten muss, um diese zu lesen oder herunterzuladen und zu speichern.[530] Die entstehenden Mehrkosten sind unter Berücksichtigung der Übertragungsgeschwindigkeit des Internets und der Tatsache, dass die AGB meist nur kleinere Textdateien darstellen, außerdem zu vernachlässigen und ein entsprechender Einwand des Verbrauchers dürfte daher grundsätzlich unzulässig sein.[531] Anders könnte die Beurteilung möglicherweise ausfallen, sobald die Übertragung nicht mehr innerhalb kurzer Zeit möglich ist. Dies ist u.U. dann vorstellbar, wenn der Verwender der AGB den Aufruf der entsprechenden Seite durch aufwändige Grafiken oder eine sehr geringe Übertragungsgeschwindigkeit von seiner Seite aus erschwert. Probleme könnten

---

526 Süßenberger – Rechtsgeschäft im Internet, S. 231; a.A. Koch in: K&R 2001, S. 89.

527 In den meisten Fällen wird der Verbraucher über einen Provider und die Telefonleitung in das Internet gelangen. Dies verursacht sodann eine Benutzungsgebühr, meist zusätzlich zu den Telefongebühren, die sich nach der im Internet verbrachten Zeit richtet.

528 So auch Köhler/Arndt – Internet, Rn. 134; Süßenberger – Rechtsgeschäft im Internet, S. 232, 235.

529 Dies kann z.B. das Lesen der umseitig aufgedruckten AGB sein, die zur Kenntnisnahme der ausgehängten AGB oder beim Btx die Eingabe der entsprechenden Seitenzahl sein; Heinrichs in: Palandt § 2 AGBG, Rn. 9.

530 Süßenberger – Rechtsgeschäft im Internet, S. 232.

531 Köhler/Arndt – Internet, Rn. 134.

sich ebenso dann ergeben, wenn die AGB erst nach Nutzung mehrerer Hyperlinks und somit mehrerer Webseiten auftauchen. Hier ist der Aufwand vergleichsweise höher und die Beurteilung der Zumutbarkeit könnte hier bereits negativ ausfallen.[532]

d) Sprache

Im Rahmen der Zumutbarkeit ist weiterhin die Frage der Sprache, in der die AGB abgefasst sind, von Bedeutung. Die Sprache wird sich wohl grundsätzlich in der Praxis nach dem potenziellen Kundenkreis richten. Ist dieser im Einzelfall nicht auf ein Land bzw. auf eine Sprachregion begrenzt, wird sicher die englische Sprache zur Anwendung kommen, da ansonsten die AGB in jeder nur denkbaren Sprache abgefasst werden müssten.[533] Teilweise wird in der deutschen Literatur jedoch die Ansicht vertreten, dass fremdsprachige AGB für deutsche Kunden generell nicht zumutbar sind und somit auch niemals Vertragsbestandteil werden könnten.[534] Richtig dürfte sein, dass die Sprache der Webseite, auf welcher sich das Angebot befindet, regelmäßig ein Indiz für den potenziellen Kundenkreis und dessen Sprachkenntnis ist[535] und deshalb auch ein deutscher Verbraucher, der diese Webseite besucht, diese Sprache gegen sich gelten lassen muss.[536] Zu begründen wäre dies möglicherweise auch mit dem geltenden Herkunftslandprinzip, nach dem sich die Regelungen des Geschäfts nach dem Land der Niederlassung des Anbieters richten.[537] Es wird bei der aufgezeigten Sachverhaltsgestaltung konsequenterweise die wohl unzutreffende Meinung vertreten, dass deutschsprachige AGB im Rahmen einer sonst englischsprachigen Webseite als überraschende Klausel nach § 305 c BGB angesehen werden könnten.[538] Für einen deutschen Verbraucher sollte dies nach Ansicht des Verfassers jedoch nicht der Fall sein, denn die eigene Sprache hilft immer zum besseren Verständnis bei der Beurteilung von AGB. Nur wenn die Sprache des Vertragsformulars und die der AGB auseinander fallen und dadurch

532 Köhler/Arndt – Internet, Rn. 134; Süßenberger – Rechtsgeschäft im Internet, S. 232, 235.
533 Koch in: K&R 2001, S. 89; Holzbach/Süßenberger in: Moritz/Dreier, S. 422, Rn. 282.
534 Wendel, S. 116.
535 Köhler/Arndt – Internet, Rn. 135.
536 Hoeren in: Rechtsfragen des E-Commerce, S. 25.
537 Hoeren in: Rechtsfragen des E-Commerce, S. 26.
538 Hoeren in: Rechtsfragen des E-Commerce, S. 25.

Auslegungsschwierigkeiten entstehen, könnte wohl die Zumutbarkeit der Kenntnisnahme verneint werden.[539]

e) Annahmeerklärung

Notwendige Einbeziehungsvoraussetzung ist weiterhin, dass der Verbraucher sein Einverständnis zu den AGB erklärt.[540] Diese Voraussetzung gilt implizit auch im Falle des § 312 e BGB, ohne dort erneut erwähnt zu werden. Dieses Einverständnis mit den AGB wird im Rahmen von Abrufdiensten durch die Bestellung des Kunden erklärt, da darin das Einverständnis zum Vertragsschluss unter Geltung der AGB liegt.[541]

Dogmatische Schwierigkeiten bezüglich der Einverständniserklärung dürften sich ergeben bei den Sonderfällen, die der Gesetzgeber in § 305 a BGB geregelt hat. Erwähnt werden soll hier der einschlägige Fall in Nr. 2 b. Dieser betrifft Verträge über Telekommunikations-, Informations- und andere Dienstleistungen, bei denen nicht nur der Vertragsschluss, sondern auch die Leistung vollständig bereits beim jeweiligen Einsatz eines Fernkommunikationsmittels erbracht wird. Von dieser Regelung sollen vor allem die call-by-call-Telefondienste profitieren können. Entfallen können dort die Hinweise nach § 305 Abs. 2 BGB und auch die AGB selbst müssen nicht im Einzelfall zur Kenntnis gebracht werden. Es reichen dort die Veröffentlichung im Amtsblatt und ein Aushang in der Geschäftsstelle des Verwenders. Trotzdem verlangt der Gesetzestext ausdrücklich, dass auch in diesem Fall die andere Vertragspartei mit der Geltung der AGB einverstanden sein muss.[542]

Es dürfte schon aus logischen Gesichtspunkten heraus klar sein, dass bei einem Vertragsschluss mittels elektronischer Medien hier kein Einblick in die ausgehängten AGB möglich ist und da kein Hinweis auf diese AGB erforderlich ist, dürfte es auch schwierig sein, dem Kunden zu unterstellen, er hätte diese einsehen können. Von einem bewussten Einverständnis über die Geltung von AGB kann hier somit keine Rede sein. Der Gesetzgeber unterstellt deshalb auch in diesen Fällen offensichtlich, dass die vom Gesetz geforderten unver-

---

[539] Koch in: K&R 2001, S. 89; Süßenberger – Rechtsgeschäft im Internet, S. 237.
[540] Heinrichs in: Palandt § 2 AGBG, Rn. 16.
[541] Heinrichs in: Palandt § 2 AGBG, Rn. 16; Löhnig in: NJW 1997, S. 1689; Mehrings BB 1998, S. 2380; Ulmer in: Ulmer/Brandner/Hensen § 2 AGBG, Rn. 61.
[542] Dörner/Staudinger – Schuldrechtsmodernisierung, S. 90; Schmidt-Räntsch u.a. – Schuldrecht, S. 36.

hältnismäßigen Schwierigkeiten bezogen auf die Zugänglichmachung von AGB zu vermuten sind.[543] Außerdem sieht der Gesetzgeber wohl in dem Bedürfnis der Kunden nach schneller Verbindung und Erbringung der Dienstleistung eine Rechtfertigung für den Transparenzverlust bezogen auf die AGB. Dann wäre es aber sicher konsequenter gewesen, das Erfordernis des Einverständnisses mit den AGB zu streichen und diese in den betroffenen Fällen per Gesetz oder Verordnung zur Geltung zu bringen.

Da sich diese Fälle allerdings gewöhnlich auf Informationsdienste beschränken und auch noch über die Telefongebühren abgerechnet werden, dürfte dies wenig Zündstoff im praktischen Bereich geben. Gerechtfertigt werden kann die Geltung solcher AGB deshalb wohl auch mittels eines unterstellten Einverständnisses nur über die Tatsache, dass die AGB von der Regulierungsbehörde für Telekommunikation und Post kontrolliert und somit allgemein veröffentlicht werden und deshalb objektive Bedingungen enthalten werden.

2. E-Mail

Betrachtet man die E-Mail als Angebotsmedium, dann muss man dort zwei Fallgestaltungen unterscheiden.

Der einfache Fall ist ein Vertrag, der ausschließlich durch individuelle und nur gelegentliche Kommunikation mittels E-Mail geschlossen wird. Hierfür gelten grundsätzlich die gleichen Anforderungen wie für Angebote im normalen Geschäftsverkehr, denn es handelt sich um individuell gefasste Angebote, bei denen lediglich ein elektronisches Transportmedium eingeschaltet wird. Die AGB müssen danach auch hier im Text der E-Mail enthalten oder der E-Mail als Anlage beigefügt sein. Im zweiten Fall müsste zusätzlich deutlich in der E-Mail auf die Anlage hingewiesen werden. Eine kommentarlose Beifügung kann dabei nicht ausreichen.[544] Das angehängte elektronische Dokument, in dem sich die AGB befinden, sollte auch noch für den Vertragspartner lesbar sein. Ob der Verwender von AGB allerdings in diesem Fall sicherstellen muss, dass der Vertragspartner ein Software-Programm installiert hat, das ihm ein Öffnen des AGB-Dokumentes erlaubt, ist fraglich. Auch hier wird der Anbieter darauf vertrauen dürfen, dass der mittels Rückantwort-E-Mail annehmende Vertragspartner die AGB lesen konnte oder zumindest kein Interesse an der Kenntnis-

---

[543] BT-Drucks. 14/6040, S. 151 ff.
[544] Heinrichs in: Palandt § 2 AGBG, Rn. 5; Süßenberger – Rechtsgeschäft im Internet, S. 229.

nahme der AGB hatte und deshalb dem Annehmenden die Kenntnis der AGB zugerechnet werden kann. Der Anbieter hat hier jedenfalls das von seiner Seite Erforderliche getan.

Der etwas komplexere Fall ist der des Fernabsatzvertrages nach §§ 312 b und c BGB, bei dem die E-Mail im Rahmen eines für den Fernabsatz organisierten Vertriebs- und Dienstleistungssystems zum Einsatz kommt. Die Aktions- und Informationsanforderungen aus § 312 c BGB wurden bereits ausführlich beschrieben. Bezogen auf die Einbeziehung von AGB kann dabei festgehalten werden, dass § 312 c Abs. 1 Nr. 1 BGB i.V.m. der InformationsVO vor Abschluss des Vertrages mittels E-Mail die Übergabe von bestimmten Informationen an den Verbraucher fordert und die dort selektiv aufgezählten Anforderungen gewöhnlich auch Bestandteile von AGB sind. Andererseits werden in § 1 Abs. 3 der InformationsVO andere Informationen, wie z.B. geltende Gewährleistungsbedingungen, die ebenfalls grundsätzlich in AGB enthalten sind, erst nach Vertragsabschluss und zwar spätestens bis zur Lieferung oder Erfüllung gefordert. Die AGB in ihrer Gesamtheit werden dagegen im Fall der E-Mail in den §§ 312 b und c BGB nicht angesprochen. Diese Tatsache führt zur logischen Frage, wie dann die Einbeziehung von vollen AGB bei der Regelung in § 312 c BGB für Fernabsatzverträge im Verhältnis zu § 305 Abs. 2 BGB erfolgen kann.

Diese Frage wurde im Gesetzgebungsverfahren im Zusammenhang mit § 312 e BGB angesprochen. So hatte der Bundesrat speziell für diese Fallgestaltung die Möglichkeit des Abrufens und des Speicherns der vollen AGB vor Vertragsschluss nachträglich gefordert und dabei auf den Unterschied zwischen § 312 e BGB und § 312 c BGB hingewiesen.[545] Obwohl die EG-Vorgabe keinen Zeitpunkt für die Erfüllung vorgibt, folgerte dies der Bundesrat aus der technischen Möglichkeit und Zumutbarkeit aufseiten des Anbieters im Rahmen von Abrufdiensten gemäß § 312 e BGB. Bei seiner Argumentation stellte der Bundesrat darauf ab, dass der äußere Ablauf und der Vertragsschluss sich im Rechtsverkehr nach § 312 e BGB von den Fällen des § 312 c BGB unterscheidet. Entsprechend ging auch die Begründung des Regierungsentwurfs bereits davon aus, dass nach § 312 c Abs. 2 BGB die Vertragsbestimmungen – und damit auch die AGB – erst alsbald nach Vertragsschluss abrufbar und speicherbar sein müssen, wobei darauf hingewiesen wurde, dass dies – bis auf

[545] BT-Drucks. 14/6857, S. 20.

den Zeitpunkt der Kenntnisnahmemöglichkeit – auch den Erfordernissen des § 305 Abs. 2 BGB entsprechen würde.[546]

Die Einbeziehung der AGB erfolgt somit bei Fernabsatzverträgen nach § 312 c BGB zum Zeitpunkt des Vertragsschlusses durch bloßen Hinweis auf die AGB, wodurch den Anforderungen des § 305 Abs. 2 Nr. 1 BGB genüge getan und die Einbeziehung der AGB vorbereitet wird.[547] Die Anforderung der Möglichkeit der inhaltlichen Kenntnisnahme nach § 305 Abs. 2 Nr. 2 BGB kann sodann im Rahmen der Erfüllung der Informationspflichten nach § 312 c Abs. 2 BGB und damit alsbald bis spätestens zur Lieferung der Ware erfolgen.

Vertretbar ist diese Lösung wohl deshalb, weil dem Kunden in diesem Fall das freie Widerrufsrecht nach § 312 d BGB zusteht und ihm über die Aktions- und Informationsanforderungen des § 312 c BGB außerdem wichtige AGB-relevante Informationen bei Vertragsschluss zugehen müssen und er deshalb ausreichend geschützt ist. Ob diese sich aus dem Gesetzgebungsverfahren und dem reinen Text des § 312 c BGB ergebende Rechtsfolge Bestand haben wird, bleibt abzuwarten. Dies wird von zukünftigen technischen Gestaltungsmöglichkeiten der im Fernabsatz organisierten Vertriebssysteme abhängen. Wenn auch dort die Möglichkeit der Zurverfügungstellung von AGB bei Vertragsabschluss gegeben ist, dürfte eine dem § 312 e BGB entsprechende Anforderung auch an Verträge im Fernabsatz nach § 312 c BGB gestellt werden.

C. Formularverträge im US-amerikanisches Recht

I. Einbeziehung

Im US-amerikanischen Rechtskreis gibt es grundsätzlich nicht die im deutschen Rechtskreis übliche Unterscheidung zwischen AGB und Vertragstext. Dort handelt es sich vielmehr stets um komplette Verträge, die alle für den Vertrag einschlägigen Regelungen enthalten. So vorformulierte Verträge sind zudem erheblich umfassender als deutsche Verträge, auch unter dortiger Einbeziehung von AGB, weil im US-amerikanischen Recht wegen der Grundsätze des Common Law der im deutschen Recht übliche und automatische Rückgriff auf die gesetzlichen Regelungen nicht möglich ist.

---

[546] BT-Drucks. 14/6040, S. 172.
[547] Heinrichs in: Palandt § 2 FernAbsG, Rn. 12.

Formularverträge sind aus dem heutigen Geschäftsleben auch in den USA nicht mehr wegzudenken.

Im Rahmen des Internets werden Formularverträge unter dem Begriff „click-wrap contracts“ zusammengefasst.[548] Dies bezieht sich auf den tatsächlichen Vorgang des Vertragsschlusses beim Internetvertrag. Dort wird der Kunde im Zweifel entweder implizit darauf hingewiesen, dass er über einen gewissen Link die Vertragsklauseln begutachten kann, oder er wird ausdrücklich aufgefordert, seine Zustimmung zu diesen Klauseln durch das „Anklicken“ eines Hyperlinks zu bekunden.[549] Beide Alternativen sind zulässig.

Derartige Verträge wurden von den Gerichten auch dann aufrechterhalten, wenn eine der Vertragsparteien die Vertragsklauseln nicht gelesen oder subjektiv nicht verstanden hat.[550] Es reicht auch hier aus, dass die Vertragspartei eine ausreichende Möglichkeit der Wahrnehmung hatte.[551] Dies galt auch, wenn einer Partei nur die Wahl zwischen voller Annahme oder voller Ablehnung gegeben war.

II. Anforderungen an Formularklauseln

Bei der Frage der Gültigkeit von Vertragsklauseln stellt auch das US-amerikanische Recht auf die Sichtweise eines objektiven Dritten ab. Wenn von einem vernünftigen Vertragspartner, der einen Vertrag sorgfältig liest, nicht erwartet werden kann, dass er die Klauseln versteht, so können diese vom Gericht als ungültig eingestuft werden.[552] Dabei ist unter anderem von Bedeutung, ob sie an einem schlecht einzusehenden Ort untergebracht wurden. Wenn die vorformulierten Vertragsklauseln an einem überraschenden Ort untergebracht sind, sodass ein Durchschnittsverbraucher dort nicht nach ihnen suchen würde, so werden sie nicht Vertragsbestandteil.[553] Dies wurde z.B. für das Kleingedruckte auf der Rückseite eines Formulars angenommen,[554] was nach deutschem Rechtsverständnis eindeutig anders zu sehen wäre.

---

548 Kamanabrou in: CR 2001, S. 421.
549 Gray/Ross in: Internet Newsl. 2001, S. 1.
550 Farnsworth on Contracts § 4.26.
551 Winn/Wright – Electronic Commerce § 6, S. 8.
552 Winn/Wright – Electronic Commerce § 6, S. 3.
553 Winn/Wright – Electronic Commerce § 6, S. 4.
554 Farnsworth on Contracts § 4.26.

Im Rahmen des elektronischen Geschäftsverkehrs bedeutet dies, dass Informationen und Klauseln, welche sich hinter einem unscheinbaren Hyperlink befinden, nicht Bestandteil eines Vertrages werden können.[555] Die Klauseln müssen außerdem einfach abrufbar und ausdrücklich als Vertragsklauseln bezeichnet sein.[556] In diesem Zusammenhang hat sich in der Praxis ein sog. Zwei-Klick-Standard entwickelt.[557] Der Kunde muss zunächst den Vertragsklauseln zustimmen, indem er einen entsprechenden Hyperlink anklickt. Erst wenn er dies vollzogen hat, wird der für den endgültigen Vertragsschluss notwendige Hyperlink aktiviert, sodass der Kunde diesen betätigen kann.[558] Zu Problemen kann dabei jedoch die Praxis mancher Anbieter führen, die Option „Klauseln annehmen“ als Standardoption aktiviert zu lassen, und es an dem Kunden liegt, diese zu deaktivieren. Damit wird vom Kunden eine aktive Handlung nicht für die Annahme der Klauseln, sondern für die Ablehnung der Klauseln verlangt. Dies genügt nicht dem Zwei-Klick-Standard, da der Kunde eben den zweiten Klick zur Annahme der Klauseln nicht mehr zu vollziehen braucht.[559] Eine derartige Praxis kann folglich nicht zu der Einbeziehung der betreffenden Klauseln führen.

Dieser Standard ist nun auch im UCITA enthalten, der allerdings direkt nur für Software- und Informationsverträge gilt. Es kann aber davon ausgegangen werden, dass dieser Standard auch in anderen Fällen von den Gerichten wegen seiner Erwähnung in UCITA als sachliche Lösung anerkannt wird.

Die Bewertung schlecht zu findender Klauseln wird im US-amerikanischen Recht des Weiteren noch unter dem Stichwort des gegen die guten Sitten verstoßenden Handelns („unconscionability“) untersucht. Unter die formelle Sittenwidrigkeit fallen dabei z.B. sehr klein geschriebene Klauseln[560] oder Fälle, in denen der Aufruf der Webseite, auf welcher die Klauseln abrufbar sind, durch unnötige Grafiken derartig lange dauert, dass das Abfragen einem durchschnittlichen Verbraucher nicht zugemutet werden kann. Abgelehnt wurde jedoch eine formelle Sittenwidrigkeit im Falle von Vertragsklauseln, die nur in einem sehr kleinen Fenster des Browsers abrufbar waren und bei denen keine

---

555 UCITA § 112, Reporter's Notes Kommentar 5 (1999 Annual Meeting Draft).
556 Winn/Wright – Electronic Commerce § 6, S. 4.
557 Erstmals wurde dieser in Groff v. America Online, 1998 WL 307001 (R.I.Super. 1998) angewandt.
558 Winn/Wright – Electronic Commerce § 6, S. 8.
559 Gray/Ross in: Internet Newsl. 2001, S. 1.
560 Gray/Ross in: Internet Newsl. 2001, S. 1.

Möglichkeit des Ausdruckens bestand. Das Gericht hatte hier für entscheidungserheblich betrachtet, dass das Fenster nicht automatisch wieder verschwand und der Kunde daher die Möglichkeit hatte, die Klauseln eingehend zu studieren.[561]

Unter die materielle Sittenwidrigkeit fallen andererseits auch zu einseitige oder zu einschneidende Klauseln. Inhaltlich nicht ordnungsgemäße Vertragsklauseln sind dabei aber nicht gänzlich nichtig, sondern können durch das Gericht in der Weise interpretiert werden, wie es für den Verbraucher am günstigsten und für den Verwender der Klauseln am ungünstigsten ist.[562]

561 In re RealNetworks Inc., 2000 WL 631341, S. 6.

562 Restatement (Second) of Contracts § 206; Farnsworth on Contracts § 7.11.

Abschnitt 8 – Das Schriftformerfordernis

A. Sicherungsmechanismen bei der elektronischen Kommunikation

Die Schriftform als solche und damit die handschriftliche Unterschrift erfüllt im Rahmen des Rechtsverkehrs viele Sicherungs-Funktionen. Diese Sicherungs-Funktionen, die auch als Leistungsfunktionen der Formvorschriften bezeichnet werden, werden später noch im Einzelnen aufgeführt. Diese Sicherungs-Funktionen müssen auch im elektronisch abgewickelten Rechtsverkehr von bestimmten, dem elektronischen Medium angepassten Mechanismen erfüllt werden, damit der elektronische Rechtsverkehr gleichberechtigt neben den „handschriftlichen" Rechtsverkehr treten kann.

Bevor die rechtlichen Anforderungen aufgezeigt und bezogen auf einige der neuen Mechanismen bewertet werden, sollen hier die zur Verfügung stehenden und in der Praxis angewandten Sicherungsmechanismen in technologischer Sicht erläutert und eingeordnet werden. Verfahren, mittels denen eine Sicherung erreicht werden kann, sind Smart Cards, Passwörter, persönliche Identifikationsnummern (PIN), biometrische Informationen, digitalisierte Unterschriften und die digitalen Signaturen.[563] Auf ein paar dieser Methoden wird im Folgenden genauer eingegangen. Grundbegriffe, die hierbei fälschlicherweise oft synonym verwendet werden, sind die elektronische und die digitale Signatur. Dabei ist zu beachten, dass die elektronische Signatur der Oberbegriff für eine Vielzahl von technischen Verifizierungsmethoden darstellt. Die digitale Signatur ist nur eine davon.[564]

I. Smart Cards

Eine Erscheinungsform der Smart Card, die heute vielfach in Gebrauch ist, ist die Geldkarte. Es handelt sich hier regelmäßig um eine Plastikkarte, auf der Daten mittels eines Magnetstreifens oder eines integrierten Mikroprozessors gespeichert sind. Um auf diese Daten zugreifen zu können, muss der Verwender diese oft mittels eines Zugangscodes frei schalten. Diese Zugangskontrolle kann durch verschiedene der nachfolgenden Methoden bewirkt werden, die damit eine erhöhte Sicherung bieten. Daneben ist aber auch möglich, dass die ent-

---

[563] Smedinghoff – Electronic and Digital Signatures, S. 409; Zoellick in: N.Y. St. B.J. 2000, S. 12.
[564] Tanenbaum in: NY L.J. 2000, S. S4.

sprechenden Daten auf einem kleinen portablen Computer wie z.B. einem Handheld oder PDA[565] gespeichert sind.[566] Besonders aufgrund der größeren Flexibilität dieser Geräte dürften sie eine Alternative zu der einfachen Smart Card bieten.

II. PIN

Ein PIN ist eine Nummernfolge, die nur dem System und dem Verwender bekannt sind. Die Sicherung durch einen PIN wird gewöhnlich auch bei der Geldkarte angewandt. Er wird meist zusammen mit einem User-Namen einer bestimmten Person zugeordnet. Die Ausgabe solcher PIN und User-Namen erfolgt für den Zugang zu einer Webseite meistens automatisch.[567] Die Übermittlung dieser Zugriffsdaten erfolgt im Rahmen von offenen Netzwerken wie z.B. dem Internet in aller Regel aber verschlüsselt. Derartige Sicherungsmechanismen bieten den geringsten Schutz. Sie haben aber den Vorteil, dass sie leicht zu erstellen sind und ihre Verteilung automatisiert werden kann.[568] Die Identifizierung durch User-Namen und dazugehörige PIN ist das wohl am weitesten verbreitetste System der Zugriffssicherung und Erklärungszuordnung.

III. Biometrische Daten

Unter Verwendung technischer Apparaturen können gewisse menschliche Körpermerkmale zur Identifizierung herangezogen werden. Denkbar sind hierbei die Überprüfung von Fingerabdrücken, von der Netzhaut, von Hand- oder Gesichtsstrukturen oder -formen und die Erkennung von Stimmmustern. Ein spezielles Lesegerät wandelt die erhaltenen Daten in digitale Form um. Diese Daten werden dann im konkreten Fall mit den in einer Datenbank gespeicherten Daten der Person verglichen. Nur bei einer Übereinstimmung wird dem Benutzer der Zugang zu einem Computer oder einer Datenbank gewährt. Der größte Vorteil hierbei ist, dass Körpermerkmale wie z.B. die Netzhaut beinahe unmöglich zu fälschen sind. Daher sind sie eine der sichersten Methoden der Zugangskontrolle.[569]

---

[565] Personal Digital Assistant.
[566] Miedbrodt – Signaturregulierung, S. 25.
[567] Hillis – Electronic Signatures, S. 174.
[568] Hillis – Electronic Signatures, S. 175.
[569] Lupton in: Rich. J.L. & Tech. 1999, S. 10.

IV. Digitalisierte Unterschrift

Eine digitalisierte Unterschrift ist nichts anderes als die grafische Kopie einer handgeschriebenen Unterschrift. Dies wird erreicht durch das Einscannen einer Unterschrift in ein eigenes Textdokument oder technisch aufwändiger durch die Verwendung eines speziellen Stiftes und einer meist druckempfindlichen Oberfläche. Das Textdokument mit der Unterschrift wird dann seinerseits in das Erklärungstextdokument eingefügt. Diese Art der Unterschrift wird teilweise auch unter den Oberbegriff der biometrischen Verfahren eingeordnet.

V. Digitale Signatur

Eine digitale Signatur besteht aus verschlüsselten Daten, die mit elektronischen Dokumenten oder anderen Daten („Erklärungsinhalt") in einer gewissen Art und Weise verknüpft sind, um die Unverfälschtheit des Erklärungsinhalts zu gewährleisten und den Urheber des Erklärungsinhalts zu identifizieren.[570] Der digitalen Signatur können dabei verschiedene Verschlüsselungstechnologien zugrunde liegen.

Verschlüsselungstechnologien basieren auf der Kryptografie. Dies ist eine Methode, um Nachrichten vor unbefugten Dritten zu schützen und sie geheim zu halten. Der Vorgang, mittels dem eine Nachricht in einer derartigen Weise verändert wird, um seinen Inhalt zu verhüllen, ist die Verschlüsselung.[571] Dabei ist die Idee der Verschlüsselung bereits so alt wie das geschriebene Wort. Bislang wurde sie jedoch hauptsächlich zu militärischen Zwecken verwendet.[572]

Grundsätzlich ist aber der Erklärungsinhalt selber nicht verschlüsselt und somit weiterhin uneingeschränkt lesbar, selbst nachdem die digitale Signatur hinzugefügt wurde.[573] Ziel der Verschlüsselung ist es, den elektronisch übermittelten Daten eine Art Siegel beizufügen, welches die Zuordnung zu einer gewissen Person gleich der handschriftlichen Unterschrift ermöglichen soll.[574]

---

570 Anderson/Closen in: J. Marshall J. Computer & Info. L. 1999, S. 850; Biddle in: San Diego L. Rev. 1997, S. 1228; Lui-Kwan in: Berkeley Tech. L.J. 1999, S. 466; Lupton in: Rich. J.L. & Tech. 1999, S. 10; Tanenbaum in: NY L.J. 2000, S. S4.

571 Vgl. Karn v. U.S. Dept. of State, 925 F.Supp. 1, 3 (D.C. 1996).

572 Gripman in: J. Marshall J. Computer & Info. L. 1999, S. 774; Movius in: Admin. L. Rev. 1997, S. 1051.

573 Millstein u.a. – Internetbusiness § 8.05 2c);

574 Lui-Kwan in: Berkeley Tech. L.J. 1999, S. 469.

Im Bereich der Verschlüsselung der elektronischen Unterschriften sind heutzutage im Wesentlichen zwei Methoden in Gebrauch, die „public"- und die „private key"-Verschlüsselung.[575] Dabei beziehen sich die Begriffe „public" (öffentlich) und „private" (private bzw. geheim) auf den Schlüssel, mit dem die Nachricht wieder decodiert wird. Der Schlüssel ist eine Datenmenge von einer bestimmten Länge, welche von einem Computerprogramm mittels eines Zufallsgenerators erzeugt wird.[576] In einem „private key"-Verfahren benötigt der Empfänger den gleichen Schlüssel wie der Absender. Dies ist derselbe Schlüssel, der bereits zur Verschlüsselung verwendet wurde.[577] Die Schwierigkeit dieses Verfahrens ist die sichere Übermittlung des privaten Schlüssels zwischen den Vertragsparteien. Eine Übermittlung über ein offenes Netzwerk wie das Internet wirft dieselben Sicherheitsprobleme auf wie die Versendung der eigentlichen Nachricht. Daher ist ein „private key"-Verfahren nur sicher durchführbar, wenn die Parteien sich zur Übergabe offline treffen können. Das aber ist ein Hindernis zur Verwendung des „private key"-Verfahrens bei Rechtsgeschäften im Internet.

Die Lösung dieses Problems wird heute gesehen in der asymmetrischen Verschlüsselung, die deshalb auch das am weitesten verbreitete Verfahren der digitalen Signatur darstellt. Dieses Verfahren setzt sich aus einem geheimen privaten Schlüssel und einem entsprechenden öffentlich zugänglichen Schlüssel zusammen, zwischen denen ein mathematischer Zusammenhang besteht.[578] Der private Schlüssel ist dabei der entscheidende, denn er muss einzigartig und unmöglich zu duplizieren sein.[579] Dieser wird von dem Ersteller einer Nachricht dazu verwendet, ein Dokument oder die zu übermittelnden Daten zu signieren.

Die digitale Signatur selbst wird mittels einer sog. „hash"-Funktion erstellt. Zunächst wird eine Art Kopie oder Quersumme des zu signierenden Erklärungsinhalts kreiert.[580] Dies ist sodann eine Art digitaler Fingerabdruck

---

[575] Vgl. Lupton in: Rich. J.L. & Tech. 1999, S. 10; Street/Grant – Internetlaw, S. 16.

[576] Gripman in: J. Marshall J. Computer & Info. L. 1999, S. 775.

[577] Gripman in: J. Marshall J. Computer & Info. L. 1999, S. 775; Kühn – digitale Signaturverfahren, S. 70 f.; Millstein u.a. – Internetbusiness § 8.05 2 a); Rosenoer – CyberLaw, S. 239; Baum – Elektronische Signaturen, S. 24.

[578] Baum – Elektronische Signaturen, S. 24; Geis in: NJW 1997, S. 3001; Holznagel/Krahn/Werthmann in: DVBl. 1999, S. 1477; Millstein u.a. – Internetbusiness § 8.05 2 a); Roßnagel in: Rechtsfragen des E-Commerce, S. 58; Rosenoer – CyberLaw, S. 239.

[579] Lupton in: Rich. J.L. & Tech. 1999, S. 10; Millstein u.a. – Internetbusiness § 8.05 2 a).

[580] Kania in CommLaw Conspectus 1999, S. 301; Kühn – digitale Signaturverfahren, S. 73 f.; Millstein u.a. – Internetbusiness § 8.05 2 b); Nowak in: MDR 2001, S. 843.

oder digitales Siegel des Erklärungsinhalts, welches bei seiner Erstellung mit dem Erklärungsinhalt logisch verknüpft ist.[581] Es ist beinahe unmöglich, dass zwei derartige Fingerabdrücke identisch sind, da jegliche Veränderung im Rahmen des Dokuments zwangsläufig zu einem anderen Ergebnis führen muss.[582] Diese Quersumme wird sodann mittels des privaten Schlüssels verschlüsselt und sodann als digitale Signatur dem Erklärungsinhalt beigefügt und dem Empfänger zugestellt.[583] Dieser kann seinerseits eine Quersumme des übersandten Erklärungsinhalts mittels des öffentlichen Schlüssels und einer damit erzeugten „hash“-Funktion anfertigen.[584] Nur wenn die beiden Quersummen identisch sind, kann der Empfänger sicher sein, dass der übersandte Erklärungsinhalt nicht verändert wurde.[585] Bereits kleinste Veränderungen wie die Zugabe eines Kommas würde eine Abweichung der beiden Quersummen verursachen.[586] Obwohl es dem Empfänger nicht möglich ist, herauszufinden, was genau verändert wurde, kann er doch sicher sein, dass er sich nicht im Besitz des ursprünglichen Erklärungsinhalts befindet, wie er vom Ersteller abgesendet wurde.

Wie die Bezeichnung „öffentlich“ bereits andeutet, ist dieser Schlüssel nicht als geheimer Schlüssel gedacht und kann und soll soweit wie möglich verbreitet werden.[587] Der Empfänger gelangt in den Besitz des öffentlichen Schlüssels entweder aufgrund einer früheren Kommunikation mit dem Absender, durch Anfügung des öffentlichen Schlüssels an die übersandte Nachricht durch den Absender, oder über die Zertifizierungsstelle, die dem Absender den Signaturschlüssel zugeteilt hat. Öffentliche Schlüssel sind heute auch über das Internet zugänglich für die Beteiligten am elektronischen Rechtsverkehr.[588] Im Falle der Übermittlung über ein offenes Netzwerk wie das Internet ist von

---

581 Dobbertin in: DuD 1997, S. 82; Kühn – digitale Signaturverfahren, S. 73 f.; Millstein u.a. – Internetbusiness § 8.05 2 b); Nissel – Formvorschriften, S. 30; Nowak in: MDR 2001, S. 843.

582 Kania in CommLaw Conspectus 1999, S. 301.

583 Anderson/Closen in: J. Marshall J. Computer & Info. L. 1999, S. 851; Nowak in: MDR 2001, S. 843.

584 Nowak in: MDR 2001, S. 843.

585 Millstein u.a. – Internetbusiness § 8.05 2 c); Roßnagel in: Rechtsfragen des E-Commerce, S. 58; Street/Grant – Internetlaw, S. 16.

586 Holznagel/Krahn/Werthmann in: DVBl. 1999, S. 1482 f.; Kania in CommLaw Conspectus 1999, S. 301.

587 Kühn – digitale Signaturverfahren, S. 71; Millstein u.a. – Internetbusiness § 8.05 2 a).

588 Anderson/Closen in: J. Marshall J. Computer & Info. L. 1999, S. 851; Nowak in: MDR 2001, S. 843; Street/Grant – Internetlaw, S. 16.

entscheidender Bedeutung, dass dem öffentlichen Schlüssel der private Schlüssel nicht entnommen werden kann.[589]

Zur Erstellung von private keys und public keys und zur Sicherung der Zuordnung eines bestimmten Schlüsselpaares zu einer Person können Dritte eingeschaltet werden. Solche Dritte können, wie später noch weiter ausgeführt wird, offizielle Zertifizierungsdiensteanbieter sein, die zu Nachweiszwecken dann auch gesonderte Zertifikate erstellen.[590] Durch ein solches Zertifikat soll die Identität des Inhabers der Schlüssel nachweislich festgestellt werden.

B. Europäische Vorgaben

I. ECRL

Die ECRL fordert in Art. 9 Abs. 1 von den Mitgliedstaaten, wie bereits im Abschnitt über den Begriff des elektronischen Vertrages dargestellt wurde, sicherzustellen, dass ihr Rechtssystem den Abschluss von Verträgen auf elektronischem Wege ermöglicht. Dies gilt natürlich auch in vollem Umfang für jene Verträge, bei denen ein gesetzliches Formerfordernis besteht.[591] Die ECRL erlaubt den Mitgliedstaaten dabei Bereiche – unabhängig vom Schriftformerfordernis – vom Grundsatz der rechtlichen Gleichstellung auszunehmen. Diese sind in Art. 9 Abs. 2 ECRL spezifiziert und wurden bereits im Abschnitt über den Begriff des elektronischen Vertrages dieser Arbeit aufgeführt.

II. Signaturrichtlinie

Die Signaturrichtlinie soll nach dem Willen des Gesetzgebers divergierende Regeln in den Mitgliedsstaaten über die rechtliche Anerkennung elektronischer Signaturen und solche bezüglich der Akkreditierung von Zertifizierungsdiensteanbietern verhindern. Gemäß Art. 5 sollen die Mitgliedsstaaten dabei dafür Sorge tragen, dass fortgeschrittene elektronische Signaturen, die zusätzlich auf einem qualifizierten Zertifikat beruhen und die außerdem von einer sicheren Signatureinheit erstellt wurden, wie eine handschriftliche Unterschrift die gesetzliche Schriftform erfüllen können. Die Signaturrichtlinie regelt in diesem Zusammenhang unterschiedliche Anforderungen und Rechtsfolgen für verschiedene Arten von elektronischen Unterschriften.

---

589 Froomkin in: Or. L. Rev. 1996, S. 51; Redeker in: CR 2000, S. 455.
590 Roßnagel in: Rechtsfragen des E-Commerce, S. 58.
591 Hoeren – Internetrecht, S. 218.

1. Elektronische Signatur

Die Richtlinie unterscheidet begrifflich zwei Arten von elektronischen Signaturen, nämlich die „elektronische Signatur“ und die „fortgeschrittene elektronische Signatur“.

Die elektronische Signatur als begriffliche Basis wird im Sprachgebrauch auch als „einfache elektronische Signatur“ gekennzeichnet. Dabei handelt es sich um „Daten in elektronischer Form, die anderen elektronischen Daten beigefügt oder logisch mit ihnen verknüpft sind und die zur Authentifizierung dienen“.[592]

Die Richtlinie stellt keine zusätzlichen Anforderungen an die einfache elektronische Signatur. Es besteht somit keinerlei Beschränkung hinsichtlich der dort verwendeten Technologie, so lange die obigen geringen Anforderungen erfüllt sind. Sowohl die Anbieter als auch die Verwender elektronischer Signaturen sollen somit grundsätzlich in der Wahl der angewandten Technologie frei sein. Die Festlegung der genauen Anforderungen an die „logische Verknüpfung“ wird auf europäischem Niveau deshalb letztendlich den Europäischen Gerichten und den Gerichten der Mitgliedsstaaten obliegen.

Bezüglich der einfachen elektronischen Signatur fordert die Richtlinie, wie dem oben aufgezeigten Text entnommen werden kann, keine Gleichstellung mit einer nach deutschem Recht vorgesehenen Form, wie z.B. der gesetzlichen Schriftform.

2. Fortgeschrittene elektronische Signatur

Die zweite Stufe der elektronischen Signatur im Rahmen der Signatur-Richtlinie ist die fortgeschrittene Signatur nach Art. 2 Nr. 2. Diese muss zusätzlich zu den Voraussetzungen der einfachen elektronischen Signatur in Art. 2 Nr. 1 noch weitere Leistungskriterien wie folgt erfüllen:

- Sie muss ausschließlich dem Unterzeichner zugeordnet sein;
- die Identifizierung des Unterzeichners ermöglichen;
- mit Mitteln erstellt werden, die der Unterzeichner unter seiner alleinigen Kontrolle halten kann; und

[592] Richtlinie 1999/93/EG, Art. 2 Nr. 1.

- so mit den Daten verknüpft sein, auf die sie sich bezieht, dass eine nachträgliche Veränderung der Daten erkannt werden kann.[593]

Es kann bei den hier aufgezeigten Voraussetzungen leicht festgestellt werden, dass diese in absehbarer Zeit nur durch digitale Signaturverfahren erfüllt werden können.[594]

Wie aus den Ausführungen zur Zielsetzung der Richtlinie bereits entnommen werden kann, fordert die Richtlinie von den Mitgliedsstaaten hinsichtlich der in Art. 2 Nr. 2 definierten fortgeschrittenen elektronischen Signatur ebenfalls noch keine Gleichstellung mit einer nach deutschem Recht vorgesehenen Form, wie z.B. der gesetzlichen Schriftform.

3. Qualifizierte fortgeschrittene elektronische Signatur

a) Begriff und Bedeutung

Es handelt sich hierbei nicht um eine von der Richtlinie so bezeichnete besondere weitere Form der elektronischen Signatur, sondern lediglich um eine fortgeschrittene elektronische Signatur, die nach der Richtlinie zwei weiteren Anforderungen genügen muss. Zur besseren Einordnung soll sie hier als qualifizierte Signatur bezeichnet werden. Die weiteren Anforderungen sind das Erfordernis des Vorliegens eines qualifizierten Zertifikats und der Einschaltung einer sicheren Signaturerstellungseinheit. Ein qualifiziertes Zertifikat liegt nach Art. 2 Nr. 9 ff. der Richtlinie vor, wenn eine elektronische Bescheinigung vorliegt, durch welche bestimmte Signaturprüfdaten einer Person zuordnet werden und durch welche die Identität dieser Person bestätigt wird. Dies kann nur durch die Bescheinigung eines Zertifizierungsanbieters erfolgen, der die qualitativen Anforderungen in Anhang II zur Richtlinie erfüllt und durch dessen Bescheinigung selbst die weiteren Anforderungen des Anhang I zur Richtlinie erfüllt werden.

Alleine für diese qualitativ dritte Stufe der elektronischen Signatur fordert die Richtlinie von den Mitgliedsstaaten eine Gleichstellung mit der im deutschen Recht gesetzlich vorgesehenen schriftlichen Form. Es kann hier festgehalten werden, dass die Richtlinie entsprechend dem deutschen Gesetzgeber im SigG97 damit die Technologieoffenheit durch die Forderung nach einem digitalen

---

[593] Richtlinie 1999/93/EG, Art. 2 Nr. 2.

[594] Roßnagel in: Rechtsfragen des E-Commerce, S. 67.

Signaturverfahren auf Basis asymmetrischer Kryptografie und doppelter Schlüssel-Infrastruktur verlassen hat.[595] Auch kann damit die Problematik der bisherigen deutschen Lösung über das SigG97 und den Lösungen in anderen europäischen Ländern insoweit als erledigt betrachtet werden.[596]

b) Die Anforderungen im Einzelnen

(1) Qualifiziertes Zertifikat

Im Anhang I werden die näheren Anforderungen an ein qualifiziertes Zertifikat festgelegt. Sie müssen im Wesentlichen herausragende Informationen, wie die Identität des Unterzeichners und die Gültigkeitsdauer, sowie etwaige Beschränkungen der elektronischen Signatur enthalten.[597] Um dies zu erreichen, kommen verschiedene Möglichkeiten in Betracht. Die umständlichste Methode würde erfordern, dass der potenzielle Benutzer einer Signatur sich persönlich gegenüber dem Zertifizierungsdiensteanbieter ausweist. Dies würde jedoch zu einer ungeheuren Behinderung des elektronischen Geschäftsverkehrs führen, da nicht jeder Anbieter in jeder Stadt eine Anlaufstelle für die Kunden haben kann. Eine weitere Möglichkeit würde einen handschriftlichen Vertrag zwischen dem Anbieter und seinem Kunden erfordern. Hierdurch würde die Behinderung auf eine einzige schriftliche Korrespondenz reduziert.[598] Eine dritte Möglichkeit, die vor allem bereits in den Vereinigten Staaten diskutiert wird, beruht auf der Identifikation über die Kreditkartensysteme. Die Richtlinie stellt hier selbst keine Forderung auf.

Zusätzlich müssen aus dem Zertifikat die ausstellende Behörde oder der Zertifizierungsdiensteanbieter und der Staat, in dem dieser niedergelassen ist, erkennbar sein. Durch diese Informationen soll es dem Adressaten der elektronischen Signatur ermöglicht werden, die Vertrauenswürdigkeit und Gültigkeit derselben zu beurteilen.

Es ist von entscheidender Bedeutung, dass der Zertifizierungsdiensteanbieter das Zertifikat mit seiner eigenen elektronischen Signatur signiert. Nur so kann der Empfänger des Zertifikats seinerseits zuverlässig feststellen, wer dieses

---

[595] Köhler/Arndt – Internet, Rn. 190 ff.
[596] Hoeren – Internetrecht, S. 218.
[597] Die vollständige Aufzählung der notwendigen Informationen befindet sich in Anhang I der Richtlinie 1999/93/EG.
[598] Dies ist im Moment die gängigste Methode auf diesem Gebiet.

ausgestellt hat und ob es nachträglich verändert wurde.[599] Um die Vertrauenswürdigkeit der Zertifikate sicherzustellen, beinhaltet die Richtlinie zusätzliche Sicherheitsanforderungen an die Zertifizierungsdiensteanbieter. Diese sind im Anhang II aufgelistet. Um qualifizierte Zertifikate ausgeben zu können, muss der Zertifizierungsdiensteanbieter beweisen, dass er die notwendige Zuverlässigkeit hierfür besitzt.[600] Dafür muss er nicht nur vertrauenswürdige Systeme einsetzen, sondern auch qualifiziertes und vertrauenswürdiges Personal beschäftigen.[601] Diese Pflichten werden in Ihrer Bedeutung hervorgehoben durch die ausdrückliche Haftungsregelung in Art. 6 der Richtlinie. Wenn ein Empfänger eines qualifizierten Zertifikats vernünftigerweise auf die Richtigkeit der darin enthaltenen Angaben vertrauen durfte, so haftet dann der Zertifizierungsdiensteanbieter für jegliche daraus entstandenen Schäden.

(2) Sichere Signaturerstellungseinheit

Die von der Richtlinie in Art. 5 Nr. 1 geforderte sichere Signaturerstellungseinheit muss durch ihre Technik und das angewandte Verfahren gewährleisten, dass die für die Erzeugung der Signatur verwendeten Signaturerstellungsdaten praktisch nur einmal auftreten können. Da diese Daten meist aus einer mathematischen Formel oder einer Kombination von Ziffern bestehen, kann die Möglichkeit, dass zwei Signaturerstellungsdaten absolut identisch sind, selbstverständlich nie ganz ausgeschlossen werden. Die Daten müssen deshalb hinreichend komplex gestaltet sein, um diese Möglichkeit zu minimieren. In der Praxis wird dies meist durch eine Verschlüsselung durch eine bestimmte Anzahl von Bits[602] erreicht. Die Untergrenze einer derartigen Verschlüsselungsgröße hängt von dem gegenwärtigen Stand der Technik ab und wurde daher nicht als feste Größe gesetzlich festgelegt. Dies wurde vielmehr den Gerichten und Überwachungsbehörden überlassen.

Um die Beweiskraft hinsichtlich der Identität des Verwenders sicherzustellen, muss der rechtmäßige Verwender der Signatur die Möglichkeit haben, den Zugang Dritter kontrollieren und verhindern zu können. In der Praxis könnte dies durch die Kombination verschiedener elektronischer Signaturen erreicht werden.

---

[599] Geis in: MMR 2000, S. 668.
[600] Richtlinie 1999/93/EG, Anhang II a).
[601] Richtlinie 1999/93/EG, Anhang II e) und f).
[602] Zurzeit liegt diese Zahl bei 128 oder 256 bits.

Die Signaturerstellungseinheit könnte sich z.B. auf einer Smart Card befinden. Der Zugriff hierauf kann durch einen PIN oder die Abfrage biometrischer Daten eingeschränkt werden.

Mittels der aufgeführten umfangreichen Voraussetzungen soll durch die Signaturrichtlinie die Funktionalität der fortgeschrittenen elektronischen Signatur sichergestellt werden.[603] Dabei lässt die Richtlinie die Entscheidung zwischen einer auf Hard- oder einer auf Software basierenden Lösung offen.[604] Eine auf Hardware basierende Lösung wäre eine Smart Card. Dies würde dem Unterzeichner im Moment die größtmögliche Sicherheit bieten, da sich der private Schlüssel nur auf dieser Karte befindet und daher nicht kopiert werden kann.

Bei einer auf Software basierenden Lösung ist das Risiko einer unberechtigten Kopie größer. Dies gilt besonders, wenn der Computer, auf dem die entsprechende Software gespeichert ist, an das Internet oder ein sonstiges Netzwerk angeschlossen ist. In diesen Fällen ist der unberechtigte Zugriff durch Hacker nie gänzlich auszuschließen.[605] Die endgültige Entscheidung hierüber muss von den Verwendern der elektronischen Signaturen getroffen werden. Ob die gewählte Lösung dann immer noch den Anforderungen der Richtlinie entspricht, kann letztlich nur durch die angerufenen Gerichte geklärt werden.

(3) Überwachung der Zertifizierungsdienste

Eine weitere bedeutsame Forderung der Richtlinie ist jene über den Marktzugang für Zertifizierungsdiensteanbieter. Dieser darf nach Art. 3 Nr. 1 der Richtlinie nicht von einer vorherigen Genehmigung abhängig gemacht werden. Allerdings lässt die Richtlinie in Nr. 2 dieser Vorschrift den Mitgliedsstaaten freie Hand bei der Schaffung freiwilliger Akkreditierungssysteme, soweit diese auf eine Steigerung des qualitativen Niveaus der erbrachten Zertifizierungsdienste abzielen.

Andererseits geht die Richtlinie nicht soweit, dass sie ein unkontrolliertes System zulassen würde. Sie schreibt vielmehr den Mitgliedstaaten vor, dass diese ein geeignetes System zur Überwachung jener Zertifizierungs-

[603] Richtlinie 1999/93/EG, Beweggrund (10).
[604] Geis in: MMR 2000, S. 668.
[605] Geis in: MMR 2000, S. 668.

diensteanbieter einrichten müssen, die öffentlich qualifizierte Zertifikate ausstellen.

c) Binnenmarkt und Dritt-Staaten

In Übereinstimmung mit den Grundprinzipien der Europäischen Gemeinschaft darf kein Mitgliedstaat einem Zertifizierungsdiensteanbieter aus einem anderen Mitgliedstaat verweigern, seine Dienste im eigenen Hoheitsbereich anzubieten. Dies setzt allerdings voraus, dass dieser Mitgliedstaat die Richtlinie umgesetzt hat und der Zertifizierungsdiensteanbieter sich im Einklang mit diesen Vorschriften befindet.[606] Auch die Verwendung und Bereitstellung von Zertifizierungsdiensten und Produkten für elektronische Signaturen, welche mit der Richtlinie in Einklang stehen, darf von den Mitgliedstaaten nicht beschränkt werden.[607] Eine fortgeschrittene elektronische Signatur, die auf einem qualifizierten Zertifikat beruht, ist damit automatisch in allen Mitgliedstaaten gültig.

Dies gilt nicht für Zertifikate, die von außerhalb des Binnenmarktes stammen. Diese müssen anerkannt werden, wenn eine bilaterale oder multilaterale Vereinbarung zwischen der Gemeinschaft und dem Drittland besteht.[608] Ohne eine derartige Vereinbarung gelten für Zertifizierungsdienstanbieter aus Drittländern dieselben Grundsätze wie für die lokalen Anbieter. Sie müssen sich bei einem freiwilligen Akkreditierungssystem innerhalb des Binnenmarktes akkreditieren und die entsprechenden Anforderungen erfüllen.[609] Diese Akkreditierungspflicht kann dadurch ersetzt werden, dass ein bereits innerhalb des Binnenmarktes akkreditierter Anbieter für die Zertifikate des auswärtigen Anbieters einsteht.[610]

C. Formerfordernisse im Deutschen Recht

I. Allgemein

Unabhängig von der bereits aufgezeigten Technologieoffenheit des alten BGB blieben Willenserklärungen und Verträge, für die gesetzlich die schriftliche Form vorgeschrieben war, für den elektronischen Geschäftsverkehr verschlos-

---

[606] Richtlinie 1999/93/EG, Art. 4 (1).
[607] Richtlinie 1999/93/EG, Art. 4 (2).
[608] Richtlinie 1999/93/EG, Art. 7 1 c).
[609] Richtlinie 1999/93/EG, Art. 7 1 a).
[610] Richtlinie 1999/93/EG, Art. 7 1 b).

sen. So wurde zu Recht gesagt, dass die klassischen Formvorschriften auf elektronische Verträge nicht anwendbar seien.[611] Dies war darauf zurückzuführen, dass beim elektronischen Geschäftsverkehr weder Urkunden noch Briefe ausgetauscht werden.[612] So hat neben dem Erfordernis der eigenhändigen Unterschrift bereits die Schriftlichkeit einer Erklärung in elektronischer Form, die in ihrer Grundform nur als Daten existiert, große und unüberwindbare Probleme bereitet.[613] Eine Lösung durch eine neue Interpretation der bestehenden Formvorschriften war unter Berücksichtigung der Rechtsprechung für das Telefax nicht zu erwarten.

Es kamen für den deutschen Gesetzgeber somit zwei mögliche Lösungswege für die Erfüllung der ECRL-Vorgabe, bezogen auf Verträge mit gesetzlichem Formerfordernis, in Betracht. Zum einen die Beseitigung bzw. Herabstufung bestehender Formvorschriften oder zum anderen die Schaffung eines vergleichbaren Ersatzes für die Schriftform. Ein Ersatz kam dabei nur insoweit in Betracht, als der Schutzzweck der betreffenden Formvorschriften auch durch die neue Regelung ausreichend gewahrt blieb.[614] Der Gesetzgeber hat sich für eine Lösung entschieden, die beide Möglichkeiten vereint.

Er hat die oben aufgezeigten europäischen Vorgaben zur Anpassung des Schriftformerfordernisses im deutschen Recht an die Anforderungen des modernen elektronischen Rechtsverkehrs mittels des FormAnpG dahingehend angepasst, dass er

- die elektronische Form als Alternative zur Erfüllung der gesetzlich vorgeschriebenen schriftlichen Form geschaffen und zugelassen hat; und
- neben der durch Gesetz und Rechtsgeschäft vereinbarten schriftlichen Form, die Textform als neue schriftliche Form mit einem abgeschwächten Formerfordernis eingeführt hat.[615]

Die neue elektronische Schriftform und auch die neue Textform können, ebenso wie die bisherige gesetzliche Schriftform gemäß § 127 Abs. 1 BGB, als gewillkürte Schriftformen durch Rechtsgeschäft vereinbart werden. Nachfolgend

---

[611] Nowak in: MDR 2001, S. 842.
[612] Nowak in: MDR 2001, S. 842.
[613] BT-Drucks. 14/4987, S. 12.
[614] BT-Drucks. 14/4987, S. 12.
[615] Nissel – Formvorschriften, S. 28; Nowak in: MDR 2001, S. 842; Reinholz in: MC 2001, S. 26; Ulmer – Vertragsschluss im Internet, S. 169.

werden die verschiedenen Schriftformerfordernisse im Detail vorgestellt, wobei zur besseren Übersicht auch auf die „klassischen“ Formvorschriften kurz eingegangen wird.

II. Gesetzlich vorgeschriebene schriftliche Form

Die vom Gesetz vorgeschriebene schriftliche Form, die auch gesetzliche Schriftform oder nur Schriftform genannt wird, ist die wichtigste Formvorschrift.[616] Sie gilt für Fälle, bei denen eine bestimmte Form vom Gesetzgeber als unerlässlich betrachtet wird, da diesen Rechtsgeschäften eine langfristige und tief greifende Bedeutung für die Beteiligten oder für Dritte zukommt und deshalb ein besonderes Klarstellungsbedürfnis gegeben ist.[617]

Für die Beurteilung der Form kommt es auf den Zeitpunkt an, in dem sich der Erklärende der Erklärung in Richtung des Empfängers entäußert.[618] Die Nichtigkeit wegen eines Formverstoßes nach § 125 BGB bezieht sich ursächlich auf diesen Zeitpunkt.[619]

Die gesetzliche Schriftform wird bei einseitigen Willenserklärungen gemäß § 126 Abs. 1 BGB dadurch erfüllt, dass die Parteien eine eigenhändige Unterschrift unter einen schriftlich fixierten Text setzen.[620] Im Rahmen eines Vertrages müssen gemäß § 126 Abs. 2 BGB die Unterschriften der Vertragsparteien auf derselben Urkunde verkörpert sein. Durch die geleistete Unterschrift muss der Text räumlich abgeschlossen werden.[621] Nur was sich vor der Unterschrift im Vertragstext befindet, wird von der Unterschrift abgedeckt. Der Unterschrift nachfolgende Formulierungen müssen daher erneut unterschrieben werden.[622]

Dabei muss es sich um eine Namensunterschrift handeln, um den Aussteller als natürliche Person erkennbar zu machen. Es ist dabei aber auch möglich, den Familiennamen durch ein Pseudonym zu ersetzen. Das Namensrecht richtet sich nämlich nach § 12 BGB. Es umfasst damit auch Berufs- oder Künstlernamen.[623] Diese können deshalb auch im Rahmen der elektronischen Form anstatt des

---

[616] Z.B. §§ 368, 409, 410, 556a, 761, 766, 780 BGB a.F..
[617] Nissel – Formvorschriften, S. 18.
[618] Flume – Rechtsgeschäft, S. 225.
[619] Nissel – Formvorschriften, S. 27.
[620] Nissel – Formvorschriften, S. 27.
[621] RG 52, S. 280; BGH 113, S. 51.
[622] BGH NJW-RR 90, S. 519; Heinrichs in: Palandt § 126, Rn. 5.
[623] Heinrichs in: Palandt § 12, Rn. 9.

Familiennamens oder Vornamens verwendet werden.[624] Daher können auch Pseudonyme oder sonstige Kürzel verwendet werden, solange die als Aussteller in Betracht kommende Person zweifelsfrei zu identifizieren ist.[625]

Wegen der Befürchtung eines zu großen Missbrauchs waren Namensstempel, Fernschreiben oder Telegramme oder sonstige mechanische Hilfsmittel nicht ausreichend.[626] Es fehlte dort eben an der Eigenhändigkeit.[627]

Es ist eine notwendige Voraussetzung, dass eine empfangsbedürftige Willenserklärung, die dem gesetzlichen Schriftformerfordernis unterliegt auch formgerecht dem Empfänger zugeht.[628] Die Übermittlung einer unter Beachtung der gesetzlichen Schriftform errichteten Erklärung mittels eines Telefax war daher nicht möglich, da das zugehende Schriftstück, welches in den meisten Fällen beim Empfänger ausgedruckt wird, nicht eigenhändig unterschrieben ist.[629] Dies galt im Rahmen der Fristwahrung, selbst wenn später die formgerechte Erklärung dem Empfänger zugeschickt wurde.[630]

Die Nichtbeachtung der gesetzlichen Form führt gem. § 125 Satz 1 BGB immer zur Nichtigkeit des Rechtsgeschäfts.

III. Durch Rechtsgeschäft vereinbarte schriftliche Form

Im Rahmen der Dispositionsmaxime können die Vertragsparteien, soweit die schriftliche Form nicht gesetzlich vorgeschrieben ist, die gewillkürte Schriftform wählen. Für die durch Rechtsgeschäft gewählte Schriftform können dafür gemäß dem neuen § 127 Abs. 1 BGB alle Formen in den §§ 126 (Schriftform), 126 a (elektronische Form) und 126 b BGB (Textform) herangezogen werden. § 127 Abs. 2 BGB lockert dabei die Anforderungen für die rechtsgeschäftliche Schriftform nach § 126 BGB auf. So werden nach gesetzlicher Vorgabe die Anforderungen zur Wahrung der gewillkürten Schriftform bei einer einseitigen Willenserklärung bereits durch die telekommunikative Übermittlung und bei Verträgen durch Briefwechsel erfüllt. Dabei ist festzuhalten, dass durch das

[624] Vgl. Heinrichs in: Palandt § 12, Rn. 8; es ist allerdings streitig, ob es notwendig ist, dass eine besondere Verkehrsgeltung des Pseudonyms besteht.
[625] Förschler in: MüKo § 126, Rn. 25; BayObLG NJW 56, S. 25; Heinrichs in: Palandt § 126, Rn. 9.
[626] RG 74, S. 341; BGH NJW 70, S. 1078.
[627] Vgl. Heinrichs in: Palandt § 126, Rn. 7.
[628] BGH NJW 62, S. 1389; BayObLG NJW 81, S. 2198; Heinrichs in: Palandt § 126, Rn. 11.
[629] BGH 121, S. 224; Fritsche/Malzer in: DNotZ 1995, S. 18.
[630] Heinrichs in: Palandt § 126, Rn. 11.

FormAnpG die Regelung in § 127 Satz 2 BGB nicht nur in den neuen Absatz 2 geschoben wurde, sondern auch der Begriff „telegrafische Übermittlung“ durch den neuen Begriff „telekommunikative Übermittlung“ ersetzt wurde. Es kommen somit nun alle Formen der Kommunikation mittels Telekommunikationsanlagen in Betracht.[631] Dies ist eine Anpassung des Gesetzes an die technischen Gegebenheiten, bei denen der Telegraf seine Bedeutung als Übertragungsmedium im Wirtschaftsverkehr fast gänzlich verloren hat. Bei einseitigen Willenserklärungen kann somit die durch Rechtsgeschäft bestimmte Schriftform durch telekommunikative Übermittlung mittels Fernschreiben, Telegramm oder Telekopie gewahrt werden.[632] Ausgeschlossen ist, wie auch bisher, die Übermittlung an den Empfänger in der Form von Sprache.[633] Nach Ansicht der Bundesregierung ergibt sich dies aus dem Zusammenhang in § 127 Abs. 2 BGB, denn die Schriftform könne nach einer verständigen Auslegung nicht durch eine fernmündliche Erklärung ersetzt werden. Dies gelte auch schon deshalb, weil lediglich das Unterschriftserfordernis eine Erleichterung nach dieser Vorschrift erfahre und die Schriftform im Übrigen vorliegen müsse.[634] Eine Unterschrift wird in diesen Fällen somit als entbehrlich betrachtet. Dies galt bereits vor Erlass des FormAnpG. Es wird jetzt lediglich gefordert, dass sich der Urheber des Erklärungsinhaltes aus dem schriftlich zugegangenen Erklärungstext ergibt. Auch mechanisch hergestellte Unterschriften reichen somit zur Wahrung der gewillkürten Schriftform aus.[635] Daher war der Einsatz gewisser elektronischer Hilfs- und Kommunikationsmittel vom Grundsatz des BGB bereits vor dem FormAnpG nicht ausgeschlossen.[636]

Im Rahmen dieser Arbeit kann somit festgehalten werden, dass die vertraglich vereinbarte Schriftform auch durch E-Mail und Computerfax und damit auch durch eine Computererklärung erfüllt werden kann.[637] Der auf Sicherheit bedachte Vertragspartner hat dabei immer die Möglichkeit nach § 127 Abs. 2 Satz 2 BGB die nachträgliche Beurkundung zu verlangen.

---

[631] BT-Drucks. 14/4987, S. 20; vgl. hierzu § 3 Nr. 16 und 17 des Telekommunikationsgesetzes vom 25. Juli 1996, BGBl. I, S. 1120.

[632] BT-Drucks. 14/4987, S. 20; vgl. BGH NJW-RR 1986, S. 866; siehe auch Heinrichs in: Palandt § 127, Rn. 2; Förschler in: MüKo § 127, Rn. 10a.

[633] BT-Drucks. 14/4987, S. 21; vgl. auch Heinrichs in: Palandt § 127, Rn. 2.

[634] BT-Drucks. 14/4987, S. 43.

[635] Heinrichs in: Palandt § 127, Rn. 2.

[636] Nowak in: MDR 2001, S. 841; Paefgen – Btx, S. 31.

[637] BT-Drucks. 14/4987, S. 21.

Die Möglichkeit des Abschlusses von Verträgen mittels eines Briefwechsels bedeutet eine weitere Auflockerung der Anforderungen des § 126 Abs. 1 BGB dahingehend, dass die beiden Unterschriften der Vertragspartner bei der gewillkürten Schriftform nicht mehr auf derselben Urkunde verkörpert sein müssen.[638]

Diese besonderen Anforderungen an die durch Rechtsgeschäft bestimmte Schriftform gelten jedoch nur als Auslegungsregel.[639] Die Parteien können bei der gewillkürten Schriftform natürlich auch abweichende Formerfordernisse vertraglich vereinbaren.

Die Nichtbeachtung der gewillkürten Schriftform führt im Gegensatz zur gesetzlichen Form nur „im Zweifel" zu Nichtigkeit des Rechtsgeschäfts.[640] Da die Bedeutung der gewillkürten Form und ebenso die Rechtsfolge der Nichteinhaltung auf dem Parteiwillen beruht, ist hierzu das formbestimmende Rechtsgeschäft auszulegen.

IV. Die Textform (§ 126 b BGB)

1. Begriff

Bei der Textform muss die Erklärung gemäß § 126 b BGB in einer Urkunde oder auf andere zur dauerhaften Wiedergabe in Schriftzeichen geeigneten Weise abgegeben, die Person des Erklärenden genannt und der Abschluss der Erklärung durch Nachbildung der Namensunterschrift oder anders erkennbar gemacht werden. Eine zur dauerhaften Wiedergabe in Schriftzeichen geeignete Weise wird auch mit dem Begriff der Lesbarkeit in Schriftzeichen gleichgesetzt. In der Begründung des Gesetzgebers wird deshalb wegen des Verzichts auf die eigenhändige Unterschrift und unter Verweis auf die Anforderung der Lesbarkeit gefolgert, dass damit auch die Übertragung einer Erklärung in Kopie oder durch Telefax erfasst wird und damit eine erhebliche Erleichterung des Rechtsverkehrs verbunden sei.[641] Dies macht deutlich, dass hier ein Zusammenhang mit der bereits bisher bestehenden Regelung im alten § 127 Satz 2 BGB besteht, die jetzt in § 127 Abs. 2 BGB erscheint. Wie oben bereits ausgeführt wurde, konnte ein Telefax im Rahmen der gewillkürten

---

[638] Heinrichs in : Palandt § 127, Rn. 3.
[639] Heinrichs in : Palandt § 127, Rn. 1.
[640] § 125, S. 2 BGB.
[641] BT-Drucks. 14/4987, S. 19.

Schriftform auch früher schon als formgerecht angesehen werden. Obige Begründung des Gesetzgebers macht somit deutlich, dass ein Telefax nun auch in gesetzlich geregelten Fällen als formgerecht anerkannt wird, wenn dort lediglich die Textform vorgeschrieben ist. Damit hält das Telefax, als telekommunikative Übermittlung einer Erklärung, erstmals Einzug in gesetzlich geregelte Fälle mit Formanforderungen. Der Gesetzgeber geht dabei weiterhin davon aus, dass das Erfordernis der Lesbarkeit der Schriftzeichen auch erfüllt wird, wenn die Erklärung nicht auf Papier ausgedruckt wird, sondern nur auf dem Bildschirm oder einer sonstigen Ausgabeeinheit beim Empfänger der Erklärung wahrnehmbar ist.[642] Es reicht somit, wenn der Empfänger die Möglichkeit hat, darüber zu befinden, ob er die Erklärung dauerhaft aufbewahren will und auch darüber, ob er es mittels eines elektronischen Speichers oder über einen Papierausdruck dauerhaft konservieren will. So soll die Lesbarkeit auch vorliegen, wenn sich der Empfänger eines Dienstleisters, z.B. eines Mail-Call-Dienstes, bedient.[643] In diesem Fall liegt die lesbare Erklärung beim Dienstleister vor und dieser bringt sie dem End-Empfänger als sog. Lesehilfe hörbar zur Kenntnis. Nicht ausreichend ist hingegen die lediglich hörbare Erklärung, auch wenn sie beim Empfänger in sichtbare Erklärungen umgewandelt wird.[644]

Das Gesetz macht keine Vorgaben, was der Erklärende zu seiner Benennung angeben muss. Es wird hier somit auf die Gestaltung des konkreten Falles ankommen. So kann bei bestehenden Beziehungen auch die Nennung eines Vornamens oder sogar eines Spitznamens ausreichend sein.[645] Hier kommen auch Kürzel oder Pseudonyme ebenso in Betracht wie Rückschlüsse durch die verwendete E-Mail-Adresse.[646] Dies ist übrigens vergleichbar mit den Ausführungen zur gesetzlichen Schriftform, bei der Ähnliches für den Inhalt der Unterschrift gilt.

Anfänglich stellte der Regierungsentwurf zu § 126 b BGB es noch völlig frei, auf welche Weise der Abschluss der Erklärung kenntlich gemacht wird.[647] Diese sehr geringen Anforderungen wurden berechtigterweise als der praktische Verzicht auf jegliche Formerfordernisse gewertet, was schließlich auch zum

---

642 BT-Drucks. 14/4987, S. 19.
643 BT-Drucks. 14/4987, S. 20.
644 BT-Drucks. 14/4987, S. 20.
645 BT-Drucks. 14/4987, S. 20.
646 BT-Drucks. 14/4987, S. 20.
647 Vgl. Regierungsentwurf des Textformgesetzes, BT-Drucks. 14/4987, S. 5.

Scheitern des Vorschlags im Bundesrat führte. Dieser verwies auf die zu erwartende Problematik hinsichtlich der Warn-, Beweis- und Identitätsfunktionen.[648] Aufgrund des Widerstandes im Bundesrates wurde die Vorschrift deshalb dergestalt verändert, dass nun die Nachbildung der Namensunterschrift als erste Erfüllungsalternative genannt wird. Da eine andere Erkennbarmachung des Abschlusses der Erklärung aber weiterhin bestehen geblieben ist, müssen die aufgeworfenen Bedenken gegen die Leistungsfunktion der Textform insgesamt bestehen bleiben. Die verbleibende Unsicherheit kann wohl nur deshalb hingenommen werden, weil der Anwendungsbereich doch sehr begrenzt ist.[649]

Die Textform ist damit eine neue verkehrsfähige Form im allgemeinen Teil des BGB, bei der die Anforderungen an das Urkundenerfordernis und damit die Bindung an das Papier ebenso fallen gelassen wurde wie die handschriftliche oder elektronische Unterschriftsleistung.[650]

2. Anwendungsbereich

Der Gesetzgeber hatte erkannt, dass ein dringendes Bedürfnis des Rechtsverkehrs nach einer Erleichterung der strengen Schriftform bestand.[651] Die Textform des § 126 b BGB gilt deshalb vor allem für Erklärungen, bei denen das Erfordernis einer eigenhändigen Unterschrift nach heutigen Vorstellungen unangemessen und verkehrserschwerend wäre.[652] Sie gilt auch dort, wo ausreichende Rechtssicherheit gegeben ist, weil weder Absender, Empfänger oder irgendein Dritter ein Fälschungsinteresse in Bezug auf die Erklärung haben können. Dies gilt vor allem, wenn mit der Erklärung reine Informationspflichten des Erklärenden gegenüber dem Empfänger erfüllt werden.[653] Ferner sind auch jene Fälle von der Textform erfasst, in denen Belehrungs- oder Unterrichtungspflichten im Gesetz vorgesehen sind. Diese Form ist daher besonders geeignet für Serienbriefe und -faxe oder elektronische Serien-E-Mails, wodurch eine einheitliche Erklärung in einfachster Weise an eine Vielzahl von Empfängern übermittelt werden kann.[654]

---

[648] Pressemitteilung 79/2001 des Deutschen Bundesrates v. 11.5.2001; vgl. auch Bierekoven – Vertrags-schluss im Internet, S. 149 f.
[649] BT-Drucks. 14/4987, S. 18.
[650] BT-Drucks. 14/4987, S. 18.
[651] BT-Drucks. 14/4987, S. 18.
[652] Geis in: MMR 2000, S. 671; Reinholz in: MC 2001, S. 27.
[653] Dästner in: NJW 2001, S. 3469.
[654] Lüdemann/Adams in: K&R 2002, S. 9; Nowak in: MDR 2001, S. 842.

Außerdem gab es bereits viele spezielle Einzelformbestimmungen in Sondergesetzen, die entsprechend geringere Anforderungen an die Form vorsahen, sodass § 126 b BGB heute insoweit eine Verallgemeinerung und damit auch Vereinheitlichung dieser bereits bestehenden Form-Regelungen darstellt. Durch die neue Regelung im allgemeinen Teil des BGB soll somit ein Wildwuchs von derartigen Spezialformregelungen verhindert und der unvermeidlichen Unübersichtlichkeit vorgebeugt werden.[655] Als eines dieser Beispiele einer Regelung in Sondergesetzen dienten dem Gesetzgeber unter anderem die Erfahrungen der unterschriftslosen Form für Mieterhöhungserklärungen nach § 8 MHG.[656] Diese und vergleichbare Regelungen beschränkten sich jedoch auf mithilfe automatischer Einrichtungen erstellte Erklärungen. Speziell auf diese Tatbestände war ursprünglich auch die neue Textform ausgerichtet. Da es jedoch weder für den Empfänger, noch für sonstige Dritte ohne weiteres erkennbar ist, ob eine automatisierte Erklärung oder eine für den Individualfall erstellte Erklärung vorliegt, wurde der Anwendungsbereich der Textform in § 126 a BGB auf alle Erklärungen erweitert, unabhängig davon, auf welche Art und Weise die dabei erforderlichen Erklärungen angefertigt wurden[657]

Die Textform ist somit für unterschriftslose Erklärungen gedacht, die sowohl als elektronische Dokumente wie auch als herkömmliche Papierdokumente in Erscheinung treten können.[658] Sie kommt in der Praxis jedoch insbesondere dem elektronischen Geschäftsverkehr zugute, bei dem die Erstellung und Versendung jetzt vollautomatisch über das Netz zum Empfänger erfolgen kann. Es ist dies somit eine besonders auch für Computererklärungen geeignete Form.

3. Textform und ihr Verhältnis zu anderen Formen

Die Textform kann heute als die einfachste gesetzlich vorgeschriebene Form bezeichnet werden. Sie kann deshalb, soweit sie für einen bestimmten Erklärungstatbestand gesetzlich vorgeschrieben ist, durch höherwertige Formen ersetzt werden. Dies sind die schriftliche, die elektronische und die notarielle Form und natürlich auch die öffentliche Beurkundung. Alle diese Formen erfüllen somit per Definition die Anforderungen der Textform.[659]

---

[655] BT-Drucks. 14/4987, S. 18; Nissel – Formvorschriften, S. 32.
[656] BT-Drucks. 14/4987, S. 18.
[657] BT-Drucks. 14/4987, S. 18.
[658] Nissel – Formvorschriften, S. 32.
[659] BT-Drucks. 14/4987, S. 20.

In bestimmten, gesetzlich als solchen bezeichneten Fällen wird die Textform der Schriftform sogar gleichgestellt. Dies ist z.B. der Fall in den §§ 541 b II 1, 552 a, 651 g II 3 BGB. Sie reicht – wie bereits ausgeführt – auch für die Informationspflichten der §§ 312 c und e BGB aus.[660]

4. Die Textform als gewillkürte Schriftform

Die gewillkürte Schriftform hat durch das FormAnpG ebenfalls einen erweiterten Anwendungsbereich erhalten.[661] Es wird in § 127 Abs. 1 BGB nunmehr ausgeführt, dass auch die Textform in § 126 b BGB durch Rechtsgeschäft bestimmt werden kann.

Betrachtet man die Anforderungen an die Textform, dann erkennt man, dass dort derart niedrige Anforderungen an die Form gestellt werden, dass keine weitere Erleichterung für die vertraglich vereinbarte Textform in Betracht kommen kann.[662] Ist somit die Textform vertraglich vereinbart, dann muss diese stets den gesetzlichen Anforderungen des § 126 b BGB genügen, um auch der vertraglichen Vereinbarung zu genügen. Dieses Ergebnis wird schon dadurch bestätigt, dass § 127 BGB keine den dortigen Absätzen 2 und 3 entsprechenden Regelungen für die Textform enthält.

V. Die elektronische Form (§§ 126 Abs. 3, 126 a BGB)

1. Erscheinungsformen

a) Die elektronische Form als Ersatz der Schriftform

Die elektronische Form wird in den §§ 126 Abs. 3 und 126 a in das BGB eingeführt. In § 126 Abs. 3 BGB wird der Grundsatz aufgestellt, dass die Schriftform durch die neu eingeführte elektronische Form ersetzt werden kann.[663] Sie ist somit als Option zur herkömmlichen Schriftform nach § 126 BGB gestaltet.[664] Wird somit durch Gesetz die eigenhändige Unterschrift nach § 126 BGB gefordert,[665] so kann dies im Rahmen elektronischer Kommunikation dadurch

---

[660] Ulmer – Vertragsschluss im Internet, S. 168.
[661] Nowak in: MDR 2001, S. 843.
[662] BT-Drucks. 14/4987, S. 21.
[663] Nowak in: MDR 2001, S. 842.
[664] Nissel – Formvorschriften, S. 28.
[665] Z.B. Gebührenberechnung nach § 18 Abs. 1 BRAGO oder Frachtbrief nach § 408 Abs. 2 HGB.

erfüllt werden, dass die Unterzeichnung durch eine elektronische Signierung erfolgt.[666]

Die elektronische Form ist dabei nach Ansicht des Gesetzgebers so ausgestaltet worden, dass sie die mit der Schriftform bezweckten Leistungsfunktionen regelmäßig erfüllt.[667] Dies werde durch die der qualifizierten elektronischen Signatur zugrunde liegende Technik gewährleistet.[668] Man geht somit insoweit von einer funktionalen Gleichwertigkeit der elektronischen Form und der Schriftform aus.[669] Die diesbezüglichen Leistungsanforderungen an diese elektronischen Formen werden deshalb später noch näher untersucht.

Der neue § 126 a BGB regelt die gesetzlichen Anforderungen an die elektronische Form. Danach muss der Aussteller der Erklärung dieser seinen Namen hinzufügen und das elektronische Dokument mit einer qualifizierten elektronischen Signatur nach dem Signaturgesetz versehen.

Gemäß den Grundsätzen der übereinstimmenden Willenserklärungen, die für das Zustandekommen eines gegenseitigen Vertrages notwendig sind, muss diese Handlung nach § 126 a Abs. 2 BGB von beiden Vertragsparteien an gleich lautenden Dokumenten vorgenommen werden. Hervorzuheben ist hier die geforderte Gleichartigkeit der Dokumente, die als identische Dokumente zu verstehen sind. Dies ist nicht zu vergleichen mit der Alternative in § 127 Abs. 3 BGB, in der eine Angebots- und eine Annahmeerklärung als Vertragsdokumente ausreichen. Dies sind keine gleich lautenden Dokumente, auch wenn sie aufeinander abgestimmt sind.

Es müssen sich nach Ansicht der Bundesregierung im Gesetzgebungsverfahren beide Parteien außerdem für die elektronische Form entscheiden.[670] Dies komme im Gesetz in § 126 Abs. 3 BGB durch die Formulierung „kann ersetzt werden" zum Ausdruck. Die Billigung könne ausdrücklich, schlüssig oder auch nach Maßgabe der bisherigen Gepflogenheiten erfolgen, wenn aus solchen Gegebenheiten folgt, dass die Beteiligten mit dem Zugang einer elektronischen Willenserklärung rechnen müssen.[671] Wie im Abschnitt Abgabe und Zugang bereits ausgeführt wurde, handelt es sich bei der Billigung aber nicht um eine

---

666 BT-Drucks. 14/4987, S. 14.
667 BT-Drucks. 14/4987, S. 15.
668 Nissel – Formvorschriften, S. 30.
669 Vgl. BT-Drucks. 14/4987, S. 15 bis 17.
670 BT-Drucks. 14/4987, S. 15; vgl. auch Reinholz in: MC 2001, S. 27.
671 BT-Drucks. 14/4987, S. 41.

Billigung für das konkrete Geschäft, sondern um eine Billigung der Teilnahme am „Rechtsverkehr mit Verwendung der elektronischen Form".

Es ist auch eine Mischung zwischen der Schriftform des § 126 Abs. 1 BGB und der elektronischen Form denkbar. Auch wenn dies wohl nicht den Bedürfnissen der Praxis entspricht, so steht einer derart „gespaltenen Form" beim Vertragsschluss jedoch nichts im Wege.[672]

b) Die elektronische Form als rechtsgeschäftlich vereinbarte Form

§ 127 Abs. 3 BGB regelt die hierfür einschlägigen Anforderungen. Die Erleichterung bei den Anforderungen gegenüber der elektronischen Form nach § 126 a BGB liegt hier in der Anerkennung von elektronischen Signaturen, die in der Qualität unter der qualifizierten elektronischen Signatur nach § 126 a BGB liegen. Es können somit hier auch die einfache und die fortgeschrittene Signatur zum Tragen kommen, wenn die Parteien keine andere Regelung im Einzelfall getroffen haben. Im Vergleich zu den oben bereits aufgeführten Erleichterungen bei der rechtsgeschäftlich vereinbarten Schriftform nach §§ 126, 127 Abs. 2 BGB sind hier die Anforderungen somit eindeutig höher. Telegramm und Telefax sind hier also nicht ausreichend.[673]

Bei einem Vertrag, für den die elektronische Form durch Rechtsgeschäft vorgeschrieben wird, gilt nach § 127 Abs. 3 BGB die Erleichterung, dass Angebots- und Annahmeerklärung nicht in einem Dokument enthalten sein müssen, sondern in getrennten Dokumenten vorliegen können. Es müssen im Gegensatz zur elektronischen Form nach § 126 a BGB also auch keine „identischen" Dokumente elektronisch signiert werden. Diese können außerdem online ausgetauscht werden oder es kann dies durch Austausch zweier Datenträger erfolgen.[674]

Der auf Sicherheit bedachte Vertragspartner hat auch hier die Möglichkeit nach § 127 Abs. 3 Satz 2 BGB die nachträgliche Beurkundung zu verlangen.

Nachfolgend sollen die Anforderungen an die elektronische Form im Einzelnen dargestellt werden.

---

[672] BT-Drucks. 14/4987, S. 18.
[673] BT-Drucks. 14/4987, S. 21.
[674] BT-Drucks. 14/4987, S. 21.

2. Gesetzliche Anforderungen

a) Hinzufügung des Namens des Ausstellers

§ 126 a BGB fordert vom Aussteller einer Erklärung in elektronischer Form, dass er der Erklärung seinen Namen hinzufügt, bevor er das Dokument zusätzlich mit einer qualifizierten fortschrittlichen Signatur versieht.

Betrachtet man dazu die vom Gesetz unterschiedlich gewählte Diktion in § 126 b BGB zur Textform, in der davon gesprochen wird, dass die Person des Erklärenden genannt wird, dann ist hier praktisch und rechtlich kein Unterschied zu sehen. Eine Person, die ein Dokument in elektronischer Form abgeben will, muss sich einen ihr persönlich zugeordneten Schlüssel besorgen. Diesen Schlüssel besorgt sie sich unter ihrem Namen. Dabei muss es sich, entsprechend den Ausführungen zur gesetzlich vorgeschriebenen schriftlichen Form um den Namen handeln, der den Aussteller als natürliche Person erkennbar macht. Es ist dabei natürlich auch hier möglich, den Familiennamen durch ein Pseudonym zu ersetzen oder einen Berufs- oder Künstlernamen zu verwenden, solange die als Aussteller in Betracht kommende Person zweifelsfrei zu identifizieren ist. Der Aussteller muss somit in der von ihm erstellten Erklärung grundsätzlich jenen Namen angeben, unter dem er sich den elektronischen Schlüssel besorgt hat, damit der Empfänger sich den passenden Schlüssel besorgen kann, um den notwendigen Vergleich auch der weiteren elektronischen Unterschrift auf dem Dokument vornehmen zu können.

b) Anforderungen des Signaturgesetzes

Im Wesentlichen orientiert sich das neue Signaturgesetz (im Folgenden „SigG“) an dem SigG von 1997[675] (im Folgenden „SigG97“), an den Anforderungen der Signaturrichtlinie und am Ergebnis einer 1999 auf Forderung des Deutschen Bundestages erfolgten Evaluierung der bisherigen Wirkungen des SigG1997.[676]

(1) Begriffsbildung

Während sich der Anwendungsbereich des SigG97 ausschließlich auf „digitale Signaturen“ bezog, regeln die Signatur-Richtlinie und das SigG die „elektronischen Signaturen“. Wie die Richtlinie unterscheidet das Signaturgesetz dabei drei verschiedene Sicherheitsstufen bei den elektronischen Signaturen, wobei

[675] Reinholz in: MC 2001, S. 25; Roßnagel NJW 2001, S. 1819.
[676] Roßnagel in: NJW 2001, S. 1817.

der deutsche Gesetzgeber der dritten Stufe ausdrücklich die Bezeichnung „qualifizierte elektronische Signatur“ zugeordnet hat. Die anderen beiden Stufen werden als „elektronische Signatur und „fortgeschrittene elektronische Signatur“ bezeichnet und entsprechen jenen der Richtlinie, die oben bereits aufgezeigt wurden.

Das SigG verwendet teilweise auch in anderen Bereichen Begriffe, die von jenen der Richtlinie abweichen. So spricht § 2 Nr. 2 des SigG beispielsweise von „Signaturschlüssel-Inhaber“, während die entsprechende Vorschrift der Richtlinie den Begriff des „Unterzeichners“ verwendet. Ebenso wurde in § 2 Nr. 4 der Begriff „Signaturerstellungsdaten“ zu „Signaturschlüssel“ verändert. Diese unterschiedliche Terminologie soll jedoch keine unterschiedliche Interpretation im Vergleich zu der Richtlinie bewirken.[677] Die vom europäischen Gesetzgeber verwendete Terminologie sollte nur die gesetzliche Technologie-Neutralität signalisieren.

(2) Anwendungsbereich des SigG

Der neue Begriff und damit das Anwendungsspektrum der „elektronischen Signatur“ ist erheblich umfassender als das der digitalen Signatur, denn er umfasst die digitale Signatur und ermöglicht darüber hinaus auch die Erfassung von Signaturen, die mittels anderer Technologien auf elektronischen Wege erzeugt werden.[678] Die digitale Signatur ist dabei sicher der direkteste Weg, um die gesetzlichen Anforderungen an elektronische Signaturen zu erfüllen, denn sie setzt grundsätzlich einen hohen Sicherheitsstandard voraus. Dies wird mittels einer asymmetrischen Verschlüsselung erreicht. So war auch die digitale Signatur in § 2 des SigG97 definiert. Demgegenüber sieht jetzt das SigG mehrere Stufen von elektronischen Signaturen vor, wobei die elektronische Signatur als niedrigste Sicherheitsstufe bereits mittels einer eingescannten Unterschrift erfüllt werden kann.[679] Die fortgeschrittene elektronische Signatur nähert sich den Sicherheitsanforderungen der digitalen Signatur nach dem SigG97 in Bezug auf die Vermeidung von Fälschungsmöglichkeiten weiter an. Es ist jedoch nur die neue qualifizierte elektronische Signatur die den bisherigen

---

[677] BT-Drucks. 14/4987, S. 10 ff.
[678] Tettenborn in: CR 2000, S. 687.
[679] Tettenborn in: CR 2000, S. 687.

hohen Anforderungen an die digitale Signatur genügt.[680] Nur dieser dritten Sicherheitsstufe musste der deutsche Gesetzgeber gemäß Art. 5 der Richtlinie daher auch jene Rechtswirkungen zukommen lassen, die der gesetzlich vorgeschriebenen schriftlichen Form zuerkannt werden. Im Rahmen des § 126 a BGB ist deshalb auch ausdrücklich lediglich die qualifizierte elektronische Signatur nach dem SigG als maßgeblich eingestuft worden.

(3) Aufsicht

Das SigG97 befasste sich hauptsächlich mit der Sicherstellung von Integrität und Authentizität der signierten Daten.[681] Um dies zu erreichen, war es notwendig, dass die Verfälschung der digitalen Signatur und der signierten Daten nahezu unmöglich war. Das SigG97 schuf dazu für die vorgesehene asymmetrische Verschlüsselung ein Netzwerk von Zertifizierungsstellen, die von einer vorherigen Genehmigung abhingen und durch die ein technisch hochstehender Signaturschlüssel einer bestimmten Person zugeordnet wurde.[682] Die Zertifizierungsstellen waren private Anbieter und standen unter der Aufsicht der Regulierungsbehörde für Telekommunikation und Post.[683]

Damit ein Anbieter von Zertifizierungsdiensten eine Genehmigung erhielt, musste er gewisse Sicherheitsstandards erfüllen. Nur wenn die entsprechenden Voraussetzungen erfüllt wurden, konnte der Anbieter eine Lizenz für die Vergabe von Signaturschlüssel-Zertifikaten nach dem SigG97 erhalten. Es handelte sich sodann um einen akkreditierten Zertifizierungsdienst.

Im SigG konnte der deutsche Gesetzgeber wegen den Anforderungen in Art. 3 der Signaturrichtlinie diesen Genehmigungsvorbehalt nicht mehr aufrechterhalten. Er wurde daher in § 4 des SigG durch Regelungen über allgemeine Anforderungen an die Zertifizierungsstellen ersetzt und durch Vorschriften in § 19 des Gesetzes durch neue aufsichtsrechtliche Funktionen ergänzt. Der Betrieb eines Zertifizierungsdienstes als solcher ist damit jetzt genehmigungsfrei und die Aufsichtsbehörde fungiert nicht mehr als Genehmigungsbehörde, sondern nur

[680] Dabei ist aber zu beachten, dass den strengen Sicherheitsanforderungen des SigG97 nur eine Hardwarelösung gerecht werden konnte, während für eine qualifizierte elektronische Signatur auch eine softwarebasierende Lösung ausreichen kann. Daher haben Teile der Literatur dies zu Recht als eine Herabstufung des Sicherheitsniveaus des SigG97 gesehen. Tettenborn in: CR 2000, S. 687; Roßnagel in: MMR 1999, S. 264.
[681] Reinholz in: MC 2001, S. 25.
[682] Roßnagel in: Rechtsfragen des E-Commerce, S. 58.
[683] Geis in: NJW 1997, S. 3001.

noch als Kontrollfunktion. Die Überwachungsmöglichkeiten der Behörde werden dadurch erleichtert, dass der Betrieb spätestens mit der Betriebsaufnahme anzuzeigen ist und dabei dargestellt werden muss, wie die allgemeinen Anforderungen nach § 4 Abs. 2 SigG erfüllt werden. Der Betreiber ist außerdem verpflichtet sicherzustellen, dass die Anforderungen auch im zukünftigen Betrieb erfüllt werden und hat Probleme bei der Erfüllung der Anforderungen unverzüglich anzuzeigen. Die Aufsichtsbehörde kann im Rahmen ihrer Aufsichtsmaßnahmen dann den Betrieb teilweise oder ganz untersagen, die Sperrung von qualifizierten Zertifikaten veranlassen oder Bußgelder erteilen.

Der Anbieter von Zertifizierungsdiensten muss diese Signaturschlüssel-Zertifikate in einem jederzeit öffentlich zugänglichen Verzeichnis, vergleichbar mit einem Telefonbuch, aufbewahren. Damit das Signaturschlüssel-Zertifikat selber vor einer Verfälschung geschützt ist, muss es seinerseits mit dem privaten Schlüssel des Anbieters signiert sein.[684]

(4) Freiwillige Akkreditierung

Wie oben bereits ausgeführt wurde, stellt die Signaturrichtlinie es den Mitgliedsstaaten frei, ob sie ein freiwilliges Akkreditierungsverfahren einführen wollen. Der deutsche Gesetzgeber hat in den §§ 16 und 17 des SigG von dieser Möglichkeit Gebrauch gemacht und bietet den Zertifizierungsanbietern ein Verfahren zur freiwilligen Akkreditierung an.

Auf Antrag kann deshalb ein Anbieter sich unter dem freiwilligen Akkreditierungssystem einer entsprechenden Prüfung unterziehen.[685] Dabei wird die Zuverlässigkeit des Anbieters von Zertifizierungsdiensten untersucht. Bei der Prüfung werden die im Betrieb des Anbieters tätigen Personen daraufhin überprüft, ob sie die notwendige Fachkenntnis und Fähigkeiten im Umgang mit den betreffenden Technologien besitzen. Weiterhin müssen die innerhalb des Betriebes eingesetzten Technologien und Anlagen den vom Signaturgesetz gesetzten Anforderungen entsprechen.

Wenn ein Anbieter von Zertifizierungsdiensten nachweist, dass er die Anforderungen des Signaturgesetzes erfüllt, muss die zuständige Behörde gemäß § 15 I SigG die Akkreditierung vornehmen. Der Anbieter erhält dann bei positiver Entscheidung der zuständigen Behörde ein Gütezeichen und kann seinen

[684] § 2 III SigG.
[685] Reinholz in: MC 2001, S. 26.

Kunden die Verwendung einer „qualifizierten elektronischen Signatur mit Anbieter-Akkreditierung“ anbieten. Er kann sich außerdem zusätzlich als „akkreditierten Zertifizierungsdiensteanbieter“ bezeichnen und sich im Rechts- und Geschäftsverkehr auch auf die nachgewiesene Sicherheit berufen.[686]

Die Gefahr eines freiwilligen Akkreditierungssystems liegt darin, dass Anbieter, die nicht innerhalb dieser Infrastruktur operieren, von den Verbrauchern pauschal als weniger vertrauenswürdig angesehen werden könnten. Die Tatsache, dass nur „akkreditierte Zertifizierungsdiensteanbieter“ auf die bei Ihnen nachgewiesene Sicherheit verweisen können, wird dabei sicher einen Einfluss auf die Vorstellungen der Nutzer über die Sicherheit der angebotenen und von diesen Anbietern verwendeten elektronischen Signaturverfahren haben. Es ist deshalb zu befürchten, dass damit ein mittelbarer Zwang zur Akkreditierung ausgeübt wird und damit praktisch ein Rückfall zur allgemeinen Akkreditierung erfolgen wird. Dem kann natürlich entgegengehalten werden, dass mit den Regelungen des SigG jetzt mehrere Alternativen für die Nutzer zur Verfügung stehen und zwar auf mehreren Ebenen, nämlich 2 Alternativen auf der Ebene der qualifizierten Signatur und 2 Alternativen darunter. Der mündige Bürger wird aus diesen Alternativen schon jene Signatur heraussuchen, die für ihn und für das konkrete von ihm verfolgte Geschäft eine vernünftige und damit ausreichende Sicherheit bietet. Sicherlich wird dabei auch die preisliche Komponente ihren Einfluss haben, sodass die Nachfrage nach den unterschiedlichen elektronischen Signaturen das Angebot regulieren wird.

(5) Zertifizierungsdiensteanbieter

Zertifizierungsdiensteanbieter sind natürliche oder juristische Personen.[687] Die Aufgaben der Anbieter werden vom SigG wie folgt definiert:

- er hat den Antragsteller eines qualifizierten Zertifikats zuverlässig zu identifizieren;[688]
- es müssen Vorkehrungen getroffen werden, um die unbemerkte Fälschung von Daten qualifizierter Zertifikate zu verhindern;[689] und
- die Geheimhaltung der Signaturschlüssel muss gewährleistet sein.[690]

686 § 15 I SigG.
687 Reinholz in: MC 2001, S. 26.
688 § 5 I SigG.
689 Reinholz in: MC 2001, S. 26.

Zusätzlich müssen die Anbieter von Zertifizierungsdiensten gegenüber ihren Kunden die Unterrichtungspflichten gemäß § 6 SigG erfüllen. Dabei muss den Kunden u.a. mitgeteilt werden, dass die qualifizierte Signatur im Rechtsverkehr die gleiche Wirkung hat wie eine eigenhändige Unterschrift. Außerdem müssen die Kunden über erforderliche Maßnahmen unterrichtet werden, die zur Sicherheit von qualifizierten elektronischen Signaturen und zu deren zuverlässigen Prüfung beitragen.

All diese Informationen müssen nach § 6 III SigG dem Kunden schriftlich ausgehändigt werden und dieser muss den Empfang schriftlich bestätigen. Eine Ersetzung der Unterschrift durch eine elektronische Unterschrift ist hier nicht möglich. Diese Vorschrift ist deshalb sehr umstritten, denn sie signalisiert erneut die weiterhin fehlende Gleichstellung von elektronischer Signatur und eigenhändiger Unterschrift in der Vorstellungswelt des Gesetzgebers.

Im Gegensatz zum alten Signaturgesetz, welches auf die allgemeinen zivilrechtlichen Haftungsnormen aufgebaut hat, kodifiziert das neue Gesetz jetzt eigenständige Haftungstatbestände für Anbieter von Zertifizierungsdiensten. Dabei gibt der deutsche Gesetzgeber den Personen, die qualifizierte Zertifikate verwenden oder darauf vertrauen, einen größeren Schutz als dies die Signatur-Richtlinie verlangt. Ein Zertifizierungsdiensteanbieter wird deshalb zum Schadensersatz verpflichtet, wenn ein Dritter vernünftigerweise auf den Inhalt des qualifizierten Zertifikats, der Genauigkeit des Zeitstempels oder auf andere Informationen vertraut, die der Anbieter dem Kunden auf Verlangen aushändigen muss, und ein Dritter dadurch einen Schaden erleidet.[691]

Die Beweislast ist dabei auf den Zertifizierungsdiensteanbieter übertragen worden. Sein Verschulden wird vermutet.[692] Er kann seine Schadensersatzpflicht nur abwenden, wenn er beweisen kann, dass er nicht für den Schaden verantwortlich war.[693] Der Sorgfaltsmaßstab der Zertifizierungsdiensteanbieter ist dabei sehr hoch anzusiedeln, da diese gewichtige Sicherheitsinteressen vertreten und folglich ein hohes Maß an Zuverlässigkeit aufweisen müssen. Dementsprechend kann ein Zertifizierungsdiensteanbieter auch seine Haftung vertraglich nicht einschränken.[694] Die einzige Einschränkungsmöglichkeit liegt im

---

690 Reinholz in: MC 2001, S. 26.
691 Reinholz in: MC 2001, S. 26; Roßnagel NJW 2001, S. 1823 f.
692 Reinholz in: MC 2001, S. 26.
693 § 11 II SigG.
694 Begründung zum SigG, Zu § 11 III, S. 33 ff.

Rahmen der Einschränkungen des Geltungsbereichs des qualifizierten Zertifikats selbst.[695] Um sicherzustellen, dass Zertifizierungsdiensteanbieter ihre Haftungspflichten auch erfüllen können, haben sie gemäß § 12 SigG geeignete Deckungsvorsorge zu treffen.

Zusätzlich zu den allgemeinen Haftungsregeln ist ein Verstoß gegen das Signaturgesetz auch noch mit der Möglichkeit von Bußgeld belegt.[696]

(6) Internationale Anerkennung elektronischer Signaturen

Entsprechend den Anforderungen der Signatur-Richtlinie stellt das Signaturgesetz elektronische Signaturen, die auf einem qualifizierten Zertifikat aus einem der Mitgliedstaaten beruhen, den qualifizierten elektronischen Signaturen nach dem SigG gleich.[697] Eine Überprüfung des konkreten Sicherheitsniveaus der verschiedenen Signaturen wird dabei nicht gefordert.[698] Gleiches gilt für Produkte, die zur Erstellung und Erkennung qualifizierter elektronischer Signaturen in den Mitgliedstaaten hergestellt werden.[699] Der Grund liegt in der Verpflichtung, dass alle den Anforderungen der Richtlinie entsprechen müssen und damit insoweit das gleiche Mindestniveau haben müssen. Soweit es sich allerdings um Signaturen eines freiwillig akkreditierten Serviceproviders handelt, werden ausländische Signaturen auch aus den Mitgliedstaaten dem nur gleichgestellt gemäß § 23 Abs. 2 SigG, wenn sie nachweislich eine gleichwertige Sicherheit aufweisen.[700] Die Gleichwertigkeit von Signaturen und von einschlägigen Produkten wird gemäß § 18 Abs. 2 und 3 der SigV von der Regulierungsbehörde festgestellt.[701]

Für Signaturen und Zertifikate, welche nicht aus einem anderen Mitgliedstaat stammen, hat der deutsche Gesetzgeber die Voraussetzungen der Richtlinie übernommen. Wenn danach kein multilaterales oder bilaterales Abkommen besteht und kein Zertifizierungsdiensteanbieter aus den Mitgliedstaaten für das

[695] § 11 III SigG.
[696] § 21 SigG.
[697] § 23 I SigG.
[698] Roßnagel in: BB 2002, S. 264.
[699] Roßnagel in: BB 2002, S. 264.
[700] Roßnagel in: BB 2002, S. 264.
[701] Roßnagel in: BB 2002, S. 264.

Zertifikat eines Anbieters aus einem Drittstaat einsteht, muss der Anbieter sich selbst in einem der Mitgliedstaaten akkreditieren lassen.[702]

VI. Ausnahmebereiche

Wie oben bereits aufgezeigt, erlaubt es die ECRL dem nationalen Gesetzgeber bestimmte, von der ECRL aufgezählte Verträge von der Möglichkeit eines elektronischen Vertragsabschlusses auszuschließen. Der deutsche Gesetzgeber macht von dieser Möglichkeit in mehreren Fällen Gebrauch. In ihrer ursprünglichen Gesetzesvorlage zum FormAnpG erwähnte die Bundesregierung noch mehrere Bereiche, in denen die elektronische Form ausdrücklich ausgeschlossen ist, und stellte sie zur Überprüfung bezogen auf die Richtlinienkonformität. Im BGB waren dies die §§ 623, 630, 766, 780 und 781 BGB.[703] Die Willenserklärung kann in diesen gesetzlichen Ausnahmefällen weiterhin nur gemäß § 126 BGB schriftlich oder notariell beurkundet wirksam abgegeben werden.[704]

1. Bürgschaftserklärungen

Wie der von der ECRL vorgegebenen Definition der Ausnahme für Bürgschaftsverträge entnommen werden kann, will diese nur eine Ausnahme zulassen, wenn sie von Personen außerhalb ihrer gewerblichen, geschäftlichen oder beruflichen Tätigkeit eingegangen werden. Nach neuem deutschem Recht bedürfen jedoch Bürgschaftserklärungen von Freiberuflern weiterhin der gesetzlichen Schriftform. Dies widerspricht offensichtlich der EG-Vorgabe und muss aus rein rechtlichen Gründen eines Tages sicher geändert werden, wenn ein praktisches Bedürfnis hierfür erkennbar wird. Bei der gegenwärtig allgemein noch bestehenden Zurückhaltung beim Einsatz des elektronischen Geschäftsverkehrs im Finanzbereich dürfte dies in absehbarer Zeit jedoch noch nicht der Fall sein.[705]

2. Schuldanerkenntnisse und -versprechen

Auch die Sperrung des elektronischen Geschäftsverkehrs für vertragliche Schuldversprechen und vertragliche Schuldversprechen gemäß §§ 780, 781 BGB dürfte nicht mit der EG-Vorgabe vereinbar sein.[706] Wenn dies in der

---

[702] Vgl. Reinholz in: MC 2001, S. 26; Roßnagel NJW 2001, S. 1824 f.
[703] BT-Drucks. 14/4987, S. 14 f.
[704] BT-Drucks. 14/4987, S. 14; Nissel – Formvorschriften, S. 30.
[705] Tettenborn, u.a. – elektronischer Geschäftsverkehr, S. 21.
[706] Tettenborn, u.a. – elektronischer Geschäftsverkehr, S. 21.

Begründung zum FormAnpG mit der fehlenden Warnfunktion begründet wird, dann kann dies, wie noch dargelegt wird, sicher nicht für alle Arten von elektronischen Formen gelten, die der deutsche Gesetzgeber neuerdings mittels §§ 126 a f. BGB zur Verfügung stellt. Rein aus formalen Gründen können wohl einseitige Sicherungserklärungen vom deutschen Gesetzgeber ausgenommen werden, denn die ECRL spricht in diesem Zusammenhang von Verträgen und nicht von einseitigen Willenserklärungen. Das ist wohl darauf zurückzuführen, dass die EG-Vorgabe in dem heutigen Stadium speziell Verträge und eben nicht auch einseitige Willenserklärungen im elektronischen Geschäftsverkehr fördern wollte.[707]

3. Verbraucherdarlehen

Der Gesetzgeber hat durch das Schuldrechtsmodernisierungsgesetz den 7. Abschnitt im 2. Buch völlig neu gestaltet. Der Darlehensvertrag ist dort jetzt in den §§ 488 ff. BGB geregelt. Im neuen § 492 BGB ist dabei jetzt eine Regelung aufgenommen worden, bei der sowohl die elektronische Form als auch die Textform ausdrücklich angesprochen werden. Letztlich aber hat der Gesetzgeber hier eine recht komplizierte Anforderungsstruktur, bezogen auf die notwendigen Formen, geschaffen. Für Verbraucherdarlehensverträge gilt im Grundsatz die schriftliche Form als Mindestform und die elektronische Form wird ausdrücklich ausgeschlossen. Wohl aus praktischen Gesichtspunkten hat der Gesetzgeber hier jedoch mehrere interessante Ausnahmen von den einzelnen Anforderungen an die gesetzliche Schriftform und zur Schriftform als solcher zugelassen.

Erstens sind die Anforderungen an die gesetzliche Schriftform nach § 492 Abs. 1 Satz 2 BGB bereits erfüllt, wenn Antrag und Annahme durch die Vertragsparteien jeweils getrennt schriftlich erklärt werden. Eine Unterzeichnung auf einer gemeinsamen Urkunde entfällt somit bei Verbraucherdarlehensverträgen trotz Schriftformerfordernis. Es ist dies eine Regelung, die jener für die rechtsgeschäftlich vereinbarte elektronische Form nach § 127 Abs. 3 BGB entspricht.

Zweitens bedarf die Erklärung des Darlehensgebers keiner Unterzeichnung, wenn sie mithilfe einer automatischen Einrichtung erstellt wurde. Da der Antrag in diesen Fällen grundsätzlich vom Darlehensnehmer kommt, handelt es sich

[707] Tettenborn, u.a. – elektronischer Geschäftsverkehr, S. 22.

hier um die Annahme dieses Antrags durch den Darlehensgeber, die somit automatisch in dieser Form wirksam erstellt werden kann. Bezogen auf die neuen Kategorien bei den Formvorschriften handelt es sich hierbei offensichtlich um die Textform, obwohl der Gesetzgeber diesen Begriff in der Vorschrift erstaunlicherweise nicht verwendet. Nach § 492 Abs. 3 BGB hat der Darlehensgeber dem Darlehensnehmer außerdem eine Abschrift der beiden Vertragserklärungen zur Verfügung zu stellen.

Eine dritte Ausnahme kann als Ausnahme von der Ausnahme bezeichnet werden. In § 502 Abs. 2 BGB erklärt der Gesetzgeber für Teilzahlungsgeschäfte im Fernabsatz die Erfordernisse des §§ 492 Abs. 1 Satz 1 bis 4 und Abs. 3 BGB für nicht anwendbar, wenn dem Darlehensnehmer die Angaben in § 502 Abs. 1 Satz 1 Nr. 1 bis 5 BGB vor Abschluss des Vertrages in Textform mitgeteilt wurden. Dies bedeutet, dass dort weder die gesetzliche Schriftform vorgeschrieben ist noch die elektronische Form ausgeschlossen ist. Dies bedeutet vielmehr, dass die oben aufgeführten Regelungen, bezogen auf Aktions- und Informationspflichten, für den Fernabsatzvertrag gelten, wobei es sich bei den in § 502 BGB geforderten Angaben um zusätzliche Informationspflichten im Sinne von § 312 c Abs. 4 BGB handelt.

Betrachtet man die vom deutschen Gesetzgeber vorgenommene grundsätzliche Ausnahme der Verbraucherdarlehen von der elektronischen Form, so kann dies nicht unter die oben aufgezeigten und genehmigten Ausnahmefälle in der ECRL subsummiert werden. Dies hat der Gesetzgeber erkannt und bezieht sich deshalb in der Begründung zum FormAnpG wohl zu Recht auf die Schriftformerfordernisse der Verbraucherkredit-Richtlinie.[708]

VII. Die Leistungsfunktionen der elektronischen Formen

Im Nachfolgenden soll geprüft werden, in welchem Umfang die neuen elektronischen Formen die Leistungskriterien erfüllen, die an Formvorschriften gestellt werden. Davon werden ihre praktische Anerkennung und damit ihr Einsatz in den unterschiedlichsten Lebensbereichen und ihr Verhältnis zur handschriftlichen Unterschrift abhängen.

[708] Tettenborn, u.a. – elektronischer Geschäftsverkehr, S. 22.

1. Abschlussfunktion

Bei elektronischen Signaturen werden nach der Begriffsbestimmung in § 2 Nr. 1 des SigG Daten in elektronischer Form anderen Daten beigefügt und mit diesen logisch verknüpft. Der Vorgang des elektronischen Signierens bezieht sich daher auf ein fertiges Dokument mit dem darin enthaltenen Text. Das Dokument wird durch den Vorgang der Verschlüsselung nicht nur im rechtlichen, sondern auch im technischen Sinne vervollständigt.[709] Der Vorgang der logischen Verknüpfung im Rahmen des Verschlüsselungsvorganges stellt somit die Abschlussfunktion bei allen Qualitätsstufen der elektronischen Signaturen nach dem SigG sicher.[710]

Auch die Textform erfüllt die Abschlussfunktion, denn der Abschluss einer Erklärung in Textform muss gemäß § 126 b BGB durch Nachbildung der Namensunterschrift oder anders erkennbar gemacht werden.

2. Perpetuierungsfunktion

Alle Arten der elektronischen Signaturen erfüllen auch die Anforderungen der Perpetuierungsfunktion. Zwar war eine Zeit lang strittig, ob die Speicherung in einer EDV-Anlage zur Erfüllung des Kriteriums der dauerhaften Lesbarkeit ausreicht, dies ist jedoch inzwischen unstrittig der Fall.[711] Die fehlende Verkörperung führt hier zu keinem anderen Ergebnis als bei schriftlichen Dokumenten.[712] Dies bezieht sich beim Computer allerdings nicht auf die Speicherung im Arbeitsspeicher, bei dem nur ein flüchtiges Speichermedium vorliegt, und auch nicht auf die automatische Speicherung in einem temporären Verzeichnis.[713] Werden die Daten dagegen in einem echten Datenverarbeitungsspeicher und damit auf einem archivierbaren Datenträger gespeichert, so stehen sie dauerhaft und nicht nur flüchtig zum Lesen und zur Prüfung zur Verfügung.[714] Dies bezieht sich sowohl auf den Text als auch auf die elektronische Signatur. Man kann auch nicht deshalb zu einem anderen Ergebnis kommen, weil bei der elektronischen Form durch die schnelle technische Weiterentwicklung keine zeitlich unbeschränkte Gewähr besteht, dass die

---

[709] BT-Drucks. 14/4987, S. 16; Bierekoven – Vertragsschluss im Internet, S. 141 f.; Ulmer – Vertragsschluss im Internet, S. 169.
[710] BT-Drucks. 14/4987, S. 16.
[711] BT-Drucks. 14/4987, S. 16.
[712] BT-Drucks. 14/4987, S. 16.
[713] Nissel – Formvorschriften, S. 41.
[714] BT-Drucks. 14/4987, S. 16; Ulmer – Vertragsschluss im Internet, S. 169.

verwendete elektronische Signatur, einschließlich der qualifizierten Signatur, vor dem Zugriff Dritter sicher bleibt.[715] Diese technisch verbleibende Unsicherheit spiegelt sich schon in § 7 SigV wieder, die eine maximale Gültigkeitsdauer von fünf Jahren für Zertifikate bestimmt. Darüber hinaus veröffentlicht die zuständige Behörde gemäß § 17 Abs. 2 SigV eine Übersicht über die Algorithmen und zugehörigen Parameter, die zur Erzeugung von Signaturschlüsseln, zum Hashen zu signierender Daten oder zur Erzeugung und Prüfung digitaler Signaturen als geeignet anzusehen sind, sowie den Zeitpunkt, bis zu dem die Eignung jeweils gilt. Dies soll sicherstellen, dass stets nur anerkannte sichere Verfahren für qualifizierte Signaturen und entsprechende Zertifikate verwendet werden. Um bereits von der technologischen Entwicklung her sicherzustellen, dass ein Zertifikat immer auf dem neuesten Stand der technischen Entwicklung ist, darf die Gültigkeitsdauer des Zertifikats deshalb nach § 7 der SigV nicht die Gültigkeitsdauer der zugrunde liegenden Technik überschreiten.

Ein weiteres Problem in Bezug auf die Perpetuierungsfunktion ist, dass unterschiedliche Speichermedien unter Umständen nach einer gewissen Zeit nicht mehr verwendet werden können. Dies kann daran liegen, dass das technische Medium nur eine gewisse Lebenserwartung hat und Daten nur für einen gewissen Zeitraum speichern kann. Eine andere Gefahr ist, dass mit dem Fortschreiten der Technik manche Medien veralten und von der neuen Technik nicht mehr auf sie zugegriffen werden kann. In all diesen Fällen kann und muss die Haltbarkeitsdauer durch erneute Speicherung verlängert werden.[716] Dieses Problem unterscheidet sich aber im Grundsatz nicht von der Konservierung von auf Papier festgehaltenen Erklärungen. Auch dort kann durch Umwelteinflüsse oder durch die Art des verwendeten Mediums die Haltbarkeitsdauer begrenzt sein. Zu denken ist dabei an das in manchen Faxmaschinen verwendete Thermopapier. Auch in diesen Fällen steht es dem Empfänger der Erklärung frei, eine längere und für ihn ausreichende Haltbarkeit durch zusätzliche Maßnahmen abzusichern.[717]

Die Verwendung der elektronischen Signatur erleichtert andererseits diese „Erneuerung“ der Erklärung dadurch, dass eine erneute Speicherung bzw. eine

[715] Nissel – Formvorschriften, S. 40.
[716] Nissel – Formvorschriften, S. 41.
[717] Nissel – Formvorschriften, S. 41.

bewusste Neusignierung vorgenommen werden kann. § 18 SigV zeigt dies als ausdrückliche Möglichkeit auf. Für die Neusignierung muss dabei das komplette Dokument inklusive der alten qualifizierten elektronischen Signatur durch eine neue qualifizierte Signatur „konserviert“ werden.[718] Dies kann durch jede beliebige Person geschehen, auch durch Dritte.

Auch die Textform erfüllt bereits aus ihrer gesetzlichen Definition heraus die Perpetuierungsfunktion, da die Erklärung in einer Urkunde oder auf andere zur dauerhaften Wiedergabe in Schriftzeichen geeigneter Weise dokumentiert werden muss. Der Begriff der Urkunde erfasst dabei eine traditionell auf Papier befindliche Erklärung, während der Begriff der auf andere Weise abgegebenen Erklärung die elektronisch erfüllte Textform erfasst, die natürlich auch den oben aufgezeigten technischen Problemen bei einer dauerhaften Speicherung unterliegt.

3. Identitätsfunktion

Sieht man hier von Fälschungs- und Missbrauchaspekten ab, die in den nachfolgenden Leistungsfunktionen besprochen werden, so erfüllen alle elektronischen Signaturen die Identitätsfunktion schon per Definition. Es müssen nämlich die bei der Verschlüsselung verwendeten Daten nach § 2 Nr. 1 SigG zur Authentifizierung dienen. Dies bedeutet in Klartext, dass aus diesen Daten der Erklärende festgestellt werden kann.[719] Es muss somit ein eindeutiger Zusammenhang zwischen dem Aussteller und der elektronischen Signatur hergestellt werden können,[720] wodurch der Betreffende erkennen lässt, dass er sich den Inhalt des unterzeichneten Schriftstückes zurechnen lassen will.[721]

Die Besonderheit der elektronischen Signaturen ist jedoch, dass sie nicht wie die eigenhändige und vorausgesetzt lesbare Unterschrift einen direkten Rückschluss auf die Identität des Erklärenden zulassen. Der Gesetzgeber hat deshalb die Sicherheit, bezogen auf diesen Rückschluss, bei den unterschiedlichen elektronischen Signaturen unterschiedlich ausgestaltet. Dies wird in den nachfolgenden Leistungsfunktionen aufgezeigt.

---

[718] Nissel – Formvorschriften, S. 42.
[719] Ulmer – Vertragsschluss im Internet, S. 168.
[720] BT-Drucks. 14/4987, S. 16.
[721] Merrill/Burger in: New Jersey L.J. 2000; Zoellick in: N.Y. St. B.J. 2000, S. 12.

Auch bei der Textform ist die Identitätsfunktion durch das Erfordernis in § 126 b BGB, dass der Name des Ausstellers angegeben werden muss, erfüllt.

4. Echtheitsfunktion

Konnte für alle elektronischen Signaturen und auch für die Textform die Identitätsfunktion dem Grunde nach bejaht werden, so muss diesbezüglich sofort eine Korrektur vorgenommen werden, wenn man die Echtheitsfunktion mit einbezieht.

Bei dem Beweis der Echtheit zeigt sich sofort die Schwäche der Textform. Aufgrund der geringen Anforderungen des Gesetzes kann eine Fälschung bei der Textform praktisch und regelmäßig nicht nachgewiesen werden. Ihr ist somit die Echtheitsfunktion abzusprechen.

Bei den elektronischen Signaturen ist zwischen den verschiedenen Formen zu unterscheiden. Betrachtet man die jeweils gesteigerten Anforderungen an die fortgeschrittene und die qualifizierte Signatur, im Gegensatz zu den Anforderungen bei der einfachen elektronischen Signatur, dann wird deutlich, dass die gesteigerten Anforderungen auch zur besseren Erfüllung der Echtheitsfunktion ausgelegt sind. Da der Gesetzgeber selbst im Rahmen des § 126 a BGB nur die qualifizierte elektronische Signatur nach dem SigG zur Ersetzung der gesetzlichen Schriftform zulässt, soll hier auch nur für diese die Echtheitsfunktion geprüft werden.

Wenn man bedenkt, dass die qualifizierte elektronische Signatur heute praktisch nur mittels einer digitalen Signatur unter Verwendung einer „hash"-Funktion erstellt werden kann und dabei eine Art Kopie oder Quersumme des zu signierenden Erklärungsinhalts mit dem Signaturschlüssel verschlüsselt wird, dann bietet diese Methode der Signatur eindeutig einen sehr hohen Grad bei der Sicherstellung der Echtheit des Dokuments und der Unterschrift. Der Empfänger kann deshalb sicher sein, dass der so mit der Signatur verknüpfte Erklärungsinhalt vollständig, nicht ergänzt und auch nicht verfälscht wurde.[722] Besonders deutlich wird dies bereits durch die Vorgaben des Signaturgesetzes, das den Anbietern von Signaturdiensten ausdrücklich aufgibt, ihre qualifizierten elektronischen Signaturen durch Verschlüsselung derart zu gestalten, dass nachträgliche Veränderungen erkennbar sind.[723] Es ist natürlich auch dem

[722] Ulmer – Vertragsschluss im Internet, S. 168.
[723] Ulmer – Vertragsschluss im Internet, S. 170.

Verwender einer elektronischen Signatur anzuraten, seinerseits sicherzustellen, dass er seine Erklärung in einer vertrauenswürdigen Umgebung erstellt. Dies ist auch nicht unbillig, da dies alleine in seinen Machtbereich fällt.[724] Dazu ist der Signaturschlüssel-Inhaber gemäß § 6 SigG ausdrücklich von seinem Zertifizierungsdiensteanbieter darüber zu informieren, wie er die Sicherheit seiner elektronischen Signatur erreichen kann.

Wie bei dem unbefugten Nachmachen einer Unterschrift ist allerdings auch bei Verwendung einer elektronischen Signatur nicht auszuschließen, dass ein Dritter unbefugt den Signaturschlüssel und den dazugehörigen Zugangscode verwendet. Dies kann und darf aber der Verwendung von elektronischen Signaturen nicht entgegenstehen, da auch bei der eigenhändigen Unterschrift, die oft auch nur durch unleserliche Strichzeichnungen verkörpert ist, keine 100% Sicherheit bezüglich eines Missbrauchs bzw. einer Verfälschung gegeben ist. Unabhängig davon hat der rechtmäßige Inhaber eines Schlüsselpaares eine weit größere Sicherheit bei der Kontrolle einer irgendwie gearteten Fälschung oder einer unbefugten Nutzung, weil auch Dritte über die Korrektheit des Systems wachen und dies gesetzlich auch noch durch eine Haftung dieses Dritten abgedeckt wird.

Zusammenfassend kann deshalb gesagt werden, dass die qualifizierte elektronische Signatur generell die Echtheitsfunktion erfüllt, während bei den anderen beiden Stufen diese Frage immer nur konkret im Einzelfall beantwortet werden kann.

5. Verifikationsfunktion

Hier gelten die Ausführungen zur Echtheitsfunktion entsprechend, zumal die Verifikationsfunktion auch als Ausfluss der bereits bejahten Identitäts- und Echtheitsfunktion erscheint. Es kann deshalb festgehalten werden, dass mithilfe der qualifizierten elektronischen Signatur, und im Einzelfall wohl auch mit den anderen Sicherheitsstufen der elektronischen Signaturen, die Authentizität und Integrität einer Willenserklärung sogar besser gewahrt und überprüft werden kann als bei einem Papierdokument die Überprüfung der handschriftlichen Unterschrift.[725]

Die Textform kann aufgrund ihrer zu geringen Sicherheitsanforderungen die Verifikationsfunktion nicht erfüllen.

---

[724] BT-Drucks. 14/4987, S. 17.
[725] Maennel in: Rechtsfragen des E-Commerce, S. 45.

6. Beweisfunktion

Aus den obigen Ausführungen zur Erfüllung der formbezogenen Leistungskriterien kann bereits entnommen werden, dass den elektronischen Formen ein Beweiswert zukommen muss. Zu den Details der Beweisfunktionen der verschiedenen elektronischen Unterschriften wird jedoch gesondert, im nachfolgenden Abschnitt über die Beweisfragen, Stellung genommen.

7. Warnfunktion

Der schriftlichen Form, die mittels handschriftlicher Unterschrift erfüllt wird, wird kraft Gesetzes und kraft Tradition eine ausreichende Warnfunktion zuerkannt. Dies resultiert auch daraus, dass der handschriftlichen Unterschrift subjektiv die Eigenschaft zuerkannt wird, vor übereilten Handlungen zu schützen.

Betrachtet man unter diesen Gesichtspunkten die elektronische Signatur, dann kann man auch dieser eine Warnfunktion sicher nicht absprechen. Dies gilt unabhängig davon, dass die elektronische Signatur als solche noch nicht das allgemeine Vertrauen der Allgemeinheit gefunden hat.[726]

Aus Sicht des technischen Ablaufs bei Leistung der elektronischen Unterschriften kann bezüglich der Warnfunktion kein begründeter Zweifel bestehen. So muss der Ersteller eines Dokuments zur Anbringung der elektronischen Signaturen in jedem Fall einen besonderen technischen Vorgang auslösen, der oft erst durch Überwindung zusätzlicher Sicherungsmechanismen wie Chipkarte, PIN oder biometrische Verfahren begonnen wird. In jedem Fall ist dem Ersteller eines solchen Dokuments bewusst, dass er nicht mehr am Erklärungsinhalt arbeitet, sondern eine zusätzliche Aktivität entfaltet, durch die das Dokument ihm persönlich zugeordnet wird. Die Verwendung des für die Anbringung der elektronischen Unterschrift erforderlichen Mediums, welches in jedem Fall zusätzliche Handgriffe erforderlich macht, sorgt somit auch hier für das der handschriftlichen Unterschrift zuerkannte Innehalten zwischen Unterschrift und Erstellung des Erklärungsinhaltes.[727]

Es wäre andererseits sicher auch abwegig zu behaupten, die Warnfunktion könne nicht auch auf andere Weise als durch die Verbindung einer hand-

[726] Bierekoven – Vertragsschluss im Internet, S. 144.

[727] BT-Drucks. 14/4987, S. 17; Bierekoven – Vertragsschluss im Internet, S. 144; Ulmer – Vertragsschluss im Internet, S. 171.

schriftlichen Unterschrift mit einem Papierdokument gewahrt werden.[728] Unrichtig ist deshalb wohl die Auffassung von Lüdemann/Adams,[729] die für bestimmte Geschäftsvorfälle, wie z.B. die Bürgschaftserklärung, die eigenhändige Unterschrift speziell wegen der Warn- und Hinweisfunktion für unerlässlich erachten. Dies gilt unabhängig von der Tatsache, dass der Gesetzgeber diese und andere Erklärungen aus ähnlichen Erwägungen aus dem Anwendungsbereich elektronischer Signaturen herausgenommen hat.

Zusammenfassend kann somit auch festgehalten werden, dass die elektronischen Signaturen eine ausreichende Warnfunktion besitzen.[730]

Die Textform andererseits kann nach ihren Anforderungen keine der Unterschrift entsprechende Warnfunktion haben. Dies ergibt sich auch aus dem allgemeinen Grundsatz, dass je mehr der Zweck einer Erklärung hin zur Erfüllung von Informationszwecken geht und je weniger die Beweis- und Warnfunktion von Bedeutung ist, desto eher eine Anwendung der Textform in Betracht kommt.[731]

D. Regelung des Formerfordernisses im US-amerikanischen Recht

I. Grundsatz

Auch im US-amerikanischen Recht besteht grundsätzliche Formfreiheit für den Abschluss von Verträgen und lediglich für bestimmte Vertragstypen sind Formalitäten zu erfüllen.[732] Die grundlegende Anforderung ist auch dort die Schriftform,[733] die durch handschriftliche Unterschrift erfüllt wird. Die ein-

[728] Maennel in: Rechtsfragen des E-Commerce, S. 45.
[729] Lüdemann/Adams in: K&R 2002, S. 11.
[730] Ulmer – Vertragsschluss im Internet, S. 171.
[731] BT-Drucks. 14/4987, S. 19.
[732] Clarkson u.a. – West's Business Law, S. 270; Elsing – US-Recht, S. 60; Lloyd – Electronic Contracts, S. 137; Smedinghoff in: Electronic Contracting, S. 98; Winn/Wright – Electronic Commerce § 5, S. 2; das Restatement (Second) of Contracts § 4 besagt z.B., dass eine Willenserklärung sowohl mündlich als auch schriftlich abgegeben werden kann und ebenso teilweise oder komplett auf einer konkludenten Handlung beruhen kann.
[733] Das Schriftformerfordernis im US-amerikanischen Recht erfüllt verschiedene Zwecke. Unter anderem soll (en) dadurch (1) der konkrete Rechtsbindungswille der Parteien in greifbarer Art und Weise festgehalten werden, (2) die Parteien darauf hingewiesen werden, dass sie etwas Rechtswirksames unterzeichnen, (3) eine auch für Dritte verständliche Dokumentation der Rechtsgeschäfts geschaffen werden, (4) eine dauerhafte Verkörperung des Rechtsgeschäfts geschaffen werden, (5) die Anfertigung von Kopien für alle Beteiligten ermöglicht werden, (6) die Beglaubigung des Inhalts eines Dokuments mittels Unterschrift ermöglicht werden, (7) ein Schriftstück geschaffen werden, welches die Voraussetzungen

schlägige Rechtsgrundlage ist hier das Statute of Frauds[734] und bestimmte Regelungen im U.C.C. und im Restatement (Second) of Contracts.[735]

Nach dem Statute of Frauds, das Missstände und Betrügereien bei verschiedenen Vertragstypen verhindern sollte,[736] sind mündlich geschlossene Verträge zwar nicht unwirksam, sie sind jedoch gerichtlich nicht durchsetzbar.[737] Heute hat fast jeder Bundesstaat ein der Statute of Frauds entsprechendes Gesetz erlassen[738] und man verweist auf diese sowie auf die Regelung in UCC § 2-201 einheitlich als das Statute of Frauds.[739] Grundsätzlich werden von diesen Gesetzen dem Schriftformerfordernis unterworfen z.B. Bürgschaften, Verpflichtungen bezogen auf unbewegliche Sachen, Verpflichtungen in Dauerschuldverträgen, die nicht innerhalb eines Jahres erfüllt werden können, Heiratsversprechen und Kaufverträge über eine oder mehrere bewegliche Sachen, die zu diesem Zeitpunkt einzeln oder zusammen einen Kaufpreis von mehr als 500 US-$ haben.[740] Die Schriftform erfordert dabei entgegen dem deutschen Rechtsverständnis nicht die Unterschriften beider Parteien, sondern nur die Unterschrift desjenigen, der eine der obigen Verpflichtungen eingeht.[741] Im letzteren Beispielsfall ist dies somit der Käufer, der sich zur Zahlung von mehr als 500 US-$ verpflichtet.

---

von Behörden und Gerichten erfüllt, (8) der endgültige und abschließende Rechtsbindungswille des Erklärenden festgehalten werden, (9) die Speicherung des Dokuments als verkörperte Willenserklärung ermöglicht werden, (10) eine nachträgliche Kontrolle oder Rechnungsprüfung im Bereich des Rechnungswesens, der Steuer sowie der Verwaltung erleichtert werden, und (11) rechtsverbindliche Rechte und Pflichten in den Fällen geschaffen werden, in denen die Schriftform gesetzlich vorgeschrieben ist. Siehe United Nations, UNCITRAL Model Law on Electronic Commerce with Guide to Enactment 1996 § 48, nachzulesen bei http://www.un.or.at/uncitral/englisch/texts/electcom/ml-ec.htm.

734 Für weitere Informationen zur Statute of Frauds und Kaufverträgen über bewegliche Sachen

735 Süßenberger – Rechtsgeschäft im Internet, S. 177.

736 Farnsworth on Contracts § 6.1; Winn/Wright – Electronic Commerce § 5, S. 4; Wright – Electronic Commerce, S. 280 ff.

737 Clarkson u.a. – West's Business Law, S. 270.

738 Lloyd – Electronic Contracts, S. 137; Wright – Electronic Commerce, S. 275.

739 Clarkson u.a. – West's Business Law, S. 270.

740 Clarkson u.a. – West's Business Law, S. 271; Elsing – US-Recht, S. 61.

741 Restatement (Second) of Contracts § 131; Clarkson u.a. – West's Business Law, S. 270; Elsing – US-Recht, S. 61.

II. Schriftform, Unterschrift und elektronische Verträge

Im UCC ist die Unterschrift definiert als jedes von einer Partei mit dem Willen, das Schriftstück zu beglaubigen, erstellte oder zu Eigen gemachte Zeichen oder Symbol.[742] In den offiziellen Kommentaren zum UCC heißt es dazu, dass eine vollständige Unterschrift nicht notwendig ist und dass sie sowohl gedruckt als auch gestempelt sein kann.[743] Auch ein Fingerandruck kann ausreichen. Die Unterschrift darf dabei auf einem beliebigen Teil des Dokuments oder Schriftstücks platziert werden.[744]

Im Rahmen des UCC beinhaltet die Schriftform somit jede formelle oder informelle willentliche Niederlegung auf ein greifbares Medium.[745] Dadurch soll die Transaktion psychologisch bindenden Charakter bekommen und den Ersteller darauf hinweisen, dass er etwas Rechtserhebliches vornimmt.[746] Es soll auch den Gerichten durch die Schaffung eines materiellen Beweises helfen, die Existenz und den Inhalt eines Vertrages zu bestätigen.[747] Die genaue Art dieser Niederlegung ist dabei nicht von Bedeutung.[748]

1. Aspekte aus der Rechtsprechung

Über die Jahre haben sich im Bereich der telekommunikativen und elektronischen Medien eine Vielzahl widersprüchlicher Entscheidungen angesammelt.

Es herrscht nahezu Einstimmigkeit darüber, dass ein Telegramm ein Schriftstück darstellt,[749] „da es keinen Unterschied macht, ob der Telegrafist die Erklärung per Hand mit einem wenige Zentimeter langen Stift, oder über ein mehrere Kilometer langes Kupferkabel niederschreibt. In jedem Fall wird die Erklärung von der Hand auf Papier übertragen."[750] Trotz dieser grundlegenden Aner-

[742] UCC § 1-201 (39); vgl. auch Murray on Contracts § 323.
[743] UCC § 1-201 Kommentar 39; so auch Restatement (Second) of Contracts § 134; Corbin on Contracts § 522; Wright – Electronic Commerce, S. 282.
[744] Anders als im deutschen Recht besitzt die Unterschrift also keine Abschlussfunktion. Ausreichend wäre daher z.B. ein Briefkopf; UCC § 1-201 Kommentar 39; Restatement (Second) of Contracts § 134; Millstein u.a. – Internetbusiness § 8.04 4 c).
[745] UCC § 1-204 (46); Restatement (Second) of Contracts §§ 131 Kommentar D.
[746] Perillo in: Fordham L. Rev. 1974, S. 39; Wright – Electronic Commerce, S. 280.
[747] Perillo in: Fordham L. Rev. 1974, S. 68; Wright – Electronic Commerce, S. 281.
[748] Farnsworth on Contracts § 6.7; Millstein u.a. – Internetbusiness § 8.04 4 b); Murray on Contracts § 321.
[749] Wright – Electronic Commerce, S. 284.
[750] Howley v. Whipple, 48 N.H. 487 (1869).

kennung von Telegrammen hat jedoch erst wieder in 1979 ein Gericht eine gegenteilige Meinung vertreten.[751]

Tonbandaufnahmen wurde meist jegliche Schriftform abgesprochen.[752] So entschieden etliche Gerichte, dass es sich bei Tonbandaufnahmen zwar um Schriftstücke handeln könne, diese aber in keinem Fall das Unterschriftserfordernis erfüllen würden.[753]

Im Rahmen des Insolvenzrechts hat wiederum ein Bundesgericht entschieden, dass Informationen, die ein Schuldner über das Telefon übermittelt hat und die gleichzeitig durch einen Mitarbeiter des Gläubigers in einen Computer eingegeben wurden, nicht der vom Insolvenzrecht geforderten Schriftform genügen.[754]

Im Rahmen der elektronischen Kommunikation wie z.B. dem Internet gibt es keine bekannten richterlichen Entscheidungen, auch wenn manche Gerichte die Wirksamkeit derartiger Verträge im Rahmen der Statute of Frauds als gegeben angenommen haben, allerdings ohne selbst eine Entscheidung dazu zu treffen.[755]

Auch wenn der Trend bei den Entscheidungen dazu neigt, auch im elektronischen Geschäftsverkehr einen Rechtsbindungswillen bei dem potenziellen Unterzeichner zu finden, so sind auch hier selbst die wenigen existierenden Entscheidungen nicht einheitlich.[756] Das New Yorker Berufungsgericht hat zu diesem Themenbereich beispielsweise entschieden, dass der automatische Ausdruck des Namens des Absenders bei einem Faxgerät nicht für die Annahme eines unterschriebenen Schriftstücks ausreicht.[757] Im Rahmen des Versicherungsrechts hat ein Bundesgericht in South Carolina dagegen ent-

---

[751] Pike Indus. V. Middlebury Assoc., 398 A.2d 280 (Vt. 1979).

[752] Sonders v. Roosevelt, 476 N.Y.S. 2d 331 (App. Div. 1984), aff'd mem., 487 N.Y.S. 2d 551 (1985).

[753] Swink & Co. v. Carroll McEntee & McGinley, Inc., 584, S. W.2d 393 (Ark. 1979); Ellis Canning v. Bernstein, 348 F.Supp. 1212 (D. Colo. 1972).

[754] Bellco First Fed. Credit Union v. Kaspar, 125 F.3d 1358 (10th Cir. 1997) (In re Kaspar).

[755] Millstein u.a. – Internetbusiness § 8.04 4 a); Winn/Wright – Electronic Commerce § 14.05; Wright – Electronic Commerce, S. 289.

[756] Winn/Wright – Electronic Commerce § 5.03 [B]; siehe Wright – Electronic Commerce, S. 284 ff. und Millstein u.a. – Internetbusiness, Fn. 146 für eine Aufstellung verschiedener Fälle und Entscheidungen bei elektronischen Transaktionen.

[757] 87 N.Y.2d 524; 663 N.E.2d 663; 640 N.Y.S. 2d 477 (1996).

schieden, dass eine Benachrichtigung, die als Dokument auf einer Diskette gespeichert war, die vom Gesetz geforderte Schriftform erfüllt.[758]

Zusammenfassend kann hier gesagt werden, dass die Schriftlichkeit bei ausgedruckten elektronischen Dokumenten problemlos bejaht werden kann,[759] während dies bei einem Dokument in elektronischer Form nicht der Fall ist.

Derartige Entscheidungen haben zu Recht die Frage aufgeworfen, ob man sich im Bereich des elektronischen Geschäftsverkehrs darauf verlassen kann, dass die Gerichte zu gerechten und kompetenten Entscheidungen fähig sind.[760]

Die Rechtsprechung bietet somit keine ausreichend sichere Grundlage für den elektronischen Geschäftsverkehr im US-amerikanischen Rechtskreis.[761] Die unsichere Behandlung der Schriftform- und Unterschriftserfordernisse innerhalb des elektronischen Geschäftsverkehrs durch die Gerichte stellt vielmehr ein immenses Risiko für sämtliche Beteiligten dar.

2. Bisherige gesetzliche Regelungen

Vor diesem Hintergrund ist die seit einigen Jahren erkennbare Tendenz hin zu einer Kodifizierung der Anforderungen an elektronische Signaturen zu erklären. Bis Ende 2000 hatten 49 Bundesstaaten Gesetze verabschiedet oder beabsichtigten, Gesetze zu verabschieden, die sich mit elektronischen Signaturen befassen. Das Problem war dabei jedoch, dass trotz der allgemeinen Erkenntnis der Notwendigkeit für derartige gesetzliche Regelungen, die einschlägigen Gesetze der einzelnen Bundesstaaten höchst unterschiedlich gestaltet wurden. Dies galt in Bezug auf die Vertragstypen, die von der Möglichkeit der Verwendung von elektronischen Signaturen ausgenommen wurden und auch bezogen auf die unterschiedlichsten Techniken, die für die Erstellung der elektronischen Unterschriften zugelassen wurden.[762] Es herrschte unter den Experten nur Einigkeit dahingehend, dass eine Definition der elektronischen Signatur ausreichend weit gefasst sein sollte, um sowohl den Maus-Klick als auch die Verwendung einer digitalen Signatur zu erfassen.[763] Unter diesem Leitgedanken und um mehr Einheitlichkeit zwischen den Staaten herbeizuführen, hat die

---

758 Clyburn v. Allstate Ins. Co., 826 F.Supp. 955 (D.S. C. 1993).
759 Kidd/Daughtrey in: Rutgers Computer & Tech. L.J. 2000, S. 248.
760 Winn/Wright – Electronic Commerce § 5.03 [B].
761 Winn/Wright – Electronic Commerce § 5.03 [A].
762 Clarkson u.a. – West's Business Law, S. 276; Millstein u.a. – Internetbusiness § 8.05 4 b).
763 Winn/Wright – Electronic Commerce § 5.05 [C].

NCCUSL im Rahmen von UETA hinsichtlich der Schriftform entsprechende Rechtsgrundsätze vorgeschlagen.

3. UETA

UETA definiert in Section 2 eine elektronische Unterschrift als einen elektronischen Ton oder ein Symbol oder ein Verfahren, das mit einem Dokument verbunden oder logisch damit verknüpft wird, und das von einer Person verwendet wird, um ein Dokument zu unterzeichnen.[764] Eine solche Unterschrift liegt somit nach der Definition von UETA vor bei einer verschlüsselten digitalen Signatur, oder auch wenn nur ein Name am Ende einer E-Mail angefügt wird oder sogar beim Anklicken einer Webseite, wenn damit gleichzeitig eine Identifizierung des Nutzers erfolgt. Ein Dokument und damit auch dessen Inhalt ist dabei definiert als Information, die auf ein gegenständliches Medium geschrieben ist oder in einem elektronischen oder anderen Medium gespeichert ist und in wahrnehmbare Form überführt werden kann. All diesen Definitionen liegt sichtbar der Grundsatz der Technologieneutralität zugrunde.[765]

UETA stellt weiterhin in Section 7 den allgemeinen Rechtsgrundsatz auf, dass ein elektronisches Dokument, welches obige Kriterien erfüllt, auch einer vom Gesetz vorgeschriebenen Schriftform genügt und eine elektronische Unterschrift unter einem elektronischen Dokument ausreichend ist, wenn von Gesetzes wegen eine Unterschrift gefordert wird. Dabei schafft UETA allerdings keine Regeln für die Verwendung von elektronischen Unterschriften und fordert auch nicht die Verwendung von elektronischen Signaturen.[766]

UETA fordert in diesem Zusammenhang allerdings auch, dass ein Dokument und die Unterschrift tatsächlich von der betreffenden Person stammen. Bei der Beweisführung über diesen Punkt ist im Sinne von UETA Section 9 a dabei darauf abzustellen, wie wirksam die angewandten Sicherungsmethoden bei der verwendeten Art der elektronischen Unterschrift sind. Es besteht damit die wohl berechtigte Annahme, dass dabei, je nach Bedeutung der mit der elektronischen Unterschrift versehenen Erklärung, eine Abstufung der Anforderungen vorgenommen werden wird. Dadurch dürfte eine fallbezogene Zersplitterung entstehen und eine gewisse Unsicherheit im US-amerikanischen Rechtssystem für eine beträchtliche Zeit bestehen bleiben.

---

[764] Clarkson u.a. – West's Business Law, S. 277.
[765] Ashley/Rogers in: 683 PLI/Pat, S. 958 f.
[766] Clarkson u.a. – West's Business Law, S. 182.

Auch wenn die Regelungen bezüglich der tatsächlichen Urheberschaft zu Problemen im Falle des Missbrauchs einer elektronischen Signatur führen können, haben obige Rechtsgrundsätze jedoch den Effekt, die Bedeutung der elektronischen Signatur im US-amerikanischen Rechtsverkehr erheblich zu stärken. Im Übrigen bleibt es jedoch auch bezogen auf elektronische Erklärungen und Verträge bei der allgemeinen Rechtslage.[767] Es wird deshalb wieder eine Aufgabe der Gerichte der Bundesstaaten sein, in Bezugnahme auf UETA detailliertere Anforderungen für die unterschiedlichsten Lebenssachverhalte aufzustellen, in denen nach der Statute of Frauds die Schriftform gefordert wird.

4. E-Sign

Auch das bereits erwähnte E-Sign-Gesetz enthält in Section 101 entsprechende Rechtsgrundsätze bezogen auf die Schriftform. Danach darf einer Unterschrift, welche sich auf eine bestimmte Erklärung bezieht, nicht allein deshalb die Rechtswirksamkeit abgesprochen werden, weil sie in elektronischer Form vorliegt.[768] Weiterhin darf einem Vertrag nicht allein deshalb die Gültigkeit oder Rechtswirksamkeit abgesprochen werden, weil eine elektronische Signatur bei seinem Abschluss verwendet wurde.[769]

Wie bereits ausgeführt, ist E-Sign als Bundesgesetz effektiver als UETA und kann deshalb auch bezüglich der elektronischen Unterschrift bundesweit die positiven Wirkungen für die Anerkennung elektronischer Signaturen entfalten, wie sie bereits allgemein für elektronische Verträge beschrieben wurden. Es gelten diesbezüglich die oben gemachten Ausführungen entsprechend. Weder eine der Vertragsparteien noch ein Dritter noch ein Gericht können jetzt noch einen Vertrag allein wegen seiner elektronischen Unterschrift für ungültig erklären.[770]

Ungleich dem sehr detaillierten Ansatz der Signatur-Richtlinie und des deutschen Signaturgesetzes, belassen sowohl E-Sign als auch UETA es jedoch bei dem Diskriminierungsgrundsatz und verzichten auf eine mit der qualifizierten elektronischen Signatur oder der elektronischen Form des § 126 a BGB vergleichbare Regelung.[771]

---

[767] Clarkson u.a. – West's Business Law, S. 182.
[768] Vgl. 15 USC 7001 (a) (1).
[769] Vgl. 15 USC 7001 (a) (2).
[770] Carstens in: Tex. Law. 2000, S. 54; Zoellick in: N.Y. St. B.J. 2000, S. 12.
[771] Hillis – Electronic Signatures, S. 181.

E-Sign und UETA weichen in ihrer Technologie-Neutralität deshalb erheblich vom europäischen Ansatz ab, da sie es alleine bei dem Diskriminierungsgrundsatz belassen. Elektronische Unterschriften nach E-Sign und UETA können somit jedwede technische Methoden zur Identifizierung eines Dokumentes mit einer Person sein, einschließlich des bloßen Schreibens der Unterschrift mit einem Computerschreibprogramm. Die Frage der Zuordnung einer elektronischen Unterschrift zu einer Person ist damit stets die entscheidende Frage, die im US-amerikanischen Recht im Rahmen einer Einzelfallanalyse von den Gerichten entschieden werden muss. Es ist zu erwarten, dass auch unter der Geltung von E-Sign für die verschiedensten Lebenssachverhalte unterschiedlich hohe Anforderungen an die Zuordnungsfähigkeit gestellt werden. Hierbei ist auch erstaunlich, dass E-Sign gänzlich auf eine Regelung verzichtet, wie elektronische Dokumente einer bestimmten Person zuzuordnen sind, während UETA in diesem Zusammenhang zumindest eine ansatzweise Regelung enthält.[772]

5. Wechselwirkung von E-Sign, UETA und den Landesgesetzen

Einer der Beweggründe für E-Sign waren die Bedenken, dass die Vielzahl von einzelstaatlichen Regelungen eine Behinderung für den elektronischen Geschäftsverkehr zu werden drohte.[773] Der Bundesgesetzgeber hat daher aufgrund seiner ausschließlichen Gesetzgebungskompetenz im Bereich des bundesweiten Wirtschaftsrechts[774] E-Sign erlassen, damit es widersprechende Landesgesetze übertrumpft.[775]

Die wichtigste Beschränkung, die E-Sign den Landesgesetzen auferlegt, besteht dabei in der Technologie-Neutralität.[776] Dadurch überschreibt es auch eine Vielzahl von uneinheitlichen Bundes- sowie Landesgesetzen, die sich auf die traditionelle Vorgehensweise des Vertragsschlusses beziehen sowie auf die heute bereits bestehende Vielzahl nicht kompatibler Gesetze im Bereich des elektronischen Geschäftsverkehrs.[777] Dies gilt insbesondere für solche Gesetze,

---

[772] Ashley/Rogers in: 683 PLI/Pat, S. 966.
[773] Merrill/Burger in: New Jersey L.J. 2000; Wintringham in: NY L.J. 2000, S. S7.
[774] "Interstate commerce".
[775] Smedinghoff in: Electronic Contracting, S. 93; Zoellick in: N.Y. St. B.J. 2000, S. 12.
[776] E-Sign § 102 (a) (2).
[777] Smedinghoff in: Electronic Contracting, S. 93.

die wie z.B. in Utah eine bestimmte Technologie bevorzugen und somit dem Grundgedanken von E-Sign heute widersprechen.[778]

In Section 102 (a) von E-Sign wird das Verhältnis von Bundes- und Landesgesetzen geregelt. Diese Vorschrift gehört zu den am schwersten verständlichen Regelungen innerhalb von E-Sign.[779] Da historisch eine Regelung auf Länderebene im Bereich des Vertragsrechts die Regel ist,[780] ermöglicht E-Sign es den Ländern, die bereits in Bezug auf UETA entsprechende Landesgesetze zur Regelung des elektronischen Geschäftsverkehrs in Ihrem Bundesstaat erlassen haben oder solche noch erlassen wollen, diese Gesetze unter gewissen Voraussetzungen beizubehalten oder neu zu schaffen.[781] Hat ein Bundesstaat UETA in seiner Originalfassung übernommen, so kann es ohne eine Änderung durch E-Sign voll bestehen bleiben. Es geht damit quasi E-Sign vor.[782] Weicht allerdings die vom einzelnen Bundesstaat verabschiedete Version von UETA ab, so greift jetzt E-Sign korrigierend ein.[783] E-Sign lässt dabei zu, dass die Länder verschiedene Verfahren zur Erstellung von elektronischen Signaturen zulassen. In diesen Gesetzen darf elektronischen Unterschriften, die mit diesen gesetzlich geregelten Verfahren erzeugt werden, allerdings keine höhere rechtliche Bedeutung zuerkannt werden als anderen gesetzlich nicht geregelten Verfahren. Für neue Landesgesetze wird außerdem der ausdrückliche Hinweis auf E-Sign gefordert. Durch diese Regelung in E-Sign wird sichergestellt, dass von den Bundesstaaten nicht weiterhin Ausnahmebereiche von obigem Grundsatz der Anerkennung elektronischer Signaturen gemacht werden, was den Bundesstaaten bei UETA allerdings ausdrücklich erlaubt war.[784] Es wurde damit bei E-Sign ein Kompromiss angestrebt zwischen dem erklärten Ziel, einen bundesweiten Standard zu schaffen, um damit den elektronischen Geschäftsverkehr zu stärken, und andererseits die Arbeit der Bundesstaaten zu honorieren, die bereits ein mit UETA konformes Gesetz erlassen hatten.[785] Es wird jedoch

---

[778] Merrill/Burger in: New Jersey L.J. 2000; Roos/Bandon in: Nat'l L.J. 2000, S. B11; Winn/Wright – Electronic Commerce § 5.04; Zoellick in: N.Y. St. B.J. 2000, S. 12.

[779] Winn/Wright – Electronic Commerce § 5.04.

[780] Winn/Wright – Electronic Commerce § 5.04.

[781] Carstens in: Tex. Law. 2000, S. 54; Nimmer in: The Computer & Internet Lawyer 2000, S. 8; Roos/Bandon in: Nat'l L.J. 2000, S. B11.

[782] Winn/Wright – Electronic Commerce § 5.04.

[783] E-Sign § 102 (a).

[784] UETA § 3 (b) (4).

[785] Winn/Wright – Electronic Commerce § 5.04.

eine Weile dauern, bis diese Vorgaben von E-Sign in allen Bundesstaaten umgesetzt sind.[786]

Darüber hinaus dürfte es zu erheblichen Abgrenzungsschwierigkeiten kommen, wenn einzelne Bundesstaaten nur geringfügige Änderungen in der von ihnen verabschiedeten Version von UETA vorgenommen haben, bei denen man heute schon sagen kann, dass sie den Anforderungen von E-Sign nicht gerecht werden.[787] Bis durch die Gerichte geklärt ist, welche Änderungen den Anforderungen von E-Sign gerecht werden, ist eine dementsprechende Unsicherheit aller Beteiligten vorprogrammiert.

6. Wirkung der nicht konformen Landesgesetze

Es stellt sich die generelle Frage, welche Wirkung heute einem weder mit UETA noch E-Sign konformen Landesgesetz zukommt.

Die genaue Reichweite der Regelung in Section 102(a) ist noch umstritten. Eine mögliche Interpretation ist, dass jede einzelne Vorschrift eines Landesgesetzes unter Section 102(a)(2) geprüft werden muss.[788] Im Falle eines Teilkonflikts würde dann nur der nicht konforme Abschnitt des Landesgesetzes ungültig. Im Übrigen würde das Gesetz seine Gültigkeit behalten.[789] Der Wortlaut von E-Sign lässt jedoch noch weitere Interpretationsmöglichkeiten zu. Es könnte im Falle einer nicht konformen Vorschrift das gesamte Landesgesetz nichtig sein.[790] Allerdings würde das nicht mit den allgemeinen Grundsätzen des Vorrangs von Bundesrecht im Einklang stehen.[791] Danach muss ein Landesgesetz, soweit es nicht im Widerspruch zu einem Bundesgesetz steht, gültig bleiben, wenn nicht der Congress eindeutig seinen Willen bekundet hat, jegliche einzelstaatliche Gesetzgebung in diesem Bereich zu unterbinden.[792] Die erste Auslegungsvariante ist deshalb am besten mit diesem Grundsatz zu vereinbaren. Da E-Sign außerdem explizit auf die UETA-konformen Vorschriften verweist, scheint es unangebracht, eine Nichtigkeit auch der konformen Teile für den Fall zu verlangen, dass nur teilweise nicht konforme Regelungen gewählt wurden. Konsequenter Weise muss daher jeder Teil eines bundesstaatlichen Gesetzes,

---

786 Ballard in: NY L.J. 2000, S. 5.
787 Crocker in: E-Commerce L. Rep., S. 22.
788 Raysman/Brown in: N.Y. L.J. 2000, S. 3.
789 A.A. Winn/Wright – Electronic Commerce § 5.04.
790 Roos/Bandon in: Nat'l L.J. 2000, S. B11.
791 Vgl. Fidelity Fed. Sav. & Loan Assoc. v. De La Cuesta, 458 U.S. 141 (1982).
792 Roos/Bandon in: Nat'l L.J. 2000, S. B11.

der mit UETA konform ist, bestehen bleiben und nur die widersprechenden Abschnitte müssen durch die entsprechenden Vorschriften von E-Sign ersetzt werden.[793]

III. Notarielle Beglaubigung

Die notarielle Beglaubigung wird in den Vereinigten Staaten von sog. „notary public“ durchgeführt. Dies sind Personen, die mit der Aufgabe betraut wurden, die Identität der Unterzeichner bestimmter Dokumente festzustellen und in manchen Fällen auch die Unterzeichner zu vereidigen.[794] Dieser Vorgang musste von den betreffenden Personen persönlich in Gegenwart des Notars absolviert werden und musste innerhalb der Grenzen des Regierungsbezirkes stattfinden, der den Notar eingesetzt hat.[795]

Zur notariellen Beglaubigung wird ein Zertifikat über die Beglaubigung an das Dokument angeheftet und der Notar muss dieses Zertifikat unterschreiben und sein offizielles Siegel beifügen.[796] Darüber hinaus muss der Notar in den meisten Bundesstaaten ein Register mit den einzelnen Beglaubigungen führen.[797]

Erwähnenswert ist die notarielle Beglaubigung hier, weil E-Sign es jetzt ermöglicht eine notarielle Beglaubigung in elektronischer Form vorzunehmen. Es beseitigt dabei Notwendigkeit von Stempeln, Siegeln, oder vergleichbaren Methoden der Beglaubigung, die der Gültigkeit dieser Handlungen in elektronischer Form entgegenstehen könnten.[798] Die Verwendung eines Stempels oder eines Siegels wird dadurch allerdings nicht außer Kraft gesetzt. Vielmehr wird die grundsätzliche Möglichkeit eröffnet, notarielle Beglaubigungen jetzt auch

---

[793] Roos/Bandon in: Nat’l L.J. 2000, S. B11.

[794] Closen in: 31 J. Marshall L. Rev. 1998, S. 661 f.

[795] Closen/Richards in: 15 J. Marshall J. of Computer & Info. L. 1997, S. 724 und Fn. 129.

[796] Closen/Dixon in: 68 N.D. L. Rev. 1992, S. 884 f.; Elliott in: 31 J. Marshall L. Rev. 1998, S. 903.

[797] Astyne in: 31 J. Marshal L. Rev. 1998, S. 778 und Fn. 5; Bundesstaaten, in denen eine Registerführung für Notare vorgeschrieben ist sind Alabama, Arizona, Kalifornien, Colorado, Hawaii, Maryland, Mississippi, Missouri, Nevada, Oklahoma, Oregon, Pennsylvania, Tennessee, Texas and der District of Columbia; im Gegensatz dazu verlangen die Bundesstaaten Kentucky, Louisiana, North Dakota und Ohio nur, dass notarielle Protesturkunden in ein Register eingetragen werden; Alaska, Connecticut, Florida, Idaho, Maine, Massachusetts, Michigan, Nebraska, New Hampshire, New Mexiko, South Dakota, Utah, Vermont und Wisconsin empfehlen lediglich die Registerführung.

[798] E-Sign, Section 101 (g).

auf elektronischem Wege zu vollziehen.[799] Die endgültige Entscheidung hierüber bleibt jedoch bei den einzelnen Bundesstaaten.[800]

Die notarielle Beglaubigung betrifft in den Vereinigten Staaten nur die Unterschrift und nicht das Dokument selber.[801] Es soll auf diese Weise lediglich die Identität des Unterzeichners sichergestellt werden. In den meisten Bundesstaaten führt daher die nachträgliche Veränderung des Inhalts des beglaubigten Dokuments nicht unmittelbar zu dessen Unwirksamkeit. Etwas anderes gilt, wenn die Beglaubigung eine Vereidigung des Unterzeichners beinhaltet. In diesem Fall umfasst die Beglaubigung die Versicherung des Unterzeichners, dass das Dokument endgültig ist.

IV. Bereiche mit besonderem Schriftformerfordernis

E-Sign und UETA modifizieren eine Vielzahl von Gesetzen dahingehend, dass elektronische Dokumente und Signaturen das Schriftform- und Unterschriftserfordernis erfüllen.[802] Beide enthalten allerdings auch eine Reihe von Ausnahmebereichen. Es wird den Einzelstaaten hier teilweise freigestellt, ob sie elektronische Dokumente und Signaturen in bestimmten, als besonders sensibel eingestuften Rechtsbereichen, erlauben.[803]

Diese Ausnahmebereiche bei E-Sign sind:

- alle Artikel des UCC außer Section 1-107 und 1-206 und den Artikeln 2 und 2A;
- Regelungen im Bereich des Erbrechts, insbesondere die Errichtung und Vollstreckung von Testamenten und testamentarischen Treuhandverhältnissen;
- Regelungen im Bereich des Familienrechts, insbesondere des Scheidungs- und Adoptionsrechts;
- Gerichtliche Verfügungen und andere vollstreckbare gerichtliche Anordnungen;
- Kündigungen im Bereich des öffentlichen Versorgungswesens;

---

799 Smedinghoff in: Electronic Contracting, S. 132.

800 U.a. hat Florida bereits ein Gesetz erlassen, welches die Rahmenbedingungen für eine notarielle Beurkundung in elektronischer Form regelt.

801 Anderson/Closen in: J. Marshall J. Computer & Info. L. 1999, S. 847.

802 Zoellick in: N.Y. St. B.J. 2000, S. 12.

803 Hillis – Electronic Signatures, S. 178 f.; Smedinghoff in: Electronic Contracting, S. 94.

- Kündigungen oder ähnliche Mitteilungen im Bereich des Wohnraummietrechts;
- Kündigungen von Lebens- oder Krankenversicherungen;
- Benachrichtigungen über Rückrufaktionen oder bestehende Defekte von Produkten, wenn Gesundheits- oder Sicherheitsrisiken bestehen;
- Transportdokumente für Gefahrgütertransporte.[804]

Darüber hinaus besteht eine Sonderregelung für den staatlichen und behördlichen Sektor in Section 104.

UETA enthält als weitere Ausnahmebereiche den Uniform Computer Information Transactions Act (UCITA) und andere von dem einzelnen Bundesstaat festgelegte Gesetze.[805]

Diese Ausnahmebereiche stellen jedoch kein Verbot dar. Auch innerhalb der aufgezählten Bereiche kann eine Transaktion auf elektronische Weise erfolgen. Die rechtliche Wirksamkeit dieser Transaktion wird jedoch nicht von E-Sign bzw. UETA berührt, sondern richtet sich allein nach anderen einschlägigen Gesetzen.[806]

---

[804] E-Sign Section 103.
[805] UETA Section 3 (b).
[806] Smedinghoff in: Electronic Contracting, S. 96.

Abschnitt 9 – Beweisfragen

A. Europäische Vorgaben zur Beweisführung bei elektronischen Verträgen

Bezogen auf die einfache elektronische Signatur sollen die Mitgliedsstaaten nach Art. 5 Abs. 2 der Signatur-Richtlinie dafür sorgen, dass ihre rechtliche Wirksamkeit und ihre Zulässigkeit als Beweismittel nicht nur deshalb abgelehnt wird, weil sie

1) nur in elektronischer Form vorliegt

2) nicht auf einem qualifizierten Zertifikat beruht

3) nicht auf einem von einem akkreditiertem Zertifizierungsanbieter ausgestellten qualifizierten Zertifikat beruht oder

4) nicht von sicherer Signaturerstellungseinheit erstellt wurde.

Diese Forderung der Signaturrichtlinie beinhaltet damit die Forderungen nach Nichtdiskriminierung und allgemeiner Zulassung. Eine Regelung zum Beweiswert ist damit nicht verbunden.[807] Diese Forderung bezieht sich implizit natürlich auch auf die von der Richtlinie aufgezeigten höheren Qualitätsstufen der elektronischen Signatur.

Gemäß Art. 5 Abs. 1 der Signaturrichtlinie sollen die Mitgliedsstaaten weiterhin dafür Sorge tragen, dass fortgeschrittene elektronische Signaturen, die zusätzlich auf einem qualifizierten Zertifikat beruhen und die außerdem von einer sicheren Signatureinheit erstellt wurden, auch im Gerichtsverfahren als Beweismittel zugelassen werden. Die Richtlinie hat diese Rechtsfolge nur im Ansatz ausgeformt, um nicht unmittelbar in die Rechtsordnungen der Mitgliedsstaaten einzugreifen.[808] Es ist dies aber die positive Verpflichtung zur Gleichstellung. Diese Forderung zwingt die Mitgliedsstaaten in ihren Prozessordnungen nicht nur schriftliche Dokumente zum Nachweis des Abschlusses eines Vertrages zuzulassen, sondern dies auch bei elektronischen Verträgen zu tun, falls obige Voraussetzungen erfüllt sind.[809] Es bleibt in diesem Rahmen weiterhin Aufgabe der Gerichte, die Erfüllung dieser Voraussetzungen zu prüfen und das Beweismittel im Rahmen freier gerichtlicher Würdigung zu werten.[810]

---

[807] Roßnagel in: Rechtsfragen des E-Commerce, S. 70.
[808] Roßnagel in: Rechtsfragen des E-Commerce, S. 70.
[809] Roßnagel in: Rechtsfragen des E-Commerce, S. 71.
[810] Roßnagel in: Rechtsfragen des E-Commerce, S. 72.

Festzuhalten bleibt weiterhin, dass die Richtlinie keine Regelungen zum Beweisverfahren trifft und auch keine Beweisvermutung oder Beweiserleichterung vorschreibt.[811]

B. Beweisfragen im Deutschen Recht

Die Beweisführung bezogen auf elektronische Verträge im Allgemeinen erfolgt über den Ausdruck elektronisch gespeicherter Dokumente. Da derartige Ausdrucke keine Privaturkunden im Sinne von § 416 ZPO darstellen, kann deren Inhalt nur über die richterliche Beweiswürdigung gemäß § 286 ZPO in die Beweisführung Eingang finden.[812] Hoeren leitet dies daraus her, dass es an einer dauerhaften Verkörperung sowie an einer Unterschrift fehle und zusätzlich die Gedankenäußerung nicht unmittelbar aus sich heraus wahrgenommen werden könne.[813] Soweit die Unterschrift betroffen ist, kann dem zugestimmt werden, während die anderen beiden Kriterien sicherlich auch gegenteilig beurteilt werden können.

Nicht einmal Sendeprotokolle sind nach geltender Rechtsprechung[814] als Anscheinsbeweis für den Zugang der Erklärung geeignet, sondern können dort auch nur im Rahmen des § 286 ZPO als Indiz gewertet werden.[815] Es erscheint auch keine praktikable und von den Gerichten allgemein respektierte Lösung zu sein, wenn man in Verträgen und damit auch in AGB Beweisvereinbarungen aufnehmen würde,[816] da eine solche Vereinbarung keine Bindungswirkung für die richterliche Beweiswürdigung hätte.[817]

Praktische Ansätze der Gesetzgeber ergeben sich jetzt im Zusammenhang mit der neuen Signaturrichtlinie und deren Umsetzung ins deutsche Recht.

I. Beweisregelung bei einfacher elektronischer Signatur

In anderen europäischen Staaten wurden die Anforderungen des Art. 5 der Richtlinie durch entsprechende Anwendung der Bestimmungen über den

---

[811] Roßnagel in: Rechtsfragen des E-Commerce, S. 72.
[812] Köhler/Arndt – Internet, Rn. 169 f.
[813] Hoeren – Internetrecht, S. 224.
[814] BGH NJW 1995, S. 665; anders wohl AG Hannover, 12/20/1999, 518 C 13916/99, dort wurde allerdings ohne nähere Begründung das Sendeprotokoll als Anscheinsbeweis zugelassen.
[815] Hoeren – Internetrecht, S. 224; Köhler/Arndt – Internet, Rn. 169 f.
[816] Köhler/Arndt – Internet, Rn. 169 f.; a.A. aber noch Hoeren in: CR 1995, S. 516.
[817] Hoeren – Internetrecht, S. 225.

Urkundenbeweis auf elektronische Dokumente erfüllt.[818] Der deutsche Gesetzgeber hat hingegen zur Erfüllung der auf einfache elektronische Signaturen bezogenen EG-Vorgabe keine Änderung in der Gesetzessystematik der Zivilprozessordnung für erforderlich gehalten, denn diese Forderung der Signaturrichtlinie wurde in Deutschland nach allgemeiner Meinung bereits durch das geltende Beweisrecht erfüllt.[819] Im Rahmen des § 371 ZPO konnten bereits elektronische Dokumente jeder Sicherheitsstufe im Rahmen des Augenscheinsbeweises zur Beweisführung herangezogen werden.[820] Dabei ist natürlich zu berücksichtigen, dass die heute gesetzlich anerkannten, unterschiedlichen Stufen der elektronischen Signatur bisher gesetzlich nicht definiert und als solche rechtlich nicht eindeutig bewertet waren. Ob dies in der Praxis in großer Zahl erfolgreich zur Anerkennung der Beweisführung im Augenscheinsbeweis geführt hat, mag deshalb bezweifelt werden.[821]

Fragen sowohl nach der richtigen inhaltlichen Darstellung einer möglicherweise auch verschlüsselten Datei als auch Zeitpunkt und Ort der Erstellung sowie deren Urheberschaft können regelmäßig nur mithilfe von einem Sachverständigen beurteilt werden.[822] Es kann deshalb unschwer festgestellt werden, dass diese Problematik für elektronische Dokumente, die nicht mit einer fortgeschrittenen oder qualifizierten elektronischen Signatur unterzeichnet sind, erhalten bleiben wird. Teilweise wird ihnen ja – ohne Verstoß gegen die Richtlinie – sogar jeglicher Beweiswert abgesprochen, da man ihnen nur entnehmen könne, dass es sie gibt, nicht aber von wem sie stammen.[823]

Konnte im Zusammenhang mit einem vorgelegten Dokument auch noch ein typischer Geschehensablauf aufgezeigt werden, dann war auch nach bisherigem Recht der Beweis des ersten Anscheins im Rahmen der richterlichen Wertung möglich. Diese Art der Beweisführung durch die Beteiligten musste und muss immer noch als sehr risikoreich[824] eingestuft werden, denn Richter sind auch heute noch nicht derartig mit der Datenverarbeitung vertraut, dass sie technische

---

818 So etwa die französische Lösung in Art. 1316 C. civ. (abrufbar im Internet unter http://www.legifrance.gouv.fr); ebenso in Österreich § 4 III SigG (abrufbar im Internet unter http://www.ris.bka.gov.at).
819 Nissel – Formvorschriften, S. 17; Roßnagel in: Rechtsfragen des E-Commerce, S. 91.
820 Miedbrodt/Mayer in: MDR 2001, S. 434; Nissel – Formvorschriften, S. 17.
821 Vgl. Nissel – Formvorschriften, S. 17.
822 Ulmer – Vertragsschluss im Internet, S. 171.
823 Dästner in: NJW 2001, S. 3469.
824 Nissel – Formvorschriften, S. 17.

Vorgänge dieser Art als typische Geschehensabläufe nachvollziehen können. Auch hier ist das Verlassen auf Sachverständige im Rahmen von § 372 ZPO somit von ausschlaggebender Bedeutung. Erfolgreich konnte eine Argumentation über den Anscheinsbeweis deshalb wohl grundsätzlich nur im Bereich der Verwendung der digitalen Signatur nach dem SigG97 sein.

Mit dem FormAnpG wurde jetzt zur Klarstellung vom Gesetzgeber dennoch dem § 371 Abs. 1 ZPO ein zweiter Satz angefügt, mit dem klargestellt wird, dass bei einem elektronischen Dokument der Gegenstand des Augenscheinsbeweises eine „Datei" ist, die vorzulegen oder dem Gericht anderweitig zu übermitteln ist.[825]

Die Beurteilung der Beweiskraft einer elektronischen Datei unter den Voraussetzungen der freien Beweiswürdigung ist und bleibt dabei problematisch,[826] da es regelmäßig nicht ausreichen wird, das Dokument als Datei optisch bzw. sensorisch für das Gericht sichtbar zu machen.[827] Die Urheberschaft und der rechtsgeschäftliche Bindungswille des Absenders für den Erklärungsinhalt werden stets die zentrale Streitfrage sein. Auch was unter dem „Vorlegen und der Übermittlung" einer Datei zu verstehen ist, wird wohl eine der strittigen Fragen im Prozess sein.[828] Eine Datei ist nämlich nicht das ausgedruckte Dokument, sondern der technische Rahmen des Dokuments einschließlich des Inhaltes des Dokuments in elektronischer Form. Die Datei kann deshalb nur auf Datenträger vorgelegt oder online an das Gericht übermittelt werden. Der Hinweis auf die Regelungen für den Beweisantritt und die Editionspflicht nach den §§ 422 bis 432 ZPO in § 371 Abs. 2 Satz 2 ZPO ist dabei nur für den Fall vorgesehen, in dem die Dateien nicht mehr verfügbar sind. Grundsätzlich ist somit die Datei selbst unmittelbar als Beweisgegenstand im Rahmen des Augenscheinsbeweises zu verwerten.

II. Beweisregelung bei qualifizierter Signatur

Die Forderung in Artikel 5 Abs. 1 der Signaturrichtlinie, in Sachen bessere Beweisführung bezogen auf die qualifizierte fortgeschrittene elektronische Signatur, hat der deutsche Gesetzgeber auch nicht, entsprechend der Regelung in anderen europäischen Ländern, durch Erweiterung des Urkundsbeweises erfüllt.

---

[825] Lüdemann/Adams in: K&R 2002, S. 10 f.; Miedbrodt in: Moritz/Dreier, S. 831, Rn. 88.
[826] Ulmer – Vertragsschluss im Internet, S. 171.
[827] Ulmer – Vertragsschluss im Internet, S. 171.
[828] Ulmer – Vertragsschluss im Internet, S. 171.

Dies begründete die Bundesregierung im Gesetzgebungsverfahren mit dem Argument, dass der Erklärungsempfänger als beweispflichtige Person im Rahmen des Urkundenbeweises schutzlos wäre gegenüber dem auch unbegründeten Einwand des Beweisgegners, die Erklärung sei nicht vom Schlüssel-Inhaber abgegeben worden.[829] Der deutsche Gesetzgeber ging deshalb davon aus, dass eine Beweiserleichterung für den Erklärungsempfänger der qualifizierten Signatur besser entspricht und hat deshalb in § 292 a ZPO eine eigene Regelung mit einem Anscheinsbeweis geschaffen.[830] Es wird dort die Vermutung aufgestellt, dass der Empfänger einer mit qualifizierter elektronischer Signatur versehenen Willenserklärung von dessen Echtheit ausgehen darf.[831] Er muss lediglich beweisen, dass die Signatur unverfälscht ist und auf einem Verfahren beruht, welches den Anforderungen des Signaturgesetzes entspricht.[832] Damit wurde vom Gesetzgeber zum ersten Mal gesetzlich in der ZPO ein Anscheinsbeweis anerkannt, der sonst nur im Rahmen der richterlichen Beweiswürdigung zum Tragen kommt.[833] Die Bundesregierung geht zur Begründung davon aus, dass ein Dokument mit digitaler Signatur eine höhere Sicherheit biete, als ein Schriftdokument mit eigenhändiger Unterschrift, und deshalb nicht ohne Rückgriffsmöglichkeit auf eine angemessene Beweisregel bleiben könne. Der Gesetzgeber räumt der elektronischen Form damit sogar einen überlegenen Beweiswert im Vergleich zur Urkunde ein.[834] Der Anscheinsbeweis bezüglich der Echtheit kann im Rahmen der obigen Regelung nämlich auch dann geführt werden, wenn der Beweisgegner nicht zustimmt.[835] Dies kann sicher mit der größeren Fälschungssicherheit der qualifizierten elektronischen Form gegenüber der privaten Schrifturkunde begründet werden.[836] Der Gesetzgeber ging weiterhin davon aus, dass er ohne diesen Anscheinsbeweis die Verlässlichkeit digitaler Signaturen selbst in Frage stellen würde.[837] Lüdemann/Adams gehen in Bezug auf diesen neuen Anscheinsbeweis, der auf

---

829 BT-Drucks. 14/4987, S. 23.
830 BT-Drucks. 14/4987, S. 23.
831 Bierekoven – Vertragsschluss im Internet, S. 148; Nissel – Formvorschriften, S. 34; Reinholz in: MC 2001, S. 27; Roßnagel NJW 2001, S. 1826; Ulmer – Vertragsschluss im Internet, S. 170.
832 BT-Drucks. 14/4987, S. 17.
833 BT-Drucks. 14/4987, S. 37.
834 BT-Drucks. 14/4987, S. 17.
835 Nissel – Formvorschriften, S. 34.
836 BT-Drucks. 14/4987, S. 17; vgl. auch Bierekoven – Vertragsschluss im Internet, S. 148.
837 BT-Drucks. 14/4987, S. 44.

der technischen Sicherheitsinfrastruktur aus dem SigG beruht, davon aus, dass er bei den Gerichten sogar den Wert eines antizipierten Sachverständigengutachtens erreichen könnte.[838] Es wird von ihnen dabei der Vergleich mit technischen Verordnungen im öffentlichen Bereich herangezogen.

Dieser vom Gesetz jetzt zuerkannte Anschein der Echtheit bezieht sich dabei nur auf die qualifizierte elektronische Signatur welche die Voraussetzungen des § 126 a BGB und damit die des SigG erfüllt. Dabei stimmt die Bundesregierung der Aussage zu, dass es sich hierbei nicht um einen allgemeinen Erfahrungssatz handelt, sondern um die gesetzliche Vorgabe einer Beweisregel, die eben auf dem gesetzlich verbrieften Sicherheitsstandards des SigG beruht.[839] Sie räumt weiterhin ein, dass sie damit auch divergierenden Entscheidungen der Gerichte zur Beweiskraft von qualifizierten elektronischen Signaturen vorbeugen wollte. Dazu bestand sicher auch Anlass, wenn man die heftigen Bedenken sieht, die Miedbrodt gegen diese Lösung vorträgt.[840] Sie spricht sogar davon, dass den Erklärenden damit ungeklärte Risiken aufgebürdet würden, die eine breite Akzeptanz und damit die Verbreitung der Technologie gefährden könnten. Dies ist bei dem hohen Sicherheitsstandard der qualifizierten elektronischen Signatur aber sicher eine falsche Bewertung.

Wenn eine elektronische Signatur somit den Anforderungen des § 126 a BGB genügt, dann kann der sich daraus ergebende Anschein der Echtheit vom Bestreitenden nur durch Tatsachen erschüttert werden, die ernstliche Zweifel daran begründen, dass die Erklärung tatsächlich mit dem Willen des Signaturschlüssel-Inhabers abgegeben worden ist. Das Risiko einer tatsächlichen Verfälschung trägt allerdings der betreffende Signaturschlüssel-Inhaber. Er haftet auch, wenn er schuldhaft den unberechtigten Zugriff auf die Signatur ermöglicht.[841]

C. Beweisfragen im US-amerikanischen Recht

I. Grundsatz

Grundsätzlich besteht im US-amerikanischen Zivilprozess keine Beschränkung hinsichtlich der Zulässigkeit von Beweismitteln. Alles was dazu geeignet ist, die

---

[838] Lüdemann/Adams in: K&R 2002, S. 12.
[839] BT-Drucks. 14/4987, S. 44.
[840] Miedbrodt in: Moritz/Dreier, S. 839 f., Rn. 108.
[841] Jäger/Kussel – digitale Signatur, S. 273 ff.; Reinholz in: MC 2001, S. 27.

Wahrheit einer Tatsache oder eines fraglichen Punktes nachzuweisen, darf vom Gericht berücksichtigt werden.[842] Der wichtigste Ansatzpunkt ist dabei die Relevanz des für den Streitgegenstand zuzulassenden Beweismittels. Dabei bestehen auch in diesem Zusammenhang unterschiedliche Regelungen für die verschiedenen Gerichtsstände in den einzelnen Bundesstaaten.[843] In den meisten Bundesstaaten sowie in den Federal Rules of Evidence[844] sind als Beweismittel Zeugen, Sachverständige, Spracherkennung, Telefongespräche, Dokumente und Datensammlungen zulässig.[845]

II. Beweisprobleme im elektronischen Geschäftsverkehr

Die größte Schwierigkeit bei der Verwendung elektronischer Signaturen und Dokumenten im US-amerikanischen Rechtskreis wird wegen der durchgängigen Technologie-Neutralität der neuen Gesetze im Rahmen der Beweisbarkeit der Zuordnung von Dokument und Ersteller liegen.[846]

Anfänglich beinhalteten die Gesetzesvorschläge für UETA ebenso wie manche der Spezialgesetze in den einzelnen Bundesstaaten noch eine Regelung, wodurch elektronischen Signaturen, die unter Verwendung einer Technologie mit höheren Sicherheitsanforderungen erstellt werden, auch ein hervorgehobener rechtlicher Schutz zuerkannt werden sollte.[847] Diese wurde jedoch im Laufe des Gesetzgebungsverfahrens gestrichen.[848]

Betrachtet man in diesem Zusammenhang E-Sign, dann ist dort die Gleichstellung von elektronischer Form und der Papierform nur „negativ“ formuliert. Es wird bestimmt, dass man elektronischen Signaturen und Dokumenten die rechtliche Wirkung nicht verweigern darf. Eine positive rechtliche Wirkung in Richtung der Beweisführung wurde nicht in die Gesetze aufgenommen.

In den meisten bundesstaatlichen Gesetzen dagegen wurden bestimmte Techniken für die elektronische Signatur vorgeschrieben. Diesen wurde sodann eine konkrete rechtliche Wirkung zugeordnet. Erreicht wurde dieses Ziel entweder

---

[842] Bierekoven – Vertragsschluss im Internet, S. 247.
[843] Bierekoven – Vertragsschluss im Internet, S. 247; Winn/Wright – Electronic Commerce § 5.02.
[844] Abrufbar unter http://www.law.cornell.edu/rules/fre/overview.html.
[845] Bierekoven – Vertragsschluss im Internet, S. 247.
[846] Lloyd – Electronic Contracts, S. 137.
[847] Winn/Wright – Electronic Commerce § 5, S. 38.
[848] Vgl. das Vorwort zum endgültigen Gesetzesentwurf von UETA, abrufbar unter http://www.uetaonline.com.

durch die Ermöglichung des Anscheinsbeweises oder durch die Einführung von Haftungstatbeständen. Ein Rückgriff auf allgemeine Beweisgrundsätze war dort deshalb nicht erforderlich.[849] Die Verfasser von UETA haben sich aber gegen diesen Weg entschieden. Eine elektronische Kommunikation kann, wie oben bereits dargelegt wurde, nach UETA dem Verfasser nur dann zugerechnet werden, wenn sie tatsächlich von diesem stammt.[850] Dies muss sodann von der Seite, welche die Beweislast trifft, bewiesen werden. Der Beweisführung sind dabei keinerlei Grenzen gesetzt. Sämtliche Umstände, welche die Schaffung oder Versendung von elektronischen Dokumenten betreffen, kommen hierbei in Betracht. Möglich ist unter anderem auch, sich auf die Effizienz und Sicherheit der verwendeten Sicherungsmechanismen zu berufen. Dabei kann sich der Beweisführer jedoch nicht auf eine gesetzliche Vermutung über die Sicherheit der verwendeten Methode berufen.[851]

Mit E-Sign werden die bundesstaatlichen Regelungen zur leichteren Beweisführung somit wohl der Nichtigkeit anheim fallen, denn die waren nicht im Original-UETA enthalten und würden entgegen E-Sign Sec 102. (a) einer bestimmten Technologie von Gesetzes wegen einen nicht zulässigen höheren rechtlichen Wert beimessen.

Es wird sich somit die Beweisproblematik im US-amerikanischen Recht sowohl hinsichtlich der Identität der Vertragsparteien als auch bezüglich eines etwaigen Rechtsbindungswillens weiterhin nach den allgemeinen Regelungen richten müssen.[852] Die Beweisproblematik unterscheidet sich deshalb nicht von der Situation beim herkömmlichen Vertragsschluss.[853]

1. Die „Hearsay Rule“

Für elektronische Beweise ist die allgemeine „hearsay rule“ von Bedeutung. Hearsay ist dabei jede Erklärung eines Dritten mit Ausnahme des Erklärenden

---

[849] Einer der ersten detaillierten Kommentare bezüglich der Verfahren, die eine bestimmte Technologie voraussetzen befindet sich in den ABA Digital Signature Guidelines, abrufbar unter http://www.abanet.org/settach/ec/isc/dsgfree.html; für Argumente, die einen technologiespezifischen Ansatz befürworten siehe Smedinghoff in: J. Marshall J. Computer & Info. L. 1999, S. 723 f.

[850] UETA § 9.

[851] Winn/Wright – Electronic Commerce § 5, S. 39.

[852] Merrill/Burger in: New Jersey L.J. 2000; Nimmer in: The Computer & Internet Lawyer 2000, S. 8; Wintringham in: NY L.J. 2000, S. S7.

[853] Nimmer in: The Computer & Internet Lawyer 2000, S. 8; Zoellick in: N.Y. St. B.J. 2000, S. 12.

selbst, die im Gerichtsverfahren angeboten wird, um die Wahrheit einer Behauptung zu beweisen.[854] Nach der hearsay rule ist eine Beweisführung mit derartigen Mitteln jedoch grundsätzlich unzulässig.

Eine Ausnahme besteht jedoch für „business records"[855] und dies ist eine für den elektronischen Geschäftsverkehr bedeutende Ausnahme. Der Begriff des business record umfasst nämlich auch Computeraufzeichnungen, sodass die Regelung auch für elektronische Nachrichten und Dokumente gilt.[856] Wenn derartige Aufzeichnungen im Rahmen des normalen Geschäftsverkehrs unmittelbar nach der ursprünglichen Kommunikation erfolgen und diese auch im normalen Geschäftsverlauf aufbewahrt werden, sind sie trotz der hearsay rule als Beweismittel zulässig. Der Beweiswert einer derartigen Aufzeichnung kann allerdings durch Hinweise auf eine fehlende Vertrauenswürdigkeit der Methode der Erstellung bzw. der Verwahrung geschwächt werden.[857] Damit sind die Anbieter von Diensten im elektronischen Geschäftsverkehr vor die sicherlich lösbare Aufgabe gestellt worden, ihre Aufzeichnungs- und Kommunikationsmethoden, die in den meisten Fällen auf automatisierten Vorgängen beruhen werden, auf ihre Vertrauenswürdigkeit hin zu überprüfen.

2. Die „Best Evidence Rule"

Eine weitere wichtige Regelung in diesem Zusammenhang ist die „best evidence rule". Sie wurde geschaffen, als man davon ausging, dass die Niederlegung von Informationen schriftlich auf Papier erfolgt. Dabei bestimmt diese Regel, dass ein sekundärer Beweis für den Inhalt nur zulässig ist, wenn das originale Schriftstück nicht mehr zur Verfügung steht.[858]

Bei elektronischen Dokumenten besteht nun das Problem darin, dass es kein dem Grundsatz dieser Regel entsprechendes schriftliches Original gibt. Bei gespeicherten Daten sind wohl am ehesten die in Computercode dargestellten Informationen das Original. Da dies jedoch kein befriedigendes Ergebnis für die Praxis ist, haben bereits sehr früh US-amerikanische Gerichte entschieden, dass

[854] Vgl. z.B. Federal Rules of Evidence 801 (c).
[855] Bierekoven – Vertragsschluss im Internet, S. 250; Winn/Wright – Electronic Commerce § 7.03.
[856] Bierekoven – Vertragsschluss im Internet, S. 250; Winn/Wright – Electronic Commerce § 7.02.
[857] Bierekoven – Vertragsschluss im Internet, S. 250.
[858] Bierekoven – Vertragsschluss im Internet, S. 254; Winn/Wright – Electronic Commerce § 8.02.

Computerausdrucke den besten Beweis des Inhaltes der Computererklärung darstellen.[859]

Probleme können sich allerdings bei elektronischen Nachrichten, wie z.B. Erklärungen innerhalb eines Chat, ergeben. Dort existieren die Informationen nur in elektronischen Impulsen und werden nicht dauerhaft niedergelegt. Es besteht allerdings Einigkeit, dass derartige Informationen ebenfalls als Beweismittel zugelassen werden müssen.[860] Eine sehr innovative Lösung versuchen dabei Winn/Wright, indem sie die elektronisch übermittelten Daten selbst als das Original ansehen, welches aufgrund der fehlenden Speicherung eben nunmehr verloren ist.[861] Dadurch wäre auch eine anderweitige Aufzeichnung oder das Zeugnis eines der am Chat Beteiligten als Beweismittel zulässig.

Zusammenfassend bleibt hier festzuhalten, dass sowohl E-Sign als auch UETA den Diskriminierungsgrundsatz auch auf die Zulassung elektronischer Erklärungen als Beweisgegenstände in gerichtlichen Verfahren ausdehnen und deshalb die allgemeinen Beweisregeln für den elektronischen Geschäftsverkehr herangezogen werden müssen und können.

---

[859] King v. State ex rel. Murdock Acceptance Corp., 222 So.2d 393, 398 (Miss. 1969); Schiavone-Chase Corp. v. United States, 553 F.2d 658, 666 (Ct. Cl. 1977); Ed Guth Realty, Inc. v. Gingold, 315 N.E.2d 441, 446 (N.Y. 1974); United States v. Sanders, 749 F.2d 195, 197 f. (5th Cir. 1984).

[860] Vgl. Bierekoven – Vertragsschluss im Internet, S. 256; Winn/Wright – Electronic Commerce § 8.06, der sich auf den Fall United States v. Gonzalez-Benitez, 537 F.2d 1051 (9th Cir.), cert. Denied, 429 U.S. 923, S. 323 (1976) beruft.

[861] Winn/Wright – Electronic Commerce § 8.06.

Abschnitt 10 – Der Widerruf im elektronischen Geschäftsverkehr

A. Europäische Vorgaben

Da der Verbraucher in der Praxis des Fernabsatzes keine Möglichkeit hat, das Erzeugnis zu sehen oder die Eigenschaften der Dienstleistung im Einzelnen zur Kenntnis zu nehmen[862], fordert Art. 6 der FernAbsRL die Mitgliedsstaaten zur Schaffung eines Widerrufsrechts für Verbraucher bei jedem Vertragsabschluss im Fernabsatz auf. Dem Verbraucher wird damit die Möglichkeit eingeräumt, die ohne Inaugenscheinnahme bestellte und gelieferte Ware zu prüfen und dann zu entscheiden, ob er sie behalten oder zurückgeben will. Der Widerruf soll ohne Angabe von Gründen und ohne Strafzahlung innerhalb von einer Frist von mindestens sieben Werktagen möglich sein. Nach den Vorgaben der Richtlinie beginnt die Frist grundsätzlich bei Waren mit dem Tag des Eingangs beim Verbraucher und bei Dienstleistungen mit dem Tag des Vertragsschlusses, falls zu diesem Zeitpunkt die Anforderungen des Art. 5 erfüllt wurden. Diese Anforderungen beinhalten Unterrichtungspflichten, die umfassend ins deutsche Recht umgesetzt und deshalb bereits oben im Abschnitt über die „weiteren Anforderungen" aufgeführt wurden. Eine hier besonders hervorzuhebende Anforderung ist die Information über das Widerrufsrecht. Diesbezüglich sind dem Verbraucher nach Art. 5 Abs. 1 erster Gedankenstrich schriftliche Informationen über die Einzelheiten der Ausübung des Widerrufsrechts im Sinne des Art. 6, einschließlich der Information über die vom Widerrufsrecht ausgenommenen Bereiche nach Art. 6 Abs. 3 erster Gedankenstrich, zu geben. Wenn die nach Art. 5 der Richtlinie vorgegebenen Verpflichtungen nicht erfüllt werden, verlängert sich diese Frist auf drei Monate.

Die Richtlinie nimmt eine Anzahl von allgemein und teilweise konkret bezeichneten Verträgen von der Möglichkeit des Widerrufs aus. Diese Fälle werden im Rahmen der nachfolgenden Betrachtung des deutschen Rechts aufgezeigt.

Im Falle der Ausübung des Widerrufsrechts können dem Verbraucher nach Art. 6 Abs. 1 Satz 2 und Abs. 2 Satz 2 der Richtlinie nur die unmittelbaren Kosten der Rücksendung der Waren auferlegt werden.

---

[862] FernAbsRL – Erwägungsgrund (14).

B. Der freie Widerruf im Deutschen Recht

I. Inhalt

Wie schon § 3 FernAbsG i.V.m. § 361 a BGB räumt jetzt auch der neue § 312 d Abs. 1 Satz 1 BGB i.V.m. § 355 BGB dem Verbraucher bei Fernabsatzverträgen ein freies Widerrufsrecht ein. Der am elektronischen Rechtsverkehr teilnehmende Unternehmer oder andere Nicht-Verbraucher können somit von diesem Widerrufsrecht keinen Gebrauch machen. Gemäß der oben aufgezeigten Definition der Fernabsatzverträge schließen diese sowohl jene Fälle ein, bei denen der Vertragsschluss durch E-Mail, als auch mittels Einschaltung von Abrufdiensten im Rahmen von Tele- und Mediendiensten und damit mittels Computererklärungen im Rahmen von § 312 e BGB vorgenommen wird.

Der neue § 355 BGB stellt dabei gleichzeitig eine Vereinheitlichung der verbraucherschützenden Widerrufsrechte dar, die bisher in unterschiedlichen Sondergesetzen geregelt waren.[863]

Als Rechtsfolge sieht das Gesetz vor, dass der Widerrufende nicht mehr an seine Erklärung gebunden ist. Es handelt sich daher bei den betroffenen Verträgen um den Fall einer schwebenden Wirksamkeit.[864] Der Widerruf muss gegenüber dem verkaufenden Unternehmer in Textform oder durch Rücksendung der Ware erklärt werden. Mit dem Begriff der Textform wird die bisherige Forderung aus § 361 a BGB, nach Verwendung eines dauerhaften Datenträgers lediglich der Begriffswelt der neuen Formvorschriften angepasst, ohne damit inhaltlich eine Änderung zu bedingen.[865]

Einer Begründung bedarf der Widerruf nicht.

Die kommerziellen Ausnahmebereiche aus den FernAbsG sind identisch in § 312 d Abs. 4 BGB übernommen worden. Sie werden unten noch näher erläutert.

---

863 Fischer in: DB 2002, S. 254; das BGB enthält somit folgende Widerrufsrechte aus bisherigen Sondergesetzen: § 312 d Abs. 1 Satz 1 ersetzt § 3 FernAbsG § 495 Abs. 1 ersetzt § 7 Abs. 3 VerbrKrG § 312 Abs. 1 Satz 1 ersetzt § 2 HausTWG, und § 485 Abs. 1 ersetzt § 5 Abs. 2 und 3 TzWrG; die Widerrufsrechte nach § 11 Abs. 1 AuslInvmG § 23 Abs. 1 KAGG § 8 Abs. 4 VVG bleiben der Umsetzung der Richtlinie über Fernabsatz bei Finanzdienstleistungen vorbehalten und das Widerrufsrecht nach § 4 Abs. 1 FernUSG bleibt dort bestehen und wurde im Rahmen des Schuldrechtsmodernisierungsgesetzes angepasst.

864 Fischer in: DB 2002, S. 254.

865 BT-Drucks. 14/6040, S. 169.

II. Der Hinweis auf das Widerrufsrecht vor Vertragsschluss

§ 312 c Abs. 1 Nr. 1 BGB i.V.m. §§ 1 Abs. 1 Nr. 9 der InformationsVO sehen bei Fernabsatzverträgen eine Informationspflicht des Unternehmers gegenüber dem Verbraucher über das Bestehen eines Widerrufsrechtes vor. Diese Information muss vor Abschluss des Vertrages zum Verbraucher gelangen.

Bei der Verwendung jener Fernkommunikationsmittel, die in dieser Arbeit durch die E-Mail repräsentiert werden, wird dieser Informationspflicht gewöhnlich gleichzeitig mit dem elektronischen Angebot des Unternehmers Genüge getan.

Bei der Verwendung von Abrufdiensten im Rahmen von Tele- und Mediendiensten, bei denen eine Webseite zum Einsatz kommt, werden besondere Anforderungen hierfür gestellt. Die Informationen auf der Webseite sind nur dann im Sinne von § 312 c Abs. 1 Satz 1 BGB klar und verständlich gestaltet, wenn sie auf der Webseite einfach aufzufinden sind und keinesfalls an versteckter Stelle platziert werden. Da der Unternehmer den Verbraucher hinsichtlich der Pflichtinformationen, zu denen auch der Hinweis auf den Widerruf gehört, aber nicht zur Kenntnisnahme zwingen muss, sondern ihm nur die realistische Möglichkeit der Kenntnisnahme einzuräumen ist, wird in der Literatur die Möglichkeit der Kenntnisnahme über einen integrierten und inhaltlich deutlich gekennzeichneten Link auf der Webseite ebenfalls als ausreichend angesehen.[866] Dieser Link muss jedoch so gestaltet und angeordnet sein, dass ein Durchschnittsbetrachter ihn auch bei flüchtiger Betrachtung in seiner Bedeutung erfasst.[867] Nach Mankowski empfiehlt sich eine grafisch herausgehobene Präsentation in besonderer Schriftgröße und Farbe, die mit einem Warnzeichen versehen werden sollte, und einen besonderen Hinweis auf den Vertrag und die gesetzlichen Rechte des Kunden enthalten sollte.[868] Hierbei wird auch argumentiert, dass die Informationen nach §§ 312 c und e BGB keinen größeren Anforderungen unterworfen werden könnten als AGB. Beide Bereiche hätten ihre Wurzel im Transparenzgebot.[869] In jedem Fall als ausreichend angesehen wird dabei natürlich auch hier die Information über eine Zwangsführung, bei

866 Mankowski in: CR 2001, S. 770.

867 Mankowski in: CR 2001, S. 771; Wendehorst in MüKo § 2 FernAbsG, Rn. 34; Roth/ Schulze in: RIW 1999, S. 927; Steins in: MMR 2001, S. 531; Wendehorst in: DStR 2000, S. 1315.

868 Mankowski in: CR 2001, S. 771.

869 Mankowski in: CR 2001, S. 771; Roth in: JZ 2000, S. 1016.

welcher der Verbraucher vor der Möglichkeit der Bestellung automatisch über einen zwangsläufigen technischen Folgeschritt über eine gesonderte Webseite geführt wird, auf der alle Informationen, einschließlich der Belehrung über das Widerrufsrecht, enthalten sind.[870]

III. Die Unterrichtung über das Widerrufsrecht nach Vertragsschluss

1. Als Pflichtinformation im Rahmen der InformationsVO

§ 312 c Abs. 2 BGB i.V.m. § 1 Abs. 2 der InformationsVO fordert vom Unternehmer über den bereits aufgezeigten Hinweis vor Abschluss des Vertrages hinaus, das Bestehen des Widerrufsrechts nochmals bis spätestens zur Warenlieferung oder Erfüllung der Dienstleistung in Textform mitzuteilen. Der Vertragsschluss kann hier also vorausgehen und diese Information in Textform könnte spätestens auch noch als Beipackzettel der Warenlieferung zugeordnet werden.

Betrachtet man diese Unterrichtungspflicht im Verhältnis zum oben aufgeführten Hinweis auf das Widerrufsrecht, dann könnte man zum Ergebnis gelangen, dass der Gesetzgeber mit dem einfachen Hinweis auf das Widerrufsrecht vor Abschluss des Vertrages und mit der Informationspflicht in Textform bis spätestens zur Warenlieferung zwei Informationsstufen einführen wollte, die getrennt ablaufen müssen. Dies ist jedoch nicht der Fall. Wie schon das praktische Beispiel eines Geschäftes durch E-Mail-Austausch zeigt, kann dort der Unternehmer bereits in seinem E-Mail-Angebot der umfassenden Informationspflicht in Textform nachkommen, sodass damit auch die Mindest-Hinweispflicht nach § 312 c Abs. 1 BGB i.V.m. § 1 Abs. 1 Nr. 9 der InformationsVO mit erledigt ist. Es kann deshalb nicht nachvollzogen werden, warum das OLG München[871] eine solche Erfüllung der Informationspflichten über E-Mail ablehnt. Selbst der Gesetzgeber wollte E-Mails als Medium für die Unterrichtung ausreichen lassen.[872] Wegen der geringen Anforderungen an die Textform kann die Information hier auch im Rahmen der mitgesandten AGB erfolgen.[873]

---

[870] OLG Frankfurt CR 2001, S. 782; Mankowski in: CR 2001, S. 771 f.; vgl. auch D. Kröger in dem Kommentar von C. Hüser, zu Waldenberger – Fernabsatzrichtlinie, S. 111.

[871] OLG München K&R 2001, 313 ff.

[872] BT-Drucks. 14/2658, S. 40; Härting in: K&R 2001, S. 312.

[873] Meub in: DB 2002, S. 361.

Anders ist die Situation jedoch bei Fernabsatzverträgen im Rahmen von organisierten Vertriebssystemen und auch bei Abrufdiensten im Rahmen von Tele- und Mediendiensten, bei denen für die Trennung zwischen dem bloßen Hinweis und der späteren Information in Textform ein echtes praktisches Bedürfnis besteht. Der Hinweis und die Unterrichtung über das Widerrufsrecht stellen bei solchen Systemen keine großen Anforderungen an die technische Gestaltung. Anders sieht dies jedoch aus, wenn dabei eine Information in Textform bereits vor Vertragsschluss in den Machtbereich des Verbrauchers gelangen müsste. Es ist in diesem Zusammenhang unstrittig, dass eine bloß aufrufbare Information auf der Webseite der Anforderung an die Textform nicht genügen kann.[874] Es ist somit eine Information notwendig, die dem Verbraucher übersandt wird. Dies wäre technisch vor der Aufgabe der Bestellung nur möglich durch eine Computererklärung, die als Folge einer Zwangsführung automatisch vom Verbraucher abgerufen und ihm zugesandt wird. Während sich der Verbraucher zum Bestellvorgang begibt, könnte er dabei die Zusendung an sich selbst auslösen.[875] Dies aber wird praktisch wohl selten so konstruiert werden, da nicht alle Nutzer auch zu Bestellern werden und diese automatische Versendung von Informationen eine unnötige Belastung der Systeme wäre. Außerdem müsste der Eingang der Textformnachricht erfolgen, bevor die Bestellung aufgegeben wird. Dies erscheint zeitlich schwer koordinierbar. Gleiches gilt entsprechend auch für andere im Fernabsatz eingesetzte Vertriebssysteme. Hier ist somit die vom Gesetz vorgesehene Zweistufigkeit von Hinweis auf und Information über das Widerrufsrecht sinnvoll.

§ 1 Abs. 3 Nr. 1 der InformationsVO verlangt i.V.m. § 312 c Abs. 2 BGB, dem Verbraucher zum gleichen späteren Zeitpunkt weitere Informationen in Textform zu geben, die nach dieser Regelung zusätzlich in einer hervorgehobenen und deutlich gestalteten Form mitzuteilen sind. Dies sind somit weiter gesteigerte Anforderungen an die Informationspflicht über das Widerrufsrecht. Konkret sind dies Informationen über die Bedingungen, Einzelheit der Ausübung und der Rechtsfolgen des Widerrufsrechts sowie über den Ausschluss desselben. Alle diese Informationen nach § 1 Abs. 2 und Abs. 3 Nr. 1 der InformationsVO können dem Verbraucher natürlich in einem einheitlichen Textformdokument zugestellt werden.

---

[874] BT-Drucks. 14/2658, S. 40; Härting in: K&R 2001, S. 312.
[875] Mankowski in: CR 2001, S. 772.

2. Als Belehrung im Rahmen des § 355 BGB

In den Regeln zum Fernabsatzvertrag in den §§ 312 c ff. BGB wird aber nicht nur auf die InformationsVO und die dort geregelten Hinweis- und Informationspflichten zum Widerrufsrecht verwiesen, sondern in § 312 d Abs. 1 BGB und auch in § 312 e Abs. 3 BGB auf das nach § 355 BGB bestehende Widerrufsrecht hingewiesen. Dort wiederum ist ebenfalls eine umfassende Unterrichtungspflicht bezogen auf das Widerrufsrecht unter der Bezeichnung „Belehrung" zu finden. Auch diese ist dem Verbraucher in Textform mitzuteilen. Ein Zeitpunkt ist hierfür nicht genannt, da sich der Zeitpunkt nur auf den Beginn der Widerrufsfrist auswirkt.

Nach dieser Regelung muss die Belehrung den Namen und die Anschrift des Erklärungsgegners sowie Hinweise auf den Fristbeginn, auf die nicht notwendige Begründung, auf die vorgeschriebene Textform, auf die Möglichkeit des Widerrufs durch Rücksendung der Ware und auf die Tatsache, dass zur Fristwahrung die rechtzeitige Absendung genügt, enthalten.

3. Das Verhältnis der verschiedenen Unterrichtungspflichten

Die aufgezeigten Regelungen über die detaillierten Unterrichtungspflichten zum Widerrufsrecht in § 312 c Abs. 1 Nr. 1 und Abs. 2 BGB i.V.m. § 1 Abs. 2 und Abs. 3 der InformationsVO und auch die Belehrung in § 355 Abs. 2 BGB enthalten keine Verweise oder Hinweise aufeinander.[876] Außerdem sind die Anforderungen an die Unterrichtung in beiden Fällen textlich äußerst unterschiedlich formuliert worden. Es fragt sich deshalb, wie diese Regelungen in ihrer Wirkung miteinander korrespondieren und in welchem konzeptionellen Zusammenhang die unterschiedlichen Unterrichtungspflichten stehen, denn die Bundesregierung bestand im Gesetzgebungsverfahren darauf, dass es sich um zwei verschiedene Pflichten handelt.[877]

Mankowski[878] analysiert die Unterschiede bezogen auf die im Text aufzuführenden Informationsinhalte und kommt zum Ergebnis, dass die unterschied-

---

876 Schmidt-Räntsch u.a. – Schuldrecht, S. 307.

877 Schmidt-Räntsch u.a. – Schuldrecht, S. 307 f. unter Hinweis auf BT-Drucks. 14/6857, S. 55.

878 Mankowski in: CR 2001, S. 773.

lichen Begriffsinhalte insoweit miteinander vergleichbar seien, dass man nicht von einer relevanten Diskrepanz sprechen kann.[879]

Dem kann nach einer Detailanalyse leider nicht zugestimmt werden. So sind in § 1 Abs. 3 der InformationsVO die auf das Widerrufsrecht bezogenen Informationen in hervorgehobener Form zu geben und der Unternehmer wird aufgefordert, die und damit wohl alle Rechtsfolgen bei Ausübung des Widerrufsrechts aufzuführen. Beide Forderungen werden in § 355 Abs. 2 BGB nicht gestellt. Mag man auch hier davon ausgehen, dass die Information deutlich sein soll, so ist eine Hervorhebung vor anderen Informationen allerdings nicht gefordert. Die Forderung nach Aufzeigen der Rechtsfolgen wird hier weder direkt noch implizit gefordert. Aus Absatz 3 der besonderen Rechtsfolgenregelung in § 357 BGB geht vielmehr eindeutig hervor, dass der Unternehmer sich durch spätestens bei Vertragsschluss erteilter Information in Textform des Wertersatzes für eine bestimmungsgemäße Ingebrauchnahme sichern kann. Betrachtet man diese Rechtsfolge im Rahmen des § 1 Abs. 3 der InformationsVO, dann umfasst das dortige Gebot auch die Verpflichtung auf diese Rechtsfolge hinzuweisen. Damit aber ist die Verletzung dieses Gebotes ein Auslöser für alle Rechtsfolgen, die in einem gesonderten Abschnitt dieser Arbeit noch aufgezeigt werden, während dies bei fehlender Information über die Rechtsfolgen alleine aus § 355 BGB nicht der Fall ist. Hier verliert der Anbieter nur ein ganz bestimmtes Recht. Kommt man somit zu dem zutreffenden Ergebnis, dass die bereits oben aufgezeigten Anforderungen an die beiden Vorschriften nicht nur sprachlich, sondern auch im Detail letztlich doch unterschiedlich sind, und stellt auch fest, dass der Gesetzgeber diese Diskrepanz, die schon in den Regelungen des § 2 Abs. 3 FernAbsG (Unterrichtungspflicht) und § 361 a Abs. 1 BGB (Belehrungspflicht) gegenüberstanden, bei der Umsetzung im Schuldrechtsänderungsgesetz erneut nicht beseitigt hat, dann kann man Mankowski nicht zustimmen.[880]

Der Grund für die hier vorliegende Zweispurigkeit der Regelungen zum Widerrufsrecht kann nur der geschichtlichen Entwicklung und dem Anwendungsbereich der Vorschriften entnommen werden.

Bei dem von § 355 BGB geregelten Fall der Unterrichtung wird jeder Verbrauchervertrag angesprochen, unabhängig davon ob es sich um einen Fern-

---

[879] Mankowski in: CR 2001, S. 773.
[880] Schmidt-Räntsch u.a. – Schuldrecht, S. 309.

absatzvertrag handelt oder nicht. So gilt er z.B. auch für Haustürgeschäfte gemäß § 312 BGB. Für diesen Fall brauchte der Gesetzgeber somit eine allgemeine Regelung über die Belehrung des Verbrauchers. Er hat dort die Anforderungen an die Belehrung nach eigenem Gutdünken formuliert. Die Unterrichtungspflicht über das Widerrufsrecht in § 2 Abs. 3 Nr. 1 des FernAbsG, die heute in § 1 Abs. 3 Nr. 1 der InformationsVO enthalten ist, ist dagegen nach der FernAbsRL und nach § 312 c BGB nur für Fernabsatzverträge einschlägig, die eine Untergruppe der Verbraucherverträge darstellen. Betrachtet man dazu die oben aufgeführte, einschlägige EG-Vorgabe, dann handelt es sich bei der Formulierung der Pflicht-Informationsanforderungen in Bezug auf das Widerrufsrecht in § 1 Abs. 3 Nr. 1 der InformationsVO um eine reine Umsetzung dieser EG-Vorgabe. Dem deutschen Gesetzgeber somit mehr zu unterstellen und, wie Mankowski[881], eine Subsummierung dieser so entstandenen Anforderungen unter die Anforderungen aus dem originär deutschen § 355 Abs. 2 BGB zu versuchen, wäre daher sicher künstlich und abwegig.

Wenn Heinrichs[882] allerdings aus den unterschiedlichen Anforderungen der verschiedenen Rechtsgrundlagen sogar die Notwendigkeit folgert, dem Verbraucher müsse die Widerrufsbelehrung zweifach als Text zur Verfügung gestellt werden, so ist auch dies unzutreffend. Dies wäre eindeutig überflüssiger Formalismus.[883] Dieser praktischen Schlussfolgerung hat auch die Bundesregierung im Gesetzgebungsverfahren zugestimmt.[884]

Fraglich bleibt allerdings weiterhin, ob ein Unternehmer die Anforderungen aus beiden Vorschriften kumulieren muss oder ob sie alternativ zur Anwendung kommen. Obwohl die Ausführungen von Bundesregierung und Bundesrat eine andere Auslegung zulassen, nämlich die kumulative Geltung der Vorschriften mit der Möglichkeit der praktischen Erleichterung durch Zusammenfassung beider Informationsanforderungen in einem Dokument, ist der Weg über die alternative Lösung dogmatisch eindeutig der Vorzug zu geben. Dies gilt nach Ansicht des Verfassers im Hinblick auf die Entstehungsgeschichte und aus Gründen der Rechtsklarheit. Dies bedeutet, dass sich die Information bezogen auf das Widerrufsrecht bei Fernabsatzverträgen alleine nach der Informa-

---

881 Mankowski in: CR 2001, S. 774.
882 Heinrichs in: Palandt, FernAbsG Art.3, Rn. 4.
883 BT-Drucks. 14/6857, S. 19.
884 Schmidt-Räntsch u.a. – Schuldrecht, S. 308.

tionsVO richtet, während bei anderen Verträgen die Informationspflicht nach § 355 Abs. 2 BGB einschlägig ist.

Eine doppelte Information im Sinne von Heinrichs kommt somit nicht in Betracht, ebenso wie der letztlich doch gekünstelte Vergleich von Mankowski dahingestellt bleiben kann.

IV. Die Regelung der Widerrufsfristen

Fristbeginn und Fristende sind äußerst komplex geregelt, wobei auch in § 355 BGB im Verhältnis zu § 361 a BGB etliche Änderungen vorgenommen wurden:

1. Fristbeginn

a) Grundsatz bei Verbraucherverträgen

(1) Fristbeginn bei formfreien Geschäften

Nach § 355 Abs. 2 BGB beginnt die Frist grundsätzlich zu dem Zeitpunkt, in dem dem Verbraucher eine deutlich gestaltete Belehrung über sein Widerrufsrecht in Textform mitgeteilt worden ist. Die Belehrung muss dabei Hinweise enthalten auf:

- das freie Widerrufsrecht;
- den Namen und die Anschrift des Widerrufsempfängers;
- den Fristbeginn; und
- die Anforderungen nach § 355 Abs. 1 Satz 2 BGB, wie Textform und Frist.

Alleine von § 355 BGB und nicht von den weiteren Anforderungen in den §§ 312 b ff. BGB erfasst werden, wie bereits mehrfach ausgeführt wurde, Verbraucherverträge, die nicht in die Kategorie der Fernabsatzverträge fallen. Unter die Definition der Fernabsatzverträge fallen Verträge, die mit Fernkommunikationsmitteln ohne gleichzeitige körperliche Anwesenheit von Unternehmer und Verbraucher geschlossen werden können. Im Umkehrschluss kann somit gesagt werden, dass außerhalb von Fernabsatzverträgen für die bloße Anwendung des § 355 BGB zwei Fallgestaltungen übrig bleiben. Es sind dies zum einen die Fälle, bei denen beide Parteien körperlich beim Vertragsschluss anwesend sind, d.h. beim Vertragsschluss unter Anwesenden. Ein Beispiel sind hier die Haustürgeschäfte nach § 312 BGB, bei denen in Abs. 1 Nr. 3 auch das

Widerrufsrecht nach § 355 BGB eingeräumt wird. Die andere Kategorie betrifft Verträge, die zwar auf Angebots- und Annahmeseite elektronisch abgewickelt werden, bei denen dies aber nicht im Sinne von § 312 b Abs. 1 BGB im Rahmen eines für den Fernabsatz organisierten Vertriebs- oder Dienstleistungssystems erfolgt. Auch diese werden bezogen auf das Widerrufsrecht alleine über § 355 BGB abgewickelt, soweit dort das Recht nach § 355 BGB gesetzlich eingeräumt wird.

Nur bei diesen beiden Kategorien von Verbraucherverträgen muss gemäß § 355 Abs. 2 Satz 2 BGB die so gestaltete Belehrung grundsätzlich handschriftlich unterschrieben oder mit einer qualifizierten elektronischen Signatur versehen werden. Bei Verträgen unter Anwesenden wird dabei regelmäßig die Belehrung handschriftlich unterschrieben und bei der oben aufgezeigten zweiten Kategorie kann dies auch mittels elektronischem Dokument und elektronischer Signatur erfolgen. Dies ist damit der Fall bei E-Mail-Rechtsverkehr außerhalb eines für den Fernabsatz organisierten Vertriebs- oder Dienstleistungssystems, was bei Gelegenheitsgeschäften der Fall sein dürfte. In diesen Fällen hat der Anbieter dem Verbraucher die Belehrung z.B. durch E-Mail so zur Verfügung stellen, dass er diese auf seinen Computer herunterladen und zur handschriftlichen Unterschriftsleistung ausdrucken oder entsprechend elektronisch speichern und bearbeiten kann.[885] Da heute erst wenige Verbraucher über die technische Möglichkeit zur Abgabe einer elektronischen Signatur verfügen, dürfte hier die handschriftlich gegengezeichnete Belehrung die Regel sein. Obwohl diese Formvorschriften dabei in erster Linie dem Schutze des Verbrauchers dienen sollen, sollte diese so unterzeichnete Belehrung natürlich auch noch dem Anbieter zugehen, denn nur mittels eines solchen Dokuments kann der Anbieter die Erfüllung dieser Voraussetzung nachweisen. Er trägt diesbezüglich auch die Beweislast. Wenn somit in der Literatur eine bloße Aufforderung an den Verbraucher zum Ausdrucken und Speichern als ausreichend angesehen wird[886], dann ist dem Unternehmer bei Beweisschwierigkeiten, bezogen auf die Unterschriftsleistung des Verbrauchers unter der Belehrung, wenig geholfen. Es dürfte diese gesetzliche Anforderung an die Unterschrift des Verbrauchers in der Praxis ohnehin weitgehend übersehen werden, mit der Folge, dass in solchen Fällen die Widerrufsfrist vor dem gesetzlichen Erlöschen

[885] Heinrichs in: Palandt § 361a, Rn. 15.
[886] Vgl. Heinrichs in: Palandt § 361a, Rn. 15.

nie beginnt und damit der Unternehmer jederzeit damit rechnen muss, dass der Verbraucher durch eine einfache Widerrufserklärung vom Vertrag Abstand nimmt.[887]

(2) Fristbeginn bei gesetzlich vorgeschriebener Form

Ist außerdem die schriftliche Form nach § 126 BGB für ein Geschäft vorgeschrieben, so erhöhen sich die Anforderungen an die Formalien im Zusammenhang mit der Belehrungspflicht weiter. In diesem Fall ist dem Verbraucher nach dem Gesetz auch noch nachweisbar eine Vertragsurkunde, der schriftliche Antrag des Verbrauchers oder alternativ Abschriften derselben zur Verfügung zu stellen. Hier wird in der Literatur davon ausgegangen, dass diese Alternativregelung die bloße Übersendung einer Kopie des Antrags und nicht auch der Vertragsurkunde zulässt, wobei in diesem Fall mit dem Antrag zusätzlich alle Vertragsbedingungen mitgeliefert werden müssten.[888]

b) Fristbeginn bei Fernabsatzverträgen

(1) Erhöhung der Anforderungen

In der Arbeit wurde hinsichtlich des Vertragsschlusses bereits mehrfach zwischen der Verwendung von Abrufdiensten im Rahmen von Tele- und Mediendiensten und anderen Fernkommunikationsmitteln unter Einschluss der E-Mail unterschieden. Diese Unterscheidung gilt auch hinsichtlich des Fristbeginns für das Widerrufsrecht.

So beginnt die Frist bei der Verwendung anderer Fernkommunikationsmittel gemäß § 312 d Abs. 2 BGB abweichend von § 355 Absatz 2 Satz 1 BGB,

- wenn dem Verbraucher zusätzlich jene Informationen zugegangen sind, die in § 312 c Abs. 2 BGB für Fernabsatzverträge gefordert werden. Diese sind in dieser Arbeit in Abschnitt 6 aufgeführt.
- Jedoch nicht vor dem Tag des Eingangs der Warenlieferung beim Verbraucher; und ebenso
- nicht vor dem Tag des Vertragsschlusses bei Dienstleistungen.

Fraglich ist, ob diese von § 355 Abs. 2 Satz 1 BGB abweichende Regelung bedeutet, dass es sich hier um ersetzende Kriterien für den Beginn der Frist

[887] Härting – Fernabsatzgesetz § 3, Rn. 22.
[888] Heinrichs in: Palandt § 361a, Rn. 15.

handelt oder ob es sich um kumulative Kriterien handelt. Nach der vom Verfasser oben getroffenen Schlussfolgerung über die alternative Geltung von § 355 Abs. 2 Satz 1 BGB i.V.m. § 1 Abs. 3 der InformationsVO in Bezug auf die Widerrufsbelehrung handelt es sich hier auch insoweit um ersetzende Kriterien.

Bei der Verwendung von Abrufdiensten im Rahmen von Tele- und Mediendiensten hängt der Fristbeginn gemäß § 312 e Abs. 3 Satz 2 BGB außerdem noch von der Erfüllung der, in dieser Arbeit in Abschnitt 6 bereits aufgeführten, zusätzlichen Aktions- und Unterrichtungspflichten nach § 312 e Abs. 1 BGB ab. Die Informationspflichten aus § 312 e Abs. 1 Nr. 1-4 BGB sind dabei zusätzlich zu jenen aus § 312 c BGB zu erfüllen, um die Widerrufsfrist beginnen zu lassen.[889] Da ein Widerrufsrecht nur einem Verbraucher zusteht und Abrufgeschäfte im Fernabsatz nach § 312 e BGB bei Beteiligung eines Verbrauchers zwingend auch von §§ 312 c und d BGB erfasst werden, gelten hier die obigen Ausführungen zu § 312 d Abs. 2 Satz 1 BGB ergänzend auch in diesem Fall unmittelbar.

(2) Reduzierung der Anforderungen

Durch § 312 d Abs. 2 letzter Halbsatz wird eine Regelung mit großer praktischer Bedeutung getroffen. § 355 Abs. 2 Satz 2 BGB wird bei Fernabsatzverträgen für unwirksam erklärt. Dies entspricht der bisherigen Regelung in § 3 Abs. 1 Satz 2 2. Halbsatz des FernAbsG, wonach die Widerrufsbelehrung vom Verbraucher bei Fernabsatzverträgen nicht unterzeichnet werden musste. Bei Fernabsatzverträgen entfällt somit weiterhin das Erfordernis der handschriftlichen Unterzeichnung bzw. das Versehen der Widerrufsbelehrung mit einer qualifizierten elektronischen Unterschrift und das damit logischerweise verknüpfte Erfordernis der Rücksendung derselben an den Unternehmer.

Auch hier gilt diese Ausnahme von § 355 Abs. 2 Satz 2 BGB für Verträge im elektronischen Geschäftsverkehr nach § 312 e BGB wegen der gleichzeitigen Geltung von § 312 d Abs. 2 BGB bei Einschaltung von Verbrauchern.

---

[889] BT-Drucks. 14/6040, S. 173.

2. Fristende

a) Grundsatz

Der Widerruf muss gemäß § 355 Abs. 1 BGB innerhalb zwei Wochen ab Fristbeginn gegenüber dem Unternehmer erklärt werden. Maßgeblich für die Fristwahrung ist der Zeitpunkt der Absendung der Widerrufserklärung oder der Rücksendung der Ware.

Gemäß § 355 Abs. 3 BGB erlischt das Widerrufsrecht andererseits grundsätzlich spätestens sechs Monate nach Vertragsschluss, bei Lieferung von Waren jedoch frühestens 6 Monate ab Eingang der Waren beim Empfänger. Der „Fristbeginn" ist somit für die Beantwortung der Frage des Erlöschens der Frist in allen einschlägigen Fällen an die besondere Regelung für den Beginn der Widerrufsfrist für Fernabsatzverträge in § 312 d Abs. 2 BGB angeglichen worden.

b) Fristende bei Fernabsatzverträgen

Die obigen Grundsätze gelten mangels abweichender Regelungen grundsätzlich auch bei Fernabsatzverträgen nach § 312 c BGB. Einen weiteren Grund für das Erlöschen des Widerrufsrechts regelt allerdings § 312 d Abs. 3 BGB. Dies ist der Fall, wenn der Unternehmer mit der Ausführung der Dienstleistung mit ausdrücklicher Zustimmung des Verbrauchers vor Ende der Widerrufsfrist begonnen hat oder der Verbraucher die Ausführung selbst veranlasst hat.

Dieser Tatbestand führt jedoch nicht nur zu einem Erlöschen der 6-Monats-Frist, sondern auch zu einem Erlöschen der 2-Wochen-Frist.[890] Das Widerrufsrecht entfällt somit gänzlich bei diesem Tatbestand.[891]

Fraglich ist, ob durch Einfügung des Erfordernisses der „ausdrücklichen" Zustimmung eine Änderung zur Rechtslage nach Art. 3 Abs. 1 Nr. 2b des FernAbsG herbeigeführt worden ist. Bisher war einhellige Meinung, dass diese Zustimmung eine geschäftsähnliche Handlung sei und deshalb auch durch konkludentes Handeln erfolgen könne und dies sogar dann, wenn der Verbraucher von dieser Rechtsfolge keine Kenntnis gehabt hat.[892] Eine angenommene Zustimmung des Verbrauchers im Rahmen der Einbeziehung von AGB wurde allerdings bereits im Rahmen der bisherigen Regelung wegen Ver-

---

[890] Schmidt-Räntsch u.a. – Schuldrecht, S. 308 f.
[891] BT-Drucks. 14/6857, S. 19; Heinrichs in: Palandt, FernAbsG Art. 3, Rn. 6.
[892] Heinrichs in: Palandt, FernAbsG Art. 3, Rn. 6.

stoßes gegen § 305 c BGB für nicht ausreichend gehalten. Wenn man weiterhin berücksichtigt, dass der Bundesrat die zusätzliche Einfügung des Erfordernisses der „ausdrücklichen“ Zustimmung gestrichen haben wollte, weil dies einen übertriebenen Formalismus darstellt, die Parteien überfordern und den Unternehmern ein erhebliches zusätzliches Risiko aufbürden würde, und der Gesetzgeber dennoch nicht davon Abstand genommen hat, dann wird man hier eine Änderung der Rechtslage sehen müssen.[893] Begründet hat die Bundesregierung ihre ablehnende Haltung mit Gründen des Verbraucherschutzes. Sie wollte die Gefahr abwenden, dass ein Verbraucher sein Widerrufsrecht – von dem er keine Kenntnis hat – nur dadurch verliert, dass er den Unternehmer bei seiner Dienstleistung „gewähren“ lässt. Dies bedeutet, dass der Verbraucher nach der neuen Regelung ausdrücklich schriftlich oder mündlich seine Zustimmung zum Beginn der Ausführung der Dienstleistung gegeben haben muss, um dadurch sein Widerrufsrecht zu verlieren.

Fraglich ist weiterhin, welche Tatbestände unter die zweite Alternative des § 312 d Abs. 3 BGB fallen, die statt von der Zustimmung des Verbrauchers von der durch ihn gegebenen Veranlassung ausgeht. Nach Heinrichs[894] soll dieser Tatbestand bei Verträgen im Internet erfüllt sein, bei denen der Verbraucher Software und Text durch Herunterladen in Anspruch nimmt. Während man das Herunterladen von Text und damit von Informationen als Dienstleistung charakterisieren kann, denn auch die Inanspruchnahme von telefonischen Auskünften würde man als Inanspruchnahme von Dienstleistungen einstufen, scheint erneut die Software hier eine Sonderbehandlung zu erfahren. Diese ist in diesem Zusammenhang sicher als Ware und nicht als Dienstleistung zu charakterisieren und kann somit systematisch nicht von dieser, sich nur auf Dienstleistungen beziehenden, gesetzlichen Alternative, erfasst werden. Auch eine allgemeine Ausdehnung der Vorschrift auf Waren, alleine wegen der Art der Lieferung über das Internet, scheint wenig überzeugend. Eine Sonderbehandlung von Software aber ist abzulehnen. Auch hier ist festzuhalten, dass der Schutz vor nicht nachprüfbarer Nutzung von zugesandten Waren einer generellen Regelung für alle einschlägigen Waren hätte zugeführt werden sollen und der Schutz von Software-Rechten den urheberrechtlichen Schutzmechanismen überlassen bleiben sollte.

[893] BT-Drucks. 14/6857, S. 19 f.
[894] Heinrichs in: Palandt, FernAbsG Art. 3, Rn. 6.

Bemerkenswert ist in diesem Zusammenhang die Regelung in § 308 Nr.1 letzter Halbsatz BGB wonach in AGB bestimmt werden kann, dass erst nach Ablauf der Widerrufsfrist nach § 355 Abs. 1 und Abs. 2 und § 356 BGB geleistet wird.[895] Dies deshalb, weil für den Fernabsatz in § 312 d Abs.2 BGB die Widerrufsfrist erst mit Lieferung der Ware beginnt. Diese Regelungsinhalte sind nicht neu, denn sie waren bereits in den § 10 Nr. 1 AGBG i.V.m. §§ 361 a und b BGB und § 3 Abs. 1 FernAbsG enthalten. Die auf AGB bezogenen Regelungen in § 308 BGB wurden eingefügt zur Klarstellung, damit es sich bei einer solchen Regelung in AGB nicht um einen unzulässigen Leistungsvorbehalt handelt, denn Verträge, die dem freien Widerruf unterliegen, sind als solche ja schwebend wirksam.[896] Es ist darin deshalb sicher ein Zielkonflikt zu sehen, denn bei Vergleich mit der Regelung für den Fernabsatz würde der Schwebezustand unbegrenzt fortdauern.[897] Die Bundesregierung hat diesen Zielkonflikt natürlich gesehen,[898] hat diesen jedoch dadurch als gelöst betrachtet, dass die AGB-Regelung nicht auf Fernabsatzverträge anwendbar sei und die Regelung für den Fernabsatz vorgehe. Heinrichs bestätigt dieses Ergebnis[899] über die Generalklausel des § 9 AGBG, wonach kein Vertrag auf Dauer in der Schwebe gehalten werden dürfe. Eine Regelung in AGB entsprechend § 308 Nr. 1 letzter Halbsatz BGB ist somit bei Verträgen mit Verbrauchern, die unter die §§ 312 c und e BGB fallen, wegen der Regelung in § 312 d Abs. 2 BGB nicht anwendbar.

V. Vom Widerrufsrecht ausgeschlossene Fernabsatzverträge

Die ausgeschlossenen Tatbestände wurden unverändert von § 3 Abs. 2 FernAbsG in die Regelung des § 312 d Abs. 4 BGB übernommen. Es handelt sich hierbei um Fälle, bei denen kein berechtigtes Interesse des Verbrauchers an einem freien Widerrufsrecht anzuerkennen ist, weil z.B. die Ware nach Kundenspezifikationen angefertigt wurde, die Ware nicht für eine Rücksendung geeignet ist oder der Vertrag im Rahmen einer Versteigerung zustande gekommen ist. Ausdrücklich erwähnt ist außerdem die Lieferung von Zeitungen, Zeitschriften und Illustrierten, Wett- und Lotterie-Dienstleistungen sowie von

[895] Waldenberger – Fernabsatzrichtlinie, S. 108.
[896] Heinrichs in: Palandt § 10 AGBG, Rn. 8 a.
[897] BT-Drucks. 14/2658, S. 141.
[898] BT-Drucks. 14/2920, S. 16.
[899] Heinrichs in: Palandt § 10 AGBG, Rn. 8 a.

Audio- oder Videoaufzeichnungen oder von Software, sofern die Datenträger bereits entsiegelt wurden.

Es ist verständlich, dass auch diese Ausnahmen in der Praxis kritisch beurteilt werden. So dürfte unstrittig sein, dass Änderungswünsche des Kunden von nur untergeordneter Bedeutung den aufgeführten Tatbestand der Fertigung nach Kundenspezifikationen nicht erfüllten sollten.[900] Aber auch gegen diese Ausnahmeregelung werden von Waldenberger[901] Bedenken vorgetragen, weil er der Ansicht ist, dass immer mehr Produkte nach Kundenwunsch gefertigt werden und man deshalb weite Bereiche des modernen Warenverkehrs dem Verbraucher-Schutzbereich entziehen würde. Diese Bedenken sind nach Ansicht des Verfassers jedoch zurückzustellen, da es sich hier eben um ein Recht des Verbrauchers handelt, dem keine Schlechtleistung des Herstellers gegenübersteht. Ein gerechter Interessenausgleich fordert deshalb hier den Ausschluss des freien Widerrufsrechts.

Wie Hoeren zu Recht zu bedenken gibt, ist auch die Ausnahme für Zeitungen, Zeitschriften und Illustrierte bedenklich, da sie den Kreis der schützenswerten Produkte eindeutig zu eng fasst.[902]

Besonders kontrovers wird aber die besondere Behandlung von eingeschweißter Software beurteilt, bei der eine Entsiegelung des Datenträgers vorgenommen wurde. In der Praxis besteht diese Entsiegelung gewöhnlich im Aufreißen einer Plastikhülle, in der sich der Datenträger befindet. Ein solches Einschweißen erfolgt bei vielen Produkten, um ein Beschädigen oder eine nicht sichtbare Nutzung zu verhindern. Bei dem Schutz vor Beschädigung handelt es sich um den Schutz des Verkäufers, bezogen auf die Wiederverwertbarkeit als neuwertiges Produkt. Dabei wäre sicher zu unterscheiden zwischen Produkten wie z.B. metallene Gegenstände, die ohne Schwierigkeiten erneut eingeschweißt und erneut als neuwertig verkauft werden können, und Produkten wie z.B. Bücher, bei denen bereits das Durchblättern Spuren hinterlässt, sodass ein erneutes Einschweißen nicht in Betracht kommt. Bei dem Argument der Verhinderung der nicht sichtbaren Nutzung hingegen wird das grundlegende wirtschaftliche Interesse des Verkäufers geschützt. Kann nämlich der Verbraucher vorzeitig den Nutzen ziehen, dann kann er sich durch Ausübung des Widerrufs-

---

[900] Hoeren – Internetrecht, S. 263.
[901] Waldenberger – Fernabsatzrichtlinie, S. 106.
[902] Hoeren – Internetrecht, S. 264.

rechts legal seiner Gegenleistung entledigen. Sind dies sicher berechtigte Überlegungen, so könnte der Gesetzgeber dies auch dadurch erreichen, dass er hierfür allgemeine Kriterien aufstellt. Da er dies nicht getan hat, muss er jetzt den Vorwurf der Inkonsequenz und der Sonderbehandlung der betroffenen Bereiche gegen sich gelten lassen. Die Begrenzung des Ausschlusses vom Widerrufsrecht auf das Aufreißen von eingeschweißter Software ist somit sicher als willkürlich zu bezeichnen. So können andere Artikel, wie z.B. Bücher ebenso wie andere vom Gesetz erwähnte Druckartikel während der Widerrufsfrist „konsumiert", d.h. genutzt und für den Neuverkauf entwertet, werden und eine virtuelle Buchhandlung würde dann zur Leihbibliothek umfunktioniert.[903] Das Argument der nicht sichtbaren Nutzung bei der Software sollte aber in diesem Zusammenhang schon deshalb in den Hintergrund treten, weil z.B. online gelieferte Software nicht unter diesen Ausnahmetatbestand fällt und damit die Sonderregelung für eingeschweißte Software als Fremdkörper im Rahmen der gesetzlichen Regelung widerlegt wird.[904] Diese Diskrepanz zu online gelieferter Software wird in der Literatur,[905] wie oben bereits dargelegt, teilweise dadurch gelöst, dass online gelieferte Software, soweit der Verbraucher das Herunterladen selber veranlasst hat, unter die Regelung in § 312 d Abs. 3 2. Alt. BGB fällt, oder sie als Ware angesehen wird, die nach § 312 d Abs. 3 Nr. 1 BGB wegen ihrer Beschaffenheit nicht zurückgegeben werden kann, sodass auch dadurch das Widerrufsrecht erlischt.[906] Der Verfasser hält wegen dieser Sonderbehandlung von Software nochmals fest, dass der Schutz des Software-Herstellers gegen illegale Nutzung seiner Ware letztlich in allen Fällen über eine Verbesserung bei der Durchsetzung von bestehenden Schutzrechtsregelungen erfolgen sollte und nicht über Umwege mittels der Regelungen beim Fernabsatz.[907] Der wahre Grund für diese Ausnahme sollte daher wohl in guter Lobbyarbeit der Softwareindustrie gesehen werden.[908] Wobei allerdings festzuhalten ist, dass dies bereits auf der EG-Ebene der Fall war, denn der deutsche Gesetzgeber hat diese Diskrepanzen auch gesehen, sah

903 Hoeren in: Rechtsfragen des E-Commerce, S. 22.
904 Waldenberger – Fernabsatzrichtlinie, S. 106.
905 Vgl. Heinrichs in: Palandt, FernAbsG Art. 3, Rn. 6.
906 Bundesregierung in: BT-Drucks. 14/2920, S. 13.
907 Waldenberger – Fernabsatzrichtlinie, S. 106.
908 Hoeren – Internetrecht, S. 263 f.

sich jedoch gehindert von der insoweit zwingenden EG-Vorgabe abzuweichen.[909]

Der deutsche Gesetzgeber hat den Ausschlusstatbestand der Versteigerung nach § 156 BGB zusätzlich für den Widerruf aufgenommen und konnte dies auch, da Versteigerungen nach Art. 3 Abs. 1 der FernAbsRL schon gänzlich von deren Geltungsbereich ausgenommen wurden. Ist dies sicher eine richtige Entscheidung zur Erhaltung der Funktionsfähigkeit von Versteigerungen, so ist in dieser Arbeit die Feststellung des Gesetzgebers von Interesse,[910] dass Versteigerungen im Internet keine Versteigerungen nach § 156 BGB seien und damit dort ein Widerrufsrecht bestehe. Wegen der wirtschaftlichen Bedeutung dieses neuen Geschäftsbereiches ist diese Feststellung von großer Brisanz. Begründet wird diese Meinung mit den Unterschieden im Versteigerungsverlauf. Während bei normalen Versteigerungen nach § 156 BGB dem Gebot des Kunden der Zuschlag des Versteigerers folge, würde bei Versteigerungen im Internet der Anbieter frei bleiben, ob er ein unter Umständen nicht kostendeckendes Höchstangebot annehmen wolle oder nicht.[911] Mit dieser Begründung dürfte klar werden, dass nicht alle Online-Versteigerungen pauschal vom Widerrufsausschluss nach § 312 d Abs. 4 Nr. 5 BGB ausgenommen werden können. Dort wo ein über das vom Anbieter geforderte Mindestgebot liegender Preis geboten wird, sollte diese Vorschrift zur Anwendung gelangen können. Der Käufer, der die Ware zu dem von ihm gebotenen Preis zugesandt bekommen hat, ist dabei nicht anders gestellt wie ein Käufer in einer normalen Versteigerung.

Zwei EG-Anforderungen wurden in § 312 d Abs. 4 BGB nicht entsprechend dem Vorschlag in der Richtlinie umgesetzt. Es handelt sich hierbei um jene in Art. 6 Abs. 3 erster und zweiter Gedankenstrich der Richtlinie. Es sind dies zum einen Verträge zur Lieferung von Waren oder der Erbringung von Dienstleistungen, deren Ausführung mit Zustimmung des Verbrauchers vor Ende der Frist von sieben Werktagen begonnen wurde und zum anderen um Verträge, bei denen der Preis einer Ware von der Entwicklung der Sätze auf den Finanzmärkten, auf die der Lieferant keinen Einfluss hat, abhängt. Den ersten Fall hat der deutsche Gesetzgeber nicht durch völligen Ausschluss des Widerrufsrechts, sondern in § 312 d Abs. 3 BGB durch das bereits aufgezeigte zeitgleiche

[909] BT-Drucks. 14/2920, S. 4 und S. 13.
[910] BT-Drucks. 14/3195, S. 30.
[911] Heinrichs in: Palandt, FernAbsG Art. 3, Rn. 12.

Erlöschen des Widerrufsrechts geregelt. Beim zweiten Fall hat der Gesetzgeber offensichtlich die Problematik des Umfangs des praktischen Anwendungsbereichs gesehen, denn heute sind letztlich die Preise vieler Waren unmittelbar oder mittelbar von Schwankungen auf dem Finanzbereich abhängig, wobei dies insbesondere bei Importwaren der Fall ist.[912] Der Gesetzgeber hat deshalb diesen Ausschlusstatbestand nicht übernommen.

VI. Weitere Konsequenzen des Widerrufs

1. Kosten des Rücktransports

Gemäß § 357 Abs. 2 BGB ist der Verbraucher im Falle des Widerrufs zur Rücksendung der Ware verpflichtet. Dies geschieht grundsätzlich auf Kosten und Gefahr des Unternehmers. Eine Ausnahme besteht nur bei geringfügigen Bestellungen unter 40 Euro, wobei hier weiter vorauszusetzen ist, dass die gelieferte Ware der bestellten Ware entsprochen hat. Entgegen Härting ist durch Bezugnahme auf den Wert einer Bestellung ausreichend deutlich bestimmt, dass hierbei der Wert der Gesamtbestellung und nicht der einer Teilware maßgeblich ist.[913] Analog zu § 669 BGB kann der Verbraucher auch hier die Rücksendung bis zur Zahlung eines Vorschusses verweigern.[914] Der deutsche Gesetzgeber weicht hier, auf Antrag des Bundesrates und um den Verbraucher auch nicht nur mittelbar über die Kostenfrage zur Aufgabe seines Widerrufsrechtes zu veranlassen, von der allerdings nicht zwingenden Vorgabe in der FernAbsRL ab.[915]

2. Nutzungsentschädigung oder Wertersatz

Bisher wurde dieser Aspekt durch das FernAbsG i.V.m. § 361 a Abs. 2 Sätze 4 und 5 BGB gelöst. Dabei wurde die Haftung des Verbrauchers bezogen auf die zurückzugebende Sache dahingehend begrenzt, dass er für die bestimmungsgemäße Ingebrauchnahme nicht einzustehen hatte. Dies bedeutet, dass das Widerrufsrecht selbst bei Benutzung der Ware nicht ausgeschlossen war.[916] Da der Unternehmer die zurückgegebene Sache jedoch anschließend nur noch als gebrauchte Sache verkaufen konnte, verlagerte diese Regelung das Wert-Risiko

---

[912] Hoeren in: Rechtsfragen des E-Commerce, S. 22.
[913] Härting in: MDR 2002, S. 66.
[914] Hoeren – Internetrecht, S. 262.
[915] BT-Drucks. 14/2920, S. 3.
[916] Aigner/Hoffmann in: MMR 2001, Beilage 8, S. 31.

einseitig auf den Unternehmer. Dieser Rechtszustand wurde in der Literatur, insbesondere bezogen auf die Vorgängerregelung in § 3 HausTWG und auch bezugnehmend auf Fälle im Kraftfahrzeughandel, kritisiert.[917] Zutreffend wird dabei auf eine unterschiedliche Risikolage der Beteiligten in den Fällen der §§ 346 f BGB einerseits und in den Fällen resultierend aus dem freien Widerrufsrecht aus §§ 355 ff. BGB andererseits hingewiesen. Im ersten Fall habe es der Unternehmer in der Hand, eine Vertragsverletzung auf seiner Seite und damit den Rücktritt des Verbrauchers mit der für ihn negativen Folge des Wertverlustes der Ware zu vermeiden. Im zweiten Fall dagegen hat der Unternehmer vertragsgemäß geliefert und in diesem Fall ist es der Verbraucher, der den Wertverlust durch fehlende Ingebrauchnahme verhindern könne. Auch vom Gesetzgeber wurde dies inzwischen als ungerecht empfunden, weil das Widerrufsrecht des Verbrauchers nicht von einer Vertragsverletzung des Unternehmers abhängig war, und er hat deshalb im Rahmen der Neuregelung der einschlägigen Vorschriften im BGB Abhilfe geschaffen.[918] Auf den Widerruf findet jetzt § 357 Abs. 1 Satz 1 BGB Anwendung, der seinerseits zwar auf die Regelungen in § 346 BGB über den Rücktritt verweist, den Tatbestand dann jedoch abweichend hiervon regelt.

Nach § 346 Abs. 2 Nr. 3 BGB wird der Verbraucher nicht nur zur Rückgabe der empfangenen Ware, sondern auch zur Rückgabe der gezogenen Nutzungen verpflichtet. Da diese gewöhnlich nicht rückgabefähig sind, hat er in diesen Fällen dem Unternehmer Wertersatz nach § 346 Abs. 2 BGB zu leisten. Nach § 346 Abs. 2 Nr. 3 BGB besteht ein solcher Wertersatz jedoch grundsätzlich nicht für die durch bestimmungsgemäße Ingebrauchnahme entstandene Verschlechterung. § 357 Abs. 3 BGB macht jetzt beim Widerruf für Verbraucherverträge, in denen dem Verbraucher kraft Gesetzes ein Widerrufsrecht eingeräumt wird, und damit auch für Fernabsatzverträge hiervon eine Ausnahme. Dort ist jetzt auch für eine durch bestimmungsgemäße Ingebrauchnahme entstandene Verschlechterung Wertersatz zu leisten. Dies gilt jedoch nur unter der Voraussetzung, dass der Verbraucher bei Vertragsschluss auf die Entschädigungspflicht für bestimmungsgemäßen Gebrauch und auf eine Möglichkeit zur Vermeidung derselben in Textform hingewiesen wurde. Es handelt sich hier somit um einen zusätzlichen Hinweis bezogen auf die bereits anderweitig be-

[917] Aigner/Hoffmann in: MMR 2001, Beilage 8, S. 31; Fischer in: DB 2002, S. 256.
[918] BT-Drucks. 14/6040, S. 199; Ring in: ZfS Sonderheft 2002, S. 7.

stehende Pflicht zum Hinweis auf das Widerrufsrecht als solches. Im Falle von normalen E-Mail-Geschäften, einschließlich jener nach § 312 c BGB, wird dies gewöhnlich im Rahmen des E-Mail-Angebotes erfolgen, dem ggf. auch die vollen AGB beigefügt sind. Betrachtet man hier den Fall eines Abrufdienstes in § 312 e BGB, dann ist hierfür bedeutsam, dass die Information nicht bereits vor der Bestellung gegeben werden muss, sondern der Tatbestand „bei Vertragsschluss" auch noch im Rahmen der Empfangsbestätigung als Computererklärung erfüllt werden kann. Da in Fällen des § 312 e BGB zum Zeitpunkt des Vertragsschlusses, wie bereits ausgeführt wurde, der Hinweis auf AGB zu ihrer Einbeziehung ausreichend ist, schließt die in § 357 Abs. 3 Satz 2 BGB normierte Forderung nach einem Hinweis in Textform allerdings aus, dass dieser bei Abrufdiensten im Rahmen der so einbezogenen AGB gegeben wird.[919]

Die im Gesetz sehr allgemein gehaltene Formulierung bezogen auf den Hinweis über die Möglichkeit der Vermeidung der Ersatzpflicht lässt die berechtigte Frage aufkommen, welche Alternativen hier für den Unternehmer bzw. auf der anderen Seite für den Verbraucher bestehen.[920] Die Verschlechterung soll gemäß § 357 Abs. 3 Satz 2 BGB nicht zum Wertersatz verpflichten, wenn sie ausschließlich auf die Prüfung der Ware zurückzuführen ist, sodass das Auspacken der Ware in jedem Fall davon erfasst sein muss.[921] Fraglich ist jedoch, ob dies auch für eine erste Ingebrauchnahme zu Prüfungszwecken gelten kann. Betrachtet man die Gründe, die zu der neuen gesetzlichen Regelung geführt haben, dann muss man diese Frage grundsätzlich wohl verneinen.[922]

Es bleibt dann aber noch die Frage nach der Abgrenzung zwischen Prüfung und Ingebrauchnahme. Bedeutet das Aufschlagen eines Buches oder das Anziehen von Kleidung noch Prüfung oder bereits Ingebrauchnahme? Der Verfasser dieser Arbeit geht davon aus, dass dies nur fallbezogen entschieden werden kann und zwar unter Bezugnahme auf den Wertverlust durch Ingebrauchnahme. Was im normalen Geschäftsverkehr noch keinen Wertverlust bringt, sollte auch im Fernabsatz nicht anders beurteilt werden. Das Anprobieren von Kleidung ist dabei keine Ingebrauchnahme, ebenso wie das Aufreißen einer Hülle bei einem technischen Hardwaregegenstand. Diese können gegebenenfalls erneut verschweißt und nochmals als neu verkauft werden. Bei Büchern hingegen ist

---

[919] Ring in: ZfS Sonderheft 2002, S. 8.
[920] Ring in: ZfS Sonderheft 2002, S. 8.
[921] Ring in: ZfS Sonderheft 2002, S. 8.
[922] Ring in: ZfS Sonderheft 2002, S. 8.

dies sicher anders, da die Käufer es heute gewohnt sind, diese verschweißt und unangetastet zu kaufen und das bloße Durchblättern dem bereits entgegensteht. Deshalb sollte in dem Hinweis nach § 357 Abs. 3 Satz 1 BGB die konkrete Grenzziehung zwischen Prüfung und Ingebrauchnahme bezogen auf das gelieferte Produkt aufgezeigt werden. Der Buchversender kann somit festhalten, dass ein Aufreißen der Hülle bereits Ingebrauchnahme darstellt.

In der Literatur wurde bereits vor der endgültigen Umsetzung der Richtlinie im Rahmen des FernAbsG die Ansicht vertreten, dass die Kommission der Einführung einer Nutzungsentschädigung durch die Mitgliedsstaaten eine deutliche Absage erteilt habe.[923] Deshalb wird heute auch weiterhin in der Literatur mangels einer vergleichbaren Regelung in der Richtlinie die Richtlinienkonformität dieser zu Lasten des Verbrauchers gehenden Nutzungsentschädigung in § 357 BGB bestritten.[924] Dabei wird ausgeführt, dass in den Art. 6 Abs. 2 und 12 Abs. 1 ECRL dem Verbraucher nur die Kosten der Rücksendung auferlegt werden sollen und der Wertersatz für die Ingebrauchnahme einen faktischen Verzicht auf das von der Richtlinie geforderte Widerrufsrecht bedeuten würde.[925] Die diesbezügliche Kritik ist äußerst heftig, denn auch von einer Aushöhlung des Widerrufsrechts des Verbrauchers und sogar von einem Paradigmenwechsel im Verbraucherprivatrecht ist die Rede.[926] Abgelehnt werden von dieser Literaturmeinung deshalb auch die vom deutschen Gesetzgeber vertretenen Argumente, wonach dem Verbraucher zum einen die Haftungserleichterung nicht zugute kommen soll, da er aufgrund des schwebend wirksamen Vertrages gesteigerte Pflichten habe[927] und zum anderen der Wertersatz in § 357 Abs. 3 BGB nicht „infolge der Ausübung des Widerrufsrechts" zu zahlen sei, sondern „infolge der nicht von der Richtlinie angesprochenen, über die Prüfung der Ware hinausgehenden Nutzung" der Ware.[928] Der vom Gesetzgeber vorgenommenen Wertung der Risikolage zwischen Unternehmer und Verbraucher ist der Vorzug zu geben und die obigen Begründungen des Gesetzgebers sind vertretbar. Es ist dennoch sicher zu erwarten, dass die Vermischung von Verbraucherschutzrecht und Privatrecht

---

[923] Hoeren in: Rechtsfragen des E-Commerce, S. 21.
[924] Tonner in: BB 2000, S. 1416.
[925] Ring in: ZfS Sonderheft 2002, S. 8; Rott in: VuR 2001, S. 85.
[926] Fischer in: DB 2002, S. 256.
[927] BT-Drucks. 14/6040, S. 200.
[928] Gößmann in: MMR 1998, S. 91; Hoeren – Internetrecht, S. 263.

und auch das Modell der schwebenden Wirksamkeit noch für weiteren Diskussionsstoff sorgen wird.[929]

VII. Dispositionsfreiheit

Gemäß § 312 f BGB darf bei Fernabsatzverträgen nicht zum Nachteil des Verbrauchers von den Regelungen der §§ 312 d ff. BGB abgewichen oder diese durch anderweitige Gestaltungen umgangen werden. Diese Schlussfolgerung kann sicher auch für die Regelungen herangezogen werden, die in §§ 355 ff. BGB enthalten sind und durch Verweisung Bestandteil der Vorschriften über die Fernabsatzverträge geworden sind.

VIII. Rückgaberecht statt Widerruf

Hingewiesen werden soll hier nur der Vollständigkeit halber auch auf die in § 312 d Abs. 1 Satz 2 BGB bei Fernabsatzverträgen über die Lieferung von Waren eingeräumte Möglichkeit der vertraglichen Ersetzung des Widerrufsrechts durch ein Rückgaberecht gemäß § 356 BGB. Diese Vorschrift ersetzt den bisherigen § 361 b BGB. Entsprechend dieser Regelung kann auch in der neuen Regelung das Rückgaberecht vertraglich nur dort als Ersatz für das gesetzliche Widerrufsrecht vereinbart werden, wo dies gesetzlich ausdrücklich vorgesehen ist.[930]

Das Gesetz sieht in § 356 Abs. 1 Nr. 1-3 BGB hierfür weitere besondere Voraussetzungen vor. Hervorzuheben ist hier die Einführung eines „Verkaufsprospektes" als Medium für eine deutlich gestaltete Belehrung über das Rückgaberecht und die auch dort bestehende Forderung, dem Verbraucher das Rückgaberecht in der neuen Textform nach § 126 b BGB einzuräumen. Im Rahmen von Fernabsatzverträgen ist dabei natürlich von Bedeutung, dass ein Verkaufsprospekt auch online zur Verfügung gestellt werden kann.[931] Er stellt dabei, wie jener auf der Webseite, gewöhnlich eine invitatio ad offerendum dar.[932] Bezogen auf eine Belehrung über das Rückgaberecht in AGB kann auf die Ausführungen zum Widerrufsrecht verwiesen werden.

[929] Fischer in: DB 2002, S. 257 f. m.w.N.
[930] Dies ist außerdem für Teilzahlungsgeschäfte in § 503 Abs. 1 BGB vorgesehen.
[931] Heinrichs in: Palandt § 361 b, Rn. 3.
[932] Heinrichs in: Palandt § 361 b, Rn. 4.

C. Der Widerruf im US-amerikanischen Recht

Wie bereits oben mehrfach ausgeführt wurde, können Angebote im US-amerikanischen Recht wegen Fehlens der in der Annahmeerklärung liegenden consideration vor Zugang der Annahmeerklärung beim Anbieter grundsätzlich frei widerrufen werden.[933] Dieser Grundsatz gilt sogar, wenn der Antragende das Angebot für unwiderruflich erklärt hat.[934] Ein Widerruf muss dabei zugehen, um wirksam zu sein. Wird ein Angebot vor Zugang des Widerrufs angenommen, so ist ein Vertrag zustande gekommen.[935] Von Bedeutung sind hier, wie bereits oben angesprochen wurde, die zeitliche Vorverlagerung des Zugangs der Annahmeerklärung bei Geltung der Mailbox-Rule und die Annahme durch den Beginn der Erbringung der Gegenleistung vor dem Widerruf. Ist somit die Annahmeerklärung bereits rechtlich wirksam geworden, so kann der Anbietende sein Angebot nicht mehr zurückziehen.

Der Vollständigkeit halber soll hier auch der Widerruf der Annahmeerklärung erwähnt werden. Auch hier gilt nach herrschender Meinung die Mailbox-Rule, sodass der postalisch Annehmende seine Annahmeerklärung nach Einwerfen derselben in den Postkasten nicht mehr wirksam mittels schnellerer Übertragungsmittel widerrufen kann. Der Vertrag ist dann vor Widerruf bereits wirksam geworden. Die Konstruktion eines fehlenden Vertrauensschutzes aufseiten des Anbietenden, der vor konkretem Empfang der Annahmeerklärung auf anderem Wege weiß, dass der andere nicht annehmen will, wird als Grund für die Durchbrechung der Mailbox-Rule von der herrschenden Meinung abgelehnt.[936]

Der Widerruf kann mündlich oder schriftlich gegenüber dem Empfänger erklärt werden. Es bedarf keiner besonderen Ausdrucksweise. Es muss objektiv zum Ausdruck kommen, dass der Erklärende nicht länger an sein Angebot gebunden sein will. Der Widerruf kann allerdings auch konkludent erfolgen. Es reicht dabei aus, dass der Empfänger von einer zuverlässigen Quelle erfährt, dass der Erklärende nicht länger an sein Angebot gebunden sein will. Dies beruht auf

933 Clarkson u.a. – West's Business Law, S. 218.

934 Restatement (Second) of Contracts § 25, Comment b § 42, Comment a; Bierekoven – Vertragsschluss im Internet, S. 187.

935 Ein paar wenige Staaten, wie Kalifornien, Süd Dakota, Nord Dakota und Montana behandeln den Widerruf wie die Annahmeerklärung. Er ist in diesen Staaten folglich bereits bei Abgabe wirksam.

936 Cordes – Willenserklärungen im Internet, S. 169.

dem Grundgedanken des Vertragsrechts, dass berechtigtes Vertrauen geschützt werden soll. Wenn der Empfänger weiß oder wissen musste, dass der Erklärende nicht mehr an sein Angebot gebunden sein will, so besteht kein berechtigtes Vertrauen mehr.

Ein allgemeines freies Widerrufsrecht nach Zustandekommen eines „gerichtlich durchsetzbaren" Vertrages ist im US-amerikanischen Recht, auch für Verbraucher, zurzeit nicht vorgesehen.

Allerdings sieht § 2-608 UCC, der bekanntlich für den Kauf von Waren einschlägig ist, eine beschränkte Möglichkeit für den Widerruf der Annahmeerklärung vor. Der Widerruf ist dort möglich, wenn eine Lieferung nicht vertragsgemäß ist und sie deshalb für den Käufer wesentlich weniger Wert hat als angenommen und der Käufer den Mangel bei Annahme schlecht erkennen konnte oder wegen Zusicherungen vonseiten des Verkäufers eine solche Untersuchung unterlassen hat. Der Widerruf muss dabei in angemessener Zeit nach Kenntnis des Mangels erfolgen und er muss dem Verkäufer natürlich auch hier zugehen. Durch den Widerruf wird der Käufer so gestellt, als ob er das Angebot abgelehnt hätte.

Im Gegensatz zum deutschen Handelsverkehr kann man in diesem Zusammenhang darauf hinweisen, dass es in den USA eine allgemein geltende kundenfreundliche Geschäftspraxis gibt, die den Kunden außervertraglich und auf Kulanzwegen eine Rückgabe der Ware gegen Rückzahlung des Kaufpreises oder einen Umtausch ermöglicht. Es ist daher offensichtlich kein echter Bedarf für ein freies Widerrufsrecht im US-amerikanischen Rechtsverkehr bisher vorhanden gewesen, denn ein solches ist derzeit auch nicht Gegenstand von Forderungen im US-amerikanischen Rechtssystem.

Allerdings enthält UETA ein besonderes Widerrufsrecht, das hier erwähnt werden soll. Um eine Vertragspartei, die mit einem „electronic agent" zu tun hatte, nicht zu benachteiligen, gibt UETA in Section 10 dieser Vertragspartei eine Widerrufsmöglichkeit. Dies ist der Fall, wenn die betreffende Person eine fehlerhafte Willenserklärung abgegeben hat und ihr während der Kommunikation mit dem „electronic agent" nicht die Möglichkeit gegeben wurde, diesen Fehler zu verhindern oder zu korrigieren. Die widerrufende Partei muss der anderen, hinter dem electronic agent stehenden Partei unverzüglich mitteilen, dass sie von der Computererklärung nicht gebunden werden wollte. Dabei muss eine eventuell erhaltene Gegenleistung unverzüglich entsprechend den Anweisungen der anderen Partei zurückgegeben werden und die widerrufende Partei darf keinen Vorteil aus dieser Gegenleistung erlangen.

Abschnitt 11 – Rechtsfolgen bei Fehlen von rechtlichen und tatsächlichen Anforderungen an den elektronischen Geschäftsverkehr

A. Europäische Vorgabe

Die ECRL stellt hier zwei sehr allgemein gehaltene Forderungen an die Mitgliedstaaten.

Sie sollen nach Art. 18 Abs. 1 ECRL sicherzustellen, dass die nach innerstaatlichem Recht verfügbaren Klagemöglichkeiten im Zusammenhang mit den Diensten der Informationsgesellschaft es ermöglichen, rasch Maßnahmen, einschließlich vorläufiger Maßnahmen, zu treffen, um eine mutmaßliche Rechtsverletzung abzustellen und zu verhindern, sodass den Betroffenen kein weiterer Schaden entsteht.

Nach Art. 20 sollen die Mitgliedsstaaten außerdem bei Verstößen gegen innerstaatliches Recht, durch das die ECRL umgesetzt wird, Sanktionen festlegen und geeignete Maßnahmen zur Durchsetzung derselben sicherstellen. Die gewählten Sanktionen sollen dabei wirksam, verhältnismäßig und abschreckend sein.

B. Rechtsfolgen im Deutschen Recht

Der deutsche Gesetzgeber war grundsätzlich der Meinung, dass mit dem bestehenden gesetzlichen Instrumentarium ein ausreichender Rechtsschutz der am elektronischen Rechtsverkehr beteiligten Personen erzielt werden kann.[937] Lediglich hinsichtlich einer der oben aufgezeigten EG-Vorgaben hat der deutsche Gesetzgeber eine Sonderregelung für notwendig gehalten. Diese wird unten im Abschnitt Unterlassungsklagen behandelt.

Nachfolgend wird ein kurzer Überblick über die bestehenden rechtlichen Instrumentarien im Zusammenhang mit elektronischen Erklärungen gegeben.

I. Fehler bei Generierung von Willenserklärung

1. Bei E-Mail

Die Nutzung des Computers und des Internets und der dort angebotenen Vielzahl von Programmen und Online-Angeboten kann beim Nutzer dazu führen,

---

[937] BT-Drucks. 14/4987, S. 23 f.

dass er sich – sei es aus Unverständnis, Oberflächlichkeit oder Leichtsinnigkeit – nicht bewusst ist, welche Art von rechtsgeschäftlicher Willenserklärung er gerade abgibt, obwohl diese in Wirklichkeit auf den Abschluss eines Vertrages im Fernabsatz gerichtet ist. Wie oben bereits aufgeführt wurde, ist diesbezüglich die Geltungstheorie einschlägig, bei der lediglich ein Handlungswille erforderlich ist und dann für die weitere Erfüllung der subjektiven Seite ausreicht, dass die so erstellte Willenserklärung beim Empfänger den objektiven Eindruck einer rechtsgeschäftlichen Erklärung macht. Es handelt sich dann um einen Erklärungsirrtum, bei dem für den Erklärenden gemäß § 119 Abs. 1 BGB die Anfechtung wegen Irrtums in Betracht kommt.

Gleiche Grundsätze gelten natürlich bei Fehlern, die auf Anbieterseite auftreten.

Fehler bei der Generierung einer Willenserklärung können aber auch den Inhalt der Erklärung betreffen. Für reine Eingabefehler gilt auch hier die Anfechtung über § 119 Abs. 1 BGB. Bei Verwendung unkorrekter Daten kommt dagegen eher eine Irrtumsanfechtung nach § 119 Abs. 2 BGB in Betracht, wobei die üblichen Grenzen zum unbeachtlichen Irrtum zu beachten sind.[938]

2. Bei Computererklärung

Fehler dieser Art treten gewöhnlich nur auf Anbieter- und damit auf Unternehmerseite auf. Bei der Computererklärung könnten sich Unterschiede durch die Tatsache ergeben, dass diese Erklärungen nicht aufgrund einer konkreten Willensbildung des Anbieters im Einzelfall, sondern durch das Programm erzeugt werden, bei dessen Erstellung der Anbieter seinen generellen Willen für die automatisch erstellten Willenserklärungen zum Ausdruck bringt. Da solche Erklärungen letztlich also auch auf ein menschliches Handeln zurückzuführen sind, müssten auch Computererklärungen aus Gründen eines Irrtums bei der Gestaltung des Verfahrens zur Erstellung der Computererklärung als Erklärungsirrtum angefochten werden können. Es handelt sich hier jedoch generell wohl nicht um Fehler in der Willensäußerung, sondern um Fehler in der grundlegenden Willensbildung, die dann häufig als Motivirrtum in der Art eines Kalkulationsirrtums erscheinen.[939] Diese aber gehen gewöhnlich zu Lasten des Anbieters.[940] Soweit aber auch hier ein Übertragungsfehler vorliegt, kommt eine

---

938 Köhler/Arndt – Internet, Rn. 124 ff.

939 Hoeren – Internetrecht, S. 213; Holzbach/Süßenberger in: Moritz/Dreier, S. 363, Rn. 105.

940 Köhler/Arndt – Internet, Rn. 124 ff.

Anfechtung gemäß § 120 BGB analog in Betracht.[941] Diese Vorschrift wurde vom Gesetzgeber dadurch an die Gegebenheiten der modernen Datenübertragung angepasst, dass in ihr der Begriff der Anstalt durch den der Einrichtung ersetzt wurde. Damit wurde auch die Einschaltung von Anbietern elektronischer Netze in den Anwendungsbereich des § 120 BGB ermöglicht.[942]

Fraglich ist weiterhin, wie jener Fall zu klären ist, bei dem der Nutzer eines Abrufdienstes nicht der Wirklichkeit entsprechende Daten in das Bestellformular eingibt. Entgegen Holzbach/Süßenberger[943] wird man hier keine Anfechtung wegen eines etwaigen Irrtums nach § 119 BGB annehmen können, wenn das Softwareprogramm diese Daten entsprechend den Vorgaben des Betreibers verarbeitet hat. Richtig ist hier deshalb wohl nur die Anfechtung nach § 123 Abs. 1 BGB.

II. Fehler bei Abgabe, Übermittlung und Zugang

Grundsätzlich ist hier von der bereits im Kapitel Abgabe und Zugang von Willenserklärungen aufgezeigten Risikoverteilung zwischen den Vertragspartnern auszugehen. Der Empfänger ist somit verantwortlich für seinen Empfangsbereich, sei dieser in seinem Computer oder im Computer seines Providers und der Absender ist verantwortlich für den Übertragungsweg bis zu diesem Machtbereich des Empfängers. Falsch übermittelte Willenserklärungen, die zu Lasten des Absenders gehen, kann dieser gemäß § 120 BGB mit der Rechtsfolge des § 122 BGB anfechten. Diese rechtlichen Schlussfolgerungen gelten bei E-Mail und Computererklärung gleichermaßen, da bei der Übermittlung keine technischen Unterschiede vorliegen.

Einschlägig im elektronischen Verkehr könnte auch die Benutzung einer E-Mail-Adresse oder einer elektronischen Signatur durch einen unbefugten Dritten sein. Diese Fälle sind über die Grundsätze der Anscheins- und Duldungsvollmacht zu lösen.[944]

---

[941] Hoeren – Internetrecht, S. 213.
[942] Lüdemann/Adams in: K&R 2002, S. 11.
[943] Holzbach/Süßenberger in: Moritz/Dreier, S. 364, Rn. 107.
[944] Hoeren – Internetrecht, S. 212; Holzbach/Süßenberger in: Moritz/Dreier, S. 371, Rn. 127.

III. Rechtsfolgen bei Nichterfüllung von Informationspflichten aus den §§ 312 c ff. BGB

Der Gesetzgeber hat davon abgesehen, die Rechtsvorschriften zu den elektronischen Verträgen mit statischen Rechtsfolgen für den Fall von Pflichtverstößen des Unternehmers zu versehen.[945] Begründet wird dies vom Gesetzgeber dahingehend, dass die Bestimmung ein und derselben Rechtsfolge bei der Vielgestaltigkeit und unterschiedlichen Gewichtung der möglichen Sachverhalte, die zu Pflichtverstößen führen können, nicht sachgerecht wäre.[946] Es sollen sich demnach die Rechtsfolgen nach den allgemeinen Bestimmungen des Schuldrechts richten. Enttäuscht wurden somit Erwartungen in der Literatur, die aus der ECRL die Verpflichtung der Mitgliedsstaaten herausgelesen haben, für den Fall der Nichteinhaltung der ins nationale Recht zu transferierenden Informationspflichten besondere Sanktionen, z.B. im Ordnungswidrigkeitenrecht, einzuführen.[947]

1. Nichtigkeit

Wie Grigoleit[948] richtig darlegt, kann nach allgemeinen Regeln die Verletzung einer vorvertraglichen Informationspflicht auch dazu führen, dass der Informationsberechtigte eine Vertragsaufhebung oder eine Vertragsanpassung verlangen kann. Dies ist dann der Fall, wenn er den Vertrag bei korrekter Aufklärung nicht geschlossen hätte, wobei die hierfür einschlägigen Informationspflichten die störungsfreie vorvertragliche Willensbildung schützen und dafür dem Informationsverpflichteten eine Verantwortlichkeit zukommen muss.[949] Bei besonderen Informationspflichten, wie sie hier im Rahmen der §§ 312 d und e BGB vorliegen, käme dies allerdings nur in Betracht, wenn die jeweilige Informationspflicht für den Informationspflichtigen eine Verantwortlichkeit für die vorvertragliche Willensbildung der Gegenseite begründen würde.[950] Eine solche Verantwortlichkeit bejaht Grigoleit z.B. beim Unterlassen der Aktions-Anforderung nach § 312 e Abs. 1 Nr. 1 BGB, nach der technische Mittel zur Eingabekorrektur zur Verfügung zu stellen sind.[951] Er verneint sie dagegen z.B.

---

945 BT-Drucks. 14/6040.
946 Schmidt-Räntsch u.a. – Schuldrecht, S. 319.
947 Maennel in: Rechtsfragen des E-Commerce, S. 54.
948 Grigoleit in: WM 2001, S. 598.
949 Grigoleit in: WM 2001, S. 599.
950 Grigoleit in: WM 2001, S. 599.
951 Grigoleit in: WM 2001, S. 601.

beim Unterlassen der Aktions-Anforderung aus § 3 Nr. 2 der InformationsVO i.V.m. § 312 e Abs. 1 Nr. 2 BGB, nach der über die Frage der Speicherung zu informieren ist. Je nach Wertung im Einzelfall käme man nach Grigoleit somit zur Annahme oder zur Ablehnung der Nichtigkeit des Vertrages.

Dies aber hat der Gesetzgeber generell nicht gewollt. Nach dem Gesetzesentwurf sollte deshalb ursprünglich sogar im Gesetzestext aufgeführt werden, dass die Wirksamkeit des Vertrages durch die Verletzung der besonderen Informationspflichten nicht berührt sein sollte.[952] Dies ist letztlich dann aber nicht realisiert worden. Der Gesetzgeber hat davon abgesehen, weil ein solcher Hinweis eine an sich klare Rechtslage ungewollt in Zweifel ziehen würde und dabei außerdem zusätzliche Unklarheiten in Bezug auf andere mögliche Rechtsfolgen auslösen könnte.[953] In der Gesetzesbegründung wurde schließlich weiterhin ausgeführt, dass die Nichtigkeit des Vertrages nur anzunehmen wäre, wenn dies dem Willen des Gesetzgebers und dem Zweck der Vorschrift entsprechen würde.[954] Dies aber wurde im Gesetzesentwurf für die §§ 312 c und e BGB verneint.[955] Begründet wurde dies damit, dass bei Nichtigkeit der Verbraucher seinerseits aller Rechte beraubt würde, was auch bezogen auf die verletzten Informationspflichten gelten würde, die erst diese Rechtfolge verursacht haben. Dies aber wäre das Gegenteil von dem, was der Gesetzgeber mit der Pflicht zur Information erreichen wollte.[956] Aus dem Gesichtspunkt des Verbraucherschutzes kann somit die schärfste zivilrechtliche Sanktion der Nichtigkeit grundsätzlich nicht einschlägig sein.[957]

2. Anfechtung wegen Irrtums

Der Grundsatz der Anfechtungsmöglichkeit wegen Inhalt- und Erklärungsirrtums mit den Rechtsfolgen nach §§ 119 ff. BGB wurde oben bereits aufgezeigt. Liegt der Irrtum des Verbrauchers aber im Mangel der vom Unternehmer zu erfüllenden Aktions- und Unterrichtungspflichten nach §§ 312 c und 312 e BGB, dann kann der Verbraucher der Forderung des Unternehmers nach Ersatz des Vertrauensschadens den Vorwurf des widersprüchlichen Verhaltens entgegensetzen, wodurch über § 242 BGB der Anspruch des Unternehmens

[952] BT-Drucks. 14/6040, S. 173.
[953] BT-Drucks. 14/6040, S. 173.
[954] BT-Drucks. 14/6040, S. 173.
[955] BT-Drucks. 14/6040, S. 173.
[956] Schmidt-Räntsch u.a. – Schuldrecht, S. 319.
[957] Grigoleit in: WM 2001, S. 600; Härting – Fernabsatzgesetz § 2, Rn. 149.

möglicherweise gänzlich ausgeschlossen wäre. Wird andererseits der Verbraucher z.B. fälschlicherweise über ein nicht existierendes Widerrufsrecht unterrichtet, so wird ein derartiges Widerrufsrecht sogar vertraglich begründet.[958] Sicher wird es in Zukunft auch Mängel bei den Informationen geben, die von den Gerichten in einer fehlerhaften Gestaltung der vor Abschluss oder der vor Lieferung in Textform zu gebenden Informationen gesehen werden. Dort kann dann gegebenenfalls ein völliger Ausschluss des Vertrauensschadens des Unternehmers wegen Mitverschuldens des Verbrauchers unbillig sein und deshalb eine Schadensteilung in Betracht kommen. Auch in diesem Zusammenhang hat der Gesetzgeber eine Klarstellung erwogen und dann doch fallen gelassen, weil diese rechtlichen Schlussfolgerungen aus solchen Sondertatbeständen keiner Erklärung in diesem Zusammenhang bedürfen.[959]

In Grenzfällen kann das Fehlen von Informationen theoretisch auch dazu führen, dass keine auf den Abschluss eines Vertrages gerichtete Willenserklärung aufseiten des Verbrauchers vorliegt.[960] Dies dürfte jedoch sehr selten der Fall und das Ziehen dieser Schlussfolgerung auch nicht erforderlich sein, da dem Verbraucher andere Mittel mit ausreichendem Rechtsschutz zur Verfügung stehen.

3. Haftung aus §§ 311 Abs. 2, 241 Abs. 2 BGB

Bei den Aktions- und Unterrichtungspflichten in den §§ 312 c und 312 e BGB handelt es sich ebenso wie bei der Belehrungspflicht in § 355 Abs. 2 BGB nicht lediglich um Obliegenheiten, sondern um Rechtspflichten. Dies geht aus der Konzeption des Gesetzes hervor, wonach eine schwebende Wirksamkeit und keine schwebende Unwirksamkeit bei Verletzung dieser Pflichten vorliegt.[961] Bei der Nichteinhaltung obiger besonderer Pflichten werden somit Schutz- und Rücksichtnahmepflichten verletzt, sodass eine Haftung aus §§ 311 Abs. 2, 241 Abs. 2 BGB i.V.m. § 280 BGB[962] begründet sein kann.[963] Als Rechtsfolgen kämen dort gemäß § 249 BGB ein Anspruch auf Rückabwicklung oder die Anpassung des Vertrages in Betracht.[964] Der Gesetzgeber weist seinerseits aber ausdrücklich darauf hin, dass die gerügte Pflichtverletzung hierbei auch

---

958 Wendehorst in: MüKo § 2 FernAbsG, Rn. 79.
959 BT-Drucks. 14/6040, S. 173.
960 Schmidt-Räntsch u.a. – Schuldrecht, S. 319.
961 Heinrichs in: Palandt § 361a, Rn. 10.
962 In § 280 BGB ist die culpa in contrahendo nun gesetzlich normiert.
963 BT-Drucks. 14/6040, S. 173.
964 Heinrichs in: Palandt § 276, Rn. 102.

ursächlich für den Abschluss des vom Verbraucher beanstandeten Vertrages gewesen sein muss. Damit kann nicht das bloße Fehlen irgendeines Aktions- oder Unterrichtungstatbestandes zu dieser Haftung des Unternehmers führen. Als Beispielsfälle zitiert der Gesetzgeber den Hinweis auf die eingesetzten Sprachen, auf die Verhaltenskodizes oder auf die Unterrichtung über die Tatsache, dass der Vertragstext speicherbar ist. Der Gesetzgeber will hier offensichtlich zum Ausdruck bringen, dass hier eine gewisse Überregulierung in den EG-Vorgaben vorlag, die umzusetzen war, obwohl im deutschen Rechtskreis allgemeinere Kriterien für den Verbraucherschutz mit der bestehenden Möglichkeit der Anpassung an den Einzelfall durch die Gerichte ausgereicht hätten, um den gleichen Schutzzweck zu erzielen.[965] Bei der gegebenen gesetzlichen Konzeption werden die Gerichte die Aufgabe haben, der Verletzung einer konkreten Unternehmerpflicht aus dem Gesichtspunkt eines angemessenen Verbraucherschutzes im Einzelfall die richtige Rechtsfolge zuzuordnen, statt wie üblich den im Gesetz generell vorgegebenen Rechtsfolgen konkrete Lebenstatbestände im Einzelfall zuzuordnen.

4. Nachträgliche Unterrichtung

Wie bereits oben ausgeführt, handelt es sich bei den Aktions- und Unterrichtungspflichten um Rechte des Verbrauchers, die dieser jederzeit nachträglich noch einfordern kann. Dies wird natürlich nur dann von Wert sein, wenn der Verbraucher daran ein fortbestehendes Interesse hat. Hiervon sind sicher viele Informationspflichten betroffen, wobei nur jene, die im Zusammenhang mit dem Widerrufsrecht stehen, hervorgehoben werden sollen.[966]

5. Unterlassungsklage/einstweilige Verfügung

a) Aus Unterlassungsklagegesetz

Mit dem Schuldrechtsmodernisierungsgesetz wurde das neue Gesetz über Unterlassungsklagen für Verbraucherrechts- und anderen Verstößen (Unterlassungsklagengesetz – UKlaG) eingeführt. Dieses Gesetz regelt u.a. Ansprüche bei Verbraucherrechtsverstößen und dort speziell in § 2 UKlaG einen Unterlassungsanspruch bei verbraucherschutzwidrigen Praktiken im Zusammenhang mit Allgemeinen Geschäftsbedingungen. Ein Verbraucherschutzgesetz

[965] Hoeren – Internetrecht, S. 261 ff.
[966] Siehe dazu oben das Kapitel zum Widerruf.

im Sinne dieser Vorschrift stellen nach § 2 Abs. 2 Nr. 1 UKlaG zB. die Vorschriften über Fernabsatzverträge im BGB dar. Die Aktions- und Informationsanforderungen aus § 312 c BGB sind somit über diesen Unterlassungsanspruch geschützt. Dies gilt sowohl für die vorvertraglichen Pflichten als auch für jene, die erst bis zur Lieferung zu erfüllen sind, und gilt damit u.a. auch für die Beschränkung des Widerrufsrechts über die im Gesetz vorgesehenen Ausnahmen hinaus.[967] Der Unterlassungsklageanspruch nach dieser Vorschrift ersetzt insoweit den bisher im Rahmen des § 22 AGBG bestehenden entsprechenden Anspruch bezogen auf die Fernabsatzverträge.

Da man den neu definierten „Vertrag im elektronischen Geschäftsverkehr" als Fernabsatzvertrag unter besonderer Verwendung von Abrufdiensten im Rahmen von Tele- und Mediendiensten einstufen kann, wären auch die Aktions- und Informationsverpflichtungen bezogen auf den jetzt unter den § 312 e BGB fallenden Vertrag von dieser Vorschrift des UKlaG erfasst. Unabhängig davon wollte der deutsche Gesetzgeber hier offensichtlich sicher gehen, sich keinen Vorwurf wegen fehlender Umsetzung der EG-Vorgaben machen zu lassen, denn er hat zusätzlich in § 2 Abs. 2 Nr. 2 des UKlaG nochmals generell alle Vorschriften der deutschen Gesetzgeber (Bund und Länder) zur Umsetzung der Art. 5, 10 und 11 ECRL als einschlägige Verbraucherschutzgesetze definiert.[968] Auch über diese Bezugnahme sind die Pflichten unter § 312 e BGB somit vom UKlaG erfasst.

Geltend zu machen ist dieser Anspruch nicht vom Verbraucher, sondern von Organisationen, die in § 3 UKlaG aufgeführt sind. Insoweit ist diese verbandsrechtliche Sanktion der Aktions- und Informationspflichten ein Instrument zum institutionellen Schutz der Markttransparenz und des Wettbewerbs[969] und gilt auch dann, wenn die oben aufgezeigten individualrechtlichen Rechtsfolgen nicht eingreifen würden.[970]

Eine Unterlassungsklage kann natürlich bei häufig bestehender Eilbedürftigkeit auch im Rahmen einer einstweiligen Verfügung geltend gemacht werden, sodass auch diesbezüglich die EG-Vorgabe erfüllt ist.

---

[967] Härting in: MDR 2002, S. 61.
[968] Schmidt-Räntsch u.a. – Schuldrecht, S. 10.
[969] Grigoleit in: WM 2001, S. 600; Härting – Fernabsatzgesetz § 2, Rn. 150; Wendehorst in: MüKo § 2 FernAbsG, Rn. 74 f.
[970] Grigoleit in: WM 2001, S. 600.

b) Nach UWG

Die Missachtung der Informationsverpflichtungen wird der Unternehmer gewöhnlich aus Nachlässigkeit oder bewusst vornehmen. In beiden Fällen kann er sich dadurch einen unzulässigen Wettbewerbsvorteil verschaffen. Liegt somit aus diesem Gesichtspunkt ein als relevant zu betrachtender Verstoß vor, was insbesondere bei dauerhaften Verstößen der Fall sein wird, so wäre ein Unterlassungsanspruch auch nach § 13 UWG begründet. Dies gibt auch den Konkurrenten des Betreibers die Möglichkeit, Unterlassungsansprüche geltend zu machen und im Wege der einstweiligen Verfügung die Schließung virtueller Kaufhäuser zu veranlassen.[971]

c) Abmahnung

Liegen die Voraussetzungen für einen Unterlassungsanspruch nach § 13 UWG vor, dann besteht nach § 13 Abs. 2 UWG auch die Möglichkeit der Abmahnung des Unternehmers. Dies ist eine Maßnahme, die ohnehin als erster Schritt in der Praxis getroffen wird. Bei Abmahnungen spricht man inzwischen bereits von sog. Abmahnwellen. Eine solche Abmahnwelle hat nach Thomas Wilmer[972] im Herbst des Jahres 2001 begonnen. Sie fand ihre Ursache in der Entwicklung des Internets und dort speziell wegen der umfassenden Aktions- und Unterrichtungspflichten bei Fernabsatzverträgen. Viele unerfahrene Jungunternehmer hatten mit technischer Begeisterung, aber ohne rechtliche und praktische Hintergrundkenntnisse, E-Commerce-Aktivitäten aufgenommen und die Aufmerksamkeit von Konkurrenten oder professionellen Abmahnern auf sich gezogen und kostenträchtige Abmahnungen erhalten. Bei Abmahnungen können sich auch bei Bagatellverstößen die Betroffenen nicht auf die eigene Rechtsunkundigkeit berufen, sodass dies eine sehr häufig angewandte Rechtsfolge war.

6. Hinausschieben des Beginns der Widerrufsfrist

Nur der Vollständigkeit halber wird hier nochmals auf diese bereits ausführlich dargelegte Rechtsfolge hingewiesen. Sie ist sicher die am direktesten durchsetzbare Waffe des Verbrauchers auch im Falle der fehlenden Information. Wegen der aufgezeigten Wertersatz-Problematik kann sie im Einzelfall aber nicht unbedingt die bedeutsamste Waffe der Allgemeinheit gegen den nicht gesetzestreuen Unternehmer sein.

---

[971] Aigner/Hoffmann in: MMR 2001, Beilage 8, S. 30.
[972] Wilmer in: MC 2002, S. 17.

C. Rechtfolgen im US-amerikanischen Recht

Auch das US-amerikanische Recht kennt eine Art Nichtigerklärung, die sog. „rescission". Dabei handelt es sich um ein Rechtsinstrument, durch das ein Vertrag rückgängig gemacht oder beendet werden kann.[973] Die Vertragsparteien sollen nach erfolgter Nichtigerklärung so gestellt werden, wie sie vor Vertragsschluss waren. Daher ist das Rechtsinstitut der „rescission" am ehesten mit dem deutschen Rücktrittsrecht vergleichbar.

Dabei ist zwischen der „einseitigen" und der „beidseitigen Nichtigerklärung"[974] zu unterscheiden. Ein Recht auf dieses Rechtsmittel besteht, wenn ein Gesetz dieses einräumt. Die meisten Bundesstaaten haben ein solches Recht z.B. für Haustürgeschäfte geschaffen.[975] Darüber hinaus wurden im Rahmen des Common Law bestimmte Fallgruppen entwickelt, bei denen auch ohne gesetzliche Normierung ein derartiges Recht besteht. Diese setzen grundsätzlich ein Problem im Rahmen des Vertragsabschlusses voraus. Darunter fallen Betrug, Irrtum, Nötigung, psychischer Zwang, Täuschung oder fehlende Geschäftsfähigkeit.[976]

Nach erfolgter Nichtigerklärung müssen die Vertragsparteien den Zustand, der vor Vertragsschluss bestand, wieder herstellen. Dies geschieht für gewöhnlich durch die Rückgabe der vertraglich vereinbarten Leistungen, soweit diese bereits erbracht wurden. Dabei gilt der Grundsatz, dass zunächst Naturalrestitution geleistet werden muss. Nur wenn die Sache bereits verbraucht wurde, kann Schadensersatz in Geld geleistet werden.[977] Ein derartiger Rückgewähranspruch kann aber auch ohne eine Nichtigerklärung entstehen. Dies sind vor allem die Fallgruppen, in denen eine Vertragspartei ungerechtfertigt bereichert ist.[978] Dies ist nicht zu verwechseln mit den Grundsätzen des deutschen Bereicherungsrechts. Vielmehr fallen unter diese Fallgruppe u.a. vertragliche Pflichtverletzungen oder deliktische Handlungen. Rechtsfolge ist in den meisten Fällen die Rückgabe des erlangten Etwas. Es ist aber auch im Einzelfall ein Anspruch auf Schadensersatz in Geld möglich.

---

973 Clarkson u.a. – West's Business Law, S. 313.

974 Unilateral und mutual rescission.

975 Vgl. California Civil Code Section 1689.5; hier ist eine Nichtigerklärung innerhalb von drei Tagen möglich, ohne dass ein spezieller Grund hierfür vorliegen muss.

976 Clarkson u.a. – West's Business Law, S. 313.

977 Restatement (Second) of Contracts, Section 370; Clarkson u.a. – West's Business Law, S. 313.

978 Clarkson u.a. – West's Business Law, S. 313.

Abschnitt 12 – Fazit

Die Ausführungen in dieser Arbeit haben gezeigt, dass sich die Gesetzgeber in Europa und den Vereinigten Staaten der rechtlichen Probleme von elektronischen Verträgen inzwischen voll bewusst sind und dafür geeignete Lösungen suchen.

Ersichtlich ist dabei, dass in Europa die Gesetzeshoheit der Europäischen Gemeinschaft, bezogen auf den gemeinsamen Markt, einen Zwang zur Vereinheitlichung von einschlägigen Regelungen in den verschiedenen Mitgliedstaaten ausübt und auch im US-amerikanischen Rechtskreis eine solche Tendenz zur Vereinheitlichung neuerdings verstärkt vom zentralen Gesetzgeber ausgeht. Beide Rechtskreise starten jedoch von unterschiedlichen Ausgangssituationen und kommen deshalb heute noch zu unterschiedlichen Lösungswegen und damit auch zu verschiedenen Endergebnissen.

Der europäische Ansatz ist dadurch gekennzeichnet, dass er bestimmte Fallgestaltungen herausgreift und hierfür konkrete und detaillierte Umsetzungsregelungen schafft. Dies ist daran zu erkennen, dass sich die verschiedenen Richtlinien, wie z.B. die FernAbsRL, die ECRL und die Signatur-Richtlinie, jeweils nur mit einem begrenzten Themenbereich beschäftigen und damit eine Vereinheitlichung des einschlägigen Rechts in Europa nur Bereich für Bereich abgearbeitet werden kann. Dies ist natürlich in der Begrenzung des europäischen Gesetzgebers auf Themen mit gemeinschaftsweiter Bedeutung zu sehen, wobei hier eine Tendenz zur Ausweitung dieser Kompetenz allerdings nicht zu übersehen ist. Der europäische Gesetzgeber erhebt in diesem Rahmen allerdings aus der beschriebenen Aufgabenstellung heraus keinen Anspruch auf eine umfassende rechtliche Konzeption bezogen auf elektronische Verträge. Sein Regelungsbereich beschränkt sich diesbezüglich heute noch auf organisierte Vertriebssysteme bezogen auf die Lieferung von Waren und die Erbringung von Dienstleistungen.

Der deutsche Gesetzgeber ist dabei immer im Zwiespalt zwischen der Schaffung eigener Regelungen und der reinen Umsetzung der europäischen Vorgaben gefangen. Diese Arbeit hat gezeigt, dass dabei vielfach Abgrenzungs- und Auslegungsschwierigkeiten nicht zu vermeiden sind. Zusammenfassend kann jedoch für den Bereich des deutschen Gesetzgebers festgehalten werden, dass er im Hinblick auf elektronische Verträge sich auf die Umsetzung der europäischen

Vorgaben konzentriert hat und im Übrigen, von wenigen Ausnahmen abgesehen, bisher davon ausgegangen ist, dass die allgemeinen Regelungen des deutschen Zivilrechts ausreichen, um Rechtsprobleme im Zusammenhang mit elektronischen Verträgen zu lösen. Hier steht dem deutschen Recht aber sicher noch eine Bewährungsprobe bevor.

Sind somit die europäischen Vorgaben vom deutschen Gesetzgeber, von kleinen Ausnahmen abgesehen, umgesetzt worden, so brauchen im Rahmen eines Vergleiches der rechtlichen Ansätze bezogen auf elektronische Verträge in den in dieser Arbeit behandelten Rechtskreisen nur der deutsche und der US-amerikanische Lösungsweg betrachtet zu werden.

Die obersten Gesetzgeber in beiden Rechtskreisen gehen davon aus, dass keine Person gezwungen ist, Geschäfte auf elektronischem Wege zu machen. Der deutsche Gesetzgeber hat dies im Gesetzesverfahren zwar mehrfach zum Ausdruck gebracht, glaubte jedoch, dies sei im Rahmen der allgemeinen Rechtsprechung zum Zugang von Willenserklärungen über die Widmung des elektronischen Machtbereichs geklärt und es bedürfe deshalb diesbezüglich keiner neuen gesetzlichen Regelungen. Der US-Gesetzgeber dagegen stellt diese Selbstbestimmung bezogen auf die Beteiligung am elektronischen Geschäftsverkehr ausdrücklich fest und signalisiert diesbezüglich in unterschiedlichen Regelungen den Grundsatz, dass für jeden konkreten Einzelfall eine ausdrückliche Zustimmung vorliegen muss, wenn keine Zustimmung für eine Vielzahl von Fällen vorab gegeben wurde.

Der US-Gesetzgeber stellt andererseits aber auch ausdrücklich fest, dass elektronischen Willenserklärungen und Verträgen von niemandem die rechtliche Bedeutung abgesprochen werden könne, nur weil sie eben mittels elektronischer Medien zustande gekommen sind. In dieses gesetzliche Diskriminierungsverbot bezieht der US-Gesetzgeber auch den Bereich der elektronischen Signaturen mit ein. Da dabei vom US-Gesetzgeber keine technischen und organisatorischen Anforderungen gestellt werden, wird hier auch von der Technologie-Offenheit der US-amerikanischen Lösung gesprochen. Hier geht der US-Gesetzgeber über den deutschen Ansatz eindeutig hinaus, wobei allerdings zu fragen ist, inwieweit sich hieraus praktische Unterschiede ergeben. Auch im deutschen Rechtskreis wird einer elektronischen Willenserklärung, einem elektronischen Vertrag und auch einer elektronischen Signatur die Wirksamkeit nicht versagt, nur weil sie in elektronischer Form vorliegt. Der Unterschied liegt nach Ansicht des Verfassers alleine darin, dass bei Erfüllung bestimmter technischer und organisatorischer Voraussetzungen, bezogen auf die Sicherheit des elektronischen Rechtsverkehrs, der deutsche Gesetzgeber selbst unterschiedliche Schlussfolgerungen für die rechtliche Beurteilung vorgibt, während der US-Gesetzgeber dies ausdrücklich vermeidet. Dieser schreibt sogar anderen Gesetzgebern in den einzelnen Bundesstaaten vor, ebenfalls auf eine Regelung von Rechtsfolgen bei Vorliegen unterschiedlicher technischer und organisatorischer Voraussetzungen zu verzichten. Wie in der Arbeit ausgeführt wurde, hatten einzelne Bundesstaaten den europäischen Ansatz vorgezogen und bereits in ihren Gesetzen zum Ausdruck gebracht. Dabei sieht natürlich auch der US-Gesetzgeber ein, dass die Erfüllung unterschiedlicher Sicherheitsanforderungen beim elektronischen Geschäftsverkehr zu unterschiedlichen Bewertungen, bezogen auf die Echtheit der Erklärung und bezogen auf die Zuordnung von Erklärungen zu den verantwortlichen Verfassern solcher Erklärungen, führen wird. Der US-Gesetzgeber wollte den jeweils zu wählenden Sicherheitsstandard jedoch dem Markt und damit den Marktteilnehmern überlassen. Diese sollten nach seiner Meinung für jeden Lebenssachverhalt den aus ihrer individuellen Sicht richtigen Sicherheitsstandard aussuchen können.

Bewertet man die Ansätze in den beiden Rechtskreisen, dann besteht für die Nutzer im deutschen Rechtskreis eine sofort einsetzende Rechtssicherheit bei der Verwendung der qualifizierten elektronischen Signatur, während sich eine derartige Rechtssicherheit im US-amerikanischen Rechtssystem erst durch das Case Law über die Zeit entwickeln muss. Bei der unterschiedlichen Entscheidungspraxis der US-Gerichte dürfte dies nicht so schnell zu einheitlichen Lösungen führen. Damit aber ist für den US-amerikanischen Rechtskreis eine länger andauernde Unsicherheit vorauszusagen.

Betrachtet man die Regelungen des US-Gesetzgebers in E-Sign, bezogen auf die wirksame Erteilung von Pflichtinformationen, dann erkennt man die im Verhältnis zu den europäischen und deutschen Gesetzgebern größere Techniknähe des US-Gesetzgebers. Techniknähe kann dabei sicher mit einer besseren Kenntnis über die technischen Schwierigkeiten beim elektronischen Geschäftsverkehr gleichgesetzt werden. Während nämlich der deutsche Gesetzgeber lediglich einmal in § 3 Nr. 1 der InformationsVO die „technischen Schritte" die zum Vertragsschluss führen nur erwähnt, beinhalten die Regelungen in E-Sign detaillierte Vorschriften über die Einheitlichkeit der bei den Vertragspartnern vorhandenen Software- und Hardwareplattformen und die Sicherstellung deren Einheitlichkeit im Zusammenhang mit der Zustimmung des Verbrauchers zur Teilnahme am elektronischen Geschäftsverkehr. Es sind dies sicher Themen, mit denen sich deutsche Gerichte in praktischen Fällen noch im Rahmen des Zugangs von elektronischen Willenserklärungen in den Machtbereich des Empfängers beschäftigen werden müssen. Den deutschen Anbietern ist deshalb anzuraten bereits heute technische Methoden zu bedenken, mittels derer die Kompatibilität der Anbieter- und Kundensysteme festgestellt werden kann, um Beweisprobleme beim Zugang von Pflichtinformationen in Textform, im Rahmen der §§ 312 c und e BGB, zu vermeiden.

Kann man somit festhalten, dass sich in den europäischen und US-amerikanischen Rechtskreisen für elektronische Verträge unterschiedliche Konzepte, bezogen auf die Sicherheit des elektronischen Geschäftsverkehrs gegenüberstehen, so ist dies für den durch das Internet eröffneten weltweiten Markt sicher nicht hilfreich. Der Verfasser dieser Arbeit ist dabei der Ansicht, dass sich das deutsche Konzept mit dem anerkannten Verfahren der qualifizierten elektronischen Signatur durchsetzen kann, wenn sich rechtzeitig eine ausreichende Zahl von Anbietern solcher Signaturen etablieren kann und die Kosten für solche Signaturen erschwinglich werden. Da dieses System außerdem im ganzen europäischen Raum Geltung besitzt, dürfte dies zur Vereinheitlichung der technischen Systeme beitragen, falls die technisch immer etwas vorauseilende amerikanische Wirtschaft nicht andere Systeme schneller und effektiver auf den Markt bringen sollte.

Obwohl die einheitliche Regelung des elektronischen Geschäftsverkehrs in den Mitgliedstaaten der Europäischen Gemeinschaft und der vereinheitlichte Rechtsstandard in den Vereinigten Staaten von Amerika bereits ein Schritt hin zu überregionalen Lösungen sind, darf es hierbei jedoch nicht belassen werden. Der elektronische Geschäftsverkehr kennt ebenso wie das Internet keine Grenzen. Daher kann letztlich nur eine globale Lösung wirklich zufriedenstellende Ergebnisse liefern. Das Problem hierbei ist, die Interessen aller Beteiligten unter einen Hut zu bringen. Bereits im Rahmen der Gesetzgebungsverfahren zur ECRL und Signatur-Richtlinie sowie für E-Sign und UETA hat sich gezeigt, dass es bei überregionalen Lösungsversuchen unweigerlich zu Kompromissen bei den gesetzlichen Regelungen kommen muss. Wenn aber eine Vielzahl von unterschiedlichen Interessen berücksichtigt werden muss, so bleiben zwangsläufig wichtige Regelungen auf der Strecke. Dies ist wohl am Besten an den sehr weit reichenden gesetzlichen Ausnahmebereichen in allen diesen Gesetzen zu erkennen. Es wird deshalb wohl noch lange dauern, bis eine echte weltweit einheitliche Lösung für den rechtlichen Bereich des elektronischen Geschäftsverkehrs vorliegt.

Literaturverzeichnis

Aigner, Dietmar / **Hoffmann**, Dietrich, Virtuelle Kaufhäuser – Auswirkungen des Fernabsatzgesetzes, in: MMR 2001 Beilage 8, S. 30-34 (zitiert: Aigner/ Hoffmann in: MMR 2001, Beilage 8)

Alternativkommentar, Kommentar zum Bürgerlichen Gesetzbuch, Neuwied und Darmstadt 1987 (zitiert: Bearbeiter in: AK-BGB)

American Law Institute (Hrsg.), Restatement (Second) of Contracts, 1979 mit Ergänzungslieferungen Stand 2001 (zitiert: Restatement (Second) of Contracts)

Alstyne, Van Peter J., The Notary's Duty To Meticulously Maintain a Notary Journal, in: 31 John Marshal Law Review 1998, S. 777-778 (zitiert: Alstyne in: 31 J. Marshal L. Rev. 1998)

Andersen, Mads Bryde, The Electronic Challenge to Private Law, in: Electronic Commerce – Der Abschluß von Verträgen im Internet, S. 113 – 133, Weyers, Hans-Leo (Hrsg.), Baden-Baden 2001 (zitiert: Andersen in: Electronic Commerce)

Anderson, John C. / **Closen**, Michael L., Document Authentication in Electronic Commerce: The Misleading Notary Public Analog for the Digital Signature Certification, in: The John Marshall Journal of Computer & Information Law, Spring, 1999, S. 833-871 (zitiert: Anderson/Closen in: J. Marshall J. Computer & Info. L. 1999)

Antweiler, Clemens, Einsatz elektronischer Mittel bei der Vergabe öffentlicher Aufträge, in: CR 2001, S. 717-723 (zitiert: Antweiler in: CR 2001)

Ashley, Evelyn A. / **Rogers**, Patricia J., E-Records – Strategies for a Paperless World, in: Practising Law Institute – Patents, Copyrights, Trademarks, and Literary Property Course Handbook Series, December, 2001, January, 2002, S. 947-1055 (zitiert: Ashley/Rogers in: 683 PLI/Pat)

Athanasopoulos-Arvanitakis, Dina / **Dye**, Marilynn J., A Proposed Code of Professional Responsibility for Certification Authorities, in: The John Marshall Journal of Computer & Information Law, Spring, 1999, S. 1003-1042 (zitiert: Athanasopoulos-Arvanitakis/Dye in: J. Marshall J. Computer & Info. L. 1999)

Austin, John R., The Law of Electronic Commerce and Digital Signatures: an Annotated Bibliography, in: The John Marshall Journal of Computer & Information Law, Spring, 1999, S. 1043-1067 (zitiert: Austin in: J. Marshall J. Computer & Info. L. 1999)

Ball, Angela Y., Business Are Your Clients Equipped to E-Sign?: Effective Strategies in Negotiating PKI Technology, in: E-Commerce, Vol. 17, No.5, (2000), S. 1 (zitiert: Ball in: E-Commerce 2000)

Ballard, Mark, E-Sign: A Nudge, Not a Revolution, in: New York Law Journal, September 21, 2000, S. 5 (zitiert: Ballard in: NY L.J. 2000)

Bartholomeyczik, Horst, Die subjektiven Merkmale der Willenserklärung in: Ferid, Murad (Hrsg.), Festschrift für Hans G. Ficker zum 70. Geburtstag am 20 Juli 1967, S. 51-77; Frankfurt, Berlin 1967 (zitiert: Bartholomeyczik – Willenserklärung)

Baum, Michael, Elektronische Signaturen – Risiken und deren Versicherbarkeit in Deutschland nach der Umsetzung der Richtlinie des Europäischen Parlaments und des Rates über gemeinsame Rahmenbedingungen für elektronische Signaturen, Münster 2001 (Diss.) (zitiert: Baum – Elektronische Signaturen)

Berrisch, Georg M., E-Commerce und WTO-Recht, in: K&R 2001, S. 562-568 (zitiert: Berrisch in: K&R 2001)

Bettendorf, Jörg, Elektronischer Rechtsverkehr, in: Elektronischer Rechtsverkehr, S. 1-41, Sigrun Erber-Faller (Hrsg.), Neuwied 2001 (zitiert: Bettendorf – Elektronischer Rechtsverkehr)

Bickerstaff, Steve, Telecommunications and Internet Law – Recent Developments in United States, in: MMR 2001, S. 72-80 (zitiert: Bickerstaff in: MMR 2001)

Biddle, C. Bradford, Legislating Market Winners: Digital Signature Laws and the Electronic Commerce Marketplace, in: San Diego Law Review, Summer, 1997, S. 1225-1246 (zitiert: Biddle in: San Diego L. Rev. 1997)

Bierekoven, Christiane, Der Vertragsabschluß via Internet im internationalen Wirtschaftsverkehr – Zustandekommen, Schriftform, Beweisrecht, Elektronische Signaturverfahren – Deutsche und US-amerikanische Rechtslage, Rechtsvergleich, Internationale Lösungsansätze, Köln, Berlin, Bonn, München 2001 (zugl. Köln Univ., Diss. 2000) (zitiert: Bierekoven – Vertragsschluß im Internet)

Bieser, Wendelin, Das Signaturgesetz – Die gesetzliche digitale Signatur unter rechtlichen und praktischen Aspekten, in: Elektronischer Rechtsverkehr, S. 65-102, Sigrun Erber-Faller (Hrsg.), Neuwied 2001 (zitiert: Bieser – Signaturgesetz)

Bizer, Johann, Rechtliche Rahmenbedingungen digitaler Signaturverfahren in den Vereinigten Staaten von Amerika, Frankfurt/a.M. 1999 (zitiert: Bizer – Signaturverfahren)

Bizer, Johann / **Miedbrodt**, Anja, Die digitale Signatur im elektronischen Rechtsverkehr – Deutsches Signaturgesetz und Entwurf der Europäischen Richtlinie; in: Handbuch zum Internetrecht, S. 135-163, von Detlef Kröger und Marc A. Gimmy (Hrsg.) (zitiert: Bizer/Miedbrodt – digitale Signatur)

Blaurock, Uwe, Grenzüberschreitende elektronische Geschäfte, in: Recht und Internet, S. 31-57, Gerhard Hohloch (Hrsg.), Baden-Baden 2001 (zitiert: Blaurock – elektronische Geschäfte)

Blum, Felix, Das UNICITRAL-Modellgesetz zu elektronischen Signaturen, in: K&R 2000, S. 63-71 (zitiert: Blum in: K&R 2000)

Bodewig, Theo, Die neue europäische Richtlinie zum Fernabsatz, in: DZWir 1997, S. 447-455 (zitiert: Bodewig in: DZWir 1997)

Boehme-Neßler, Volker, CyberLaw – Lehrbuch zum Internet-Recht, München 2001 (zitiert: Boehme-Neßler – CyberLaw)

Bogdan, Michael, Cross-Border Transactions on the Internet, in: Recht und Internet, S. 59-69, Gerhard Hohloch (Hrsg.), Baden-Baden 2001 (zitiert: Bogdan – Internettransactions)

Borges, Georg, Verbraucherschutz beim Internet-Shopping, in: ZiP 1999, S. 130-136 (zitiert: Borges in: ZiP 1999)

ders., Weltweite Geschäfte per Internet und deutscher Verbraucherschutz, in: ZiP 1999, S. 565-573 (zitiert: Borges in: ZiP 1999)

Borsum, Wolfgang / **Hoffmeister**, Uwe, Bildschirmtext und Bankgeschäfte, in: BB 1983, S. 1441-1446 (zitiert: Borsum/Hoffmeister in: BB 1983)

Boss, Amelia H., Electronic Commerce and the Symbiotic Relationship Between International and Domestic Laws Reform, in: Tulane Law Review, June, 1998, S. 1931-1984 (zitiert: Boss in: Tul. L. Rev. 1998)

Boyd, Brook, E-Sign Laws Could Make You Vulnerable, in: New York Law Journal, October 17, 2000, S. 1 (zitiert: Boyd in: NY L.J. 2000)

Brauner, Karl-Ernst, Das Erklärungsrisiko beim Einsatz von elektronischen Datenverarbeitungsanlagen, Bielefeld, Universität, Dissertation 1986 (zitiert: Brauner – Erklärungsrisiko)

Brehm, Wolfgang, Allgemeiner Teil des BGB, 3., überarbeitete Auflage, Stuttgart, München, Hannover, Berlin, Weimar, Dresden 1997 (zitiert: Brehm – BGB AT)

Brehmer, Nikolaus, Willenserklärung und Erklärungsbewußtsein – BGHZ 91, 324, in: JuS 1986, S. 440-445 (zitiert: Brehmer in: JuS 1986)

Brinkmann, Franz-Josef, Der Zugang von Willenserklärungen, Münster, Universität, Dissertation 1984 (zitiert: Brinkmann – Willenserklärungen)

Brisch, Klaus M., Gemeinsame Rahmenbedingungen für elektronische Signaturen – Richtlinienvorschlag der Europäischen Kommission, in: CR 1998, S. 492-499 (zitiert: Brisch in: CR 1998)

Bröcker, Norbert, Funktion und Begründung des abstrakten Schuldversprechens bei Giroüberweisung, Kreditkartengeschäft und POS-System, in: WM 1995, S. 468-479 (zitiert: Bröcker in: WM 1995)

Bröhl, Georg M., EGG – Gesetz über rechtliche Rahmenbedingungen des elektronischen Geschäftsverkehrs – Erläuterungen zum Referentenentwurf, in: MMR 2001, S. 67-71 (zitiert: Bröhl in: MMR 2001)

Brox, Hans, Allgemeiner Teil des BGB, 22., neubearbeitete Auflage, Köln, Berlin, Bonn, München 1998 (zitiert: Brox – BGB AT)

Burgard, Ulrich, Das Wirksamwerden empfangsbedürftiger Willenserklärungen im Zeitalter moderner Telekommunikation, in: AcP 195 (1995), S. 74-136 (zitiert: Burgard in: AcP 1995)

Calamari, John D. / **Perillo**, Joseph M., The Law of Contracts, 4. Auflage, St. Paul, Minn. 1998 (zitiert: Calamari/Perillo – Contracts)

Canaris, Claus-Wilhelm, Die Vertrauenshaftung im deutschen Privatrecht, München 1971 (zitiert: Canaris – Vertrauenshaftung)

ders., Bankvertragsrecht, 3., neubearbeitete und erweiterte Auflage, Berlin, New York 1988 (zitiert: Canaris – Bankvertragsrecht)

Carstens, David W., Contracts Have a New Look Thanks to E-Signature Act, in: Texas Lawyer, July 31, 2000, S. 54 (zitiert: Carstens in: Tex. Law. 2000)

Cichon, Caroline, Internetverträge – Verträge über Internet-Leistungen und Ecommerce, München 1999 (zitiert: Cichon – Internetverträge)

Clarkson, Kenneth W. / **Cross**, Frank B. / **Jentz**, Gaylord A. / **Miller**, Roger LeRoy, West's Business Law – Text, Cases, Legal, Ethical, International, and E-Commerce Environment, 8. Auflage, 2001 (zitiert: Clarkson u.a. – West's Business Law)

Clemens, Rudolf, Die elektronische Willenserklärung – Chancen und Gefahren, in: NJW 1985, S. 1998-2005 (zitiert: Clemens in: NJW 1985)

Closen, Michael L. / **Dixon**, G. Grant, Notaries Public from the Time of the Roman Empire to the United States Today and Tomorrow, in: 68 North Dakota Law Review 1992, S. 873-885 (zitiert: Closen/Dixon in: 68 N.D. L. Rev. 1992)

Closen, Michael L. / **Richards**, R. Jason, Notaries Public – Lost in Cyberspace, or Key Business Professionals of the Future?, in: 15 John Marshall Journal of Computer & Information Law 1997, S. 703-724 (zitiert: Closen/Richards in: 15 J. Marshall J. of Computer & Info. L. 1997)

Closen, Michael L., The Public Official Role of the Notary, in: 31 John Marshall Law Review 1998, S. 651-661 (zitiert: Closen in: 31 J. Marshall L. Rev. 1998)

Coester-Waltjen, Dagmar, Das Wirksamwerden empfangsbedürftiger verkörperter Willenserklärungen, in: Jura 1992, S. 272-274 (zitiert: Coester-Waltjen in: Jura 1992)

Corbin, Arthur Linton, Corbin on Contracts, Volume 1 (§§ 1.1-4.14.), revised edition by Joseph M. Perillo, St. Paul, Minn. 1933 (zitiert: Corbin on Contracts)

Cordes, Alexandra, Form und Zugang von Willenserklärungen im Internet im deutschen und US-amerikanischen Recht, Münster 2000 (zitiert: Cordes – Willenserklärungen im Internet)

Crocker, Thomas E., The E-Sign Act: The First Year, in: E-Commerce Law Report, December 2001/January 2002, S. 22 (zitiert: Crocker in: E-Commerce L. Rep.)

Dästner, Christian, Neue Formvorschriften im Prozessrecht, in: NJW 2001, S. 3469-3471 (zitiert: Dästner in: NJW 2001)

Davies, Lars, Contract Formation on the Internet – Shattering a few Myths, in: Edwards, Lilian & Waelde, Charlotte, Law and the Internet – Regulating Cyberspace, Oxford 1997 (zitiert: Davies – Internet Contracts)

Deeg, Ernst, EDIFACT – Eine Herausforderung für die Kreditinstitute, in: CR 1990, S. 739-744 (zitiert: Deeg in: CR 1990)

Deville, Rainer / **Kalthegener**, Regina, Wege zum Handelsverkehr mit elektronischer Unterschrift, in: NJW-CoR – Recht der Computerpraxis 1997, S. 168-172 (zitiert: Deville/Kalthegener in: CoR 1997)

Dobbertin, Hans, Digitale Fingerabdrücke – Sichere Hashfunktionen für digitale Signaturen, in: Datenschutz und Datensicherung (DuD) 1997, S. 82-87 (zitiert: Dobbertin in: DuD 1997)

Dörner, Heinrich / **Staudinger**, Ansgar, Schuldrechtsmodernisierung – Systematische Einführung und synoptische Gesamtdarstellung, Baden-Baden 2002 (zitiert: Dörner/Staudinger – Schuldrechtsmodernisierung)

Drexl, Josef, Verbraucherschutz im Internet, in: Rechtsgeschäfte im Netz – Electronic Commerce, S. 75-103, von Michael Lehmann (Hrsg.), Stuttgart 1999 (zitiert: Drexl – Verbraucherschutz)

Ehlers, Dirk / **Pünder**, Wolfgang (Hrsg.), Rechtsfragen des Electronic Commerce, Köln 2001 (zitiert: Ehlers/Pünder – E-Commerce)

Eichhorn, Bert, Internet-Recht – Ein Lehrbuch für das Recht im World Wide Web, Köln 2000 (zitiert: Eichhorn – Internet-Recht)

Eifert, Martina / **Schreiber**, Lutz, Elektronische Signatur und der Zugang zur Verwaltung – Die Folgen der EU-Signaturrichtlinie für das Verwaltungsrecht und die Verwaltungspraxis, in: MMR 2000, S. 340-346 (zitiert: Eifert/Schreiber in: MMR 2000)

Eisenhardt, Ulrich, Zum subjektiven Tatbestand der Willenserklärung, in: JZ 1986, S. 875-881 (zitiert: Eisenhardt in: JZ 1986)

ders., Allgemeiner Teil des BGB, 4., neubearbeitete Auflage, Heidelberg 1997 (zitiert: Eisenhardt –BGB AT)

Elliott, Karla J., The Notarial Seal – The Last Vestige of Notaries Past, in: 31 John Marshall Law Review 1998, S. 903 (zitiert: Elliott in: 31 J. Marshall L. Rev. 1998)

Elsing, Siegfried H., US-amerikanisches Handels- und Wirtschaftsrecht, Heidelberg 1985 (zitiert: Elsing – US-Recht)

Elzer, Oliver / **Jacoby**, Florian, Durch Fax übermittelte Willenserklärungen und Prozesshandlungen, in: ZiP 1997 S. 1821-1830 (zitiert: Elzer/Jacoby in: ZiP 1997)

Engel-Flechsig, Stefan / **Maennel**, Frithjof A. / **Tettenborn**, Alexander (Hrsg.), Beck'scher IuKDG-Kommentar, München 2001 (zitiert: Beck IuKDG-Komm – Bearbeiter)

Enneccerus, Ludwig, Rechtsgeschäft, Bedingung und Anfangstermin, Marburg 1888 (zitiert: Enneccerus – Rechtsgeschäft)

ders., Lehrbuch des bürgerlichen Rechts, begründet von Ludwig Enneccerus, Theodor Kipp und Martin Wolff, 13. Auflage, 1931, weitergeführt von H.C. Nipperdey (zitiert: Enneccerus/Nipperdey)

Erber-Faller, Sigrun, Die Europäische Union und der elektronische Rechtsverkehr, in: Elektronischer Rechtsverkehr, S. 103-119, Sigrun Erber-Faller (Hrsg.), Neuwied 2001 (zitiert: Erber-Faller – Elektronischer Rechtsverkehr)

Erman, Walter, Handkommentar zum Bürgerlichen Gesetzbuch, 1. Band §§ 1-856 BGB, 9., neubearbeitete Auflage, Münster 1993 (zitiert: Bearbeiter in: Erman)

Ernst, Stefan, Wirtschaftsrecht im Internet, in: BB 1997, S. 1057-1062 (zitiert: Ernst in: BB 1997)

ders., Der Mausklick als Rechtsproblem – Willenserklärungen im Internet, in: NJW-CoR – Recht der Computerpraxis 1997, S. 165-167 (zitiert: Ernst in: CoR 1997)

Fangmann, Helmut, Rechtliche Konsequenzen des Einsatzes von ISDN, Opladen 1993 (zitiert: Fangmann – ISDN)

Farnsworth, E. Allen, Cases and Materials on Contracts, 3rd ed., Mineola, N.Y. 1980 (zitiert: Farnsworth on Contracts)

Fasciano, Paul, Internet Electronic Mail: A Last Bastion for the Mailbox Rule, in: 25 Hofstra Law Review 1997, S. 971 (zitiert: Fasciano in: 25 Hofstra L. Rev. 1997)

Fischer, Gerfried, Die Blanketterklärung: eine typologische Untersuchung, Dissertation Göttingen, 1973 (zitiert: Fischer – Blanketterklärung)

Fischer, Nikolaj, Das verbraucherschützende Widerrufsrecht und die Schuldrechtsreform – Von § 361a BGB zu § 355 BGB – eine kritische Bestandsaufnahme, in: DB 2002, S. 253-258 (zitiert: Fischer in: DB 2002)

Flume, Werner, Allgemeiner Teil des Bürgerlichen Rechts, Zweiter Band – Das Rechtsgeschäft, 3., ergänzte Auflage, Berlin, Heidelberg, New York 1979 (zitiert: Flume – Rechtsgeschäft)

Först, Klaus, Blanko unterschriebene Vertragsurkunden im deutschen und englischen Recht: eine rechtsvergleichende Untersuchung, Kiel, Universität, Dissertation 1987 (zitiert: Först – Blanketterklärung)

Freytag, Stefan, EU-Kommission: Richtlinienentwurf zum Electronic Commerce, in: MMR 1998, H 12 S.V-VII (zitiert: Freytag in: MMR 1998)

Friedmann, Stefan, Bildschirmtext und Rechtsgeschäftslehre, Köln 1986 (zitiert: Friedmann – BTX)

Fringuelli, Pietro / **Wallhäuser**, Matthias, Formerfordernisse beim Vertragsschluß im Internet, in: CR 1999, S. 93-101 (zitiert: Fringuelli/Wallhäuser in: CR 1999)

Fritzemeyer, Wolfgang / **Heun**, Sven-Erik, Rechtsfragen des EDI, in: CR 1992, S. 198-203 (zitiert: Fritzemeyer/Heun in: CR 1992)

Fritzsche, Jörg / **Malzer**, Hans Michael, Ausgewählte zivilrechtliche Probleme elektronisch signierter Willenserklärungen, in: DNotZ 1995, S. 3-25 (zitiert: Fritsche/Malzer in: DNotZ 1995)

Froomkin, A. Michael, Innovation and the Information Environment: The Essential Role of Trusted Third Parties in Electronic Commerce, in: Oregon Law Review, Spring, 1996, S. 49-115 (zitiert: Froomkin in: Or. L. Rev. 1996)

Geis, Ivo, Die digitale Signatur, in: NJW 1997, S. 3000-3004 (zitiert: Geis in: NJW 1997)

ders., Die elektronische Signatur: Eine internationale Architektur der Identifizierung im E-Commerce, in: MMR 2000, S. 667-674 (zitiert: Geis in: MMR 2000)

Gimmy, Marc André, Vertragsschluß im Internet, in: Handbuch zum Internetrecht, S. 65-93, von Detlef Kröger und Marc A. Gimmy (Hrsg.) (zitiert: Gimmy – Internet)

Goebel, Jürgen W., Recht der digitalen Signatur, in: Neues Recht für Neue Medien, S. 265-276, Michael Bartsch und Bernd Lutterbeck (Hrsg.), Köln 1998 (zitiert: Goebel – Digitale Signatur)

Gößmann, Christine, Electronic Commerce – Die EU-Fernabsatzrichtlinie und ihre Auswirkungen auf den Handel über neue Medien, in: MMR 1998, S. 88-91 (zitiert: Gößmann in: MMR 1998)

Gravesen, Gavan G. / **Dumortier**, Jos / **Van Eecke**, Patrick, Die europäische Signaturrichtlinie – Regulative Funktion und Bedeutung der Rechtswirkung, in: MMR 1999, S. 577-585 (zitiert: Gravesen/Dumortier/Van Eecke in: MMR 1999)

Gray, Megan E. / **Ross**, Brian A., Drafting Stronger Clickwrap Agreements, in: Internet Newsletter, September 2001, S. 1 (zitiert: Gray/Ross in: Internet Newsl. 2001)

Grigoleit, Hans Christoph, Rechtsfolgenspezifische Analyse "besonderer" Informationspflichten am Beispiel der Reformpläne für den E-Commerce, in: WM 2001, S. 597-604 (zitiert: Grigoleit in: WM 2001)

Gripman, David L., Electronic Document Certification: A Primer on the Technology Behind Digital Signatures, in: 17 The John Marshall Journal of Computer & Information Law, S. 769 (1999) (zitiert: Gripman in: J. Marshall J. Computer & Info. L. 1999)

Grossman, Mark, E-Commerce game finally gets set of rules, in: Palm Beach Daily Business Review, June 27, 2000, S. A1 (zitiert: Grossman in: Palm Beach Daily Bus.R. 2000)

Gruber, Joachim, Vertragsschluß im Internet unter kollisionsrechtlichen Aspekten, in: Der Betrieb 1999, S. 1437-1442 (zitiert: Gruber in: DB 1999)

Hahn, Anne-Catherine, Vertragsschluß im Internet: Ausgewählte Fragen, in: Rechtsfragen der Informationsgesellschaft, S. 146-166, von Thomas Hoeren und Robert Queck (Hrsg.) (zitiert: Hahn – Internetverträge)

Hammen, Horst, Die Bedeutung Friedrich Carl v. Savignys für die allgemeinen dogmatischen Grundlagen des Deutschen Bürgerlichen Gesetzbuches, Berlin 1983 (zitiert: Hammen – Savigny)

Hance, Oliver, Internet-Business & Internet-Recht, Brüssel 1996 (zitiert: Hance – Internet-Recht)

Hansen, Hans Robert, Wirtschaftsinformatik, Bd.1: Grundlagen betrieblicher Informationsverarbeitung, 7. Auflage, Stuttgart 1996 (zitiert: Hansen – Informationsverarbeitung)

Härting, Niko, Internet Recht, Köln 1999 (zitiert: Härting – Internet Recht)

ders., Fernabsatzgesetz: Kurzkommentar, Köln 2000 (zitiert: Härting – Fernabsatzgesetz)

ders., Der dauerhafte Datenträger, in: K&R 2001, S. 310-313 (zitiert: Härting in: K&R 2001)

ders., Niko, Fernabsatz – Änderungen durch das Schuldrechtsmodernisierungsgesetz, in: MDR 2002, S. 61-66 (zitiert: Härting in: MDR 2002)

Hartung, Stephanie G. / **Hartmann**, Alexander, „Wer bietet mehr?“ – Rechtssicherheit des Vertragsschlusses bei Internetauktionen, in: MMR 2001, S. 278-286 (zitiert: Hartung/Hartmann in: MMR 2001)

Hassemer, Michael, Elektronischer Geschäftsverkehr im Regierungsentwurf zum Schuldrechtsmodernisierungsgesetz, in: MMR 2001, S. 635-640 (zitiert: Hassemer in: MMR 2001)

Hays, Michael J., The E-Sign Act Of 2000 : The Triumph Of Function Over Form In American Contract Law, in: Notre Dame Law Review 2001, S. 1183-1213 (zitiert: Hays in: 76 Notre Dame L. Rev.)

Herchenbach, Judith, Datenschutz und digitale Signaturen, in: K&R 2000, S. 235-238 (zitiert: Herchenbach in: K&R 2000)

Hergert, Harald von / **Reimer**, Mathias, Rechtsformen und Inhalte von Verträgen im Online-Bereich, in: DStR 1996, S. 1288-1294 (zitiert: Hergert/Reimer in: DStR 1996)

Heun, Sven-Erik, Die elektronische Willenserklärung, in: CR 1994, S. 595-600 (zitiert: Heun in: CR 1994)

ders., Elektronisch erstellte oder übermittelte Dokumente und Schriftform, in: CR 1995, S. 2-7 (zitiert: Heun in: CR 1995)

Hillis, Bradley J., Federal and State Electronic Signature Law in the Unitede States: From the E-Sign Act to Click-Wrap: A Legal Guide to the Creation of Binding Transactions in Electronic Commerce, in: The Law Library 2001 – New Trends and Technologies, New York 2001 (zitiert: Hillis – Electronic Signatures)

Hoeren, Thomas, Beweisklauseln in EDI-Vereinbarungen, in: CR 1995, S. 513-518 (zitiert: Hoeren in: CR 1995)

ders., Das Internet für Juristen – eine Einführung, in: NJW 1995, S. 3295-3298 (zitiert: Hoeren in: NJW 1995)

ders., Vorschlag für eine EU-Richtlinie über E-Commerce – Eine erste kritische Analyse, in: MMR 1999, S. 192-199 (zitiert: Hoeren in: MMR 1999)

ders., Der virtuelle Yeti – Probleme eines europäischen Internet-Verbraucherschutzrechts, in: Rechtsfragen des Electronic Commerce, S. 7-27, Dirk Ehlers u.a. (Hrsg.), Münster 2001 (zitiert: Hoeren in: Rechtsfragen des E-Commerce)

ders., Internetrecht, Januar 2002, abrufbar unter: http://www.uni-muenster.de/jura.itm/hoeren (zitiert: Hoeren – Internetrecht)

ders., E-Business und die Rezession: Was wird vom elektronischen Handel bleiben?, in: NJW 2002, S. 37 (zitiert: Hoeren in: NJW 2002)

Hoeren, Thomas / **Sieber**, Ulrich, Handbuch Multimedia-Recht: Rechtsfragen des elektronischen Geschäftsverkehrs, Grundwerk 1999, München 1999 (zitiert: Verfasser in: Hoeren/Sieber Handbuch Multimedia-Recht)

Hohenegg, Christoph / **Tauschek**, Stefan, Rechtliche Problematik digitaler Signaturverfahren, in: BB 1997, S. 1541-1548 (zitiert: Hohenegg/Tauschek in: BB 1997)

Holznagel, Bernd / **Krahn**, Christoph / **Werthmann**, Christoph, Electronic Government auf kommunaler Ebene – Die Zulässigkeit von Transaktionsdiensten im Internet, in: Deutsches Verwaltungsblatt 1999 (DVBl.), S. 1477-1487 (zitiert: Holznagel/Krahn/Werthmann in: DVBl. 1999)

Horning, Richard Allan, Has Hal Signed a Contract: The Statute of Frauds in Cyberspace, in: Santa Clara Computer and High Technology Law Journal, August, 1996, S. 253-299 (zitiert: Horning in: Santa Clara Computer & High Tech. L.J. 1996)

Hübner, Heinz, Allgemeiner Teil des Bürgerlichen Gesetzbuches, 2., neubearbeitete Auflage, Berlin, New York 1996 (zitiert: Hübner – BGB AT)

Jäger, Michelle / **Kussel**, Stephanie, Der Beweiswert digital signierter Dokumente, in: Rechtsfragen der digitalen Signatur – Eine Einführung in Recht und Praxis der Zertifizierungsstellen, Thomas Hoeren, Martin Schüngel (Hrsg.), Berlin 1999, S. 241-289 (zitiert: Jäger/Kussel – digitale Signatur)

Jauernig, Othmar (Hrsg.), Bürgerliches Gesetzbuch, 9., neubearbeitete Auflage, München 1999 (zitiert: Bearbeiter in: Jauernig)

Junker, Abbo / **Benecke**, Martina, Computerrecht, 2. Auflage, Baden-Baden, 2000 (zitiert: Junker/Benecke – Computerrecht)

Kaiser, Andreas / **Voigt**, Dennis, Vertragsschluß und Abwicklung des Electronic Commerce im Internet – Chancen und Risiken, in: K&R 1999, S. 445-453 (zitiert: Kaiser/Voigt in: K&R 1999)

Kamanabrou, Sudabeh, Vorgaben der E-Commerce-RL für die Einbeziehung von AGB bei Online-Rechtsgeschäften, in: CR 2001, S. 421-425 (zitiert: Kamanabrou in: CR 2001)

Kania, Edward D., The ABA's Digital Signature Guidelines: An Imperfect Solution to Digital Signatures on the Internet, in: CommLaw Conspectus, Summer, 1999, S. 297-313 (zitiert: Kania in CommLaw Conspectus 1999)

Kaplan, Robins, E-Signature In The New Economy Why No One Should Throw Away Their Pens Just Yet, in: The Metropolitan Corporate Counsel, September, 2000, Northeast Edition, S. 22 (zitiert: Kaplan in: Metropolitan Corp. Couns. 2000)

Karenfort, Jörg / **Weißgerber**, Arnd, Lauterkeit des Wirtschaftsverkehrs in Gefahr?, in: MMR Beilage 2000, Nr. 7, S. 38-42 (zitiert: Karenfort/Weißgerber, in: MMR Beilage 2000, Nr. 7)

Kellmann, Christof, Grundprobleme der Willenserklärung, in: JuS 1971, S. 609-617 (zitiert: Kellmann in: JuS 1971)

Kidd, Donnie L. Jr. / **Daughtrey**, Williams H. Jr., Adapting Contract Law to Accommodate Electronic Contracts: Overview and Suggestions, in: Rutgers Computer and Technology Law Journal, 2000, S. 215-276 (zitiert: Kidd/ Daughtrey in: Rutgers Computer & Tech. L.J. 2000)

Kilian, Wolfgang, Zweck und Inhalt des deutschen EDI-Rahmenvertrages, in: CR 1994, S. 657-660 (zitiert: Kilian in: CR 1994)

ders., Electronic Commerce – Der Abschluß von Verträgen im Internet, in: Electronic Commerce – Der Abschluß von Verträgen im Internet, S. 9-36, Weyers, Hans-Leo (Hrsg.), Baden-Baden 2001 (zitiert: Kilian – Electronic Commerce)

Klunzinger, Eugen, Einführung in das Bürgerliche Recht, 8., überarbeitete Auflage, München 1998 (zitiert: Klunzinger – BGB)

Koch, Frank A., Kollisionsrecht und Electronic Commerce, in: Neues Recht für Neue Medien, S. 83-97, Michael Bartsch und Bernd Lutterbeck (Hrsg.), Köln 1998 (zitiert: Koch – Electronic Commerce)

ders., Internet-Recht, München, Wien 1998 (zitiert: Koch – Internet Recht)

Koch, Robert, Einbeziehung und Abwehr von Verkaufs-AGB im b2b-commerce, in: K&R 2001, S. 87-91 (zitiert: Koch in: K&R 2001)

Koehler, Philipp, Allgemeine Geschäftsbedingungen im Internet, in: MMR 1998, S. 289-294 (zitiert: Koehler in: MMR 1998)

Köhler, Helmut, Die Problematik automatisierter Rechtsvorgänge insbesondere Willenserklärungen, in: AcP 182 (1982), S. 126-171 (zitiert: Köhler in: AcP 182)

ders., Abzahlungskauf und Bildschirmtext, in: CR 1986, S. 621-625 (zitiert: Köhler in: CR 1986)

ders., Die Rechte des Verbrauchers beim Teleshopping (TV-Shopping, Internet-Shopping), in: NJW 1998, S. 185-190 (zitiert: Köhler in: NJW 1998)

Köhler, Helmut, BGB – Allgemeiner Teil, 24., völlig neubearbeitete Auflage, München 1998 (zitiert: Köhler – BGB AT)

Köhler, Markus / **Arndt**, Hans Wolfgang, Recht des Internet, 3., völlig neu bearbeitete und erweiterte Auflage, Heidelberg 2001 (zitiert: Köhler/Arndt – Internet)

Köndgen, Johannes, Selbstbindung ohne Vertrag: zur Haftung aus geschäftsbezogenem Handeln, Tübingen 1981 (zitiert: Köndgen – Haftung)

Kronke, Herbert, Electronic Commerce und Europäisches Verbrauchervertrags-IPR, in: RIW 1996, S. 985-993 (zitiert: Kronke in: RIW 1996)

Kuhn, Matthias, Rechtshandlungen mittels EDV und Telekommunikation, Zurechenbarkeit und Haftung, Regensburg, Universität 1990 (Dissertation) (zitiert: Kuhn – EDV)

Kühn, Ulrich, Technische Grundlagen digitaler Signaturverfahren,in: Rechtsfragen der digitalen Signatur – Eine Einführung in Recht und Praxis der Zertifizierungsstellen, Thomas Hoeren, Martin Schüngel (Hrsg.), Berlin 1999, S. 65-91 (zitiert: Kühn – digitale Signaturverfahren)

Landfermann, Hans-Georg, Der Richtlinienvorschlag „Elektronischer Geschäftsverkehr" – Ziele und Probleme, in: ZUM 1999, S. 795-802 (zitiert: Landfermann in: ZUM 1999)

Lapp, Thomas, Änderung des BGB und anderer Gesetze – Textform – Stellungnahme zum Gesetzesentwurf BMJ, abzurufen unter: http://www.dr-lapp.mannheim.net/textf..htm (zitiert: Lapp – Textform)

Larenz, Karl, Die Methode der Auslegung des Rechtsgeschäfts, Leipzig 1930 (zitiert: Larenz – Rechtsgeschäft)

Larenz, Karl / **Canaris**, Claus-Wilhelm, Methodenlehre der Rechtswissenschaft, 3., neubearbeitete Auflage, Berlin 1995 (zitiert: Larenz/Canaris – Methodenlehre)

Larenz, Karl / **Wolf**, Manfred, Allgemeiner Teil des Bürgerlichen Rechts, 8., neubearbeitete und erweiterte Auflage, München 1997 (zitiert: Larenz/Wolf – BGB AT)

Lehmann, Michael, Rechtsgeschäfte und Verantwortlichkeit im Netz – Der Richtlinienvorschlag der EU-Kommission, in: ZUM 1999, S. 180-184 (zitiert: Lehmann in: ZUM 1999)

Lindholm, Pia / **Maennel**, Frithjof A., Directive on Electronic Commerce (2000/31/EC), in: CRi 2000, S. 65-69 (zitiert: Lindholm/Maennel in: CRi 2000)

Liu, Cricket / **Peek**, Jerry, Internet-Server: Einrichten und Verwalten; NE: Russ Jones, Bryan Buus, Adrian Nye; Bonn 1995 (zitiert: Liu/Peek – Internet-Server)

Llewellyn, Karl, Our Case-Law of Contract: Offer and Acceptance (pt.2), in: 48 Yale Law Journal 1939, S. 779-800 (zitiert: Llewellyn in: 48 Yale L.J. 1939)

Lloyd, Ian, Legal Barriers to Electronic Contracts: Formal Requirements and Digital Signatures, S. 137 in: Edwards, Lilian & Waelde, Charlotte, Law and the Internet – Regulating Cyberspace, Oxford 1997 (zitiert: Lloyd – Electronic Contracts)

Loewenheim, Ulrich / Koch, Frank, Alexander, Praxis des Online-Rechts, Weinheim 1998 (zitiert: Loewenheim/Koch – Online-Recht)

Loock-Wagner, Oliver, Das Internet und sein Recht – Ein problemorientierter Grundriss, Stuttgart 2000 (zitiert: Loock-Wagner – Internet)

Lubitz, Markus, Electronic Contracts: A view across the Channel – The English Perspective, in: K&R 2001, S. 96-103 (zitiert: Lubitz – Electronic Contracts)

Lüdemann, Volker / **Adams**, Nils, Die elektronische Signatur in der Rechtspraxis, in: K&R 2002, S. 8-12 (zitiert: Lüdemann/Adams in: K&R 2002)

Lui-Kwan, Kalama M., Recent Developments in Digital Signature Legislation and Electronic Commerce, in: 14 Berkeley Technology Law Journal, S. 463-481 (1999) (zitiert: Lui-Kwan in: Berkeley Tech. L.J. 1999)

Lupton, W. Everett, The Digital Signature: Your Identity by the Numbers, in: 6 Richmond Journal of Law & Technology, S. 10-30 (1999) (zitiert: Lupton in: Rich. J.L. & Tech. 1999)

Lux, Harald, Der Internet-Markt in Deutschland, Provider und Dienstleister, 1. Auflage, Heidelberg 1995 (zitiert: Lux – Internet)

Macqueen, Hector L., Software Transactions and Contract Law, S. 121, in: Edwards, Lilian & Waelde, Charlotte, Law and the Internet – Regulating Cyberspace, Oxford 1997 (zitiert: Macqueen – Software Transactions)

Maennel, Frithjof A., Elektronischer Geschäftsverkehr ohne Grenzen – der Richtlinienvorschlag der Europäischen Kommission, in: MMR 1999, S. 187-192 (zitiert: Maennel in: MMR 1999)

ders., Die E-Commerce Richtlinie der Europäischen Gemeinschaft, in: Rechtsfragen des Electronic Commerce, S. 29-55, Dirk Ehlers u.a. (Hrsg.), Münster 2001 (zitiert: Maennel in: Rechtsfragen des E-Commerce)

Maier, Gunther / **Wildberger**, Andreas, In 8 Sekunden um die Welt: Kommunikation und das Internet, 4. Auflage, Bonn, Paris [u.a.] 1995 (zitiert: Maier/Wildberger - Internetkommunikation)

Malzer, Hans Michael, Zivilrechtliche Form und prozessuale Qualität der digitalen Signatur nach dem Signaturgesetz, in: DNotZ 1998, S. 96-121 (zitiert: Malzer in: DNotZ 1998)

Manigk, Alfred, Das rechtswirksame Verhalten, Berlin 1939 (zitiert: Manigk)

Mankowski, Peter, Das Internet im Internationalen Vertrags- und Deliktsrecht, in: RabelsZ 1999, S. 203-294 (zitiert: Mankowski in: RabelsZ 1999)

ders., Fernabsatzrecht: Information über das Widerrufsrecht und Widerrufsbelehrung bei Internetauftritten, in: CR 2001, S. 767-775 (zitiert: Mankowski in: CR 2001)

Mayer, Franz C., Recht und Cyberspace, in: NJW 1996, S. 1783-1791 (zitiert: Mayer in: NJW 1996)

Martinek, Michael, Verbraucherschutz im Fernabsatz – Lesehilfe mit Merkpunkten zur neuen EU-Richtlinie, in: NJW 1998, S. 207-208 (zitiert: Martinek in NJW 1998)

Markoff, John, Warning From Microsoft on False Digital Signatures, abrufbar unter: N.Y. Times on the Web, March 23, 2001, http://www.nytimes.com (zitiert: Markoff)

McCormick, Charles Tilford, McCormick on Evidence, 5th ed., St. Paul, Minn. 1999 (zitiert: McCormick on Evidence)

Medicus, Dieter, Allgemeiner Teil des BGB – Ein Lehrbuch, 6., neubearbeitete Auflage, Heidelberg 1994 (zitiert: Medicus – BGB AT)

Meents, Jan Geert, Ausgewählte Probleme des Fernabsatzgesetzes bei Rechtsgeschäften im Internet, in: CR 2000, S. 610-614 (zitiert: Meents in: CR 2000)

Mehrings, Josef, Vertragsabschluß im Internet – Eine neue Herausforderung für das „alte“ BGB, in: MMR 1998, S. 30-33 (zitiert: Mehrings in: MMR 1998)

Melullis, Klaus-J., Zum Regelungsbedarf bei der elektronischen Willenserklärung, in: MDR 1994, S. 109-114 (zitiert: Melullis in: MDR 1994)

Merkel, Ruth, Verbraucherschutz im Internet, in: Rechtsfragen der Informationsgesellschaft, S. 167-174, von Thomas Hoeren und Robert Queck (Hrsg.) (zitiert: Merkel – Verbraucherschutz)

Merrill, Charles R. / **Burger**, Robert J., E-Quality at Last for E-Signatures Statutory changes afoot may finally release e-commerce from the bonds of ink and paper, in: New Jersey Law Journal, August 21, 2000 (zitiert: Merrill/Burger in: New Jersey L.J. 2000)

Mertens, Peter, Industrielle Datenverarbeitung, Band 1: Administrations- und Dispositionssysteme, 7. Auflage, Wiesbaden 1988 (zitiert: Mertens – Administrations- und Dispositionssysteme)

Meub, Michael H., Fernabsatzgesetz und E-Commerce nach neuem Recht, in : DB 2002, S. 359-363 (zitiert: Meub in: DB 2002)

Miedbrodt, Anja, Signaturregulierung im Rechtsvergleich – Ein Vergleich der Regulierungskonzepte in Deutschland, Europa und in den Vereinigten Staaten von Amerika, Baden-Baden 2000 (zugl. Frankfurt a.M., Univ., Diss., 2000) (zitiert: Miedbrodt – Signaturregulierung)

Miedbrodt, Anja / **Mayer**, Patrick, E-Commerce – Digitale Signaturen in der Praxis, in: MDR 2001, S. 432-436 (zitiert: Miedbrodt/Mayer in: MDR 2001)

Millstein, Julian S. / **Neuburger**, Jeffrey D. / **Weingart**, Jeffrey P., Doing Business on the Internet: Forms and Analysis, 2001 (zitiert: Millstein u.a. – Internetbusiness)

Modisett, Jeffrey A. / **Lott**, Cindy M., Cyberlaw and E-Commerce: A State Attorney General's Perspective, in: Northwestern University Law Review, Winter, 2000, S. 643-655 (zitiert: Modisett/Lott in: NW. U. L. Rev. 2000)

Moritz, Hans-Werner, Quo vadis elektronischer Geschäftsverkehr?, in: CR 2000, S. 61-72 (zitiert: Moritz in: CR 2000)

Moritz, Hans-Werner / **Dreier**, Thomas (Hrsg.), Rechts-Handbuch zum E-Commerce, Köln 2002 (zitiert: Bearbeiter in: Moritz/Dreier)

Möschel, Wernhard, Dogmatische Strukturen des bargeldlosen Zahlungsverkehrs, in: AcP 186 (1986), S. 187-236 (zitiert: Möschel in: AcP 186)

Movius, David T., Bernstein v. United States Department of State: Encryption, Justiciability, and the First Amendment, in: 49 Administrative Law Review 1997, S. 1051 (zitiert: Movius in: Admin. L. Rev. 1997)

Mugdan, Benno, Die gesammelten Materialien zum Bürgerlichen Gesetzbuch für das Deutsche Reich, Berlin 1899 (zitiert: Mugdan – Motive zum BGB)

Müglich, Andreas, Neue Formvorschriften für den E-Commerce – Zur Umsetzung der EU-Signaturrichtlinie in deutsches Recht, in: MMR 2000, S. 7-13 (zitiert: Müglich in: MMR 2000)

Müglich, Andreas / Simon, Martina, Datenaustausch im elektronischen Zahlungsverkehr per UN/EDIFACT, in: K&R 2000, S. 282-288 (zitiert: Müglich/Simon in: K&R 2000)

Münchener Kommentar zum Bürgerlichen Gesetzbuch, Band 1 – Allgemeiner Teil (§§ 1-240), 3. Auflage, München 1993; Band 2 – Schuldrecht Allgemeiner Teil (§§ 241-432, FernAbsG), 4. Auflage, München 2001 (zitiert: Bearbeiter in: MüKo)

Murray, John Edward, Murray on Contracts, 3rd ed., Charlottesville, VA., 1990 (zitiert: Murray on Contracts)

Musielak, Hans-Joachim, Grundkurs BGB, 6., neubearbeitete Auflage, München 1999 (zitiert: Musielak – Grundkurs BGB)

Nickels, Sven, Der elektronische Geschäftsverkehr und das Herkunftslandprinzip, in: Der Betrieb 2001, S. 1919-1923 (zitiert: Nickels in: Der Betrieb 2001)

Nimmer, Raymond T., Principles of Contract Law in Electronic Commerce: A United States Law Perspective, in: Electronic Commerce – Der Abschluß von Verträgen im Internet, S. 37-64, Weyers, Hans-Leo (Hrsg.), Baden-Baden 2001 (zitiert: Nimmer – Electronic Commerce)

ders., Electronic Signatures and Records: The New US Perspective, in: The Computer & Internet Lawyer 2000, Vol. 17, No. 12, S. 8 (zitiert: Nimmer in: The Computer & Internet Lawyer 2000)

ders., Electronic Signatures and Records: The New U.S. Perspective, S. 708-739 in: Raymond T. Nimmer, Understanding Electronic Contracting - UCITA, E-Signature, Federal, State and Foreign Regulations, 2001 (zitiert: Nimmer – Electronic Signatures and Records)

Nissel, Reinhard, Neue Formvorschriften bei Rechtsgeschäften – Elektronische Form und Textform im Privatrechtsverkehr, Köln 2001 (zitiert: Nissel – Formvorschriften)

Novak, Barbara, Doing Business Online, in: Oregon State Bar Bulletin, December 2001, S. 39-40 (zitiert: Novak, in: Or. St. B. Bull. 2001)

Nowak, Ulrich, Der elektronische Vertrag – Zustandekommen und Wirksamkeit unter Berücksichtigung des neuen „Formvorschriftenanpassungsgesetzes", in: MDR 2001, S. 841-844 (zitiert: Nowak in: MDR 2001)

Oertel, Klaus, Elektronische Form und notarielle Aufgaben im elektronischen Rechtsverkehr, in: MMR 2001, S. 419-423 (zitiert: Oertel in: MMR 2001)

Overby, A. Brooke, Will Cyberlaw Be Uniform? An Introduction to the UNCITRAL Model Law on Electronic Commerce, in: 7 Tulane Journal of International and Comparative Law 1999, S. 219 (zitiert: Overby in: 7 Tul. J. Int'l & Comp. L. 1999)

Paefgen, ‚Thomas Christian, Forum - Bildschirmtext - Herausforderung zum Wandel der allgemeinen Rechtsgeschäftslehre?, in: JuS 1988, S. 592-598 (zitiert: Paefgen in: JuS 1988)

ders., Bildschirmtext aus zivilrechtlicher Sicht: die elektronische Anbahnung und Abwicklung von Verträgen, Weinheim 1988 (zitiert: Paefgen – Btx)

Palandt, Bürgerliches Gesetzbuch, Beck'sche Kurz-Kommentare, 61., neubearbeitete Auflage, München 2002 (zitiert: Bearbeiter in: Palandt)

Pawlowski, Hans.Martin, Allgemeiner Teil des BGB, 5., neubearbeitete Auflage, Heidelberg 1998 (zitiert: Pawlowski – BGB AT)

Perkins, Nancy L., New Electronic Signature Legislation Validates Online Contracting, in: The Computer & Internet Lawyer, December 2000, Vol.17, No.12, S. 1 (zitiert: Perkins in: The Computer & Internet Lawyer 2000)

Perillo, Joseph M., The Statute of Frauds in the Light of the Functions and Dysfunktions of Form, in: Fordham Law Review 1974, S. 39 (zitiert: Perillo in: Fordham L. Rev. 1974)

Plath, Uwe, Zu den rechtlichen Auswirkungen betrieblicher Rationalisierungsmaßnahmen im Versicherungswesen, Hamburg, Universität, Dissertation 1967 (zitiert: Plath – Versicherungswesen)

Pordesch, Ulrich / **Nissen**, Kai, Fälschungsrisiken elektronisch signierter Dokumente, in: CR 1995, S. 562-569 (zitiert: Pordesch/Nissen in: CR 1995)

Poulle, Yves, Conclude a Contract Through Electronic Agents ?, in: Electronic Commerce – Der Abschluß von Verträgen im Internet, S. 65-84, Weyers, Hans-Leo (Hrsg.), Baden-Baden 2001 (zitiert: Poulle – Electronic Agents)

Precht, Manfred / **Meier**, Nikolaus / **Kleinlein**, Joachim, EDV-Grundwissen, Eine Einführung in Theorie und Praxis der modernen EDV, 4. Auflage, Bonn 1997 (zitiert: Precht/Meier/Kleinlein – EDV)

Price, Pamela N., Designing the Legal Infrastructure for Cyberspace Commerce: How Much Regulation is too Much?, in: Suffolk University Law Review, 1998, S. 303-329 (zitiert: Price in: Suffolk U. L. Rev. 1998)

Radin, Margaret Jane, Humans, Computers, and Binding Commitment, in: Indiana Law Journal, Fall, 2000, S. 1125-1162 (zitiert: Radin in: Ind. L.J. 2000)

Ramlall, Vishva, E-Signature laws address trust, confidence concerns, in: The Lawyers Weekly, November 24, 2000, Vol.20 No.28 (zitiert: Ramlall in: Law. Wkly. 2000)

Raudszus, Frank, Wird das World Wide Web die elektronische Post ablösen?, in: NET 49 (1995), S. 40-41 (zitiert: Raudszus in: NET 1995)

Raysman, Richard / **Brown**, Peter, The Impact of the New Federal E-Sign Act on New York Law, in: New York Law Journal, August 8, 2000, S. 3 (zitiert: Raysman/Brown in: N.Y. L.J. 2000)

Redeker, Helmut, Geschäftsabwicklung mit externen Rechnern im Bildschirmtext, in: NJW 1984, S. 2390-2394 (zitiert: Redeker in: NJW 1984)

ders., EU-Signaturrichtlinie und Umsetzungsbedarf im deutschen Recht, in: CR 2000, S. 455-461 (zitiert: Redeker in: CR 2000)

Reinholz, Fabian, Die neue Signaturgesetzgebung in Deutschland, in: MC 2001, S. 24-27 (zitiert: Reinholz in: MC 2001)

Reisen, Andre / **Mrugalla**, Christian, Digitale Signaturen – Prinzip und Sicherheitsinfrastruktur, in: Elektronischer Rechtsverkehr, S. 43-64, Sigrun Erber-Faller (Hrsg.), Neuwied 2001 (zitiert: Reisen/Mrugalla - Digitale Signaturen)

Rieß, Joachim, Vertrauenswürdige Kommunikation durch digitale Signaturen, in: Informationsrecht 2000 – Perspektiven für das nächste Jahrzehnt, S. 115-128, Alfred Büllesbach und Thomas Heymann (Hrsg.), Köln 2000 (zitiert: Rieß – Digitale Signaturen)

Ring, Gerhard, Wertersatz infolge der Ausübung des Widerrufs- oder Rückgaberechts bei Verbraucherverträgen, in: ZfS Sonderheft 2002, S. 7-9 (zitiert: Ring in: ZfS Sonderheft 2002)

Roos, Norman H. / **William** E. Bandon III, Acts seek uniform e-policies, in: The National Law Journal, November 27, 2000, S. B11 (zitiert: Roos/Bandon in: Nat'l L.J. 2000)

Rose, Tony, Congress passes landmark e-commerce legislation, in: The Indiana Lawyer, July 5, 2000, S. 4 (zitiert: Rose in: Ind. Law. 2000)

Rosenoer, Jonathan, CyberLaw – The Law of the Internet, New York 1997 (zitiert: Rosenoer – CyberLaw)

Roßnagel, Alexander, Europäische Signatur-Richtlinie und Optionen ihrer Umsetzung, in: MMR 1999, S. 261-266 (zitiert: Roßnagel in: MMR 1999)

ders., Das Signaturgesetz nach zwei Jahren, in: NJW 1999, S. 1591-1596 (zitiert: Roßnagel in: NJW 1999)

ders., Auf dem Weg zu neuen Signaturregelungen – Die Novellierungsentwürfe für SigG, BGB und ZPO, in: MMR 2000, S. 451-461 (zitiert: Roßnagel in: MMR 2000)

ders., Der europäische Standard: Die elektronische Signatur der europäischen Richtlinie, in: Ivo Geis (Hrsg.), Die digitale Signatur – eine Sicherheitstechnik für die Informationsgesellschaft, 2000, S. 195 (zitiert: Roßnagel – elektronische Signatur)

ders., Das neue Recht elektronischer Signaturen – Neufassung des Signaturgesetzes und Änderung des BGB und der ZPO, in: NJW 2001, S. 1817-1826 (zitiert: Roßnagel in: NJW 2001)

ders., Die Signaturrichtlinie der EG und ihre Umsetzung, in: Rechtsfragen des Electronic Commerce, S. 57-97, Dirk Ehlers u.a. (Hrsg.), Münster 2001 (zitiert: Roßnagel in: Rechtsfragen des E-Commerce)

ders., Die neue Signaturverordnung, in: BB 2002, S. 261-264 (zitiert: Roßnagel in: BB 2002)

Roth, Birgit / Schulze, Götz, Verbraucherschutz im Electronic Commerce, in: RIW 1999, S. 924-933 (zitiert: Roth/Schulze in: RIW 1999)

Roth, Herbert, Das Fernabsatzgesetz, in: JZ 2000, S. 1013-1019 (zitiert: Roth in: JZ 2000)

Rott, Peter, Widerruf und Rückabwicklung nach der Umsetzung der Fernabsatzrichtlinie und dem Entwurf eines Schuldrechtsmodernisierungsgesetzes, in: VuR 2001, S. 78-87 (zitiert: Rott in: VuR 2001)

Röver, Wilhelm, Über die Bedeutung des Willens bei Willenserklärungen, Rostock 1874 (zitiert: Röver – Willenserklärungen)

Ruland, Christoph, Zur Datensicherheit in lokalen Netzen, in: RDV 1989, S. 210-218 (zitiert: Ruland in: RDV 1989)

Rüthers, Bernd, Allgemeiner Teil des BGB, 10., neubearbeitete Auflage, München 1997 (zitiert: Rüthers – BGB AT)

Sandl, Ulrich, Wirtschaftspolitische Bedeutung digitaler Signaturen – Die etwas andere „Kryptodiskussion“, in: CR 2000, S. 319-324 (zitiert: Sandl – Digitale Signaturen)

Savigny, Friedrich Carl v., System des heutigen Römischen Rechts, Berlin 1840 (zitiert: Savigny – Römisches Recht)

Scheffler, Hauke / **Dressel**, Christian, Vorschläge zur Änderung zivilrechtlicher Formvorschriften und ihre Bedeutung für den Wirtschaftszweig E-Commerce, in: CR 2000, S. 378-384 (zitiert: Scheffler/Dressel in: CR 2000)

Schlechter, Richard, Sicherheit im Internet – Grundzüge einer europäischen Rechtspolitik, in: K&R 1998, S. 147-153 (zitiert: Schlechter in: K&R 1998)

Schmidt, Andrea, Rechtsfiguren der Selbstbedienung im Zivilrecht, München, Universität, Dissertation 1985 (zitiert: Schmidt – Selbstbedienung)

Schmidt, Reimer, Rationalisierung und Privatrecht, in: AcP 166 (1966), S. 1-29 (zitiert: Schmidt in: AcP 166)

Schmidt-Räntsch, Jürgen / **Maifeld**, Jan / **Meier-Göring**, Anne / **Röcken**, Matthias, Das neue Schuldrecht: Einführung – Texte – Materialien, Köln 2001 (zitiert: Schmidt-Räntsch u.a. – Schuldrecht)

Schmidt-Salzer, Joachim, Subjektiver Wille und Willenserklärung, in: JR 1969, S. 283-289 (zitiert: Schmidt-Salzer in: JR 1969)

Schmitz, Dirk, Die vertraglichen Pflichten und die Haftung der Informationsanbieter im Internet: nationale und internationale Haftungsgrundlagen, Stuttgart, Berlin, Köln 2000 (zugl.: Diss., Bonn 1999) (zitiert: Schmitz – Informationsanbieter)

ders., UN-Kaufrecht (CISG) und Datentransfer via Internet, in: MMR 2000, S. 256-260 (zitiert: Schmitz in: MMR 2000)

Schneider, Jochen, Handbuch des EDV-Rechts, 2. vollständig überarbeitete und erweiterte Auflage, Köln 1997 (zitiert: Schneider – EDV-Recht)

Schneider, Michael, Message-Handling-Systeme (II), in: CR 1988, S. 868-873 (zitiert: Schneider in: CR 1988)

Schweppe, Thomas, Die digitale Signatur – Verfahren und systematische Einordnung, in: Rechtsfragen der Informationsgesellschaft, S. 120-131, von Thomas Hoeren und Robert Queck (Hrsg.) (zitiert: Schweppe – digitale Signatur)

Schwörbel, Dieter Herbert, Automation als Rechtstatsache des bürgerlichen Rechts: ein Beitrag zu den Rechtsfragen der Verwendung elektronische Datenverarbeitungsanlagen und automatischer Produktionseinrichtungen in der Wirtschaft, Hamburg, Universität, Dissertation 1970 (zitiert: Schwörbel – Automation)

Scoville, Adam White, Clear Signatures, Obscure Signs, in: Cardozo Arts & Entertainment Law Journal, S. 345-416 (1999) (zitiert: Scoville in: Cardozo Arts & Ent. L.J. 1999)

Smedinghoff, Thomas J., Overview of State Electronic and Digital Signature Legislation, in: The Emerging Law of Cyberbanking and Electronic Commerce – Third Annual, Glasser Legal Works, S. 407-425 (1998) (zitiert: Smedinghoff – Electronic and Digital Signatures)

ders., Electronic Contracts & Digital Signatures: An Overview of Law and Legislation, in: Practicing Law Institute, Patents, Copyrights, Trademarks, and Literary Property Course Handbook Series, June 14-15, 1999 New York City, S. 125-172 (zitiert: Smedinghoff – Electronic Contracts)

ders., Creating Enforceable Electronic Contracts, S. 98 in: Raymond T. Nimmer, Understanding Electronic Contracting – UCITA, E-Signature, Federal, State and Foreign Regulations, 2001 (zitiert: Smedinghoff in: Electronic Contracting)

Smedinghoff, Thomas J. / **Bro**, Ruth Hill, Moving With Change: Electronic Signature Legislation as a Vehicle for Advancing E-Commerce, in: John Marshall Journal of Computer and Information Law, Spring 1999, S. 723-768 (zitiert: Smedinghoff in: J. Marshall J. Computer & Info. L. 1999)

Soergel, Hans-Theodor (Hrsg.), Bürgerliches Gesetzbuch, Band 2, Allgemeiner Teil 2 (§§ 104-240), 13., Auflage, Stuttgart, Berlin, Köln, Mainz Stand: März 1999 (zitiert: Bearbeiter in: Soergel)

Spindler, Gerald, Der neue Vorschlag einer E-Commerce-Richtlinie, in: ZUM 1999, S. 775-795 (zitiert: Spindler in: ZUM 1999)

ders., E-Commerce in Europa – Die E-Commerce-Richtlinie in ihrer endgültigen Fassung, in: MMR 2000, S. 4-21 (zitiert: Spindler in: MMR 2000)

ders., Grenzüberschreitende elektronische Rechtsgeschäfte, in: Recht und Internet, S. 9-30, Gerhard Hohloch (Hrsg.), Baden-Baden 2001 (zitiert: Spindler – elektronische Rechtsgeschäfte)

Staudinger, Julius v. (Hrsg.), Kommentar zum Bürgerlichen Gesetzbuch: mit Einführungsgesetz und Nebengesetzen, neubearbeitete Auflage, Berlin 2001 (zitiert: Bearbeiter in: Staudinger)

Stearman, Jennifer J. / **Yang**, Michael S., The Net Effect: Electronic Signatures in Commerce, in: Maryland Bar Journal, November/December 2001, S. 16-23 (zitiert: Stearman/Yang in: Md. B.J. 2001)

Steckler, Brunhilde, Grundzüge des EDV-Rechts, München 1999 (zitiert: Steckler – EDV)

Steins, Clemens Tobias, Zu den Anforderungen an die Erfüllung der Informationspflichten beim Fernabsatzvertrag, in: MMR 2001, S. 530-531 (zitiert: Steins in: MMR 2001)

ders., Entwicklung der Informationspflichten im E-Commerce durch Rechtsprechung und Schuldrechtsreform – Zugleich Anmerkung zum Urteil des OLG München vom 25. Januar 2001 = WM 2001, S. 2394, in: WM 2002, S. 53-60 (zitiert: Steins in: WM 2002)

Street, F. Lawrence / **Grant**, Mark P., Law Of The Internet – 2000 Edition, Charlottesville 1999 (zitiert: Street/Grant – Internetlaw)

Süßenberger, Christoph, Das Rechtsgeschäft im Internet, Frankfurt 2000 (zugl. Dissertation, Univ. Frankfurt(Main)) (zitiert: Süßenberger – Rechtsgeschäft im Internet)

Tanenbaum, William A., Paperless Contracts Are Here; State Electronic Signatures and Records Act, Enabling Regulations Have Taken Effect, in: New York Law Journal, April 24, 2000, S. S4 (zitiert: Tanenbaum in: NY L.J. 2000)

Taupitz, Jochen / **Kritter**, Thomas, Electronic Commerce – Probleme bei Rechtsgeschäften im Internet, in: JuS 1999, S. 839-846 (zitiert: Taupitz/Kritter in: JuS 1999)

Tedeschi, Bob, E-Commerce Report: Companies in No Hurry to Buy Over the Internet, abrufbar unter: N.Y. Times on the Web, March 5, 2001, http://www.nytimes.com (zitiert: Tedeschi – E-Commerce)

Tettenborn, Alexander, Europäischer Rechtsrahmen für den elektronischen Geschäftsverkehr, in: K&R 1999, S. 252-258 (zitiert: Tettenborn in: K&R 1999)

ders., Auf dem Weg zu einem einheitlichen Rechtsrahmen für den elektronischen Rechtsverkehr – der 2. Versuch ..., in: K&R 1999, S. 442-444 (zitiert: Tettenborn in: K&R 1999)

ders., E-Commerce-Richtlinie: Politische Einigung in Brüssel erzielt, in: K&R 2000, S. 59-63 (zitiert: Tettenborn in: K&R 2000)

ders., Die Novelle des Signaturgesetzes, in: CR 2000, S. 683-691 (zitiert: Tettenborn in: CR 2000)

Tettenborn, Alexander / **Bender**, Gunnar / **Lübben**, Natalie / **Karenfort**, Jörg, Rechtsrahmen für den elektronischen Geschäftsverkehr – Kommentierung zur EG-Richtlinie über den elektronischen Geschäftsverkehr und zum Elektronischen Geschäftsverkehr-Gesetz – EGG: Inhalt – Auswirkungen –

Umsetzung in Deutschland, in BB 2001, Beilage 10 zu Heft 50, S. 1-40 (zitiert: Tettenborn, u.a. – elektronischer Geschäftsverkehr)

Thomas, Sanu K., The Protection and Promotion of E-Commerce: Should There be a Global Regulatory Scheme for Digital Signatures?, in: Fordham International Law Journal March 1999, S. 1002-1063 (zitiert: Thomas in: Fordham Int'l L.J. 1999)

Tolksdorf, Robert, Internet, Aufbau und Dienste, Bonn, Albany, Attenkirchen 1997 (zitiert: Tolksdorf – Internet)

Tonner, Klaus, Das neue Fernabsatzgesetz – oder System statt Flickenteppich, in: BB 2000, S. 1413-1420 (zitiert: Tonner in: BB 2000)

Ulmer, Detlef, Vertragsschluss im Internet – ein Verfahren wird populär?, in: Kölner Tage zum Informationsrecht, Die Schuldrechtsreform – Konsequenzen für die IT-Rechtspraxis, 2. und 3. November 2001, Arbeitsunterlage, Köln 2001, S. 157-173 (zitiert: Ulmer – Vertragsschluss im Internet)

Ulmer, Peter / **Brandner**, Hans Erich / **Hensen**, Horst-Diether / **Schmidt**, Harry (Hrsg.), AGB-Gesetz: Kommentar zum Gesetz zur Regelung des Rechts der allgemeinen Geschäftsbedingungen, 9. Aufl., Köln 2001 (zitiert: Bearbeiter in: Ulmer/Brandner/Hensen/Schmidt)

Ultsch, Michael, Zugangsprobleme bei elektronischen Willenserklärungen – Dargestellt am Beispiel der Electronic Mail, in: NJW 1997, S. 3007-3009 (zitiert: Ultsch in: NJW 1997)

Vehslage, Thorsten, Elektronisch übermittelte Willenserklärungen, in: AnwBl 2002, S. 86-88 (zitiert: Vehslage in: AnwBl 2002)

Viebcke, Volker, Durch Datenverarbeitungsanlagen abgegebene Willenserklärungen und ihre Anfechtung, Marburg 1972 (zitiert: Viebcke – Datenverarbeitung)

Waldenberger, Arthur, Grenzen des Verbraucherschutzes beim Abschluß von Verträgen im Internet, in: BB 1996, S. 2365-2371 (zitiert: Waldenberger in: BB 1996)

ders., Electronic Commerce: der Richtlinienvorschlag der EG-Kommission, in: EuZW 1999, S. 296-303 (zitiert: Waldenberger in: EuZW 1999)

ders., Die Fernabsatzrichtlinie der EG und ihre Umsetzung, in: Rechtsfragen des Electronic Commerce, S. 99-113, Dirk Ehlers u.a. (Hrsg.), Münster 2001 (zitiert: Waldenberger – Fernabsatzrichtlinie)

Weinstock, Benjamin / **Leno**, David P., New E-Signature Law – Impact on B2B, B2C & B2G, in: The National Law Journal, September 25, 2000 S. B6 (zitiert: Weinstock/Leno in: Nat'l L.J. 2000)

Wellbery, Barbara S. / **Pichler**, Rufus J., Electronic Commerce and the Proposed Hague Convention on Jurisdiction and Foreign Judgments in Civil and Commercial Matters – Putting the Cart Before the Horse?, in: CRi 2001, S. 129-137 (zitiert: Wellbery/Pichler in: CRi 2001)

Wendehorst, Christiane, Das neue Gesetz über Fernabsatzverträge und andere Fragen des Verbraucherrechts, in: DStR 2000, S. 1311-1318 (zitiert: Wendehorst in: DStR 2000)

Wenning, Rigo, Das Internet: Ein rechtsfreier Raum? In: jur-PC 1995, S. 3321-3330 (zitiert: Wenning in: jur-PC 1995)

Wiebe, Andreas, Vertragsschluss bei Online-Auktionen, in: MMR 2000, S. 323-329 (zitiert: Wiebe in: MMR 2000)

Wilmer, Thomas, Die Abmahnwelle rollt weiter, in: MC 2002, S. 17-19 (zitiert: Wilmer in: MC 2002)

Winkelman, Scott / **Blum**, Dylana, Electronic Signatures Act, in: The National Law Journal, July 17, 2000, S. B10 (zitiert: Winkelman/Blum in: Nat'l L.J. 2000)

Winn, Jane K. / **Wright**, Benjamin, The law of electronic commerce 4th edition 2001 (zitiert: Winn/Wright – Electronic Commerce)

Wintringham, Drew M., Federal E-Sign Law Leaves Open Issues, in: New York Law Journal, January 16, 2000 S. S7 (zitiert: Wintringham in: NY L.J. 2000)

Wohlwend, Corrado, Die Hauptversammlung im Wandel der Kommunikationsformen – Eine vergleichende Untersuchung des US-amerikanischen und deutschen Rechts, Frankfurt am Main 2001 (Zugl. Frankfurt (Main), Univ., Diss., 2000) (zitiert: Wohlwend)

Wolf, Manfred / **Horn**, Norbert / **Lindacher**, Walter F. (Hrsg.), AGB-Gesetz: Gesetz zur Regelung des Rechts der Allgemeinen Geschäftsbedingungen / Kommentar, 4., völlig neubearb. Aufl., München: Beck 1999 (zitiert: Bearbeiter in: Wolf/Horn/Lindacher)

Wright, Benjamin, The Law of Electronic Commerce – EDI, Fax, and E-Mail: Technology, Proof, and Liability, Boston 1991 (zitiert: Wright – Electronic Commerce)

ders., The Law of Electronic Commerce – EDI, Fax, and E-Mail: Technology, Proof, and Liability, 1994 Supplement, Boston 1994 (zitiert: Wright – Electronic Commerce – 1994 Supplement)

Zanger, Larry M., The public key infrastructure is mightier than the sword, in: Chicago Lawyer, January, 2001, S. 19 (zitiert: Zanger in: Chi. Law. 2001)

Zitelmann, Ernst, Irrtum und Rechtsgeschäft: eine psychologisch-juristische Untersuchung, Leipzig 1879 (zitiert: Zitelmann – Irrtum)

Zoellick, Bill, Wide Use of Electronic Signatures Awaits Market Decisions About Their Risks and Benefits, in: New York State Bar Journal, Nov./Dez., 2000, S. 10-22 (zitiert: Zoellick in: N.Y. St. B.J. 2000)

Zuther, Ingo Arnd, Die Auswirkung der Rationalisierung im Rechtsverkehr auf die Abgabe und Anfechtung von Willenserklärungen, Hamburg 1968 (zitiert: Zuther – Willenserklärungen)

Printed by
CPI books GmbH, Leck

FSC
www.fsc.org
MIX
Papier | Fördert
gute Waldnutzung
FSC® C083411

Kolibri 360 GmbH
Ferdinand-Jühlke-Straße 7
99095 Erfurt, Deutschland
produktsicherheit@kolibri360.de